403

INVITATION

INVITATION

FRENCH FOR COMMUNICATION AND CULTURAL AWARENESS

Gilbert A. Jarvis
The Ohio State University

Thérèse M. Bonin
The Ohio State University

Donald E. Corbin
The Ohio State University

Diane W. Birckbichler

HOLT, RINEHART AND WINSTON
New York, San Francisco, Toronto, London

Library of Congress Cataloging in Publication Data

Main entry under title:

Invitation.

  Includes index.
  1. French language—Grammar—1950-
I. Jarvis, Gilbert A.
PC2112.I5   448'.2'421   78-26686
ISBN 0-03-015601-7 (Student Edition)
ISBN 0-03-043491-2 (Instructor's Edition)

1 2   032   9 8 7 6 5

Table des matières

Preface

Invitation: French for Communication and Cultural Awareness is a basic French textbook that blends opportunity for genuine communication with a mature, comprehensive approach to learning. It has been written with concern for student interests and attitudes, current instructional goals, and the value of language programs. It is designed for French programs in two- and four-year colleges and universities, and it readily accommodates both semester and quarter systems. It presents all the basic structures of the French language and nearly 3000 of its most useful vocabulary words. Accompanying *Invitation* are an instructor's edition of the textbook, a complete tape program, a laboratory manual (*Invitation à écouter et à parler*), and a workbook (*Invitation à écrire*).

Philosophy

Invitation is unique among language textbooks. It is the only book to provide a sequence of practice for *every* grammar concept that leads the student from simple manipulative drills, through transitional practice within authentic contexts, to meaningful and communicative use of the concept. Thus, instead of promising students that they will be able to communicate *someday,* the activities of this book create the opportunity to communicate *immediately.* Furthermore, meaningful use of French is not relegated to end-of-chapter personalized questions or to drills disguised as communication.

Invitation also offers insights into French-speaking cultures and an understanding and appreciation of differences between individuals and cultures in a pluralistic, interdependent world.

Each student enrolls in a French class with his or her own purposes, goals, and interests. Each instructor likewise has instructional goals that—in one way or another—mean "learning French." *Invitation* has been written to accommodate this diversity. In many ways it is a *book of options* that maximize the instructor's freedom to make decisions about coverage, objectives, methodology, skills to be emphasized, sequence of topics, and type of curriculum. It is a comprehensive book offering maximum selection of content and activities. It has therefore been designed to permit the omission of content and activities without disruption of the program.

Organization of the book

Invitation is divided into twenty-four chapters plus a brief preliminary chapter. All twenty-four chapters have a consistent organization. Each contains the following sections:

1. *Introduction:* Varied topics and formats provide diverse contexts for the development of reading ability and the acquisition of cultural insights. New non-cognate vocabulary is glossed in the margin to ensure immediate comprehension.

   Compréhension du texte: Questions are provided to evaluate the student's understanding of the *Introduction.*

   Réactions personnelles: Activities enable students to react in a personal way to the content of the introductory material. *Réactions personnelles* begin in Chapter 11 when students have developed sufficient proficiency to react meaningfully in diverse ways.

   Petite conversation: Short conversational exchanges provide the opportunity to practice in an informal and colloquial style important patterns and vocabulary used in the *Introduction.*

2. *Grammaire:* Each grammar topic is presented and practiced in four phases:

   Présentation: The grammar topic is described and examples of its use are presented.

   Préparation: A series of carefully sequenced pattern drills provides the opportunity to manipulate each new structure.

   Transition: Grammar concepts are practiced in structured, lifelike situations.

   Communication: Varied formats invite the student to use the language to send and receive messages that are personally meaningful to him or her. Each and every new grammar pattern is therefore immediately practiced in communicative situations and contexts similar to those in which native speakers would use the structure.

3. *Synthèse:* The *Synthèse* passage recombines and integrates grammar and vocabulary used in the chapter and provides additional cultural insights, additional

reading practice and the opportunity to work with new vocabulary in context. The *Synthèse* is followed by *Compréhension du texte* questions. In addition, a final sequence of *Communication* activities is provided to integrate the chapter's grammar and thematic content.

4. *Notes culturelles:* The cultural notes elaborate on ideas alluded to in both the *Introduction* and *Synthèse* reading passages. They provide insights into the daily life and attitudes of people in French-speaking countries.

5. *Prononciation:* The most significant features of spoken French are described in each of the first ten chapters. Drills to practice both individual sounds and longer sentences containing critical sounds are included.

6. *Vocabulaire:* Each chapter is followed by a list of vocabulary words intended for active use in the chapter and in subsequent chapters. The lists contain the most important noncognate words and cognate nouns used in the lesson.

Supplementary materials

Accompanying *Invitation* are the following supplementary materials:

1. The instructor's edition of *Invitation:* The instructor's edition contains the complete student edition of *Invitation* accompanied by marginal notes suggesting ways in which the sections, exercises, and activities in the text can be used, modified, or elaborated upon. The instructor's edition also includes an introduction with more general suggestions for using the various sections of the book, as well as sample lesson plans and sample tests.

2. The tape program and the laboratory manual, *Invitation à écouter et à parler:* These provide students with the opportunity to practice oral skills outside of class. Each chapter in *Invitation* has an accompanying tape divided into two twenty-minute segments. Each tape includes some material that also appears in the textbook (the tape symbol ⊘ beside a specific section in *Invitation* indicates where this is the case) and supplementary exercises, a listening comprehension passage, and a short thematic dictation. *Invitation à écouter et à parler* is the student guide to the tape program.

3. The workbook, *Invitation à écrire:* This has been designed to expand students' ability to communicate in writing. Each chapter of *Invitation* has accompanying exercises and activities in the workbook.

Acknowledgments

We would like to thank the following people who have contributed their help and suggestions during the development of *Invitation:* Anne Arroe, University of Illinois at Urbana; Micheline Besnard, The Ohio State University; Richard Dunbar, University of Illinois at Urbana; Isabelle Fontaine, The Ohio State University; Melissa Gruz; Barbara Lyons, Holt, Rinehart and Winston; Elaine McKee, The Ohio State University; Walter Meiden, The Ohio State University; Nelly Mitchell, University of Illinois at Urbana; Martha Pereszlenyi, The Ohio State University; Josette

Wilburn, Denison University. In addition, special thanks are due to the students at The Ohio State University who learned French from preliminary editions of this book; to Cynthia Fostle, who copy edited the manuscript with such care; and to Bonnie Keller, who did the extensive photo research.

We would also like to thank the reviewers whose comments helped to shape *Invitation:*

Shirley Adams, *The Ohio State University*
Paul J. Archambault, *Syracuse University*
Lucia Baker, *University of Colorado*
Andrew Campagna, *University of Maryland*
Claire Carpenter, *University of Kentucky*
Jean-Pierre Cauvin, *The University of Texas at Austin*
Raymond Comeau, *Wayne State University*
Mary Donaldson-Evans, *University of Delaware*
Frank Friedman, *C. S. Mott Community College*
Aleksandra Gruzinska, *Arizona State University*
Jane Harper, *Tarrant County Junior College*
Marie-France Hilgar, *University of Nevada, Las Vegas*
Jeannette Ludwig, *State University of New York at Buffalo*
James Monroe, *University of Florida*
Alice Omaggio, *Center for Applied Linguistics*
June Phillips, *Indiana University of Pennsylvania*
Gloria M. Russo, *University of Virginia*
Arlette Smith, *Temple University*
Nathaniel B. Smith, *The University of Georgia*
Victor Wortley, *University of Washington*
Barbara R. Woshinsky, *Boston University*

INVITATION

Chapitre préliminaire

Invitation is, quite literally, an invitation to communicate meaningfully in French from the early moments of your exposure to the language. *Invitation* enhances your potential for such communication by capitalizing on some distinct advantages you have as you begin French study. You have, for example, the advantage of dealing not only with a familiar alphabet but also with many words whose spelling and meaning are identical or similar in the two languages. You will immediately recognize such words as **possible, opinion, intelligent,** and **automobile.** And you will easily recognize such words as **université, appartement, problème,** and **musique.** There are also certain aspects of French sentence structure and grammar that are similar to English. Most of the time you will not even notice these similarities because they are so readily understood. There is no need, for example, to emphasize the normal French sentence order of subject, verb, and object, because this order is the same as in English.

The French language differs, of course, from English in other fundamental ways. Before beginning Chapter 1, you will want to become familiar with certain preliminary concepts relating to the spoken and written language.

THE SPOKEN AND WRITTEN LANGUAGE

A. Learning to speak French requires modification of some long-established habits. It is especially important to understand three aspects of French pronunciation from the beginning:

1. The stress pattern of French is different from that of English. All the syllables of a French word or group of words receive equal stress, or emphasis, except the last one, which is more heavily emphasized. Compare the consistent pattern in French words with the variable pattern in similar English words:

French	English
fes ti **val**	**fes** ti *val*
po ssi bi li **té**	*pos si* **bil** *i ty*
in te lli **gence**	*in* **tel** *li gence*

2. Certain of the sounds of spoken French have no counterpart in spoken English. For example, the French nasal vowels are new to speakers of English. These are present in such words as **non, impossible,** and **parent.**

1

3. Words or groups of letters familiar in English have a different pronunciation in French. The English pronunciation, for example, of such words as **sports, nature,** or **chocolat** would probably not be comprehensible to a French speaker.

B. The pronunciation of unfamiliar sounds, such as the nasal vowels, and of familiar words or groups of letters must be learned primarily by imitation. You will be assisted, however, by the suggestions provided in the pronunciation sections of *Invitation* and by use of the International Phonetic Alphabet when appropriate. The International Phonetic Alphabet is also used to compare written and spoken French. As in English, the various vowel and consonant sounds of the spoken language may have several different spellings in the written language. But in the International Phonetic Alphabet, each sound, whatever the spelling, is designated by one symbol. For example, the French words **mer** (*sea*), **mère** (*mother*), and **maire** (*mayor*) are spelled differently but are pronounced the same. Hence, the same International Phonetic Alphabet symbols designate the sounds of each word: /mɛr/. The International Phonetic Alphabet symbols, which always appear between slash marks, are given in the Appendix.

C. Written French includes certain accent marks that should be considered a part of spelling. They often affect the pronunciation of the letter with which they appear.

The **accent aigu** (´) appears over the vowel **e:**

détester, préférence

The **accent grave** (`) appears over the vowels **e** and **a** and on the word **où:**

à, discrète, où

The **accent circonflexe** (ˆ) appears over the vowels **a, e, i, o,** and **u:**

hôtel, honnêtes

The **cédille** (¸) appears under the letter **c:**

français, garçon

The **tréma** (¨) appears over the second of two vowels to indicate that both are pronounced:

Noël, naïf

PRELIMINARY ACTIVITIES

A. **Présentez-vous.** *(Introduce yourself.)*

1. Greet and introduce yourself to the person next to you in class. Then ask his or her name:

Salut. Je m'appelle _____.   *Hi. My name is _____.*
Comment vous appelez-vous?   *What is your name?*

2. Greet your professor and introduce yourself:

Bonjour, Monsieur (or Madame,   *Hello (said to a man, married woman,*
    or Mademoiselle).   *or unmarried woman).*
Je m'appelle ———.   *My name is ———.*

Note that the informal **salut** is not necessarily followed by a person's name. On the other hand, **bonjour** (and **bonsoir,** meaning *good evening*) is almost always followed by **monsieur, madame,** or **mademoiselle,** or by a person's first name.

B. **Ça va?** *(How are things?)*

1. Ask another student how he or she is. The student may, in turn, ask how you are:

Ça va?   *How are things?*
Ça va bien, merci. Et vous?   *Fine, thank you. And you?*
Ça ne va pas très bien.   *Things aren't going very well.*

2. Ask your professor how he or she is:

Comment allez-vous?   *How are you?*
Je vais bien, merci.   *I'm fine, thank you.*

C. **Autres expressions utiles.** *(Other useful expressions.)*

Qu'est-ce que ça veut dire?   *What does that mean?*
Ça veut dire ———.   *That means ———.*

Comment dit-on ——— en fran-   *How do you say ——— in*
    çais?   *French?*
On dit ———.   *You say ———.*

Est-ce que vous comprenez?   *Do you understand?*
Répétez, s'il vous plaît.   *Repeat, please.*

Oui, je comprends.   *Yes, I understand.*
Non, je ne comprends pas.   *No, I don't understand.*
Je ne sais pas.   *I don't know.*

D. **Faisons connaissance.** *(Let's get acquainted.)* You may want to recombine the expressions you have learned in A and B to get acquainted with other students. For example, you might want to ask another person what his or her name is and how he or she is. Or, you could greet someone you already know and ask how things are.

THE FRENCH-SPEAKING WORLD

French is spoken in many parts of the world. The main language of 130 million people, it is widely spoken in north and west Africa, southeast Asia, and the Caribbean. It is also an official language of Belgium, Switzerland, Luxembourg, and Canada. In the Quebec area of Canada alone there are more than five million French speakers. And in the United States there are two and one-half million French speakers, living especially in the Northeast and in Louisiana.

French was the language of diplomacy for centuries. Today it is an official language of the United Nations and of many other international organizations. Also, French is the first language of the European Common Market.

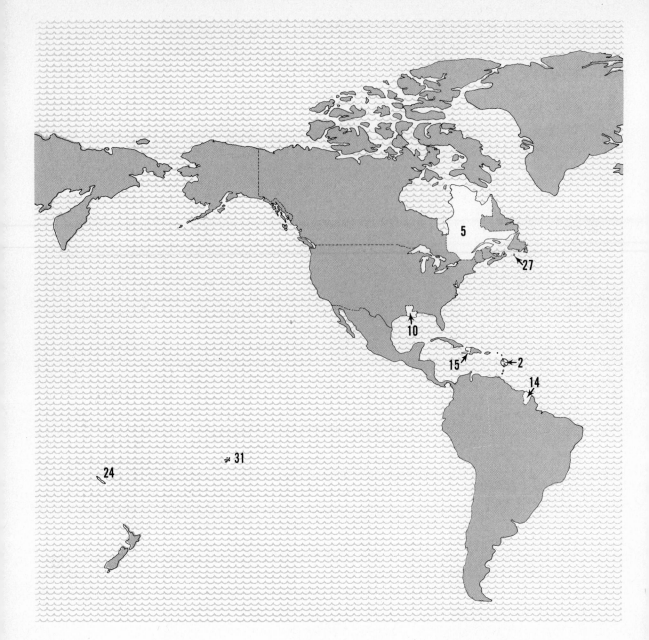

1. l'Algérie
2. les Antilles
   (la Guadeloupe,
   la Martinique,
   Saint-Martin)
3. la Belgique
4. le Cameroun

5. le Canada (le Québec)
6. le Congo
7. la Corse
8. la Côte-d'Ivoire
9. le Dahomey (le Bénin)
10. les Etats-Unis
    (la Louisiane,

la Nouvelle-Angleterre)
11. la France
12. le Gabon
13. la Guinée
14. la Guyane
15. Haïti
16. la Haute-Volta

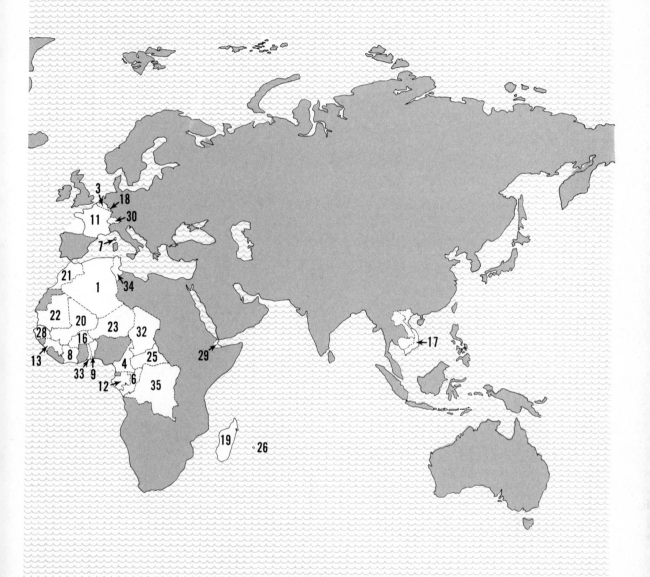

17. l'Indochine
(le Cambodge,
le Laos,
le Viêt-Nam)
18. le Luxembourg
19. la République Malgache
20. le Mali

21. le Maroc
22. la Mauritanie
23. le Niger
24. la Nouvelle-Calédonie
25. la République Centrafricaine
26. la Réunion
27. Saint-Pierre et Miquelon

28. le Sénégal
29. les Somalis (Djibouti)
30. la Suisse
31. Tahiti
32. le Tchad
33. le Togo
34. la Tunisie
35. le Zaïre

Préférences

J'adore, je déteste

One way to get to know others is to find out what they like and dislike. Several French students were therefore asked the questions **Qu'est-ce que vous adorez?** and **Qu'est-ce que vous détestez?** Here are their answers:

what

Jacqueline
J'adore les sports.
J'adore le tennis *et* le camping.
J'adore *aussi voyager.*
J'aime *beaucoup* la nature.
Je déteste les mathématiques.
J'aime *mieux* la philosophie et la musique.

and
also / to travel
like / a lot

prefer

Jean-Luc
Moi, j'adore la liberté.
J'adore *les vacances à la plage.*
J'aime les blue-jeans et les sandales.
Je déteste la solitude.
Je déteste *étudier!*
Je déteste *travailler.*

I (with emphasis)
vacation (always plural) / at
  the beach

to study
to work

6

Chantal

> J'apprécie la sincérité et je déteste l'hypocrisie.
> J'aime *les livres* et le cinéma.   books
> J'*aime bien regarder* la télévision.   enjoy / to look at
> J'admire les artistes et les intellectuels.
> J'aime *parler anglais*.   to speak English
> J'aime *manger, mais* je déteste *faire la cuisine*.   to eat / but / to cook (to do the cooking)

Compréhension du texte. Selon les renseignements donnés, est-ce que les phrases suivantes sont vraies ou fausses? *(According to the information given, are the following statements true* [vrai] *or false* [faux]*?)*

1. Chantal aime le cinéma.
2. Jean-Luc adore étudier.
3. Jacqueline aime bien les mathématiques.
4. Jean-Luc adore la liberté.
5. Chantal déteste les intellectuels.
6. Jacqueline aime beaucoup les sports.
7. Chantal aime faire la cuisine.
8. Jacqueline aime la musique.

⊘ **Petite conversation: Au café**

Jacqueline: Moi, j'adore voyager. Et vous?
Jean-Luc: J'aime bien voyager mais j'aime mieux les vacances à la plage.
Chantal: Vous aimez étudier?
Jean-Luc: Non, je déteste étudier. J'aime mieux regarder la télévision.

Les jeunes Français

*NOTES
CULTURELLES*

As the preferences expressed by Jacqueline, Jean-Luc, and Chantal suggest, the attitudes of French young people reflect both nontraditional and traditional values. Recent polls indicate that the majority are in favor of marriage, but most believe strongly in retaining independence and avoiding possessiveness in marriage. More than half assert that they believe in God, but few actively practice their religion. The majority believe that they have a good relationship with

their parents, but a significant minority reject their families and traditional familial values. Although the majority of young French are less interested in politics and less patriotic than the previous generation, there is a strongly militant and politically active minority. Creative and interesting occupations such as medicine, architecture, psychiatry, and the arts are especially appealing to many. French young people believe in saving the money they earn—at least until they have enough to buy what they want. And if they had the money, the most desirable purchase would be a car.

L'article défini et le nom

PRESENTATION

A. The concept of gender, a characteristic of many languages including French, may seem somewhat mystifying at first to a speaker of English. We think of animals and humans as being male or female and therefore refer to them with words that express gender (e.g., **he, she, him, her**), but do not think of most other nouns as having gender. In French all nouns are considered either masculine or feminine. It is important to learn the gender as well as the meaning of all French nouns because the forms of related words, such as adjectives and articles, often depend upon the gender of the noun they describe.

B. The forms of the definite article are:

Les articles définis

	SINGULAR	PLURAL
Masculine before a consonant	le	les
Feminine before a consonant	la	les
Before a vowel or vowel sound	l'	les

When a noun begins with a vowel or a vowel sound (e.g., with a mute **h** as in **hôtel**) the plural article **les** is pronounced /lez/. For example, one says **les hôtels** and **les artistes.** This is called liaison. To remind you that this linking takes place, the symbol ‿ will be used in the presentations of the first chapters.

C. The definite article has two uses:

1. It corresponds to *the* in English, as in **le livre** (*the book*), **la plage** (*the beach*), **l'hôtel** (*the hotel*), and **les artistes** (*the artists*).

    | J'aime faire la cuisine. | *I like to do the cooking.* |
    | Je regarde le livre. | *I look at the book.* |

2. The definite article also precedes nouns used in a general sense and abstract nouns. In these cases, no article is used in English.

    | J'aime les sports. | *I like sports.* |
    | Je déteste la solitude. | *I hate solitude.* |

D. Note the gender and meaning of the following nouns:

le chocolat	la bibliothèque (*library*)	l'autorité (f)
le crayon (*pencil*)	la femme (*woman*)	l'étudiant (m) (*student*)
le français (*French language*)	la politique	l'étudiante (f)
le professeur	la télévision	l'homme (m) (*man*)
le stylo (*pen*)		l'hôtel (m)
		l'université (f)

The plural of nouns is usually formed by adding an **s** to the noun: **le stylo** → **les stylos; l'hôtel** → **les hôtels; la bibliothèque** → **les bibliothèques.** The **s** is not pronounced; in the spoken language, only the article indicates whether a noun is singular or plural.

PREPARATION

A. Répétez les noms suivants. (*Repeat the following nouns.*)

1. le stylo
   le camping
   le cinéma
2. la bibliothèque
   la liberté
   la plage
3. l'université
   l'hypocrisie
   l'hôtel
4. les mathématiques
   les sports
   les vacances
5. les hôtels
   les intellectuels
   les étudiantes

B. Donnez la forme appropriée de l'article défini. *(Supply the appropriate form of the definite article.)*

modèle: chocolat → **le chocolat**

1. plage	6. nature	11. français
2. crayon	7. stylo	12. livre
3. sports	8. artistes	13. autorité
4. professeur	9. cuisine	14. mathématiques
5. musique	10. vacances	15. intellectuels

TRANSITION

Incompatibilité. Henri and Lucette have just met and discover that they have very little in common. Each time Henri says he likes something, Lucette says that she doesn't. Tell what they say to each other.

modèle: cinéma → **Henri: J'aime le cinéma.**
Lucette: Moi, je déteste le cinéma!

1. sports	6. télévision
2. politique	7. nature
3. musique	8. solitude
4. camping	9. artistes
5. mathématiques	10. intellectuels

COMMUNICATION

A. Opinions. Words often evoke positive, negative, or neutral feelings. Using the scale below, indicate your attitude toward each of the following words.

Je déteste   J'aime bien   J'aime beaucoup   J'adore

1. _____ le tennis.	6. _____ la plage.
2. _____ le cinéma.	7. _____ les sports.
3. _____ le chocolat.	8. _____ les vacances.
4. _____ la nature.	9. _____ la politique.
5. _____ la musique.	10. _____ la télévision.

B. Slogans. Create slogans that tell whether you are for (**vive** - *long live*) or against (**à bas** - *down with*) the following things. The question mark following the list of suggestions is an invitation to add or substitute any items you wish.

Vive . . .   *Suggestions:* le camping / les mathématiques / le sexisme / le
A bas . . .   conformisme / la liberté / les professeurs / l'autorité /
          l'hypocrisie / **?**

Les verbes de la première conjugaison et les pronoms sujets

PRESENTATION

A. In English, verb forms sometimes change endings according to the subject of the verb: we say, for example, *I like* but *he likes, we wish* but *Mary wishes.* In French a verb ending corresponds to each subject.

One large group of French verbs, called the first conjugation (**la première conjugaison**), has infinitives that end in **-er.** The present tense is formed by dropping the **-er** from the infinitive (e.g., from **admirer, adorer, aimer, apprécier, détester, étudier, parler,** or **travailler**) and adding the endings shown:

travailler			
je travaille	*I work*	nous travaill**ons**	*we work*
tu travaill**es**	*you work*	vous travaill**ez**	*you work*
il/elle/on travaille	*he/she/one works*	ils/elles travaill**ent**	*they work*

Nous étudions le français.
Ils détestent voyager.

1. **Voyager** and **manger** (and other verbs ending in **-ger**) follow the same pattern except that an **e** is added before the **-ons** ending to maintain the soft sound of the **g.**

   Nous mangeons beaucoup.
   Nous voyageons en France.

2. In spoken French, there are only three distinguishable **-er** verb forms. All singular forms and the **ils/elles** form (in the shaded area) have the same pronunciation. These endings add no sound at all, as indicated by the crossed-out letters.

   When the verb begins with a vowel sound, **je** shortens to **j',** and **nous, vous, ils, elles** all link to the verb with a /z/ sound, as shown:

aimer	
j'aim~~e~~	nous‿aimons
tu aim~~es~~	vous‿aimez
il/elle/on aim~~e~~	ils/elles‿aim~~ent~~

3. There is only one present tense in French. Its meanings are expressed in three different ways in English:

   Je travaille $\begin{cases} I\ work \\ I\ am\ working \\ I\ do\ work \end{cases}$

B. The French subject pronouns are shown on the verb charts: **je, tu, il, elle, on, nous, vous, ils, elles.** These are the pronouns that can be used to replace a noun that is the subject of a sentence.

   1. To address another person directly, **tu** is not automatically used with its corresponding verb form. Rather, a choice must be made between **tu,** which is the familiar form, and **vous,** the more formal form. **Tu** is used only with close friends, relatives, children, and pets; otherwise **vous** is used with the second person plural verb form. Note that **vous** is also used when speaking to more than one person.

       Pierre, tu aimes faire la cuisine?
       Paul et Nicole, vous travaillez beaucoup!
       Vous parlez anglais, Madame?

   2. **On** is an impersonal pronoun similar to *one, we, they* or *people* in English.

       On parle français en classe.   *One speaks French in class.*
       On parle français en Belgique. *They speak French in Belgium.*

   3. In the third person, **il** or **ils** is used when the noun replaced is masculine, **elle** or **elles** when it is feminine. When a mixed group of masculine and feminine nouns is replaced by a subject pronoun, **ils** is used.

Alain et Patrick aiment la musique.	**Ils** aiment la musique.
Monique et Françoise adorent le camping.	**Elles** adorent le camping.
Henri et Julie détestent les mathématiques.	**Ils** détestent les mathématiques.

PREPARATION

A. Substituez les mots suggérés aux mots en italique. *(Substitute the words indicated for the words in italics.)*

  1. *Je travaille* bien.   tu travailles / il travaille / nous travaillons / vous travaillez / elles travaillent

  2. *J'aime* la musique.   tu aimes / elle aime / nous aimons / vous aimez / ils aiment

B. Substituez les mots suggérés aux mots en italique et faites les changements nécessaires. *(Substitute the words indicated for the words in italics and make the necessary changes in the verb endings.)*

  1. *Je* regarde la télévision.   vous / tu / nous / Marie

  2. *On* parle français.   je / Marc / vous / tu

  3. *Alain et Michel* adorent voyager.   nous / tu / Sylvie et Anne / je

TRANSITION

A. Personnalité. Geneviève, a psychology student, is quite good at figuring out other people's personalities and she likes to test her skill. Jérôme, her "victim," agrees with what she says. Give Jérôme's answers.

modèle: Geneviève: Vous adorez le chocolat. →
Jérôme: Oui, j'adore le chocolat.

1. Vous aimez les sports.
2. Vous travaillez beaucoup.
3. Vous adorez voyager.
4. Vous étudiez l'anglais.
5. Vous aimez faire la cuisine.
6. Vous appréciez la musique.

B. Activités et préférences. Using the words and phrases given below, make sentences that describe what Marguerite and her friends usually do.

modèle: nous / étudier / le français → **Nous étudions le français.**

1. Michel / aimer / faire la cuisine
2. je / travailler / beaucoup
3. Paul et Luc / voyager / beaucoup
4. nous / parler / anglais
5. Nathalie / étudier / les mathématiques
6. nous / aimer / les sports

COMMUNICATION

Préférences. Using verbs like **adorer, apprécier, aimer, aimer bien, détester,** make original sentences expressing your likes and dislikes, those of other students, and those of Americans in general. For example, you might say, **Moi, j'aime bien le cinéma.**

Moi, je . . .
En général, les Américains . . .
Nous, les étudiants, nous . . .

Suggestions: les sports / la musique / le camping / la politique / les mathématiques / le cinéma / le chocolat / l'hypocrisie / les vacances / voyager / travailler / étudier / danser / manger / parler français / faire la cuisine / **?**

La forme négative

PRESENTATION

Two words are necessary to express the negative in a French sentence: **ne** precedes the conjugated verb and **pas** follows it.

Je travaille
Il regarde la télévision.

Je **ne** travaille **pas.**
Il **ne** regarde **pas** la télévision.

A. When an infinitive follows the conjugated verb, **ne . . . pas** still surrounds only the conjugated form.

Nous détestons étudier.   Nous **ne** détestons **pas** étudier.

B. When the verb begins with a vowel sound, the **e** of **ne** is dropped and is replaced by an apostrophe.

Il n'étudie pas.
Nous n'aimons pas la politique.

C. Even when the verb begins with a consonant sound, the **e** of **ne** is rarely pronounced in conversational French.

Je ne déteste pas les mathématiques.
Vous ne regardez pas la télévision.

PREPARATION

A. Substituez les mots suggérés aux mots en italique. *(Substitute the words indicated for the words in italics.)*

1. *Je ne travaille pas* beaucoup.   tu ne travailles pas / elle ne travaille pas / nous ne travaillons pas / vous ne travaillez pas / ils ne travaillent pas

2. *Je n'aime pas* voyager.   tu n'aimes pas / il n'aime pas / nous n'aimons pas / vous n'aimez pas / elles n'aiment pas

B. Mettez les phrases suivantes à la forme négative. *(Change the following statements to the negative.)*

modèle: Henri regarde la télévision. → **Henri ne regarde pas la télévision.**

1. Nous regardons la télévision.
2. Paul et Janette étudient la musique.
3. Vous aimez faire la cuisine.
4. Jacques apprécie la solitude.
5. Tu aimes voyager.
6. Hélène travaille beaucoup.
7. On parle anglais.
8. Richard déteste la politique.

TRANSITION

Contradictions. Each time that Monique makes a statement, Paul, who is in an extremely bad mood, disagrees with her. Tell what Paul's responses are.

modèle: Monique: Michel aime parler français. →
   Paul: Ah non! Michel n'aime pas parler français!

1. Vous adorez parler.
2. Les étudiants travaillent beaucoup.
3. Nous admirons les professeurs.
4. Tu voyages beaucoup.
5. Vous aimez les mathématiques.
6. Michel et Janine regardent la télévision.

COMMUNICATION

Oui ou non? Do you agree or disagree with the following statements? If you disagree, make the statement negative.

Exemple: J'aime faire la cuisine → **Oui, j'aime faire la cuisine.**

or **Mais non, je n'aime pas faire la cuisine!**

1. J'aime la solitude.
2. Je déteste étudier.
3. J'apprécie beaucoup la musique.
4. Les étudiants adorent travailler.
5. J'aime étudier le français.
6. J'aime regarder la télévision.
7. Les Américains détestent les sports.
8. J'aime beaucoup les mathématiques.

La forme interrogative

PRESENTATION

A. In French as in English there are several ways of asking questions. You may ask a yes-or-no question simply by raising the pitch of your voice at the end of a sentence.

Vous aimez la musique?

Notice the contrast in intonation between a *question*, where the voice goes up at the end of a sentence, and a *statement*, where the voice goes down at the end of the sentence.

Vous travaillez beaucoup?   Vous travaillez beaucoup.

B. Another common way of asking a question is to precede the statement with the set phrase **est-ce que** without changing the word order of the sentence. As in all yes-or-no questions, the voice goes up at the end of the sentence.

Est-ce que vous parlez anglais?
Est-ce que Chantal aime le cinéma?

When **est-ce que** precedes a noun or a pronoun beginning with a vowel sound, it becomes **est-ce qu'**.

Est-ce qu'il aime danser?
Est-ce qu'Hélène regarde la télévision?

C. Another type of question is the confirmation question. In English one asks, *You're tired, aren't you?* or *He doesn't speak French, does he?* To express this idea in French, the set expression **n'est-ce pas** is added to the end of a statement.

Vous parlez français, n'est-ce pas?
Jacques n'étudie pas beaucoup, n'est-ce-pas?

PREPARATION

⊘ **A.** Répétez les phrases suivantes.

1. Vous aimez voyager?
   Tu regardes la télévision?
   Robert parle français?
2. Est-ce qu'Irène parle anglais?
   Est-ce que tu aimes la solitude?
   Est-ce que Gérard et Sylvie adorent le camping?
3. Vous travaillez beaucoup, n'est-ce pas?
   Les Américains aiment la liberté, n'est-ce pas?
   Chantal apprécie la musique, n'est-ce pas?

B. Mettez les phrases suivantes à la forme interrogative. *(Change the following statements to questions.)*

1. *By intonation:*
   Vous aimez étudier.
   Tu admires les intellectuels.
   Vous appréciez la musique.
   Tu aimes les blue-jeans.
2. *By using* est-ce que:
   Chantal déteste l'hypocrisie.
   Vous aimez le cinéma.
   Georges et Jean travaillent beaucoup.
   Il aime la musique.
   On parle français.
3. *By using* n'est-ce pas:
   Vous étudiez le français.
   Brigitte ne mange pas beaucoup.
   Ils aiment mieux le tennis.
   Paul et Françoise regardent la télévision.

TRANSITION

Faisons connaissance. Paulette is talking with Marc and wants to find out about him and his roommate Georges. What questions would she ask to find out the following information?

modèle: if he enjoys movies → **Est-ce que tu aimes bien le cinéma?**

1. if he works a lot
2. if they like to cook
3. if Georges is studying French
4. if they like math
5. if they like camping
6. if he likes to watch TV
7. if Georges speaks English
8. if they travel a great deal

COMMUNICATION

Questions/interview. Answer the following questions or use them to interview another student.

1. Est-ce que vous aimez voyager?
2. Est-ce que vous voyagez beaucoup?
3. Est-ce que vous appréciez la musique?
4. Est-ce que vous aimez faire la cuisine?
5. Est-ce que vous travaillez beaucoup?
6. Est-ce que vous aimez mieux manger ou faire la cuisine?
7. Est-ce que vous aimez mieux étudier ou regarder la télévision?
8. Est-ce que vous aimez mieux parler anglais ou français?
9. Est-ce que vous aimez mieux la musique ou la philosophie?

Impressions

SYNTHESE

Following are the impressions of Marie-Claire, a French student who spent a summer visiting the United States.

J'admire l'immensité *des Etats-Unis.*

of the / United States

J'adore la Californie et le Colorado.

J'aime beaucoup New York et les *gratte-ciel,* mais je déteste le *métro.*

skyscrapers / subway

J'admire la vitalité et l'optimisme des Américains, mais je n'aime pas beaucoup *leur* conformisme.

their

J'admire la technologie et la prospérité des Américains, mais je déplore leur matérialisme.

J'adore les westerns et le jazz, mais je déteste la violence et le football à la télévision.

J'adore les steaks, les «milkshakes» et les «banana splits», mais je déteste les «hamburgers».

Most examples of **franglais** are masculine.

Compréhension du texte. Selon les renseignements donnés, est-ce que les phrases suivantes sont vraies ou fausses? Corrigez le sens de la phrase s'il est faux. *(According to the information given, are the following statements true [vrai] or false [faux]? If a statement is false, reword it to make it true.)*

1. Elle adore la Californie, mais elle déteste le Colorado.
2. Elle aime New York, mais elle déteste les gratte-ciel.
3. Elle n'apprécie pas beaucoup le matérialisme des Américains.
4. Elle admire le conformisme des Américains.
5. Elle admire la prospérité des Américains.
6. Elle déplore la violence à la télévision.

Les touristes français

French-speaking countries, particularly France and Canada, account for a growing number of the foreign tourists who visit the United States each year. Like their American counterparts in Europe, French tourists in the United States have a tendency to visit better-known cities—New York, Boston, Washington, D.C., New Orleans, and San Francisco. Although many are surprised by the contrast between the inner cities and the affluent suburbs, they are highly appreciative of the hospitality of Americans, who often go out of their way to be friendly. The French are impressed by the rapidity with which traffic flows on American freeways and the ease with which one can make telephone calls. They are less favorably impressed by what they see as excessive use of energy-consuming conveniences such as air conditioning and by the numerous fast-food outlets that line American streets. Although somewhat critical of American food, French visitors comment favorably on the variety in American cooking, which reflects the heritage of many regions and ethnic backgrounds.

U.S.a

les merveilles du farwest

COMMUNICATION

A. Impressions. Using the words you have learned in this chapter, rewrite Marie-Claire's statements to reflect your impressions of the United States.

B. Interview. Use the verbs and phrases below to formulate questions, or create questions of your own that you will ask other students.

1. aimer la musique (les mathématiques / la nature / les sports / le camping / le jazz / la solitude / le cinéma / **?**)
2. aimer voyager (travailler / étudier / manger / faire la cuisine / parler français / regarder la télévision / **?**)
3. détester l'hypocrisie (la violence / l'autorité / la politique / le matérialisme / **?**)
4. travailler beaucoup (étudier les mathématiques / regarder la télévision / parler français / voyager / **?**)
5. admirer les intellectuels (les artistes / les Américains / les professeurs, / **?**)

C. Comparaisons. Using what you have found out about other students in the preceding activity, tell what you and other students like and dislike.

exemple: **Marc et moi, nous aimons faire la cuisine, mais Michelle aime manger.**

 _____ *PRONONCIATION*

The French vowel system differs from the English system in significant ways. In French, you will be learning a new pronunciation for some familiar vowels and encountering vowel sounds that do not exist in English. It will be important to remember also that French vowels are pronounced with greater tenseness than English vowels, and that they are never glided or diphthongized. Compare the pronunciation, for example, of the French and English words **qui** and *key,* **mes** and *may,* **sot** and *so.*

A. To become familiar with French vowel sounds and their most common spellings, repeat the words below.

/i/   philosoph**ie,** polit**i**que, l**i**berté, v**i**talité
/e/   **aim**er, **étudi**er, autorit**é,** g**é**néral, l**es, et**
/ɛ/   **fai**re, **ci**el, lib**e**rté, intellectu**e**l
/a/   **a**dorer, **a**pprécier, chocol**at,** pl**a**ge, génér**a**l, m**a**thématiques
/y/   Etats-**U**nis, solit**u**de, m**u**sique, nat**u**re, ét**u**dier
/ø/   mi**eux**
/ə/   **je, le, re**garder
/œ/   l**eur,** profess**eur**
/u/   beauc**oup,** v**ous**
/o/   h**ô**tel, radi**o,** beauc**ou**p, f**aux**
/ɔ/   sp**o**rt, P**au**l
/ɛ̃/   s**in**cérité, **in**tellectuel, Améric**ain**
/ɑ̃/   fr**an**çais, **An**glais, viol**en**ce, préfér**en**ce, sci**en**ce
/õ/   opini**on,** nous aim**ons,** télévisi**on,** traditi**on**

B. Repeat the following sentences, paying special attention to the vowel sounds and making sure that your voice goes down at the end of each statement and that it goes up at the end of each question.

1. Tu étudies beaucoup?
2. Elle aime mieux regarder la télévision.
3. Le professeur adore la musique moderne.
4. Est-ce que vous aimez la nature?

Noms

l' **anglais** (m) *English language*
les **Etats-Unis** (m) *United States*
le **football** *soccer;* le **football**
    américain *football*
le **livre** *book*
le **métro** *subway*
la **plage** *beach*

Verbes

    aimer *to like, love*
    aimer bien *to like, enjoy*
    aimer mieux *to prefer*
    étudier *to study*
    faire la cuisine *to do the cooking*
    manger *to eat*
    parler *to speak, talk*
    regarder *to look at*

travailler *to work*
voyager *to travel*

Divers

à *to, in, at*
à bas *down with*
aussi *also, too*
beaucoup *a lot, much, many*
des *of the*
et *and*
leur *their*
mais *but*
moi *me, I*
non *no*
ou *or*
oui *yes*
qu'est-ce que *what*
vive *long live*

COGNATE NOUNS

l' **Américain** (m)	les **mathématiques** (pl/f)	la **sincérité**
l' **artiste** (m, f)	la **musique**	la **solitude**
le **camping**	la **nature**	le **sport**
le **cinéma**	la **philosophie**	le **tennis**
l' **hypocrisie** (f)	la **sandale**	les **vacances** (pl/f)
le **jazz**	le **sexisme**	la **violence**

* Chapter vocabulary lists include only important noncognate words and cognate nouns that
will be reused in the book. Vocabulary words that are part of grammar presentations are not
repeated in these lists.

Identités

Marc Lemaître

INTRODUCTION

A French skier is being interviewed by a foreign reporter.

Le reporter: Bonjour, Monsieur. Vous *êtes* Marc Lemaître, n'est-ce pas?   are
Marc: Oui, je *suis* Marc Lemaître.   am

	French
Le reporter: Vous êtes *français?*	
Marc: Oui, je suis français.	
Le reporter: Vous *habitez à* Paris?	live / in
Marc: Non, je ne suis pas parisien. Je n'aime pas les *villes. La vie est trop*	cities / Life is too
compliquée dans les villes. Je préfère la *montagne.*	complicated in / mountain(s)
Le reporter: Pourquoi est-ce que vous désirez être champion de ski?	why / to be
Marc: Parce que j'aime *gagner.*	because / to win
Le reporter: Vous êtes *très* courageux, *c'est vrai. Quelles autres* qualités est-	very / it's true / what other
ce que vous possédez?	
Marc: Je suis très ambitieux mais je ne suis pas *assez* patient. J'adore la	enough
difficulté et le danger. Je ne suis pas très modeste, c'est vrai, mais je suis	
honnête.	

Compréhension du texte. Selon les renseignements donnés, est-ce que les phrases suivantes sont vraies ou fausses? Corrigez le sens de la phrase s'il est faux. *(According to the information given, are the following statements true* [vrai] *or false* [faux]? *If a statement is false, reword it to make it true.)*

1. Marc Lemaître est français.
2. Il habite à Paris.
3. Il préfère la montagne.
4. Il désire être champion de ski parce qu'il aime gagner.
5. Il n'est pas courageux.
6. Il n'aime pas le danger.
7. Il est patient.
8. Il est très modeste.

⊘ **Petite conversation: Dans le train.** Anne Smith et Marc Lemaître voyagent de Paris à Genève.

Anne: Vous êtes français, n'est-ce pas?
Marc: Oui, je suis français.
Anne: Vous habitez à Paris?
Marc: Non, je ne suis pas parisien. Je n'aime pas les villes.
Anne: Pourquoi?
Marc: Parce que la vie est trop compliquée dans les villes. Je préfère la montagne.

Paris n'est pas la France

Despite considerable effort in recent years to decentralize economic, political, and cultural affairs in France, Paris still remains the hub of most aspects of French life. Although there are a number of major urban centers throughout France—thirty-two cities have a population of more than 100,000—many French people and foreigners still tend to think of areas outside Paris as *en province,* and to equate Parisian culture with French civilization itself.

Paris is not really representative of all of France, however. The country is geographically varied, including high mountains in the south (the Pyrenees form a natural boundary with Spain) and in the east (the Jura and the Alps form the boundary with Switzerland and Italy). Mont Blanc,

Dans les Alpes près du Mont Blanc

the highest mountain in Europe (4810 meters), is located in the French Alps, just south of the Swiss city of Geneva. Numerous popular resorts in the area—many of them very elaborate and very chic—attract winter sports enthusiasts, hikers, and climbers from all over Europe. It is not surprising that France has had a number of outstanding skiers whose achievements in Olympic and other international competitions are followed with interest by the French people. Young skiers aspire to match or surpass the records of such stars as Jean-Claude Killy and Marielle Goitschell.

Les adjectifs

PRESENTATION

Like the definite article, French adjectives agree in number and gender with the nouns or pronouns that they describe.

A. Some adjectives change form only to reflect number—not gender. When the masculine singular form of an adjective ends in -e, its masculine and feminine forms are identical. In the plural, both forms end in -s.

	SINGULAR	PLURAL
MASCULINE	honnête	honnêtes
FEMININE	honnête	honnêtes

Jacques est honnête; Suzanne est honnête.
J'apprécie les villes modernes.

Useful adjectives in this category are:

belge (*Belgian*)	dynamique	matérialiste	pessimiste	suisse (*Swiss*)
célèbre (*famous*)	économe (*economical*)	moderne	riche	sympathique (*nice*)
conformiste	énergique	modeste	sévère (*strict*)	triste (*sad*)
difficile	facile (*easy*)	optimiste	sincère	

B. Most adjectives change in form to indicate both number and gender.

	SINGULAR	PLURAL
MASCULINE	patient	patients
FEMININE	patiente	patientes

These adjectives fall into two categories: (1) those with changes that are evident only in written language and (2) those with changes that are evident in both written and spoken language.

1. When the masculine singular form of an adjective ends in a vowel, its masculine and feminine forms are pronounced alike even though they are spelled differently.

   Paul est fatigué; Jeanne est fatiguée.
   Vous détestez les questions compliquées.

   Useful adjectives in this category are:

   compliqué(e)   fatigué(e)   poli(e) *(polite)*   réservé(e)   vrai(e)

2. When the masculine singular form of an adjective ends in an unpronounced consonant, its corresponding feminine form ends in a pronounced consonant. In this case, the change in spelling affects pronunciation.

   Marc est patient, mais Monique n'est pas patiente.
   Les étudiants apprécient les professeurs compétents.
   Quelles autres qualités intéressantes est-ce que vous possédez?

   Useful adjectives in this category are:

   amusant(e)   excellent(e)   français(e)   indépendant(e)   intéressant(e)   prudent(e)
   compétent(e)   fascinant(e)   impatient(e)   intelligent(e)   parfait(e)   violent(e)
   content(e)

   Note that when the masculine singular form of an adjective already ends in **-s** or **-x**, the masculine plural form is the same; no additional **s** is added.

   Marc Lemaître est français.
   Vous admirez les champions français?

C. Some adjectives do not fit into the above categories, but do follow specific patterns.

1.

	SINGULAR	PLURAL
MASCULINE	actif	actifs
FEMININE	active	actives

compréhensif, compréhensive *(understanding)*
impulsif, impulsive
naïf, naïve
sportif, sportive *(athletic)*

2.

	SINGULAR	PLURAL
MASCULINE	sérieux	sérieux
FEMININE	sérieuse	sérieuses

ambitieux, ambitieuse
courageux, courageuse
heureux, heureuse *(happy)*
paresseux, paresseuse *(lazy)*
vaniteux, vaniteuse

3.

	SINGULAR	PLURAL
MASCULINE	parisien	parisiens
FEMININE	parisienne	parisiennes

italien, italienne
canadien, canadienne

4.

	SINGULAR	PLURAL
MASCULINE	naturel	naturels
FEMININE	naturelle	naturelles

exceptionnel, exceptionnelle
intellectuel, intellectuelle
personnel, personnelle
quel, quelle *(what, which)*
sensationnel, sensationnelle

D. When an adjective is used to describe two or more nouns of the same gender, the appropriate plural form is used. When an adjective is used to describe a mixture of masculine and feminine nouns, the adjective is always in the masculine plural.

Bruno et Alain sont *(are)* prudent**s**.
Brigitte et Denise sont sport**ives**.
Jean-Luc, Anne et Yvonne sont intelligent**s**.

E. Adjectives of nationality are not capitalized. But when these same words are used as nouns referring to people of a given nationality, they are capitalized.

J'admire les champions de ski suisses.
Les Suisses adorent les sports.

F. Adjectives usually follow the noun they modify.

La cuisine française est excellente.
Il déteste les villes modernes.

G. To add shades of meaning to descriptions, the following words are often useful:

en général	*generally*	En général, je suis patient(e).
rarement	*rarely*	Je suis rarement sérieux (sérieuse).
souvent	*often*	Je suis souvent impatient(e).
toujours	*always*	Je suis toujours heureux (heureuse).

PREPARATION

A. Répétez les adjectifs suivants et mettez-les au masculin. *(Repeat the following adjectives and give their masculine forms.)*

1. contente	4. ambitieuse	7. active	10. canadienne
2. parfaite	5. vaniteuse	8. impulsive	11. paresseuse
3. française	6. courageuse	9. parisienne	12. intellectuelle

B. Répétez les adjectifs suivants et mettez-les au féminin. *(Repeat the following adjectives and give their feminine forms.)*

1. compliqué	4. intéressant	7. italien	10. sincère
2. content	5. modeste	8. compréhensif	11. amusant
3. naïf	6. violent	9. courageux	12. exceptionnel

C. Substituez les noms entre parenthèses et faites les changements nécessaires. *(Substitute the subject in parentheses and make the necessary changes in the adjective ending and verb form.)*

modèle: Jean-Luc est très courageux. (Hélène) → **Hélène est très courageuse.**

1. Catherine est intelligente. (Georges).
2. Janine est très honnête. (Paul)
3. Alain n'est pas très actif. (Chantal)
4. Antoine est canadien. (Anne-Marie)
5. Monique est française. (Georges)
6. André est souvent très impulsif. (Claire)
7. Anne est parisienne. (Gérard)
8. Gisèle est toujours heureuse. (Charles)

TRANSITION

Les qualités et les défauts. Alain and Janine are talking about their friends. Use the words below to create sentences that express their opinions. Make the necessary agreements in the adjective endings.

modèle: Hélène / modeste / honnête → **Hélène n'est pas très modeste mais elle est honnête.**

1. Chantal / triste / fatigué
2. Marc / patient / compétent
3. Georges / intelligent / sympathique
4. Antoine / ambitieux / content
5. Catherine / poli / sincère
6. Claudine / sérieux / amusant

COMMUNICATION

Qualités. Indicate the qualities that you value in women and in men, using adjectives that you have learned and following the format of the examples.

exemples: J'apprécie les femmes intelligentes.
J'apprécie les hommes compétents.

_____ *Le verbe* **être**

PRESENTATION

A. The verb **être** (*to be*) does not follow a regular pattern as **-er** verbs do:

ètre	
je suis	nous sommes
tu es	vous êtes
il/elle est	ils/elles sont

Est-ce que vous êtes française?
Non, je ne suis pas française; je suis belge.

Notice the necessary liaison in **vous êtes.** Liaison also often occurs when a form of **ètre** is followed by a word beginning with a vowel sound. This is particularly likely to happen with **il/elle est** and **ils/elles sont.**

Paul est à Paris.
Elles sont à Montréal.
Nous sommes américains.

B. Unmodified names of professions directly follow the verb **ètre** and are not preceded by an article.

Jeanne est étudiante et Pierre est professeur.
Est-ce que vous êtes architecte?

PREPARATION

Ⓐ **A.** Substituez les mots suggérés aux mots en italique. *(Substitute the words indicated for the words in italics.)*

1. *Je suis* étudiant.   tu es / il est / nous sommes / vous êtes / elles sont
2. *Je ne suis pas* fatigué.   tu n'es pas / elle n'est pas / nous ne sommes pas / vous n'êtes pas / ils ne sont pas

Ⓐ **B.** Substituez les mots suggérés aux mots en italique et faites les changements nécessaires. *(Substitute the words indicated for the words in italics and make the necessary changes.)*

1. *Je* suis modeste.   nous / tu / vous / Janine
2. *Nous ne sommes pas courageux.*   je / les étudiants / tu / vous
3. Est-ce-que *Jeanne* est française?   Hélène et Janine / vous / je / Alain

C. Répondez aux questions suivantes selon les indications données. *(Answer the following questions using the words in parentheses in your response.)*

modèle: Est-ce que tu es content? (non, . . . pas très) → **Non, je ne suis pas très content.**

1. Est-ce que Paul est reporter? (oui, . . .)
2. Est-ce que nous sommes toujours patients? (non, nous. . .)
3. Est-ce qu'elles sont ambitieuses? (oui, . . .très)
4. Est-ce que vous êtes courageux? (non, . . .pas très)
5. Est-ce que Laurent est canadien? (non, . . .belge)

6. Est-ce que tu es étudiante? (non, . . .professeur)
7. Est-ce qu'elle est triste? (oui, . . .très)
8. Est-ce que je suis trop impulsif? (oui, . . .beaucoup trop)

TRANSITION

Opinions. Paulette is giving her opinions about various people and things. Use the words below to create sentences that express her ideas.

modèle: la vie / compliqué / intéressant → **La vie est compliquée et intéressante.**

1. les Américains / courageux / dynamique
2. le tennis / facile / amusant
3. nous / impatient / impulsif
4. tu / indépendant / ambitieux
5. vous / sincère / sympathique
6. je / triste / fatigué

COMMUNICATION

A. Votre portrait. Prepare a self-portrait using the adjectives you've just learned. You may also want to use words like **en général, rarement, souvent,** or **assez.** For example, you might say, **En général, je ne suis pas très modeste, mais je suis honnête.**

B. Vos opinions. Ask another student for her/his opinions about the following statements.

exemple: La vie est difficile. → **Est-ce que la vie est difficile?**

1. Les professeurs sont assez sévères.
2. Les étudiants sont trop sérieux.
3. Le président est très compétent.
4. La classe est très intéressante.
5. La police est trop sévère.
6. Les hommes sont très vaniteux.
7. Le football américain est trop violent.
8. Les femmes sont trop indépendantes.

Dans un village de montagne

C. Contrastes. With another student or group of students, contrast the general characteristics and qualities of your class as a whole. Report on the results of your discussion to the rest of the class.

exemple: **Nous sommes sympathiques et prudents, mais nous ne sommes pas très ambitieux.**

Les nombres de 1 à 10

PRESENTATION

Numbers may be used alone (as in counting and mathematics problems) or in combination with nouns. When a number is followed by a noun, its pronunciation may vary.

	ALONE	BEFORE A CONSONANT SOUND	BEFORE A VOWEL SOUND	LINKING SOUND
1	un	un livre	un Américain	/n/
	une	une sandale	une Américaine	
2	deux	deux livres	deux Américains	/z/
3	trois	trois livres	trois Américains	/z/
4	quatre	quatre livres	quatre Américains	
5	cinq /k/	cinq livres	cinq Américains	/k/
6	six /s/	six livres	six Américains	/z/
7	sept	sept livres	sept Américains	/t/
8	huit	huit livres	huit Américains	/t/
9	neuf	neuf livres	neuf Américains	/f/
10	dix /s/	dix livres	dix Américains	/z/

PREPARATION

A. Répétez les nombres et les expressions suivants. *(Repeat the following numbers and phrases.)*

1. un, deux, trois, quatre, cinq, six, sept, huit, neuf, dix
2. un stylo, deux stylos, trois stylos, quatre stylos, cinq stylos, six stylos, sept stylos, huit stylos, neuf stylos, dix stylos
3. un étudiant, deux étudiants, trois étudiants, quatre étudiants, cinq étudiants, six étudiants, sept étudiants, huit étudiants, neuf étudiants, dix étudiants

B. Lisez les nombres suivants en français. *(Read the following numbers in French.)*

6, 3, 9, 2, 5, 1, 8, 10, 7, 4

TRANSITION

Le Tour de France. The results of the first lap of the well-known bicycle race **Le Tour de France** are being announced on French television. How would the sportscaster report the results?

Numéro 1	Schulz	Numéro 6	Steen
Numéro 2	Vigo	Numéro 7	Garcia
Numéro 3	LaFayette	Numéro 8	Belmondi
Numéro 4	Dingelhöffer	Numéro 9	Maréchal
Numéro 5	Lemartin	Numéro 10	Schmidt

COMMUNICATION

Petits problèmes. With another student or group of students make up and give each other addition and subtraction problems to solve.

exemples: 2 + 3 = ? Combien font deux plus trois?
2 + 3 = 5 Deux plus trois font cinq.
4 − 2 = ? Combien font quatre moins deux?
4 − 2 = 2 Quatre moins deux font deux.

Les verbes avec un changement d'accent

PRESENTATION

Espérer *(to hope)*, **préférer** *(to prefer)*, **répéter** *(to repeat)*, **posséder** *(to own)*, **considérer** *(to consider)*, and other verbs ending in **-érer**, **-éter**, or **éder** have the same endings as other **-er** verbs. However, the **é** becomes **è** in the **je, tu, il/ elle**, and **ils/elles** forms.

espérer	
j'espère	nous espérons
tu espères	vous espérez
il/elle espère	ils/elles espèrent

J'espère gagner.
Nous préférons la montagne.
Quelles qualités est-ce que tu préfères?

KNOW FOR WEDS.

PREPARATION

⊘ **A.** Substituez les mots suggérés aux mots en italique. *(Substitute the words indicated for the words in italics.)*

J'espère voyager.   tu espères / il espère / nous espérons / vous espérez /
elles espèrent

⊘ **B.** Substituez les mots suggérés aux mots en italique et faites les changements nécessaires. *(Substitute the words indicated for the words in italics and make the necessary changes in the verb endings.)*

1. *Je* préfère travailler.   nous / on / vous / tu / Marie et Marc
2. *Nous* espérons parler français.   tu / André et Jean / vous / je / Sylvie et Anne

TRANSITION

A l'agence de voyage. A group of tourists in a French travel agency are discussing their travel plans. Reconstruct their statements or questions.

modèle: Hélène et moi, nous / préférer / la plage → **Hélène et moi, nous préférons la plage.**

1. Nous / espérer / visiter / la Martinique
2. Moi, je / préférer / la Guadeloupe
3. Jean-Claude / préférer / le Canada
4. Les autres / espérer / visiter les Etats-Unis
5. Et vous / qu'est-ce que / vous / préférer

COMMUNICATION

Questions/interview. Answer the following questions or use them to interview another student.

1. Est-ce que vous espérez être riche?
2. Est-ce que vous espérez être célèbre?
3. Est-ce que vous espérez visiter Québec?
4. Est-ce que vous espérez étudier à Paris?
5. Est-ce que vous préférez la ville ou la montagne?
6. Est-ce que vous préférez le ski ou le tennis?
7. Est-ce que vous préférez être riche ou heureux (heureuse)?
8. Est-ce que vous préférez les vacances à la plage ou à la montagne?

Isabelle Dulac

Je m'appelle Isabelle Dulac. Je suis martiniquaise. *Maintenant*, j'habite à
Paris mais je suis *de* Fort-de-France, capitale de la Martinique. Je suis étudiante à Paris. J'étudie les sciences et les mathématiques parce que je *voudrais* être *médecin*. Je travaille beaucoup parce que je suis très ambitieuse. Je
voudrais *avoir une* profession intéressante et stimulante. Je n'aime pas le
climat de Paris. Je voudrais *retourner* à Fort-de-France *où* la vie est *plus*
calme et *moins* impersonnelle. Les plages *de* la Martinique sont splendides,
et j'aime bien regarder les *pêcheurs* dans le port. Paris est fascinant, c'est
vrai, mais *pour* moi c'est toujours un *plaisir* de retourner à la Martinique.

now
from

would like / doctor
to have / a
to return / where / more
less / of
fishermen
for / pleasure

Compréhension du texte. Répondez aux questions suivantes selon les renseignements donnés dans le texte. *(Answer the following questions according to
the information given in the text.)*

1. Est-ce qu'Isabelle Dulac est martiniquaise ou canadienne?
2. Est-ce qu'elle habite maintenant à Paris ou à Fort-de-France?
3. Est-ce qu'elle étudie la philosophie ou les sciences?
4. Est-ce qu'elle préfère le climat de Paris ou le climat de la Martinique?
5. Est-ce qu'Isabelle aime observer les touristes ou les pêcheurs?

La Martinique et les Martiniquais

Martinique, one of the Antilles Islands in the
Caribbean, was incorporated into the French
Republic as an overseas department in 1946. The
Martiniquais are thus French citizens and vote in
French legislative and presidential elections.
Cultural and economic ties to France are also
strong: French has long been the official language,
and islanders often aspire to complete their
education in France. Prior to 1946, Martinique
was a French territory; French colonization of the
island dates back to 1635.

Martinique and neighboring Guadeloupe—also
a French overseas department—enjoy a beautiful

tropical climate with an average annual
temperature of 27° C (80° F). Excellent beaches,
rough mountainous terrain, and luxurious tropical
forests are other well-known attractions of the
islands.

Nonetheless, problems and tensions do exist.
Despite the longtime French presence in
Martinique, most islanders are of African descent;
others are of Chinese or Indian ancestry. Yet
because social mobility is largely determined by
the educational and financial background of an
individual, the *békés* (whites) and *métros* (from
metropolitan France) hold many key positions.

Fort-de-France

Moreover, a small but growing number of people resent Martinique's close ties with France. For example, Aimé Césaire, a politician and a leading poet, believes that French influence in Martinique is camouflaged colonialism and that the islanders actually have little voice in governing the country.

COMMUNICATION

A. Interview. Imagine that you are a reporter who is interviewing either Isabelle Dulac or Marc Lemaître. Prepare questions such as **Comment vous appelez-vous?** or **Est-ce que vous êtes français(e)?** Another student might play the role of Isabelle or Marc and answer the questions.

B. Questions/interview Answer the following questions or use them to interview another student.

1. En général, est-ce que vous êtes optimiste ou pessimiste?
2. Est-ce que vous êtes très indépendant(e)?
3. Est-ce que vous êtes économe?
4. Est-ce que le français est facile ou difficile pour vous?
5. Est-ce que vous préférez les professeurs sévères ou les professeurs faciles?
6. Est-ce que la ville où vous habitez est intéressante?
7. Est-ce que vous préférez le climat où vous habitez ou le climat de la Martinique?

C. Portrait. Prepare a description of what you think Americans are like and share it with the class. For example, you might comment, **Les Américains sont énergiques et optimistes, mais ils sont trop conformistes.**

D. Préférences. Using the following list of professions, tell which you would like or not like to be.

exemple: **Je voudrais être interprète, mais je ne voudrais pas être professeur.**

Suggestions: président(e) / interprète / astronaute / pianiste / garagiste / architecte / professeur / dentiste / barman / biologiste / artiste / chauffeur de taxi / psychiatre / journaliste / médecin

A. Liaison may occur when a word that ends in a silent consonant is followed by a word that begins with a vowel sound. In such cases, the consonant is sounded and linked to the vowel sound that follows it. Liaison occurs between an article, subject pronoun, adjective, or adverb ending with an **-s** or **-x** and a following word beginning with a vowel sound. It also occurs after words ending with **-t** or **-n** (**huit‿étudiants, un‿hôtel**).

Repeat the following:

Articles	*Subject Pronouns*	*Adjectives and Adverbs*	*Numbers*
les‿Américains	nous‿aimons	très‿ambitieux	deux‿hôtels
les‿artistes	vous‿habitez	très‿impulsif	trois‿hôtels
les‿étudiants	vous‿êtes	moins‿actifs	six‿hôtels
les‿hôtels	ils‿espèrent	quelles‿autres qualités	dix‿hôtels

B. When the following combinations of letters occur at the end of a word or before a consonant other than **n** or **m**, they are pronounced as nasal vowel sounds:

in, im, ain, (i)en, yn = /ɛ̃/
an, am, en, ean = /ɑ̃/
on, om = /õ/

Listen and compare:

English	*French*
talent	talent
sincerity	sincérité
question	question

Repeat the following words:

/ɛ̃/	/ɑ̃/	/õ/
intéressant	**an**glais	bo**n**jour
Améric**ain**	**am**bitieux	ré**g**ion
parisi**en**	amus**ant**	mo**n**tagne
impressions	**vio**lence	co**n**formiste
bi**en**	**im**mensité	co**m**pliqué

When the above letter combinations are followed by **n, m,** or a vowel, they are not pronounced as nasals and the **n** or **m** is sounded.

Compare the following words:

parisi**en**—parisi**enne**   Jea**n**—Jea**nne**   bo**n**—bo**nne**

C. Except for the letters **c, f, l,** and **r,** a consonant that is the final letter of a word is usually not pronounced. A word may end in a consonant sound, however, when its final letter is a silent **-e**. This difference is especially evident in the contrast between the masculine and feminine forms of adjectives.

Repeat the following pairs of words:

content—contente	amusant—amusante	parfait—parfaite	paresseux—paresseuse
intelligent—intelligente	patient—patiente	sérieux—sérieuse	français—française

D. Repeat the following sentences, paying special attention to the sounds you have been practicing.

1. Les deux interprètes **sont** très **intelligents**.
2. Vous habitez une région fascinante.
3. Jeanne est contente, mais Jean n'est pas content.

VOCABULAIRE

Noms

le **chauffeur** *driver*
le **Francais,** la **Française** *French person*
le **médecin** *physician*
la **montagne** *mountain*
le **plaisir** *pleasure*
la **vie** *life*
la **ville** *city*

Verbes

avoir *to have*
espérer *to hope*
gagner *to win, earn*
habiter *to live*
posséder *to possess*
retourner *to return*
(je) voudrais *(I) would like*

Adjectifs

autre *other*
martiniquais(e) *from Martinique*

Divers

assez *rather, enough*
ce (c') *it, he, she*
dans *in, into*
de *of, from*
maintenant *now*
moins *less*
où *where*
parce que *because*
plus *more, plus*
pour *for, in order to*
pourquoi *why*
très *very*
trop *too, too much, too many*

COGNATE NOUNS

l' **architecte** (m,f)	le **danger**	le/la **journaliste**	le/la **reporter**
le/la **biologiste**	le/la **dentiste**	le **président,** la	la **science**
la **capitale**	la **difficulté**	**présidente**	le **ski**
le **champion,** la	le **docteur**	la **profession**	le **taxi**
championne	le/la **garagiste**	le/la **psychiatre**	
le **climat**	l' **interprète** (m,f)	la **qualité**	

Possessions

[handwritten notes]

voiture
auto   } car
automobile

un père (beau) – father
sa mère (belle) – mother
une vie – life
une maison –
des – some

avoir – to have
j'ai   nous avons
tu as   vous avez
elle a   ils ont
il y a? there is
           there are

Moi, j'ai ...

J'ai *des* livres et des *disques*—
Des disques *de* Brel, de Barbara et de Moustaki.
J'ai *une chaîne stéréophonique.*
J'ai un *vélomoteur.*
J'ai des plantes et une guitare.
J'ai un *chien* et deux *chats.*
Je n'ai pas *d'argent.*
J'ai *dix-neuf ans.*

J'ai de la chance.
J'ai un *frère* et une *sœur.*
J'ai des parents *qui* sont *formidables.*
J'ai des *cours* intéressants.
J'ai des *camarades de chambre* sympathiques.
J'ai des *amis.* Trois? Cinq? Dix, *peut-être* . . .
J'ai un album de photos.
J'ai des *souvenirs, bons* et *mauvais.*
J'ai des problèmes *de temps en temps.*
J'ai des idées—des millions d'idées.
J'ai de l'imagination.
J'ai peut-être du talent . . .

                                    Patrick

INTRODUCTION

have / some / records
of
stereo
moped

dog / cats
any / money
I'm nineteen.

I'm lucky.
brother / sister
who / great
classes
roommates
friends / maybe

memories / good / bad
from time to time

Compréhension du texte. Selon les renseignements donnés, est-ce que les phrases suivantes sont vraies ou fausses? Corrigez le sens de la phrase s'il est faux. *(According to the information given, are the following statements true [vrai] or false [faux]? If a statement is false, reword it to make it true.)*

1. Patrick possède un vélomoteur.
2. Les parents de Patrick ne sont pas sympathiques.
3. Patrick est très riche.
4. Patrick déteste les chiens.
5. Patrick aime les disques de Brel.
6. Patrick apprécie la vie.

enfant unique
only child

⊘ **Petite conversation: Au téléphone.** Janine téléphone à Patrick, qui est étudiant à l'université de Toulouse.

Janine: Est-ce que tu es content à l'université?
Patrick: Oui, j'ai de la chance. J'ai des camarades de chambre sympathiques.
Janine: Et les profs? Ils sont sympas?
Patrick: Oui, très. J'ai un prof de maths qui est formidable! En général, j'ai des cours assez intéressants.
Janine: Tu étudies beaucoup?
Patrick: Non, pas trop . . . je n'ai pas de problèmes. Ça va bien.

un frère
Brother

une soeur
Sister

un beau frère
Brother-in-law

un belle soeur
Sister-in-law

Les étudiants français

NOTES
CULTURELLES

Like their American counterparts, many French students have stereos and enjoy listening to various types of music. Although they prefer **la musique pop** and **le rock**—and are very familiar with American singers and musicians—many also enjoy the ballads of poet-singer-composers like Brel, Barbara, and Moustaki.

The typical French student does not usually have very much money; relatively few students have part-time jobs. Most depend upon modest, but readily available, government scholarships. Annual tuition ranges from the equivalent of thirty to fifty dollars and entitles students to complete medical coverage. Moreover, they can eat inexpensive meals costing about three and a half francs (about ninety cents) in student restaurants and live in modestly priced university housing. Because only limited space is available in university housing, large numbers of students live in rooms in town or in small apartments that they share with friends. Off-campus housing tends to be quite expensive and consumes a large portion of a student's budget. Other students live at home

Une 2 CV Citroën

with their parents and commute daily from surrounding suburbs or small towns.

Many French students have **vélomoteurs** or **motos** (motorcycles); others walk or ride city buses. A smaller but growing number have cars, often an inexpensive and economical 2 CV (**Deux-chevaux**).

L'article indéfini

PRESENTATION

The French indefinite articles **un** and **une** are the equivalent of *a* or *an* in English. The plural indefinite article **des** is often the equivalent of *some* in English.

Les articles indéfinis

	SINGULAR	PLURAL
MASCULINE	un	des
FEMININE	une	des

J'ai un appartement modeste.
J'ai une idée.
J'ai des amis à Paris.

A. The plural indefinite article, often omitted in English, is always present in French.

J'ai des livres excellents.   *I have (some) excellent books.*

B. After the negative (**ne . . . pas**), the indefinite articles (**un, une, des**) all become **de** or **d'** before a vowel or vowel sound.

J'ai **un** frère.   Je n'ai pas **de** frère.
J'ai **une** sœur.   Je n'ai pas **de** sœur.
J'ai **des** disques.   Je n'ai pas **de** disques.
J'ai **des** amis.   Je n'ai pas **d'**amis.

PREPARATION

⊘ **A.** Répétez les noms suivants. *(Repeat the following nouns.)*

1. un chien, un Américain, un crayon, un ami
2. une idée, une montagne, une guitare, une amie
3. des souvenirs, des photos, des villes, des vacances
4. des albums, des hôtels, des amis, des étudiants

B. Remplacez l'article défini par l'article indéfini dans les phrases suivantes. *(Replace the definite article with the indefinite article in the following sentences.)*

modèle: J'ai l'album de photos. → **J'ai un album de photos.**

un, une, des

1. J'ai le disque.
2. J'ai les sandales.
3. J'ai la plante.
4. J'ai les chiens.
5. J'ai le vélomoteur.
6. J'ai la guitare.
7. J'ai le stylo.
8. J'ai les cigarettes.
9. J'ai le livre.
10. J'ai la chaîne stéréophonique.

C. Mettez les phrases suivantes à la forme négative. *(Change the following sentences to the negative.)*

modèle: J'ai une sœur. → **Je n'ai pas de sœur.**

1. J'ai un vélomoteur.
2. J'ai un camarade de chambre.
3. Tu possèdes des disques.
4. J'ai un chien.
5. Il possède une guitare.
6. Vous possédez une télévision.
7. J'ai des problèmes.
8. J'ai une idée.

TRANSITION

Je ne suis pas matérialiste, mais . . . Nadine is thinking about the things she has and the things she would like to have. Formulate sentences that express her thoughts.

modèle: vélomoteur / auto → **J'ai un vélomoteur, mais je voudrais avoir une auto.**

1. vélomoteur / auto
2. télévision / chaîne stéréophonique
3. disques / guitare
4. sœur / frère
5. problèmes / vie facile
6. cours difficiles / cours faciles

COMMUNICATION

A. Préférences. Listed below are items that many people consider important to their happiness. If you could have only five of these items, which ones would you choose?

Je voudrais avoir . . .   une auto / des disques / une guitare / un chien ou un chat / un vélomoteur / une radio / des livres / une chaîne stéréophonique / un appartement confortable / une bicyclette / une vie heureuse / une télévision couleur

B. Possessions. Tell what you have and what you do not have in your room or apartment using the nouns listed below, or others you have learned. Be sure to use the appropriate form of the indefinite article.

modèle: **J'ai une chaîne stéréo, mais je n'ai pas de disques.**

Suggestions: disques / crayons / plantes / chat / bicyclette / souvenirs / stylos / chien / radio / album de photos / livres / télévision couleur / **?**

Le partitif

PRESENTATION

Some nouns (like *coffee, patience,* and *money*) are not usually countable items. We say, for example, *I have some money,* or, *I have money,* rather than *I have twenty monies.* In English we use *some* or *any* or no article at all to refer to a part or undetermined amount of an item. In French the partitive article, which cannot be omitted, conveys this meaning.

Les articles partitifs

BEFORE A MASCULINE NOUN	BEFORE A FEMININE NOUN	BEFORE A NOUN BEGINNING WITH A VOWEL SOUND
du	de la	de l'
du café (*coffee*)	de la bière (*beer*)	de l'ambition
du champagne	de la glace (*ice cream*)	de l'argent
du courage	de la patience	de l'énergie
du tact	de la salade	de l'enthousiasme

A. Like the indefinite articles, all forms of the partitive become **de (d')** in the negative.

J'ai **du** talent.	Je n'ai pas **de** talent.
J'ai **de la** chance.	Je n'ai pas **de** chance.
J'ai **de l'**imagination.	Je n'ai pas **d'**imagination.
J'ai **de l'**argent.	Je n'ai pas **d'**argent.

B. The distinction between the partitive article and the definite article is important. As you have learned, the definite article precedes general categories, as when likes and dislikes are expressed.

To indicate, however, that one can have, consume, or take a part or undetermined amount of a noncountable item, the partitive article is used. Compare:

| J'aime la salade. | *I like salad.* |
| Je mange de la salade. | *I'm eating (some) salad.* |

| Je n'aime pas l'argent. | *I don't like money.* |
| Je n'ai pas d'argent. | *I don't have (any) money.* |

PREPARATION

⊘ **A.** Substituez les mots suggérés aux mots en italique. *(Substitute the words indicated for the words in italics.)*

1. Je voudrais *de la salade.*   du café / de la bière / du champagne / de la glace
2. Je n'ai pas *de chance.*   d'ambition / de talent / de patience / d'énergie

B. Remplacez l'article défini par l'article partitif. *(Replace the definite article by the partitive article.)*

1. la salade	5. le tact	9. le café
2. l'énergie	6. l'imagination	10. l'ambition
3. l'intuition	7. le talent	11. l'argent
4. le courage	8. la chance	12. le champagne

C. Remplacez les mots en italique par le partitif des mots suggérés. *(Replace the words in italics with the partitive of the words indicated.)*

1. J'ai *du talent.*   courage / chance / patience / énergie
2. J'ai peut-être *de l'imagination.*   ambition / argent / tact / courage

D. Donnez l'équivalent français des phrases suivantes. *(Give the French equivalents of the following sentences.)*

1. Are you eating salad?
2. Does he like coffee?
3. I don't have any talent.
4. We are eating some ice cream.
5. Do I have any money?
6. They prefer beer.

TRANSITION

Examen de conscience. Robert is examining his life and answering questions regarding his likes, dislikes, and personal qualities. Indicate his responses, using the cues given.

modèle: Est-ce que j'ai du talent? (Non, . . .patience)→
  Non, je n'ai pas de talent, mais j'ai de la patience.

1. Est-ce que j'ai de la chance? (non, . . .courage)
2. Est-ce que j'aime l'argent? (non, . . .vie)
3. Est-ce que j'ai de l'imagination? (non, . . .intuition)
4. Est-ce que j'ai du tact? (non, . . .courage)
5. Est-ce que j'aime la montagne? (non, . . .plage)
6. Est-ce que j'ai de la patience? (non, . . .ambition)

COMMUNICATION

A. Qualités professionnelles. Identify the quality or qualities that you think people in certain professions must have in order to be successful. Suggested professions and qualities are given below.

exemple: **Pour être étudiant, il faut avoir** *(it is necessary to have)* **de l'endurance et de la patience.**

Professions: médecin / professeur / artiste / pilote / poète / astronaute / dentiste / psychiatre / diplomate / journaliste / étudiant(e)
Qualités: du tact / de la patience / du courage / de la chance / de l'énergie / de l'intuition / de l'imagination / de l'ambition / du talent / de l'endurance

B. Au restaurant. Imagine that you are in a small family restaurant and are going to order your dinner from the following menu. What would you select? One student can play the role of the waiter, the **garçon,** and ask you, the **client(e),** what you would like.

exemple:　　**Garçon: Est-ce que vous désirez de la salade de tomates ou de la soupe à l'oignon?**
　　　　　　Client(e): Je voudrais de la salade de tomates.

Chez Mimi

Menu à 38 francs

Salade de tomates	ou	Soupe à l'oignon
Rôti de porc	ou	Bœuf bourguignon
Carottes Vichy	ou	Tomates provençales
Glace au chocolat	ou	Fruits
Vin rouge	ou	Vin blanc

Les nombres de 11 à 39

PRESENTATION

Notice how the following numbers are formed. The pronunciation of the numbers, 11 to 39 follows the same patterns as the numbers 1 to 10.

11	onze	21	vingt et un	31	trente et un
12	douze	22	vingt-deux	32	trente-deux
13	treize	23	vingt-trois	33	trente-trois
14	quatorze	24	vingt-quatre	34	trente-quatre
15	quinze	25	vingt-cinq	35	trente-cinq
16	seize	26	vingt-six	36	trente-six
17	dix-sept	27	vingt-sept	37	trente-sept
18	dix-huit	28	vingt-huit	38	trente-huit
19	dix-neuf	29	vingt-neuf	39	trente-neuf
20	vingt	30	trente		

PRÉPARATION

A. Comptez de 11 à 39 en français. *(Count from 11 to 39 in French.)*

B. Comptez de deux en deux de 10 à 38, puis de 11 à 39. *(Count by twos from 10 to 38, then from 11 to 39.)*

C. Donnez le nombre qui vient après chacun des nombres suivants. *(Give the number that comes after each of the following numbers.)*

22, 10, 37, 18, 15, 14, 16, 20, 29, 27, 28, 19, 13, 36, 34, 12, 33, 31, 30, 17

TRANSITION

Distances. A group of French students who commute each day to the university are comparing the distances they have to travel. Tell what they say.

modèle: 25 → **J'habite à vingt-cinq kilomètres de l'université.**

1. 15
2. 34
3. 26
4. 19
5. 16
6. 29
7. 13
8. 39
9. 21
10. 11

COMMUNICATION

A. Petits problèmes. Devise a sequence of numbers that has a logical pattern to be completed. Read the numbers aloud in French to other students and see if they can find the next number in the series.

exemples: **cinq, dix, quinze, ?**
             vingt, dix-huit, quinze, onze, ?

B. Bingo! Make up cards with sixteen different numbers (from 1 to 39) written on each. Give one to each member of your class. One student will then randomly call out the numbers from 1 to 39. Each time a number that is on your card is called, cross it off. The first person to cross off all the numbers on his or her card wins.

PRESENTATION

Avoir (*to have*), like **être,** does not follow a regular pattern.

avoir	
j'ai	nous avons
tu as	vous avez
il/elle a	ils/elles ont

Nous avons trois chats.
Ils n'ont pas d'imagination.
Est-ce que tu as de l'argent?

A. **Avoir** is also used in many common expressions. One of the most useful is **il y a,** meaning *there is* or *there are.*

Il y a des gratte-ciel à New York.
Est-ce qu'il y a un métro à Montréal?
Il n'y a pas de plages dans la région.

B. **Avoir** is also used to express age:

Quel âge avez-vous? *How old are you?*
J'ai vingt-trois ans. *I am twenty-three years old.*

PREPARATION

A. Substituez les mots suggérés aux mots en italique. *(Substitute the words indicated for the words in italics.)*

1. *J'ai* une bicyclette. tu as / elle a / nous avons / vous avez / ils ont
2. *Je n'ai pas* d'argent. tu n'as pas / il n'a pas / nous n'avons pas / vous n'avez pas / elles n'ont pas

B. Substituez les mots suggérés aux mots en italique et faites les changements nécessaires. *(Substitute the words indicated for the words in italics and make the necessary changes in the verb endings.)*

1. *J'ai* un frère et deux sœurs. nous / Hélène / tu / vous
2. *Vous n'avez* pas de chance. je / les étudiants / Paul / on
3. Est-ce que *tu* as un stylo? vous / Suzanne et Barbara / Patrick / nous

TRANSITION

Au poste de police. Two American students have been stopped by the police on suspicion of vagrancy while hitchhiking in Belgium. Indicate their responses to the policeman who is interrogating them, using the cues given.

modèle: Est-ce que vous avez des amis belges? (non, . . .) →
Non, nous n'avons pas d'amis belges.

1. Est-ce que vous avez un passeport? (oui, nous. . .)
2. Vous avez vingt et un ans, n'est-ce pas? (oui, . . .)
3. Est-ce que vous avez un visa touristique ou un visa étudiant? (un visa étudiant)
4. Est-ce que vous avez une carte d'identité? (non, . . .)
5. Est-ce que vous avez une adresse permanente? (non, . . .)
6. Est-ce que vous avez de l'argent belge ou des dollars américains? (des dollars)
7. Est-ce que vous avez des cartes de crédit? (non, . . .)
8. Est-ce que vous avez des chèques de voyage? (oui, . . .)

COMMUNICATION

A. Questions/interview. Ask another student about his or her possessions. You might want to report the results of your interview to the rest of the class. (By now you are probably well enough acquainted with other students to use the **tu** form.)

exemple: Demandez s'il (si elle) a un vélomoteur. → **Sylvie, est-ce que tu as un vélomoteur?**

Demandez si (*ask if*):

1. il/elle a des frères ou des sœurs
2. il/elle a un(e) camarade de chambre
3. il/elle a des plantes
4. il/elle a des photos
5. il/elle a une bicyclette ou une auto
6. il/elle a une guitare
7. il/elle a une télévision couleur
8. il/elle a un chien ou un chat

B. Vrai ou faux? Are the following statements true or false according to your situation? If the statement is false, reword it to make it correct. You may want to make up additional sentences using the sentences below as a model and let other students decide if your statements are true or false.

1. Il y a trente étudiants dans la classe.
2. Il y a huit cinémas dans la ville.
3. Il y a un champion de tennis dans la classe.
4. Il y a quinze hôtels dans la ville.
5. Il y a deux bibliothèques dans la ville.
6. Il y a des montagnes dans la région.
7. Il y a des artistes dans la classe.
8. Il y a deux Français dans la classe.

La vie de Louis Duvivier

SYNTHESE

Sa vie? Il travaille, il *dort,* il mange. Il habite un *petit* appartement dans un *H.L.M.* à Paris. Il est marié et il a trois *enfants*—Michel, 10 ans; Anne-Marie, 7 ans; et Paulette, 2 ans. Duvivier, qui a trente-quatre ans, travaille dans une *usine* d'automobiles. Sa vie est simple et tranquille. Il est assez content.

his / sleeps / small
low-cost government
   housing / children
factory

Sa *femme* ne travaille pas maintenant; elle *reste* à la *maison avec* les enfants. Elle aussi est assez contente. «Nous ne sommes pas riches, c'est vrai, mais nous ne sommes pas *pauvres*. Nous avons trois enfants qui sont adorables et un appartement qui est modeste mais confortable.»

wife / stays / home / with

poor

Ils possèdent l'essentiel: une auto, un réfrigérateur, une *machine à laver* et une télévision. Les Duvivier aiment regarder la télévision et inviter des amis à dîner. En général, ils n'aiment pas beaucoup les livres et le cinéma.

washing machine

Oui, ils ont une vie confortable. Oui, ils sont assez satisfaits, mais ils sont aussi résignés à la monotonie de leur vie. «Je suis trop fatigué pour être ambitieux», *explique* Duvivier.

Leur *rêve*? Posséder une petite maison à la *campagne*.

explains
dream / country

Extrait et adapté d'un article de *L'Express*

Compréhension du texte. Répondez aux questions suivantes selon les renseignements donnés dans le texte. *(Answer the following questions according to the information given in the text.)*

1. Où est-ce que Louis Duvivier habite?
2. Est-ce qu'il a des enfants?
3. Quel âge ont-ils?
4. Où est-ce qu'il travaille?
5. Est-ce que sa femme travaille aussi?
6. Est-ce que les Duvivier sont riches?
7. Qu'est-ce que les Duvivier possèdent?
8. Est-ce qu'ils sont satisfaits de leur vie?
9. Quel est leur rêve?

La classe ouvrière

The standard of living of French working-class and lower-middle-class families has steadily improved since the end of the Second World War. While for many years housing was expensive and in short supply, many of these families are now able to live in **cités ouvrières** (housing developments) or in HLMs (**habitations à loyer modéré**). The HLMs are government-sponsored moderate-rent apartment buildings that have been built on the periphery of French cities during the past twenty-five years. Individual apartments are small—averaging three rooms per family—but even in the most modest, a refrigerator and a washing machine are now considered necessities, rather than luxuries, as they once were. Statistics show, moreover, that ownership of television sets and other home appliances is nearly universal.

Many French employees belong to labor unions. The three major unions are highly politicized, dividing along political rather than craft lines: one is communist-led; another is moderately socialist in outlook; a third is militantly socialist. Some major firms, however, including leading automobile manufacturers, have nonpolitical "house" unions.

COMMUNICATION

A. Etes-vous poète? Using the **Introduction, Moi, j'ai...,** as a model and including vocabulary you know, write a similar French poem about yourself, someone you know, or an imaginary person.

B. Un ouvrier américain/une ouvrière américaine. Do you think the life of an American worker is very different from that of Louis Duvivier? Try to describe his or her life and typical possessions.

C. Les rêves et la réalité. Based on the information given, what might be the dream of each of the following people?

1. Lucette Favier est étudiante à l'université de Grenoble dans les Alpes. Elle étudie la littérature et la civilisation américaines. Elle adore voyager, mais elle n'est pas riche et elle travaille dans un restaurant. Le rêve de Lucette est...
   a. d'avoir un réfrigérateur
   b. d'habiter dans les montagnes
   c. de visiter les Etats-Unis
   d. d'inviter des amis à dîner

2. Louis Jeandot travaille dans une banque à Paris. C'est un homme tranquille qui n'aime pas beaucoup l'agitation des villes. Il préfère le calme et le silence. Le rêve de Louis est...
   a. d'être réceptioniste dans un hôtel
   b. de posséder une maison à la campagne
   c. d'être président de la République
   d. d'être journaliste

3. Josette Lejeune travaille dans une usine de textiles. Elle habite à Lille, qui est une ville très industrielle. Elle adore la liberté, la nature, l'océan, les montagnes. Mais à Lille il n'y a pas de plages et pas de montagnes. Le rêve de Josette est...
   a. de faire un voyage à Tahiti
   b. d'étudier la philosophie orientale
   c. d'être interprète à New York
   d. de rester à Lille

4. Pierre et Arlette Saclier sont mariés et ils ont un enfant. Pierre est étudiant en médecine et sa femme étudie pour être professeur de géographie. Mais les Saclier ne sont pas très riches et leur vie est assez difficile. Pour économiser, ils habitent avec les parents d'Arlette. Pierre et Arlette préfèrent leur indépendance. Ils rêvent...
   a. d'avoir un appartement
   b. de visiter la Guadeloupe et la Martinique
   c. de rester à la maison
   d. de posséder une télévision

5. Marie-Claire Dumont est parisienne. Elle a vingt et un ans et elle étudie les mathématiques. Elle est très dynamique et elle adore le volley-ball, la danse moderne et la gymnastique. Mais la passion principale de Marie-Claire est le ski. Elle rêve...
   a. d'habiter à Paris
   b. de posséder une raquette de tennis
   c. d'habiter dans les Alpes
   d. d'avoir une machine à laver

A. French vowels (other than nasals) can be differentiated in terms of three articulatory factors: (1) the position of the tongue, which may be placed toward the front or back of the mouth; (2) the shape of the lips, which may be spread or rounded; (3) the degree of openness of the mouth.

1. Some vowels are pronounced with the tongue to the front and the lips spread. They are, in order of increasing openness:

/i/ as in am**i**s   /e/ as in id**é**e   /ɛ/ as in fr**è**re   /a/ as in t**a**lent

Repeat the following groups of words:

/i/	/e/	/ɛ/	/a/
si	ses	cette	ça
lis	les	l'air	la
dis	des	dette	date

2. Some vowels are pronounced with the tongue back and the lips rounded. They are, in order of increasing openness:

/u/ as in v**ou**s   /o/ as in ph**o**to   /ɔ/ as in sp**or**t

Repeat the following words:

/u/	/o/	/ɔ/
nous	nos	notre
vous	vos	votre
sous	sot	sotte

3. Some vowels are pronounced with the tongue to the front and the lips rounded. They are, in order of increasing openness:

/y/ as in d**u***   /ø/ as in d**eu**x   /œ/ as in s**œu**r

Repeat the following words:

/y/	/ø/	/œ/
su	ceux	sœur
pu	peu	peur
bu	bœufs	beurre

B. The vowel sounds /i/, /y/, and /u/ are equally closed; they differ, however, in the position of the tongue and the shape of the lips. Notice that the written forms of these vowel sounds are always **i, u,** and **ou,** respectively.

1. Repeat and contrast the following words:

si—su—sous
dit—du—doux
lis—lu—loup
fit—fut—fou
ni—nu—nous

* A way to learn to produce the /y/ sound is by saying /i/ with the lips rounded.

2. Repeat the following words:

/i/	/y/	/u/
idée	tu	nous
aussi	une	toujours
actif	usine	courageux
qualité	naturel	douze
italien	amusant	beaucoup

C. Repeat the following sentences, paying special attention to the sounds you have been practicing.

1. Henri a une très bonne idée.
2. Tu as un peu peur.
3. Paul a beaucoup de difficultés.
4. Les adultes n'ont pas toujours une vie amusante.
5. As-tu dix ans ou douze ans?

VOCABULAIRE

Noms
l' **ami** (m), l'**amie** (f) *friend*
l' **an** (m) *year*
l' **argent** (m) *money*
la **bière** *beer*
le **café** *coffee; café*
le **camarade de chambre**, la **camarade de chambre** *roommate*
la **campagne** *country*
la **chaîne stéréophonique** *stereo*
la **chance** *luck*
le **chat** *cat*
le **chien** *dog*
le **disque** *record*
l' **enfant** (m,f) *child*
le **frère** *brother*
la **glace** *ice cream*
la **machine à laver** *washing machine*
l' **ouvrier** (m), l'**ouvrière** (f) *worker*
le **rêve** *dream*
la **sœur** *sister*
le **souvenir** *memory*

l' **usine** (f) *factory*
le **vélomoteur** *moped*

Verbes
il faut *it is necessary*
rester *to stay*
rêver *to dream*

Adjectifs
formidable *terrific*
marié(e) *married*
mauvais(e) *bad*
petit(e) *small, little*

Divers
avec *with*
en *to, in*
il y a *there is, there are*
peut-être *perhaps*
qui *who, which*
sa *his, her, its*
de temps en temps *from time to time*

COGNATE NOUNS

l' **adresse** (f)	le **champagne**	l' **intuition** (f)	le **problème**
l' **album** (m)	le **courage**	la **médecine**	la **radio**
l' **ambition** (f)	l' **employé** (m)	l' **océan** (m)	le **restaurant**
l' **appartement** (m)	l' **énergie** (f)	les **parents** (m)	la **salade**
l' **automobile** (f)	la **guitare**	la **photo**	le **talent**
la **bicyclette**	l' **idée** (f)	le **pilote**	le **théâtre**
la **banque**	l' **imagination** (f)		

Bon voyage!

Petit guide français-anglais pour touristes _____ *INTRODUCTION*

Comment demander son chemin
— Où est la gare (la station de métro, l'arrêt d'autobus)?
— Je cherche une pharmacie (une banque, un bureau de tabac).
— Pourriez-vous m'indiquer où il y a des w.c. publics (un bureau de poste, un téléphone public)?

Asking for directions
— *Where is the train station (the subway station, the bus stop)?*
— *I am looking for a pharmacy (a bank, a tobacco shop).*
— *Could you tell me where there is / are toilets (a post office, a public telephone)?*

Comment comprendre les renseignements	Understanding directions
— C'est à droite (à gauche, tout droit, en face).	— It's on the right (on the left, straight ahead, opposite).
— C'est à côté du cinéma (près de l'église, en face du restaurant, devant la librairie, derrière l'Opéra).	— It is next to the movie theater (near the church, opposite the restaurant, in front of the book-store, behind the Opera House).
— C'est loin d'ici (près d'ici).	— It is far from here (close to here).
— Tournez à droite (à gauche).	— Turn right (left).
— Allez tout droit.	— Go straight ahead.
— Traversez la rue (la place).	— Cross the street (the square).
— Prenez la rue Balzac (l'autobus numéro 23, le métro, le train).	— Take Balzac Street (bus number 23, the sub-way, the train).

Comment demander quelque chose	Asking for something
— Je voudrais envoyer un télégramme (une lettre par avion).	— I would like to send a telegram (an airmail let-ter).
— Je voudrais acheter* un dictionnaire.	— I would like to buy a dictionary.
— Je voudrais une chambre (pour deux personnes, avec salle de bains).	— I would like a room (for two, with a bathroom).
— Garçon, apportez-moi un sandwich, s'il vous plaît.	— Waiter, bring me a sandwich, please.
— C'est combien?	— How much is it?

* **Acheter** is a regular **-er** verb except that an accent is added in the **je, tu, il/elle, ils/elles** forms of the present tense (**j'achète,** etc.).

Compréhension du texte. Choisissez la meilleure réponse à chacune des questions ou déclarations suivantes. *(Choose the best response to each of the following questions or statements.)*

1. Je voudrais envoyer une lettre.
   a. Il y a un bureau de poste près d'ici.
   b. Il n'y a pas de banque ici.
   c. Tournez à gauche.

2. Où est l'hôtel du Mont Blanc?
   a. C'est combien?
   b. Je voudrais une chambre.
   c. Près de la pharmacie.

3. Pour aller à l'Opéra, est-ce que je tourne à gauche ou à droite?
   a. C'est un restaurant, n'est-ce pas?
   b. Non, vous allez tout droit.
   c. Qu'est-ce que ça veut dire?

4. Je voudrais une chambre.
   a. Pour une ou deux personnes?
   b. C'est à côté du cinéma.
   c. Il y a des w.c. publics près d'ici.

5. C'est combien?
   a. C'est à côté de l'église.
   b. Trente-cinq francs.
   c. C'est loin d'ici.

6. Où est l'arrêt d'autobus?
   a. Il est dans la pharmacie.
   b. C'est à gauche.
   c. Prenez l'autobus numéro 20.

Petite conversation: Dans la rue. Un touriste qui cherche un bureau de poste parle avec un agent de police.

Le touriste: Pardon, monsieur l'agent, pourriez-vous m'indiquer où est le bureau de poste? Je voudrais envoyer un télégramme.

L'agent: C'est près d'ici. Allez tout droit. Traversez la rue Carnot et tournez à gauche. Le bureau de poste est à côté du cinéma.

Le touriste: Je ne comprends pas! Pourriez-vous répéter, s'il vous plaît?

La ville française

A tourist visiting a French city is likely to be struck by certain contrasts with most American cities. For example, French cities are not always clearly divided into downtown business districts and residential areas. The downtown area (**centre-ville**) usually remains a highly desirable place to live, and French cities have not experienced an exodus to the suburbs. In general, streets are lined with buildings three to six stories high, where small shops occupy the street level and apartments of various sizes occupy the upper levels. Some apartments are rented, others are owned by their occupants. As a result, within each neighborhood there may be considerable intermingling of diverse socioeconomic groups. The many small shops where people do their daily shopping also facilitate personal contact.

Despite the existence of supermarkets and the widespread ownership of refrigerators (though these are considerably smaller than their American counterparts), the French still like to buy their meat, bread, and produce fresh daily from their neighborhood stores.

Le métro

The Paris subway system (**le métro**) has been in existence since the turn of the century. It crisscrosses the city so completely that one can go almost anywhere by using the subway and its connections with suburban lines.

L'argent

The French unit of currency is the franc. Its exchange rate for United States currency has varied from four to five francs to the dollar. The franc consists of one hundred centimes. Coins are available in values of one, five, ten, and twenty centimes, as well as one-half, one, five, and ten francs.

Une vue aérienne de Paris

Les prépositions

PRESENTATION

The most frequently used prepositions in French are **à** (*to, in, at, into*) and **de** (*of, from*).

Ils sont de Toronto.
C'est la bicyclette de Jean.
Elle habite à Genève.

A. When the prepositions **à** and **de** precede the definite article, contractions occur in the following cases:

de + le = du   à + le = au
de + les = des   à + les = aux

Nous mangeons au restaurant.   Washington est la capitale des Etats-Unis.
Paul parle aux enfants.   J'ai le livre du professeur.

There is no contraction with **la** and **l'**.

Allez à la banque.
Je voudrais aller à l'opéra.

B. There are several longer prepositions that end with **à** or **de** and contract in the same manner.

jusqu'à	*as far as, up to*	Allez jusqu'au café.
au milieu de	*in the middle*	L'auto est au milieu de la rue.
près de	*near*	L'hôtel est près de la gare.
loin de	*far from*	La banque est loin de l'hôtel.
à côté de	*beside, next to*	La pharmacie est à côté du cinéma.
en face de	*facing, across from*	La librairie est en face de la bibliothèque.

C. There is no contraction with the definite article in the following prepositions of location.

sur	*on*	Ils sont sur la plage.
sous	*under*	Le chien est sous la table.
devant	*in front of*	Il y a un arrêt d'autobus devant la librairie.
derrière	*behind*	La station de métro est derrière la gare.
dans	*in*	Nous sommes dans un bureau de tabac.
entre	*between*	Trois Rivières est entre Montréal et Québec.

PREPARATION

A. Substituez les mots suggérés aux mots en italique et faites les changements nécessaires.

1. Ils habitent à côté de *la gare*. le bureau de poste / l'arrêt d'autobus / le restaurant / la banque
2. Jean et Suzanne sont à *l'hôtel*. la pharmacie / le cinéma / l'église / la librairie

B. Substituez les prépositions suggérées aux prépositions en italique et faites les changements nécessaires.

1. La pharmacie est *derrière* le cinéma. près de / devant / en face de / à côté de / loin de
2. Nous sommes *en face de* la bibliothèque. à côté de / près de / devant / loin de / derrière

TRANSITION

Interprète à Paris. You are in Paris with a friend who knows the city well but does not speak French. A French-speaking tourist asks you for directions. Pass on the information your friend is supplying.

modèle: Où est la rue de Londres? (*behind the gare Saint-Lazare*) → **Elle est derrière la gare Saint-Lazare.**

1. Est-ce que le Sacré-Cœur est près du Louvre? (*No, the Sacré-Cœur is very far from the Louvre.*)
2. Où est le Panthéon? (*near the Sorbonne*)
3. Où est la place de l'Opéra? (*in front of the Opéra*)
4. Où est la tombe de Napoléon? (*at the Invalides*)
5. Où est l'Obélisque? (*in the middle of the Place de la Concorde*)
6. Où est le Louvre? (*between the Seine and the rue de Rivoli*)
7. Où est l'île Saint-Louis? (*next to the île de la Cité*)

Les Invalides

Le Sacré Cœur

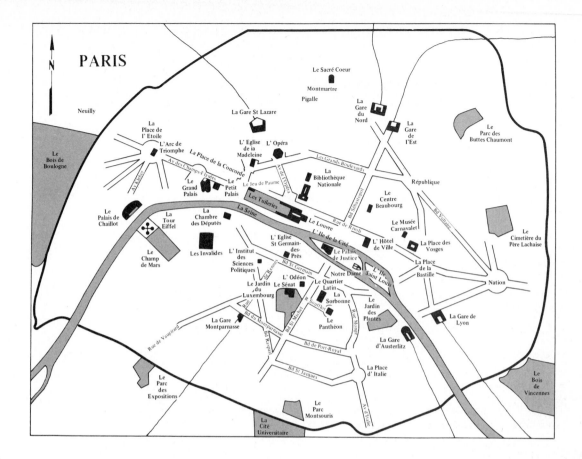

COMMUNICATION

A. Vrai ou faux. Indicate whether the following statements based on the map of Paris are true or false. If a statement is false, reword it to make it true.

1. Les Tuileries sont à côté de la Tour Eiffel.
2. Le Grand Palais est à côté du Petit Palais.
3. La Cité Universitaire est près de la Sorbonne.
4. La Bibliothèque Nationale est sur le Boulevard St. Germain.
5. La Gare de l'Est est loin de la Gare de Lyon.
6. L'Eglise de la Madeleine est près de l'Opéra.
7. Le Palais de Chaillot est en face de la Tour Eiffel.

B. Où est . . . ? Imagine that someone asks you for directions in Paris. Based on the map, what would your answers be?

1. Où est l'Opéra? Et le Sénat? Et la Gare du Nord?
2. Pourriez-vous m'indiquer où est la Tour Eiffel? Et le Jardin du Luxembourg? Et le Sacré Cœur?

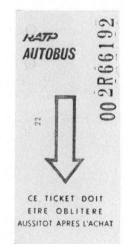

PRESENTATION

Ce is a word that functions similarly to the third person subject pronouns and is used before the verb **être**. The principal task is to learn when to use **ce** and when to use **il, elle, ils,** or **elles.**

A. As you have learned, the subject pronouns are used:

1. To refer to a noun or pronoun already mentioned. Frequently in this use an adjective follows **est** or **sont.**

    — Est-ce que vous aimez les Américains?
    — Oui, ils sont sympathiques.

    — Est-ce que vous aimez les films de Truffaut?
    — Oui, ils sont intéressants.

    — Où est Jean?
    — Il est devant le cinéma.

2. When an unmodified name of a profession, religion, or nationality follows **est** or **sont.**

Il est catholique.	Ils sont français.
Elle est dentiste.	Elles sont américaines.

B. The invariable pronoun **ce,** which can mean *he, she, it,* or *they,* is used with **est** or **sont** in the following cases:

1. When a proper noun or a pronoun follows **est** or **sont.** This use is often in response to the question **Qui est-ce?** (*Who is it?*).

    C'est Jacques.
    Ce sont Anne et Paul.

2. When **est** or **sont** are followed by any modified noun (even if it is modified only by an article). This use is often in response to the question **Qu'est-ce que c'est?** (*What is it?*).

    C'est un téléphone public.
    C'est l'auto de Paul.
    C'est un professeur; ce n'est pas un étudiant.
    Ce ne sont pas des enfants; ce sont des adultes.

L'Arc de triomphe du Carrousel

Note that the negative of **c'est** and **ce sont** are **ce n'est pas** and **ce ne sont pas.**

3. When referring to a general idea or situation.

Etudier le français, ce n'est pas difficile!
Vous êtes champion de tennis? C'est formidable!

C. In conversational French **ce** is sometimes substituted for **il, elle, ils,** or **elles.** The speaker in effect refers to a situation rather than to the particular person or thing already mentioned.

Formal use: —Où est la pharmacie?
                  —Elle est loin d'ici.
Conversational use: —Où est la pharmacie?
                  —C'est loin d'ici.

WHAT IS Qu'est-ce que c'est?
c'est un ____
PLURAL Ce sont des ____

PREPARATION

A. Substituez les mots suggérés aux mots en italique.

1. C'est *un cinéma.*   un Français / un appartement / un étudiant / une station de métro
2. Ce sont *des dictionnaires.*   des librairies / des disques / des hôtels / des autos

B. Mettez les phrases suivantes au pluriel.

modèle: C'est un étudiant. → **Ce sont des étudiants.**

WHERE IS Qu'est

1. C'est une pharmacie.   4. C'est un appartement.
2. C'est un Martiniquais.   5. C'est une Française.
3. C'est un train.   6. C'est une étudiante.

C. Répondez négativement aux questions suivantes.

modèles: C'est une station de métro? → **Non, ce n'est pas une station de métro.**
          Ce sont des étudiants? → **Non, ce ne sont pas des étudiants.**

1. C'est un arrêt d'autobus?   4. C'est un restaurant?
2. C'est un cinéma?   5. C'est un téléphone public?
3. C'est une église?   6. Ce sont des Français?

D. Répondez aux questions suivantes selon les modèles donnés.

modèle: Qui est-ce? la sœur de Jacques / très sympathique.
          → **C'est la sœur de Jacques. Elle est très sympathique.**

Qui est-ce?

1. le professeur de français / canadien
2. des amis de Suzanne / assez intéressants
3. une championne de ski / formidable
4. la camarade de chambre de Josée / pas très sportive

modèle: Qu'est-ce que c'est? un livre / fascinant → **C'est un livre. Il est fascinant.**

Qu'est-ce que c'est?

1. un restaurant italien / sensationnel
2. un disque de Brel / formidable
3. une église / assez moderne
4. un hôtel / pas très confortable

TRANSITION

Nationalités et professions. Jacques and Brigitte, who usually disagree, are sitting at a Paris sidewalk café and are trying to guess the nationalities and occupations of the passersby. Using the words in parentheses, tell what Brigitte says.

modèle: Jacques: C'est un Français? (non, . . .Italien)
Brigitte: **Mais, non, ce n'est pas un Français! C'est un Italien.**

1. C'est un étudiant? (non, . . .professeur)
2. Ce sont des Américaines? (non, . . .Anglaises)
3. C'est une journaliste? (non, . . .interprète)
4. C'est un psychiatre? (non, . . .barman)
5. C'est un Parisien? (non, . . .touriste)
6. Ce sont des Suisses? (non, . . .Françaises)
7. C'est un poète? (non, . . .dentiste)

COMMUNICATION

A. Qui est-ce? Can you identify the famous French-speaking people below? Answer the question **Qui est-ce?** by matching each of the names below with the descriptions. Check your answers with those provided.

Valéry Giscard d'Estaing

Léopold Senghor

Simone de Beauvoir

Jean-Paul Sartre

Auguste Renoir

1. C'est un poète qui est aussi un des leaders politiques africains. C'est _____.
2. C'est un artiste impressioniste. C'est _____.
3. C'est un des Présidents de la République Française. C'est _____.
4. C'est un auteur et philosophe français. C'est _____.
5. C'est l'auteur du *Deuxième Sexe*. C'est _____.

Réponses: 1. Léopold Senghor 2. Auguste Renoir 3. Valéry Giscard d'Estaing 4. Jean-Paul Sartre 5. Simone de Beauvoir.

B. Célébrités. Give short descriptions of other famous people; see if other students can guess their identities.

C. Qu'est-ce que c'est? If you were in Paris and were asked this question about each of the following items, what would you answer?

1   2   3

4   5

PRESENTATION

The numbers from 40 to 1000 are given below. Notice that a pattern of twenties appears from 60 to 100.

40	quarante	60	soixante	80	quatre-vingts	100	cent
41	quarante et un	61	soixante et un	81	quatre-vingt-un	101	cent un
42	quarante-deux	62	soixante-deux	82	quatre-vingt-deux	102	cent deux
	. . .		. . .		. . .		. . .
49	quarante-neuf	69	soixante-neuf	89	quatre-vingt-neuf	200	deux cents
50	cinquante	70	soixante-dix	90	quatre-vingt-dix	201	deux cent un
51	cinquante et un	71	soixante et onze	91	quatre-vingt-onze	202	deux cent deux
52	cinquante-deux	72	soixante-douze	92	quatre-vingt-douze		
	. . .		. . .		. . .		. . .
59	cinquante-neuf	79	soixante-dix-neuf	99	quatre-vingt-dix-neuf	1000	mille

In Switzerland and Belgium, seventy is **septante** and ninety is **nonante.**

PREPARATION

A. Lisez les nombres suivants en français.

60, 82, 157, 58, 240, 367, 573, 914, 883, 893, 665, 675, 151, 329, 1000

B. Comptez de dix en dix jusqu'à 100, puis de cinq en cinq jusqu'à 100.

C. Donnez le nombre qui vient après chacun des nombres suivants.

45, 76, 69, 80, 53, 89, 75, 60, 39, 51, 38, 49, 90, 70, 59, 100, 254, 981, 332, 449

TRANSITION

Le téléphone. Assume that you are a telephone operator working at the information switchboard. Give your customers the numbers that they are requesting for various people. Note that French phone numbers are said as three pairs of numbers, except in Paris and its suburbs, where phone numbers now have seven digits.

modèle: Madame Martin   (43.32.15) → **C'est le quarante-trois, trente-deux, quinze.**

1. Monsieur Humbert   (82.53.46)
2. Mademoiselle Lacoste   (96.75.84)
3. Madame Seurat   (49.13.97)
4. Monsieur Picot   (45.41.99)
5. Mademoiselle Granville   (69.71.17)
6. Madame Arnaud   (51.81.85)

DUNIEL L boucher
  2 r Félix Terrier 20ᵉ............ 371.87.73
                          → 366.87.73
DUNIER libr 22 r Brézin 14ᵉ........ 539.71.79
                          → 783.69.10
DUNIL FRANCE SA
  12 r Dalou 15ᵉ.................... 783.26.72
DUNIN H 29 r Pierre Leroux 7ᵉ   306.56.63
..DUNIN H doct méd
  268 bd Raspail 14ᵉ............ ☎ 033.36 05
DUNIN A archit 41 r Seine 6ᵉ........633.82.65

COMMUNICATION

A. C'est combien? With another student, play the roles of a salesperson and a customer who is comparison shopping. The salesperson gives the price, and the customer writes it down. Then compare your prices to verify your comprehension.

Salesperson says:	Customer writes:
—**Trente-neuf francs cinquante.**	**39F50**
—**Vingt-deux francs trente.**	**22F30**

B. Vente aux enchères. Conduct an auction (**vente aux enchères**) with your class. Auction off items in the classroom, personal items, services, etc, to the highest bidder. Note the language used in an auction:

exemple: 1ᵉʳ étudiant: **Combien pour un livre de français en excellente condition?**
2ᵉ étudiant: **quarante-cinq francs**
3ᵉ étudiant: **cinquante-cinq francs**
1ᵉʳ étudiant: **cinquante-cinq francs, une fois** (once), **deux fois, trois fois. Adjugé, vendu!** (Sold!)

Les questions par inversion

PRESENTATION

In Chapter 1, you learned to ask questions by use of intonation, **est-ce que,** and **n'est-ce pas.** A fourth way of asking questions is to invert (reverse) the subject pronoun and verb of a sentence and to link them with a hyphen. Questions by inversion are commonly used in written language and formal speech, but more rarely in conversation. Inversion is not normally used with **je.**

Inversion may occur:

A. When the subject of the sentence is a pronoun. Note that in the third person singular, a **t** is added when the verb does not already end in a **t** or **d.**

Vous aimez la musique.	Aimez-vous la musique?
Elles sont au bureau de poste.	Sont-elles au bureau de poste?
Ils ne sont pas à Paris.	Ne sont-ils pas à Paris?
C'est un téléphone public.	Est-ce un téléphone public?
Il a une bicyclette.	A-t-il une bicyclette?
On parle français à Montréal.	Parle-t-on français à Montréal?
Il y a une librairie près d'ici.	Y a-t-il une librairie près d'ici?
Elle déteste les autobus.	Déteste-t-elle les autobus?

B. When the subject of the sentence is a noun. Note that the noun subject is not inverted, but that a subject pronoun of the same number and gender is added for inversion.

Suzanne est américaine.   Suzanne est-elle américaine?
Le football est un sport violent.   Le football est-il un sport violent?
Marc et Jacques ont des sœurs.   Marc et Jacques ont-ils des sœurs?
Les étudiantes sont à la bibliothèque.   Les étudiantes sont-elles à la bibliothèque?

C. When question words are used.

Pourquoi détestent-ils les touristes?
Où Marie habite-t-elle?
De quelle ville êtes-vous?
Comment allez-vous?

PREPARATION

A. Répétez les questions suivantes.

1. Aimez-vous la musique?
2. Y a-t-il un hôtel près d'ici?
3. Parle-t-on anglais ici?
4. Paul et Pierre sont-ils ambitieux?
5. Claudine aime-t-elle les montagnes?
6. Est-ce compliqué?
7. Où habite-t-il?

B. Transformez les questions suivantes selon le modèle donné. *(Change the following questions according to the model.)*

modèle: Est-ce que Pierre est à Montréal? → **Pierre est-il à Montréal?**

1. Est-ce que Suzanne cherche une banque?
2. Est-ce que Louise achète un dictionnaire?
3. Est-ce que Marc et Luc sont canadiens?
4. Est-ce que Jeanne a des problèmes?
5. Est-ce que les médecins travaillent beaucoup?
6. Est-ce que vous avez un crayon?
7. Est-ce qu'il y a un métro à Lyon?
8. Est-ce que c'est près d'ici?

TRANSITION

Quelle sorte de personne est-ce? Jean-Claude is going to introduce you to one of his friends, Gérard. Wanting to know all about Gérard before actually meeting him, you ask about the following:

Written preparation may be helpful.

modèle: si Gérard est sympathique → **Gérard, est-il sympathique?**

1. si Gérard est étudiant
2. s'il étudie l'anglais
3. s'il aime voyager
4. s'il a une auto
5. s'il habite près de l'université
6. s'il est sportif
7. s'il apprécie la musique classique
8. s'il travaille pour gagner sa vie
9. s'il est ambitieux

COMMUNICATION

A. Au syndicat d'initiative. You are at the tourist information bureau to get some information. While you wait, the employee is on the telephone answering another tourist's questions. You overhear the following replies. What are the questions the tourist probably asked? (Remember to use inversion.)

1. Non, je ne parle pas italien.
2. Non, nous n'avons pas d'interprète.
3. Oui, nous avons des brochures touristiques sur la région.
4. Oui, c'est une région assez touristique.
5. Oui, il y a des monuments intéressants.
6. Oui, il y a un hôtel confortable près de la gare.
7. Oui, les restaurants de la ville sont excellents.
8. Oui, nous avons des spécialités régionales.

B. Formulate five to ten questions using inversion that you would like to ask another student in your class.

A la douane

SYNTHESE

Madame Lévêque, a French Canadian, is returning to Quebec after a visit to France. The following conversation takes place at customs (à la douane).

— **Bonjour, Madame, qu'est-ce que vous avez à déclarer?**
— **Euh . . . *rien de spécial*.**   nothing special
— **Est-ce que vous avez des cigarettes?**
— **Oui, j'ai dix paquets de *Gauloises**.**

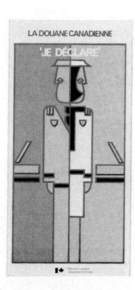

* **Gauloises** and **Gitanes** are well-known brands of French cigarettes. They are made with dark brown tobacco, which is much stronger than American tobacco.

— Vous avez du *vin* ou des liqueurs?	wine
— J'ai une *bouteille* de champagne. C'est permis, n'est-ce pas?	bottle
— Oui, *ça va*. Avez-vous du parfum?	that's okay
— Non . . . du parfum? Non, je n'ai pas de parfum.	
— Qu'est-ce qu'il y a dans *votre valise*?	your / suitcase
— Des *vêtements*, des livres, des souvenirs de voyage. . .	clothes
— *Ouvrez* votre valise, s'il vous plaît.	open
— *Mais oui*, Monsieur.	certainly
— Et *ça*, qu'est-ce que c'est?	that
— C'est un *appareil-photo*.	camera
— Et ça, qu'est-ce que c'est?	
— C'est du chocolat.	
— Et ça, sous les vêtements, qu'est-ce que c'est?	
— Ça, euh . . . c'est une bouteille de parfum, une *toute* petite bouteille de parfum.	very

Compréhension du texte. Répondez aux questions suivantes selon les renseignements donnés dans le texte.

1. Est-ce que Madame Lévêque est française?
2. Où est-ce qu'elle est maintenant?
3. Qu'est-ce qu'elle a à déclarer?
4. Est-ce qu'elle a des cigarettes?
5. Est-ce qu'elle a du vin ou des liqueurs?
6. Elle a une bouteille de champagne. Est-ce que c'est permis?
7. Qu'est-ce qu'il y a dans la valise de Madame Lévêque?
8. Et sous les vêtements, qu'est-ce qu'il y a?

Le vin de Champagne

NOTES CULTURELLES

Among the many wines for which France is justly famous, champagne is the best known. It is produced in the Champagne region, northeast of Paris, which has about 32,000 acres of vineyards. The careful process by which champagne is made is strictly controlled by law. It requires that each bottle be stored in underground cellars (**caves**) for aging, and that at one stage, each be rotated a quarter of a turn every day. The precise techniques for making champagne have remained virtually unchanged since they were developed in the seventeenth century by a Benedictine monk, Dom Pérignon. Dom Pérignon was the first to create champagne as we know it, and the festive wine has been widely appreciated ever since.

COMMUNICATION

A. Sujets de conversation. What do people tend to talk about? Complete each of the following sentences by choosing one or more of the options provided or by creating one of your own.

1. Les professeurs parlent toujours . . .
   des vacances / du travail / des étudiants / de l'irresponsabilité des étudiants / de l'importance de l'éducation / **?**
2. Les étudiants parlent toujours . . .
   de la sévérité des professeurs / de la difficulté des classes / des vacances / des vêtements / **?**
3. Les touristes qui visitent la France parlent toujours . . .
   des problèmes à la douane / de l'excellence de la cuisine française / de la vie à Paris / du confort des hôtels / **?**
4. Les Français parlent toujours . . .
   des conditions économiques / de l'incompétence du gouvernement / de la vie culturelle / de la philosophie existentialiste / **?**
5. Les Américains parlent toujours . . .
   des matchs de football / de la violence à la télévision / de l'inflation / de la pollution de l'air / **?**

B. Options. There is usually more than one way to ask a question or give information. Match each phrase in the first column with an expression in the second column that would mean approximately the same thing.

1. Je désire visiter l'Amérique.
2. Où est la banque?
3. Est-ce que vous aimez Montréal?
4. C'est près d'ici.
5. Vous n'avez pas de tact.
6. Il n'a pas d'argent.
7. Est-ce que vous possédez une automobile?
8. Je déteste faire la cuisine.
9. Je cherche une pharmacie.
10. Je voudrais envoyer une lettre.

a. Est-ce que la vie à Montréal est agréable?
b. Est-ce que vous avez une auto?
c. Je voudrais visiter l'Amérique.
d. Où est-ce qu'il y a une pharmacie?
e. Pourriez-vous m'indiquer où il y a une banque?
f. Est-ce qu'il y a un bureau de poste près d'ici?
g. Ce n'est pas loin d'ici.
h. Vous n'êtes pas très diplomate.
i. Je n'aime pas préparer le dîner.
j. Il n'est pas riche.

C. Conversation dans un train. Imagine that you are on the train from Paris to Geneva and that you strike up a conversation with another passenger. What would you say in French if you wanted to find out the following information? (You have already learned enough French in previous chapters and do not have to look up words in a dictionary. You will have to be flexible, however, and think of the different ways to communicate meaning—without word-for-word translation.)

After you have prepared your questions, you might want to use them to act out the scene with another student.

1. if he or she is French (Swiss, Belgian)
2. where he or she lives
3. if it is close to Paris (Genève, Bruxelles)
4. if he or she likes to travel
5. if he or she is a student (and if so, what he or she studies)
6. if he or she works
7. if he or she is married
8. if he or she has children
9. if he or she speaks English
10. if he or she wants to visit the United States
11. what his or her name is

⊘ _____ *PRONONCIATION*

A. The French /r/ is very different from the *r* in English. It is pronounced at the back of the mouth—in the throat. It is similar to the sound produced when one says the name of the German composer Ba**ch**, pronounced with a guttural **-ch**. To learn the pronunciation of the French **r**, one can (1) always come back to a familiar sound, as in Bach, or (2) start with words where the sound that precedes or follows the **r** is also pronounced toward the back of the mouth—/a/, as in **garage**, or /k/, as in **parc**.

Repeat the following words:

1. bar	2. garage	3. faire	4. rare	5. frère	6. quatre
car	quarante	leur	rester	traverser	peut-être
gare	arrêt	toujours	région	train	chambre
parc	courage	bonjour	riche	grand	votre

B. To pronounce the French /l/ the tip of the tongue is placed against the upper front teeth rather than on the bony ridge behind the teeth as it is in English.

Repeat the following words:

1. le	2. valise	3. ville
la	milieu	tranquille
liqueur	pollution	salle
loin	téléphone	espagnol

C. Repeat the following sentences, paying special attention to the sounds you have been practicing.

1. Bonjour et au revoir!
2. Le garage est derrière la gare.
3. Je voudrais quatre chambres sur la rue.
4. L'arrêt d'autobus est près de l'Opéra.
5. Pourquoi les valises sont-elles au milieu de la rue?

VOCABULAIRE

Noms

l' **appareil-photo** (m) *camera*
l' **arrêt** (m) *stop*
l' **autobus** (m) *city bus*
la **bouteille** *bottle*
le **bureau** *office;* le **bureau de poste** *post office;* le **bureau de tabac** *tobacco shop*
la **chambre** *bedroom, hotel room*
la **douane** *customs*
l' **église** (f) *church*
la **gare** *railroad station*
la **librairie** *bookstore*
le **numéro** *number*
la **place** *square*
la **rue** *street*
la **salle de bains** *bathroom*
la **valise** *suitcase*
le **vêtement** *article of clothing*
le **vin** *wine*
les **w.c.** (m) *toilets*

Verbes

acheter *to buy*
chercher *to look for, seek*
envoyer *to send*
traverser *to cross*

Adjectifs

agréable *nice, pleasant*

Divers

à droite *to the right*
à gauche *to the left*
ça *that*
combien *how much, how many*
ici *here*
par avion *air mail, by airplane*
tout droit *straight ahead*
votre *your*

COGNATE NOUNS

l' **auteur** (m)	le **dictionnaire**	la **pharmacie**	l' **irresponsabilité** (f)
la **brochure**	le **dîner**	la **pollution**	la **lettre**
la **cigarette**	l' **éducation** (f)	le **télégramme**	le **match**
la **condition**	l' **importance** (f)	le **téléphone**	le **monument**
le **confort**	l' **inflation** (f)	le **train**	la **personne**

En vacances

Bonnes vacances!

Paris, le 31 juillet. Un reporter pose des questions aux automobilistes qui quittent Paris.

July / are leaving

Le reporter: Bonjour, Monsieur. Bonjour, Madame. Où est-ce que *vous allez* en vacances *cette année*?

are you going
this / year /

M. Blanc: Nous *allons* à Antibes, sur la *Côte d'Azur*.

are going / Riviera

Le reporter: Est-ce que c'est la *première fois* que vous allez à Antibes?

first / time / that

Mme Blanc: Oui. *D'habitude*, nous passons nos vacances dans un petit village de Bretagne où nous avons des cousins.

usually

Le reporter: Eh bien, *bonnes vacances!*

have a good vacation

Le reporter: Bonjour, Madame. Bonjour, Monsieur. Vous allez en vacances?

Mme Arland: Non, *pas aujourd'hui*. Nous allons passer le week-end à la campagne. Mais nous allons *partir* en vacances dans quinze *jours*.

not / today
to leave / days

Le reporter: Est-ce que vous allez passer *vos* vacances en France ou dans un *pays étranger*?

your
country / foreign

Mme Arland: Dans un pays étranger. Cette année, nous allons au Portugal et l'année *prochaine*, nous allons visiter la Grèce et la Yougoslavie.

next

Le reporter: *Alors*, bon voyage.

well then

Le reporter: Bonjour, Monsieur. Vous allez en vacances?

M. Simon: Non, je reste à Paris.

Le reporter: Vous êtes une exception! Est-ce que c'est *par choix* ou par né-cessité?

by choice

M. Simon: Je suis chauffeur d'autobus à Paris, et *quand* c'est les vacances, nous sommes très *occupés*.

when
busy

Le reporter: Et vos enfants? Ils restent à Paris aussi?

M. Simon: Non, ils sont en *colonie de vacances au bord de la mer*.

summer camp / at the
seashore

Compréhension du texte. Selon les renseignements donnés, est-ce que les phrases suivantes sont vraies ou fausses? Corrigez le sens de la phrase s'il est faux.

1. D'habitude, Monsieur et Madame Blanc passent leurs vacances sur la Côte d'Azur.
2. Cette année, Monsieur et Madame Blanc passent leurs vacances dans un petit village de Bretagne.
3. Monsieur et Madame Arland passent le week-end à la campagne.
4. Cette année, Monsieur et Madame Arland visitent la Grèce et la Yougoslavie.
5. Monsieur Simon reste à Paris parce qu'il n'aime pas voyager.
6. Les enfants de Monsieur Simon sont en colonie de vacances dans les Alpes.

Petite conversation: Au bureau. Monique et Antoine parlent de leurs projets de vacances.

Monique: Où est-ce que vous allez en vacances cette année?

Antoine: Nous allons passer huit jours sur la Côte d'Azur. Et après ça, nous allons faire du camping dans les Pyrénées. Et vous?

Monique: Nous allons partir en Tunisie.

Antoine: Ah oui! C'est formidable! Où ça?

Monique: Au bord de la mer, dans un petit village près de Tunis.

Les vacances

NOTES
CULTURELLES

Vacations are sacred for most French people. Every employee is guaranteed by law a minimum of four weeks' paid vacation. Unlike many Americans, who are eager to work overtime, the French prefer to have time away from their usual occupations. Although more people are generally spending all or part of their vacations at winter sports resorts, most take their vacations during the summer, especially in August. (It has been said that in August, the only people left in Paris are

tourists.) Camping, renting old houses in the many villages that dot the countryside, staying in small hotels, or **pensions de famille,** and visiting relatives are all popular vacation choices.

For children and teenagers a variety of summer camps, called **colonies de vacances,** are available. These are sponsored and subsidized by government agencies, industries, cities, and religious or social groups. College students often work during the summer as camp instructors. Or, they may attend training camps sponsored by the Ministère de la Jeunesse et des Sports, where they participate in such activities as sailing, mountain climbing, scuba diving, and spelunking.

Les adjectifs possessifs

PRESENTATION

Possessive adjectives, like all other French adjectives, agree in number and gender with the noun they modify.

Les adjectifs possessifs

SINGULAR MASCULINE	FEMININE	PLURAL MASCULINE AND FEMININE	MEANINGS
mon	ma (mon)	mes	*my*
ton	ta (ton)	tes	*your*
son	sa (son)	ses	*his, her, its, one's*
notre	notre	nos	*our*
votre	votre	vos	*your*
leur	leur	leurs	*their*

A. The possessive adjectives differ from their English counterparts in that they agree with the noun modified rather than with the possessor. This difference is especially important in the **son, sa,** and **ses** forms—each of which can mean *his, her,* or *its*.

Monique aime bien son frère.	*Monique likes her brother.*
Jean-Paul habite avec son ami.	*Jean-Paul lives with his friend.*
Anne visite sa ville favorite.	*Anne is visiting her favorite city.*
Georges n'a pas sa valise.	*George doesn't have his suitcase.*
Paul n'aime pas ses sandales.	*Paul doesn't like his sandals.*
Claudine passe ses vacances à Rome.	*Claudine is spending her vacation in Rome.*

B. **Mon, ton,** and **son** are used with both masculine and feminine singular nouns and adjectives that begin with a vowel sound. **Ma, ta,** and **sa** are never used before vowel sounds.

Mon auto est devant la maison.
Ton amie Françoise est sympathique.
Son autre sœur habite à Lyon.

C. The pronunciation of the possessive adjectives is generally influenced by vowel sounds that follow them. Note, for example, the pronunciation of the following:

mon ami	notre amie	nos autos
ton argent	votre hôtel	vos enfants
son intelligence		leurs amis

PREPARATION

A. Substituez les adjectifs possessifs suggérés aux mots en italique.

1. C'est *mon* livre.   ton / son / notre / votre / leur
2. C'est *ma* maison.   ta / sa / notre / votre / leur
3. Ce sont *mes* amis.   tes / ses / nos / vos / leurs

B. Transformez les phrases suivantes selon le modèle donné.

modèle: C'est la sœur de Claude. → **C'est sa sœur.**

1. C'est le livre de Marc.
2. C'est le livre de Caroline.
3. Ce sont les cigarettes de Janine.
4. C'est la bicyclette de ton frère.
5. C'est la guitare de Jean-Luc.
6. C'est l'ami de Claire et de Paulette.
7. Ce sont les disques de Luc et de Nicole.
8. C'est l'appartement de Thérèse.
9. C'est l'appareil-photo de Marlène.

C. Répondez aux questions suivantes selon les indications données.

modèles: Est-ce que tu as ton argent? (non) → **Non, je n'ai pas mon argent.**
Est-ce que c'est ta bicyclette? (oui) → **Oui, c'est ma bicyclette.**

1. Est-ce que tu as ton appareil-photo? (oui)
2. Est-ce que vous avez vos sandales? (non)
3. Est-ce que Jean a ses livres? (non)
4. Est-ce que vous avez notre radio? (oui)
5. Est-ce que c'est ma valise? (non)
6. Est-ce que vous avez votre livre de français? (oui)
7. Est-ce que vous avez mes cigarettes? (non)
8. Est-ce que ce sont vos photos? (non)

D. Donnez l'équivalent français des expressions suivantes.

1. my records, your records, his records, their records, her records, our records
2. his country, our country, your country, her country, their country, my country
3. his friends, her friends, our friends, your friends, my friends
4. their teacher, their teachers; my book, my books; his sister, his sisters; our friend, our friends; her dog, her dogs

TRANSITION

Adieu les vacances. Your friends, Roger and Suzanne, are getting ready to return to campus after summer vacation. They are packing their car, and you are wondering whether they have remembered to take everything. What are the questions you are asking yourself?

modèle: La guitare de Roger → **Est-ce qu'il a sa guitare?**

1. les disques de Roger et de Suzanne
2. la radio de Roger
3. la chaîne stéréo de Suzanne
4. la télévision couleur de Roger
5. les livres de Roger et de Suzanne
6. les plantes de Roger
7. la bicyclette de Suzanne
8. les vêtements de Roger et de Suzanne
9. les valises de Roger et de Suzanne

COMMUNICATION

A. *Et vous?* What do you have in your car (or what do you bring with you) when you return to campus after a long break?

exemple: **J'ai mes valises et mes livres.**

B. Qualités d'un leader politique. Which qualities do you value most in a political leader? You might want to discuss your choices with other students.

Suggestions: ses idées / son courage / sa modestie / son intelligence / son réalisme / son tact / sa sincérité / son dynamisme / sa personnalité / son ambition / ses qualités morales / son idéalisme / son indépendance / son apparence physique / **?**

PRESENTATION

A. The prepositions that are used to indicate being *in* or *at* or going *to* a place depend on the kind of place name.

   1. **En** (without an article) is used with countries that are feminine and all continents.

      Nous allons en France.
      Elles voyagent en Chine.
      Nous sommes en Europe.

   2. **Au** (or **aux**) is used with countries that are masculine.

      Nous allons au Canada.
      Il habite au Sénégal.
      Nous sommes aux Etats-Unis.

   3. **A** is used with cities.

      Nous allons à Paris.
      Nous sommes à Genève.

   4. **Chez** (with an article or possessive adjective or proper name) is used with a person's place of residence or business.

      Il habite chez ses parents.
      Vous allez chez le dentiste, n'est-ce pas?
      Nous allons chez Gérard.

B. Names of cities in French are often spelled differently from their English counterparts but are usually recognizable (e.g., **Genève, Moscou, Londres, Bruxelles**). Some of the more commonly used French names of countries are listed below according to gender. Note that most countries ending in **e** are feminine; the main exceptions are **le Mexique** and **le Zaïre**.

PAYS FEMININS		PAYS MASCULINS	CONTINENTS (FEMININS)
l'Algérie	la Hollande	le Brésil	l'Afrique
l'Allemagne (*Germany*)	l'Inde	le Canada	l'Amérique du Nord
l'Angleterre (*England*)	l'Irlande	le Danemark	l'Amérique du Sud
l'Australie	l'Italie	les Etats-Unis	l'Antarctique
l'Autriche (*Austria*)	la Norvège	le Japon	l'Asie
la Belgique	la Pologne (*Poland*)	le Maroc	l'Australie
la Chine	la Russie ou l'URSS	le Mexique	l'Europe
l'Egypte	la Suède (*Sweden*)	le Portugal	
l'Espagne (*Spain*)	la Suisse	le Sénégal	
la France	la Tunisie	le Zaïre	
la Grèce	la Yougoslavie		

PREPARATION

⊘ Substituez les mots suggérés aux mots en italique et faites les changements nécessaires.

1. Nous allons à *Paris*.   France / Canada / Italie / Montréal / Angleterre
2. Ils habitent aux *Etats-Unis*.   Londres / Allemagne / Japon / Egypte / Australie
3. Je voudrais voyager en *Europe*.   Afrique / Mexique / Brésil / Chine / Portugal
4. Nous passons nos vacances en *Grèce*.   Danemark / Espagne / Maroc / Madrid / Suisse

TRANSITION

En vacances. A group of students have met in an **auberge de jeunesse** (*youth hostel*). Tell how each introduces himself or herself and says where he or she is from.

modèle: Brigitte / Nice / France → **Je m'appelle Brigitte et j'habite à Nice en France.**

1. Pablo / Séville / Espagne
2. María / Lisbonne / Portugal
3. Juanita / Acapulco / Mexique
4. Karl / Vienne / Autriche
5. Théo / Athènes / Grèce
6. Eirik / Oslo / Norvège
7. Djenat / Alexandrie / Egypte
8. Bob / Philadelphie / Etats-Unis
9. Miko / Tokyo / Japon
10. Amadou / Dakar / Sénégal

COMMUNICATION

A. Je voudrais aller. Use the suggestions given to tell what sights you would like to see in various countries.

exemple: **Je voudrais aller en France (ou à Paris) pour visiter la Tour Eiffel.**

Monuments et sites à visiter: la Tour Eiffel / les pyramides / le Vatican / le Parthénon / Stockholm / Montréal / le Louvre / les Alpes / Amsterdam / le Kremlin / Acapulco / la Casbah / **?**
Pays et villes: Sénégal / Canada / Italie / Suède / Japon / Algérie / Hollande / Grèce / Mexique / Chine / France / Egypte / Russie / Paris / Moscou / **?**

B. Où? Complete each of the following sentences with the appropriate city or country.

1. Il y a des fjords . . .
2. Pour parler espagnol, il faut aller . . .
3. Le Président de la République Française habite . . .
4. J'habite . . .
5. Je voudrais habiter . . .
6. On parle français . . .
7. Le ski est un sport populaire . . .
8. Les Américains aiment voyager . . .

C. Un voyage interminable. With another student or group of students, describe a trip to other countries and cities of the world. Start with a simple sentence identifying one country or city, such as, **Nous allons en Hollande.** Each person in turn repeats the entire sentence and adds another country or city. See how long you can continue to add items without making a mistake.

PRESENTATION

Vocabulary for days of the week, months of the year, and seasons is given below. All are masculine and are not capitalized.

LES JOURS DE LA SEMAINE	LES MOIS DE L'ANNEE		LES SAISONS
lundi	janvier	juillet	l'automne
mardi	février	août	l'hiver
mercredi	mars	septembre	le printemps
jeudi	avril	octobre	l'été
vendredi	mai	novembre	
samedi	juin	décembre	
dimanche			

A. To indicate that an event occurs on a particular day, one uses the day without any preposition or article.

   Il y a un match de football samedi.   *There is a soccer game on Saturday.*

B. To indicate that an event occurs repeatedly or habitually on a certain day, one uses the definite article and the singular form of the noun.

   J'ai une classe de français le mardi.   *I have French class on Tuesdays.*

C. To ask what day it is, one says:

   Quel jour est-ce aujourd'hui?   *What day is it today?*
   C'est lundi.   *It's Monday.*
   C'est aujourd'hui lundi.   *Today is Monday.*

D. To indicate that an event occurs in a given month, one can use either **en** or **au mois de** with the name of the month.

   Son anniversaire est en novembre.   *His birthday is in November.*
   Nous avons un examen au mois de juin.   *We have an exam in June.*

E. To indicate that an event occurs in a given season, **en** is used with all seasons except **le printemps** with which **au** is used.

   Je n'aime pas voyager en hiver.   *I don't like to travel in winter.*
   Nous avons dix jours de vacances au printemps.   *We have ten days of vacation in the spring.*

PREPARATION

Substituez les mots suggérés aux mots en italique.

1. C'est aujourd'hui *lundi*.   mardi / mercredi / jeudi / vendredi / samedi / dimanche
2. Son anniversaire est au mois de *décembre*.   janvier / février / mars / avril / mai / juin
3. J'ai un examen en *juin*.   juillet / août / septembre / octobre / novembre / décembre
4. Nous avons des vacances *en été*.   en automne / en hiver / au printemps

TRANSITION

Quand? François Lenoir is talking about when various things occur or will occur in his family. Reconstruct his statements.

modèle: Lundi prochain / ce / être / l'anniversaire de / sœur
→ **Lundi prochain c'est l'anniversaire de ma sœur.**

1. dimanche /nous / aller /toujours /chez nos cousins
2. nous / être / toujours / à Nice / mois d'août
3. lundi / je / avoir / examen important
4. vendredi / Paul et Luc / aimer aller / cinéma
5. je / ne pas étudier* / printemps
6. hiver / frère / aimer aller / Chamonix
7. ma petite sœur / ne pas avoir / classes / jeudi
8. en général / mes parents / avoir / quatre semaines de vacances / juillet

COMMUNICATION

Questions/interview. Answer the following questions or use them to interview another student.

1. Quel jour est-ce aujourd'hui?
2. Quel jour de la semaine est-ce que tu préfères? Pourquoi?
3. Est-ce qu'il y a un jour de la semaine que tu détestes? Pourquoi?
4. Quand est ton prochain examen de français?
5. En quel mois est ton anniversaire?
6. Quand est-ce que tu as des vacances?
7. Est-ce que tu restes ici en juin?
8. Quelle saison de l'année est-ce que tu préfères?
9. Est-ce qu'il y a une saison que tu détestes?
10. Quel mois de l'année est-ce que tu préfères?

* Infinitives, like conjugated verbs, can be made negative. Both the **ne** and the **pas** are placed before the infinitive.

_____ *Le verbe* **aller**

PRESENTATION

The forms of **aller** (*to go*) do not follow a regular pattern.

aller	
je vais	nous allons
tu vas	vous allez
il/elle va	ils/elles vont

A. Like its English counterpart, **aller** has two uses:

1. To indicate movement:

   Je vais en Belgique.
   Nous allons à la plage.
   Marc va au bureau de poste.

2. To indicate a future action:

   Je vais étudier.
   Elles vont aller en Pologne.
   Est-ce que tu vas rester aux Etats-Unis?

B. **Aller** is also used in expressions that you have learned, referring to health and well-being.

   Comment allez-vous?
   Elle va très bien.
   Ça va bien? Oui, ça va.

PREPARATION

A. Substituez les mots suggérés aux mots en italique.

Je vais à la plage.   tu vas / elle va / nous allons / vous allez / ils vont

B. Substituez les mots suggérés aux mots en italique et faites les changements nécessaires.

1. *Nous* allons au Danemark.   Sylvie / nous / tu / les étudiants
2. *Je* ne vais pas en vacances.   vous / je / Jean-Luc / tu
3. Est-ce que *vous* allez voyager en Afrique?   tu / Josette / nous / Pierre et Hélène
4. *Elles* ne vont pas rester à la maison.   je / Paul / nous / vous

TRANSITION

Projets de week-end. Janine, Marie-Claire, and Alain are going to spend a weekend in the Alps. They are discussing their plans and have basic questions to resolve. Tell what their decisions are, using the cues given.

modèle: Est-ce qu'on va partir jeudi ou vendredi? (vendredi) → **On va partir vendredi.**

1. Où est-ce que nous allons aller? (à Chamonix)
2. Est-ce qu'on va faire du camping ou rester à l'hôtel? (faire du camping)
3. Alain, est-ce que tu vas apporter ton appareil-photo? (oui, bien sûr)
4. Est-ce que nous allons manger au restaurant ou faire notre cuisine? (faire notre cuisine; c'est plus économique)
5. Marie-Claire, est-ce que tu vas acheter les provisions pour le week-end? (oui)
6. Qui va préparer le dîner? (toi et moi, nous . . .)
7. Qu'est-ce qu'on va manger? (des sandwichs)

COMMUNICATION

A. Résolutions. At New Year's or at other times of the year, people often make resolutions about what they are going to do in the future. What would yours be? Using options from the list below or by adding your own, create sentences expressing your resolutions.

exemple: **Je vais être plus patient(e) avec les autres.**

Suggestions: étudier plus souvent / regarder la télévision moins souvent / économiser de l'argent / être plus aimable / aider les autres / accepter la réalité / être plus optimiste / être plus sérieux(-euse) / aller au cinéma moins souvent / être plus actif(-ive) / **?**

B. Questions/interview. Answer the following questions or use them to interview another student.

1. Est-ce que tu vas aux matchs de football le samedi?
2. Est-ce que tu vas aller au cinéma vendredi?
3. Est-ce que tu restes à la maison le dimanche?
4. Est-ce que tu vas à la plage en été? Est-ce que tu vas à la montagne en hiver?
5. Est-ce que tu vas souvent au cinéma avec tes amis?
6. Où est-ce que tu vas passer tes vacances d'été?
7. Qu'est-ce que tu vas faire pendant le week-end?
8. Est-ce que tu vas voyager en Europe un jour? Où est-ce que tu vas aller?

Les étudiants ne sont pas contents

SYNTHESE

Les étudiants de l'université de Nanterre ne sont pas contents. Ils accusent l'université d'être trop sélective. Pour protester, ils décident de faire grève pendant une semaine. Ils vont organiser des manifestations et présenter leurs revendications au président de l'université. Mais pour certains étudiants, cela représente aussi une semaine de liberté. Qu'est-ce qu'ils vont faire pour passer le temps?

to go on strike / for, during
demonstrations / demands
that
do / time

Yves Grandjean, vingt et un ans, étudiant en sciences politiques
Je suis pour la grève. L'attitude de l'administration est intolérable. Nous demandons *plus de* **liberté dans le choix des programmes et la participation des étudiants à la sélection des professeurs. Nous allons** *manifester* **dans les rues!**

more
to demonstrate

Jean-Pierre Leroi, vingt-trois ans, étudiant en physique
Je suis *contre* **la grève. J'ai des examens importants en juin; alors je n'ai pas de temps pour la politique. Je vais rester à la maison et étudier avec mes amis.**

against

Hélène Husson, vingt-deux ans, étudiante en pharmacie
Je *pense* **que la grève est justifiée. Je vais participer aux manifestations et aux groupes de discussion. Le reste du temps, je vais** *lire, écouter* **des disques, aller au cinéma et** *dormir.*

think
to read / to listen
to sleep

Alain Soulet, vingt ans, étudiant en architecture

La grève! C'est magnifique! Une semaine de vacances! Quelle chance! Je vais partir et *oublier* l'université, les cours, les profs et les examens.

to forget

Madame Colette Beaulieu, professeur de sociologie

Je vais participer aux discussions organisées par les étudiants parce que le dialogue est important. Le reste du temps, je vais *corriger* des *devoirs* et préparer mes cours pour la semaine prochaine.

to correct / homework

Compréhension du texte. Selon les renseignements donnés, qui aurait probablement prononcé les phrases suivantes? *(According to the information given, who would have probably said the following?)*

1. Je suis étudiant. Ma responsabilité est d'étudier et de passer mes examens. Le reste n'a pas d'importance.
2. C'est une situation difficile. L'administration refuse de considérer le point de vue des étudiants et les étudiants refusent de considérer le point de vue de l'administration. Le problème essentiel est un problème de communication.
3. En général, je suis pour la grève. Je vais participer aux manifestations, mais je ne suis pas extrémiste.
4. La situation est intolérable. L'administration refuse toujours les suggestions des étudiants. Il faut faire grève. Il n'y a pas d'autre solution.
5. Les étudiants sont trop sérieux. Ils pensent toujours à leur travail, à leurs examens ou à la politique.

Les événements de mai 1968

The University of Nanterre, which is part of the University of Paris, has a reputation for being a hotbed of student militancy and leftist politics. Whether this reputation is totally merited is debatable, but the major role that the University of Nanterre played in the student revolution of 1968, now referred to as **les événements de mai 1968,** is undeniable. The upheaval began when Nanterre students protested against the impersonal nature of the university, an outdated curriculum, large lecture classes resulting in little or no personal contact with professors, and the sterile and inadequate facilities of their institution. After initial student protests, officials closed the university on May 1, 1968. On May 3 the students flocked to Paris, where a series of large demonstrations were held. The strike swiftly spread to other universities, where increasing numbers of students presented their demands to university officials. French labor unions, in sympathy with striking students and hoping to gain reforms of their own, declared a general strike that virtually paralyzed France for weeks.

Several university reforms resulted from the strike. The number of campuses and branch campuses was nearly tripled. Large lecture classes were supplemented by work sessions or recitation sections (**cours de travaux pratiques**), more

compositions, term papers, and homework (**exercices pratiques**), and more feedback about student performance. Students now also play a greater role in university governance. Although not everyone agrees on the ultimate success or failure of the strike, it is agreed that the **événements de mai** were an event of major sociological importance.

COMMUNICATION

A. Décisions. What would you do in the following situations? Choose one or more of the options provided or create one of your own.

1. Les étudiants de votre université pensent que l'attitude de l'administration est intolérable et ils décident de faire grève. Qu'est-ce que vous allez faire?
   a. rester à la maison
   b. distribuer des brochures
   c. continuer à aller en classe
   d. manifester dans les rues
   e. **?**
2. Vous êtes en France et les étudiants français décident de faire grève. Qu'est-ce que vous allez faire?
   a. refuser de participer
   b. participer à des groupes de discussion
   c. rester à la maison
   d. regarder les manifestations, mais à distance
   e. **?**
3. Au printemps, vous avez quinze jours de vacances. Qu'est-ce que vous allez faire?
   a. aller au Canada pour parler français
   b. partir avec des amis
   c. aller à la plage en Floride
   d. rester à la maison pour dormir
   e. **?**
4. Il y a un groupe d'étudiants français qui désirent visiter votre région. Quelles sont vos suggestions?
   a. faire la visite de la ville
   b. aller à un match de football américain ou de baseball
   c. observer des classes à l'université
   d. inviter les Français à passer le week-end dans une famille américaine
   e. **?**
5. Vous travaillez dans une agence de voyage aux Etats-Unis. Un groupe de touristes suisses désire visiter les Etats-Unis. Qu'est-ce qu'ils vont faire?
   a. faire la visite de Disneyland
   b. passer une semaine à New York
   c. aller à Washington pour visiter la capitale
   d. visiter le parc national de Yellowstone
   e. **?**

B. Etes-vous d'accord? Do you agree or disagree with the following statements? If you disagree, reword the statement so that it more accurately reflects your opinions.

1. Les universités américaines sont trop sélectives.
2. La participation des étudiants à la sélection des professeurs est importante.
3. Les grèves sont nécessaires pour corriger les injustices sociales.
4. Je suis pour la grève des professeurs.
5. Les vacances sont nécessaires pour oublier les cours, les profs, les examens, etc.

6. En général, l'administration de mon université accepte les suggestions des étudiants.
7. Nous n'avons pas de liberté dans le choix de nos programmes.
8. Les étudiants américains sont trop sérieux.
9. Je pense qu'il est important de participer au gouvernement de l'université.
10. La politique est très intéressante.

C. Questions/interview: Vive les vacances! Answer the following questions or use them to interview another student.

1. Où est-ce que tu aimes aller en vacances?
2. En général, est-ce que tu préfères voyager avec des amis ou avec tes parents?
3. Est-ce que tu préfères aller à la ville ou à la campagne?
4. Est-ce que tu aimes mieux rester à l'hôtel ou faire du camping?
5. Est-ce que tu préfères voyager en été ou en hiver?
6. Quels pays est-ce que tu désires visiter?
7. Est-ce que tu désires visiter la France un jour?
8. Quelles villes est-ce que tu désires visiter?
9. Quelles sont les vacances idéales pour un(e) étudiant(e)?
10. Quel est le voyage de tes rêves?
11. **?**

HOTEL BEDFORD

135, RUE DU MIDI - 1000 BRUXELLES
Téléphone 02/12.78.40 - Télex 24059

M.
Appart.
Room   N°   409

Prix
Rate   Frs :

Petit déjeuner, service, T.V.A. inclus.
Breakfast, Service, Taxe included

La Direction vous souhaite la bienvenue à l'hôtel Bedford.
The Management is happy to welcome you at Bedford hotel.

⊘ _____ **PRONONCIATION**

A. In French, the letter **a** is always pronounced /a/. Compare the pronunciation of the following cognates:

**étudiants,
l'otu vous emmène où vous
avez envie d'aller**

voyages, séjours, circuits, en France
et dans le monde...

English	French
village	village
place	place
journal	journal
special	spécial
garage	garage

Repeat the following words:

1. village   2. journal   3. impatient
   éducation   spécial   adorable
   voyage   garage   salade
   théâtre   cigarette   place

B. The French consonant sounds /p/, /t/, and /k/ are not "exploded," or released, with the same force as they are in English. The French pronunciation of these sounds is similar to their pronunciation in English when they follow an **s.** (Compare p*air*—s*pare,* t*op*—s*top,* k*it*—s*kit.*)

Repeat the following words:

1. patient   2. télévision   3. confortable
   police   talent   colonie
   petit   téléphone   compétent
   pays   travailler   capitale

C. Repeat the following sentences, paying special attention to the sounds you have been practicing.

1. C'est un tout petit pays.
2. Elle travaille dans la capitale.
3. Il y a un téléphone sur la place du village.
4. C'est un journal spécial pour l'Education Nationale.
5. Il faut être plus patient avec la police.

VOCABULAIRE

Noms

l' **année** (f) *year*
l' **anniversaire** (m) *birthday*
le **bord** *edge;* **au bord de** *at the edge of;* le **bord de la mer** *seashore*
les **devoirs** (m) *assignment, homework*
l' **examen** (m) *test, examination*
la **fois** *time, instance*
la **mer** *sea*
le **mois** *month*
le **pays** *country*
la **semaine** *week*
le **temps** *time, weather*

Verbes

demander *to ask*
dormir *to sleep*
écouter *to listen*
faire *to do, make*
faire grève *to go on strike*
oublier *to forget*

partir *to leave*
penser *to think*
poser une question *to ask a question*
quitter *to leave*

Adjectifs

étranger, étrangère *foreign*
physique *physical*
prochain(e) *next*

Divers

alors *then, so, next*
aujourd'hui *today*
cela *that*
cette *this, that*
contre *against*
d'habitude *usually*
par *by, through*
pendant *during*
plus de *more, more than*
que *that, which*

COGNATE NOUNS

l' **apparence** (f)
l' **attitude** (f)
le **baseball**
le **cours**
le **cousin**, la **cousine**
le **dialogue**
la **discussion**
la **distance**
le **gouvernement**

le **groupe**
l' **injustice** (f)
l' **intelligence** (f)
la **manifestation**
la **nécessité**
la **participation**
la **personnalité**
le **programme**
la **provision**

la **question**
le **reste**
la **saison**
la **sociologie**
la **suggestion**
le **touriste**
le **village**
la **visite**
le **week-end**

A quelle heure...?

La télévision: Programme du soir

INTRODUCTION

Mesdames, Mesdemoiselles, Messieurs, voici les *émissions* du *soir* présentées aujourd'hui mercredi 17 avril

plurals of Madame, Mademoiselle, Monsieur / here are / programs / evening

16 *h* 30   EMISSIONS POUR LES ENFANTS. 16 h 35, présentation de *dessins animés:* "Les aventures de Babar", "Mickey Mouse à Hollywood". 17 h 10 "L'Enfant et le sport" et *ensuite* à 17 h 35, "La Vie des *animaux*" avec Flipper le *dauphin.*

o'clock (*abbrev. for* heure)
cartoons
then, next
plural of animal / dolphin

18 h 20   FILM POLICIER. *Début* d'une série de six films, en couleur. *Chaque* épisode *raconte* une aventure d'un détective célèbre. Aujourd'hui, c'est l'inspecteur Maigret, héros de *Georges Simenon,* qui va *résoudre* le mystère du «*Chien Jaune*».*

beginning / each
tells
Belgian detective-story writer / solve / yellow

19 h 20   *ACTUALITES* REGIONALES ET *BULLETIN METEOROLO-GIQUE.*

news / weather report

19 h 45   Présentation des actualités nationales et internationales. Reportage de Pierre Duclos, envoyé spécial en Afrique du Sud, sur la vie des *ouvriers* africains dans les mines de diamants.

workers

20 h 20   LA CAMERA INVISIBLE.

20 h 30   REPORTAGE SPORTIF. Finale de la *coupe* d'Europe de football, en direct du Parc des Princes. St-Etienne, champion de France, contre les Anglais de Leeds.

cup

* Vocabulary for colors: blanc, blanche (*white*); bleu(e) (*blue*); brun(e) (*brown*); gris(e) (*gray*); jaune (*yellow*); noir(e) (*black*); rouge (*red*); vert(e) (*green*).

JEUDI
18 juillet

20.30
GRAND ECRAN

SOUDAIN,
L'ÉTÉ DERNIER
de Joseph Mankiewicz

avec Elizabeth Taylor

21 h 15 EMISSION CULTURELLE. La vie et l'art de Paul Gauguin en sept épisodes.

21 h 45 INTERLUDE MUSICAL. Orchestre de la *RTF* sous la direction de Pierre Boulez. Musique de Claude Debussy.

22 h 00 UN FILM DE FRANCE LAMBIOTTE: «La femme de Jean». Après dix-huit ans de mariage, Nadine, la femme de Jean, abandonnée par son *mari*, va *enfin trouver* son identité. Une histoire de femme racontée par une femme avec *sensibilité* et tact. Les acteurs sont excellents.

23 h 00 RESUME DES ACTUALITES NATIONALES ET INTERNATIONALES.

23 h 15 *FIN* DES EMISSIONS.

Radio-Télévision France

husband / finally / find
sensitivity

end

Compréhension du texte. Répondez aux questions suivantes selon les renseignements donnés dans le texte.

1. Quelle sorte d'émission est-ce qu'il y a à 16 h 30?
2. Qu'est-ce qu'on va présenter à 18 h 20?
3. Qui est le héros du film policier présenté à 18 h 20?
4. Est-ce que c'est un film en couleur?
5. Est-ce qu'on va présenter les actualités nationales à 19 h 20?
6. Qu'est-ce qu'on va présenter à 20 h 30?
7. A quelle heure est-ce qu'on va présenter le film de France Lambiotte?
8. Qu'est-ce que le film raconte?
9. A quelle heure est la fin des émissions?

20.30

LE GRAND
ÉCHIQUIER
avec Louis Seigner

⊘ **Petite conversation: Qu'est-ce qu'il y a à la télé?**

Catherine: Qu'est-ce qu'on va faire après le dîner?

Nicolas: Moi, je voudrais bien regarder la télé.

Catherine: Qu'est-ce qu'il y a d'intéressant?

Nicolas: Oh, je ne sais pas, moi . . . des reportages, des émissions culturelles, des films . . . On a le choix.

Catherine: Est-ce qu'il y a un bon film?

Nicolas: Il y a un bon film à dix heures. C'est un film de France Lambiotte.

La télévision française

There are three French television channels that broadcast throughout much of the day on weekdays and all day long on weekends. Luxembourg and Monte Carlo have independent stations that can be seen throughout most of French-speaking Europe. Eurovision, a new form of television programming, broadcasts special programs simultaneously via satellite in multiple countries—each with its own sound track in the appropriate language.

The government-controlled R.T.F. (**Radio-Télévision France**) is financed by special taxes paid by owners of radios and television sets.

Consequently, R.T.F. enjoys financial autonomy and is relatively free of commercials; advertising never interrupts programs but occurs between them. French television can thus offer a greater variety of programs and appeal to a wider range of interests than can American commercial stations. On the other hand, the top officials of R.T.F. are appointed by the **Conseil des Ministres,** which is similar to the American president's cabinet, and these close ties with the government have led to charges of biased programming that favors the official point of view.

La Maison de la Radio

PRESENTATION

The question **Quelle heure est-il?** (*What time is it?*) can be answered using the following sentence patterns:

A. On the hour:

Il est une heure.   Il est quatre heures.   Il est sept heures.   Il est midi. (*noon*)
Il est minuit (*midnight*)

B. On the quarter or half hour:

Il est trois heures   Il est midi et demi.   Il est deux heures   Il est huit heures
  et demie.   et quart.   moins le quart.

C. Minutes after or before the hour:

Il est une heure dix.   Il est neuf heures cinq.   Il est midi vingt.   Il est six heures vingt-deux.

Il est deux heures   Il est quatre heures   Il est neuf heures   Il est minuit moins
  moins cinq.   moins dix.   moins vingt.   vingt-six.

D. To ask or indicate at what time an event occurs, one uses the following pattern:

A quelle heure est-ce que l'émission commence?
L'émission commence **à dix heures.**
A quelle heure est-ce qu'on va au cinéma? **A huit heures et demie.**

Notice that **heure(s)** is never omitted in French, whereas in English we often omit the word *o'clock*.

E. The French system does not use A.M. and P.M. In conversation one can differentiate morning, afternoon, and evening by adding **du matin, de l'après-midi,** and **du soir.**

Il est onze heures du matin.
Je vais partir à quatre heures de l'après-midi.
Nous dînons à sept heures et demie du soir.

F. In official time schedules (e.g., schedules for planes, trains, buses, radio, or television programs) a twenty-four-hour system is used. Time is given precisely in terms of twenty-four hours beginning at midnight.

OFFICIAL TIME	CONVENTIONAL TIME
trois heures cinq (3 h 05)	trois heures cinq
onze heures trente (11 h 30)	onze heures et demie
douze heures (12 h)	midi
treize heures dix (13 h 10)	une heure dix
quinze heures quinze (15 h 15)	trois heures et quart
dix-neuf heures quarante (19 h 40)	huit heures moins vingt
vingt-trois heures cinquante-cinq (23 h 55)	minuit moins cinq

G. Additional expressions used in reference to a specific time (e.g., an appointment or class) are:

être à l'heure	*to be on time*	tôt	*early*
être en retard	*to be late*	tard	*late*
être en avance	*to be early*	A bientôt!	*See you soon!*

PREPARATION

A. Quelle heure est-il?

1.   2.   3.   4.   5.

6.   7.   8.   9.   10.

B. Beginning with three o'clock, give the time at five-minute intervals until you reach four o'clock.

TRANSITION

A. A l'aéroport. Change each of the following official times heard at Orly Airport into the more common twelve-hour system.

modèle: 22 h 45 → **onze heures moins le quart**

1. 8 h 30	3. 16 h 20	5. 3 h 15	7. 12 h 05	9. 5 h 25
2. 20 h 35	4. 13 h 50	6. 17 h 35	8. 23 h 55	10. 0 h 15

B. A quelle heure? Jane is asking her friend Jean-Pierre at what time the French usually do various things. Play the role of Jean-Pierre and answer her questions, using the cues indicated.

modèle: A quelle heure commencent les dessins animés? (4 h 30)
→ **Les dessins animés commencent à quatre heures et demie de l'après-midi.**

1. A quelle heure est-ce qu'on va au théâtre le soir? (8 h 30)
2. A quelle heure est-ce que les enfants vont en classe le matin? (8 h 30)
3. A quelle heure est-ce qu'on va au restaurant pour dîner? (entre 7 h 30 et 10 h)
4. A quelle heure est-ce que les ouvriers commencent à travailler dans les usines? (8 h)
5. A quelle heure est-ce qu'ils quittent l'usine? (6 h)
6. Combien de temps est-ce que les Français ont pour manger à midi? (entre 1 heure et 2 heures)

COMMUNICATION

A. Problèmes de temps. Below are several problems involving time. What are the answers?

1. Votre classe commence à neuf heures du matin. Il faut quinze minutes pour aller à l'université. A quelle heure quittez-vous la maison?
2. Vous allez au cinéma avec des amis. Le film est à neuf heures et quart. Il faut trente minutes pour aller de votre maison au cinéma. A quelle heure allez-vous quitter la maison?
3. Il est six heures. Il faut une heure et demie pour préparer le dîner. A quelle heure allez-vous manger?
4. Il faut trois heures pour aller de New York à Washington par le train. Le train quitte la gare à trois heures cinq de l'après-midi. A quelle heure allez-vous être à Washington?
5. Il y a une différence de cinq heures entre Paris et New York. Vous désirez téléphoner à un(e) ami(e) français(e). Il est neuf heures et demie du soir à New York. Est-ce que votre ami(e) va être content(e)?

B. Questions/interview. Answer the following questions or use them to interview another student.

1. A quelle heure quittes-tu la maison le matin?
2. A quelle heure as-tu ton cours de français? Est-ce que tu arrives toujours à l'heure?
3. Est-ce que tu es souvent en retard? Et en avance?
4. A quelle heure quittes-tu le campus?
5. A quelle heure dînes-tu? Est-ce que tu préfères dîner tôt ou tard?
6. Ecoutes-tu les actualités régionales? A quelle heure?
7. A quelle heure est ton programme de télévision favori?

Le passé composé avec l'auxiliaire avoir

PRESENTATION

To indicate that an event occurred in the past, the **passé composé** is used. It can express the same meaning as all three of the following English tenses: *I traveled, I have traveled, I did travel.*

A. The **passé composé** of most verbs is formed by using the present tense of **avoir** plus a past participle. The past participle of **-er** verbs is formed by dropping the **-er** ending of the infinitive and replacing it with **é: parler** → **parlé, étudier** → **étudié.** The form of **avoir** must correspond to the subject.

Le passé composé avec *avoir*	
j'ai voyagé	nous avons voyagé
tu as voyagé	vous avez voyagé
il/elle a voyagé	ils/elles ont voyagé

J'ai apprécié la sincérité de Monsieur Legros.
On a présenté un film policier.
Nous avons regardé les actualités régionales.

B. **Avoir** and **être** have irregular past participles: **avoir → eu, être → été.**

J'ai eu un accident.   Nous avons été contents.
Elle a eu des difficultés.   Elles ont été surprises.

C. In the negative, **ne** precedes the form of **avoir** and **pas** follows it. In the interrogative by inversion, only the form of **avoir** and the pronoun are inverted.

On n'a pas gagné le match.
As-tu regardé la télévision?
Le professeur n'a-t-il pas aimé l'émission culturelle?

D. Useful expressions for referring to past events are:

hier   *yesterday*   hier soir   *yesterday evening, last night*
la semaine passée, la semaine dernière   *last week*   hier matin   *yesterday morning*
samedi passé, samedi dernier   *last Saturday*   l'année passée, l'année dernière   *last year*

PREPARATION

A. Substituez les mots suggérés aux mots en italique.

1. *J'ai dîné* au restaurant.   tu as dîné / elle a dîné / nous avons dîné / vous avez
                                 dîné / ils ont dîné
2. *Je n'ai pas regardé* la télévision.   tu n'as pas regardé / il n'a pas regardé /
                                           nous n'avons pas regardé / vous n'avez pas
                                           regardé / elles n'ont pas regardé

B. Substituez les mots suggérés aux mots en italique et faites les changements nécessaires.

1. *Il* a téléphoné hier soir.   vous / je / Claudine / nous / Nicole et Henri
2. *Nous* n'avons pas voyagé au Mexique.   tu / vous / ses amis / Anne / je
3. *Chantal* a-t-elle participé à la manifestation?   les professeurs / vos amis / les
                                                       étudiantes / Hélène

C. Mettez les phrases suivantes à la forme négative.

modèle: Nous avons gagné le match. → **Nous n'avons pas gagné le match.**

1. Tu as travaillé à la maison.
2. Vous avez visité Québec l'année passée.
3. Le professeur a corrigé les devoirs hier soir.
4. Nous avons mangé du chocolat.
5. Elles ont quitté Paris hier matin.
6. J'ai regardé la télévision.
7. Il a été content.

D. Mettez les phrases suivantes à la forme interrogative.

modèle: Vous avez voyagé en Grèce. → **Avez-vous voyagé en Grèce?**

1. Il a habité dans un pays étranger.
2. Tu as écouté le bulletin météorologique.
3. Ils ont visité le Canada.
4. Vous avez aimé le dessin animé.
5. Elle a eu une aventure intéressante.
6. Elles ont envoyé un télégramme.

E. Mettez les phrases suivantes au passé composé.

modèle: Paul cherche une pharmacie. → **Paul a cherché une pharmacie.**

1. Vous mangez au restaurant.
2. On présente des émissions pour les enfants.
3. Ils étudient la vie des animaux.
4. Nous passons le week-end chez nos parents.
5. Tu as de la chance.
6. Nadine trouve de l'argent.
7. Je visite la France et l'Italie.
8. Ils sont à la poste.

TRANSITION

Activités et occupations. At the end of the day Sylviane is telling her husband Jérôme some of the things she has done during the day. Using the cues indicated, describe her activities.

modèle: 10 h / téléphoner à Suzanne → **A dix heures, j'ai téléphoné à Suzanne.**

1. 9 h / commencer à travailler sur mon article
2. 11 h 30 / envoyer une lettre à mes parents
3. 12 h 15 / quitter la maison pour aller en ville
4. 12 h 30 / manger au restaurant avec des amis
5. 3 h / corriger des devoirs
6. 4 h / préparer un examen
7. 4 h 45 / avoir la visite de Raymonde
8. 5 h 15 / acheter les provisions pour le dîner
9. 7 h 45 / regarder les actualités

COMMUNICATION

A. La semaine dernière. Create sentences expressing what you did recently by combining one element from each column.

Hier		envoyé une lettre à mes parents
Lundi		dîné chez des amis
Mardi		mangé au restaurant
Mercredi	j'ai	téléphoné à un(e) ami(e)
Jeudi	mes amis ont	eu un examen difficile
Vendredi	mes amis et moi, nous avons	étudié le français
Samedi		invité des amis à dîner
Dimanche		regardé un film à la télévision
		écouté de la musique
		préparé le dîner
		eu la visite d'un(e) ami(e)
		été fatigué(e)(s)

B. Et hier? Using the vocabulary provided in **Communication A,** ask questions to find out what other people in your class did yesterday.

exemples: **Est-ce que tu as regardé la télévision hier?**
Est-ce que vous avez dîné chez des amis?

Le passé composé avec l'auxiliaire être

PRESENTATION

There are some French verbs that use **être** instead of **avoir** as the auxiliary verb. They are usually verbs of motion or transition. Only three of these verbs have been presented thus far: **aller, rester,** and **arriver.**

When **être** is used as the auxiliary, the past participle agrees with the subject just as adjectives agree with nouns.

Le passé composé avec *être*

je suis allé(e	nous sommes allé(e)(s)
tu es allé(e)	vous êtes allé(e)(s)
il est allé	ils sont allés
elle est allée	elles sont allées

Je suis allé au cinéma hier soir.   *I went to the movies last night.*
Marie est allée à Paris en juin.   *Marie went to Paris in June.*
Est-ce que vous êtes allé en Europe?   *Did you go to Europe?*
Nous ne sommes pas restés à la maison.   *We did not stay home.*
Ne sont-elles pas restées à Genève?   *Didn't they stay in Geneva?*
A quelle heure êtes-vous arrivés?   *At what time did you arrive?*

PREPARATION

A. Substituez les mots suggérés aux mots en italique.

1. *Je suis allé* en vacances. tu es allé / il est allé / nous sommes allés / vous êtes allé / elles sont allées
2. *Je ne suis pas resté* à l'hôtel. tu n'es pas resté / elle n'est pas restée / nous ne sommes pas restés / vous n'êtes pas restés / ils ne sont pas restés

B. Substituez les mots suggérées aux mots en italique et faites les changements nécessaires.

1. *Ils* sont restés à la maison. je / tu / mon frère / Monique et Jean / nous
2. *Nous* ne sommes pas allés à la plage. tu / mes amis / on / ma sœur / je

C. Mettez les phrases suivantes au passé composé.

modèle: Nous allons au Portugal. → **Nous sommes allés au Portugal.**

1. Je vais chez mes parents.
2. Est-ce que tu vas sur la Côte d'Azur?

3. Nous restons à la maison.
4. Elle ne va pas chez le médecin.
5. Nous allons à la montagne.

6. Vas-tu au cinéma?
7. Elles ne vont pas en classe.
8. Vous arrivez en retard.

TRANSITION

La journée d'une étudiante française. Below are some of the activities of Juliette Cordier, a French political science major. Tell what she did yesterday, making sure to use the correct forms of **avoir** or **être**.

modèle: aller à l'université → **Elle est allée à l'université.**

1. étudier pendant une heure
2. écouter une présentation sur la situation économique
3. aller manger au restaurant universitaire
4. aller au café avec des amis
5. aller à un cours de sciences politiques
6. écouter les explications du professeur
7. aller étudier à la bibliothèque
8. quitter l'université
9. regarder les actualités à la télévision
10. téléphoner à une amie

COMMUNICATION

A. Où êtes-vous allé(e)? Create sentences describing where you and your friends have gone. Begin your sentences with expressions like **hier, pendant le week-end, la semaine dernière, l'été passé, l'année dernière.**

exemples: **Hier je suis allé(e) à la campagne; mon ami Jean est allé à la plage.**
   L'été dernier, je suis allé(e) en Allemagne et au Danemark.
   Pendant les vacances, mes amis sont allés au Japon.
   Pendant le week-end, mes amis et moi, nous sommes allés au cinéma.

Suggestions: à la montagne / au Canada / à New York / en Californie / en Europe / au concert / au restaurant / chez mes parents / à un match de football / chez le médecin / au théâtre / à la bibliothèque / **?**

B. Trouvez un(e) étudiant(e) . . . Ask questions to find out who in your class has gone to the following places. Either ask questions of individual students (e.g., **Jean, est-ce que tu es allé à la plage?**) or address the whole class (e.g., **Qui est allé au cinéma?**)

Trouvez un(e) étudiant(e):
1. qui est allé(e) à la montagne en hiver
2. qui est allé(e) au bord de la mer l'été passé
3. qui est allé(e) en Floride pendant les vacances de printemps
4. qui est allé(e) au théâtre la semaine dernière
5. qui est allé(e) chez ses parents samedi dernier
6. qui est allé(e) dans un pays où on parle français
7. qui est allé(e) en Amérique du Sud
8. qui est allé(e) en Russie

PRESENTATION

The verb **faire** (*to do or to make*) is irregular.

---

faire

je fais	nous faisons
tu fais	vous faites
il/elle fait	ils/elles font

passé composé: j'ai fait

All the singular forms of **faire** have the same pronunciation: /fɛ/. Notice that **faisons** is pronounced /fəzõ/.

Je fais mon travail.	*I'm doing my work.*
Il fait une omelette.	*He's making an omelette.*
J'ai fait mes devoirs.	*I did my homework.*
Qu'est-ce que vous avez fait pendant le week-end?	*What did you do during the weekend?*

This verb is also used in many idiomatic expressions, such as:

Deux et trois font cinq.	*Two and three are five.*
Il fait beau.	*The weather is nice.*
Elle fait du sport.	*She plays sports.*
Nous faisons du ski.	*We ski.*
Les étudiants font grève.	*The students are on strike.*
Nous allons faire une promenade.	*We are going to take a walk.*

PRÉPARATION

⊘ **A.** Substituez les mots suggérés aux mots en italique.

Je fais du sport.   tu fais / elle fait / nous faisons / vous faites / ils font

⊘ **B.** Substituez les mots suggérés aux mots en italique et faites les changements nécessaires.

1. Qu'est-ce que *nous* faisons aujourd'hui?   tu / Luc / vos amis / je / vous
2. *Gilbert* n'a pas fait ses devoirs.   tu / je / les autres / ta sœur

TRANSITION

Une Personne curieuse. Jean-Claude always wants to know what everybody is doing. Reconstruct the questions he has asked his friends as well as their answers.

modèle: Vous / aujourd'hui (rester à la maison) →
Question: Qu'est-ce que vous faites aujourd'hui?
Réponse: Nous restons à la maison.

1. Tu / maintenant (faire mes devoirs)
2. Jacques / l'année prochaine (retourner à l'université)
3. Pierre et Sylvie / maintenant (voyager au Canada)
4. Les enfants / l'été passé (aller au bord de la mer)
5. Vous / le dimanche (aller chez des amis)
6. Nous / aujourd'hui (aller à la bibliothèque)
7. Nous / demain (faire une promenade)
8. Tu / l'hiver dernier (faire du ski dans les Alpes)

COMMUNICATION

A. Curiosité ou indiscrétion? Make up some questions that you would like to ask other people in your class about what they do, have done, or are going to do at different times. If someone asks you, in turn, a question that you consider indiscreet or too personal, you may say tactfully, **C'est une question trop indiscrète,** or simply, **Je ne sais pas.**

exemples: **Qu'est-ce que tu fais le dimanche après-midi?**
Qu'est-ce que vous avez fait le week-end passé?
Qu'est-ce que tu vas faire après la classe?

B. Vrai ou faux. Rearrange the following words to form sentences, and then indicate whether they are true or false. If a statement is not true for you, reword it to make it true. Remember to make the necessary changes in the verb form.

1. dix-sept / faire / vingt-quatre / et / quarante et un
2. on / du ski / faire / les Alpes / dans
3. de mon université / faire grève / les étudiants / l'année passée
4. janvier / il / beau / au mois de / faire
5. une promenade / mes amis / hier / faire
6. du sport / faire / je / souvent
7. les hommes / faire la cuisine / en général / aimer

Huit heures dans la vie d'un agent de police

SYNTHESE

18 h 05 Pendant notre inspection du *quartier,* nous avons trouvé un *jeune* homme en pyjama, *sans* adresse et sans papiers d'identité. Un amnésique probablement. Nous avons *emmené* le jeune homme à l'hôpital psychiatrique.

neighborhood / young
without
took

20 h 15 Accident de *moto,* rue de Sèvres. Nous avons transporté la victime, une jeune *fille* de dix-huit ans, à l'hôpital.

motorcycle
girl

21 h 00 Dans un restaurant de la rue d'Alger, un client *ivre* a refusé de payer l'*addition.* Le *patron* a téléphoné à la police. *Quand* nous avons interrogé le client, il a commencé à raconter ses exploits en Indochine. Nous avons emmené l'homme au *poste de police.*

drunk
bill / owner / when

police station

22 h 10 Des *cambrioleurs* ont *volé* l'argent d'une *dame* de soixante-quinze ans. Nous avons *montré* des photos des suspects à la victime. Elle a identifié les cambrioleurs.

burglars / stole / lady
showed

23 h 45	Le patron d'un bar a téléphoné pour *signaler* une *bagarre*. Nous avons séparé les adversaires et nous avons emmené les victimes à l'hôpital.	to report / brawl
0 h 45	Un monsieur de la rue des Arcades a téléphoné pour signaler une *surprise-partie* trop *bruyante*. Nous avons demandé aux participants d'être moins bruyants.	party / noisy
1 h 30	Nous avons trouvé un homme *à genoux* au milieu de la rue. Nous avons interrogé l'homme. Il a expliqué: «Je parle avec la *Vierge Marie*.» Nous avons persuadé l'homme de continuer la conversation sur le *trottoir*.	on his knees Virgin Mary sidewalk

Extrait et adapté d'un article de *Paris Match*

Compréhension du texte. Selon les renseignements donnés, est-ce que les phrases suivantes sont vraies ou fausses? Corrigez le sens de la phrase s'il est faux.

1. A 18 h 05 les agents de police ont trouvé un homme ivre dans la rue.
2. A 21 h 15 un jeune homme a eu un accident de moto rue des Arcades.
3. Les agents ont transporté la victime chez ses parents.
4. Le patron du restaurant de la rue d'Alger a téléphoné à la police parce qu'un client a volé son argent.
5. La dame de soixante-quinze ans a identifié les cambrioleurs qui ont volé son argent.
6. A 23 h 45 le patron d'un bar a téléphoné pour signaler une surprise-partie trop bruyante.
7. Les agents de police ont participé à la bagarre.
8. A 0 h 45 un monsieur de la rue d'Alger a téléphoné pour inviter les agents de police à une surprise-partie.
9. Les agents ont persuadé les participants de continuer leur surprise-partie.
10. A 1 h 30 les agents ont trouvé un homme à genoux au milieu de la rue.

Les agents de police

The typical eight-hour shift of the blue-uniformed French **agents de police** who patrol city streets and direct traffic is similar to that of their American counterparts. But while most American police patrol their areas in cars, French police generally cover their beat on foot. They are always armed with a revolver and a white nightstick. In France, as in most Western countries, the crime rate has risen dramatically in recent years, making the policeman's job more difficult today than in the past. Given the French love for independence and individualism, the **flics,** as policemen are called, have traditionally been an easy target for jokes and a certain amount of resentment.

   Gendarmes, who wear tan uniforms, are responsible for maintaining order in rural communities. **Motards,** dressed in blue motorcycle uniforms and helmets, patrol France's highways.

COMMUNICATION

A. Qu'est-ce que vous avez fait? Create sentences describing what you did during your vacation last year, last weekend, or last night by choosing from the expressions given below or by adding your own. You may also want to tell what your parents or friends did.

exemples: **Pendant les vacances l'année dernière, je suis allé(e) au bord de la mer.**
   Pendant le week-end, mes amis ont fait une promenade à moto.
   Hier soir, nous sommes allé(e)s au concert.

1. Pendant les vacances d'été . . .
   faire un voyage / visiter un pays étranger / aller au bord de la mer / passer un mois à la campagne / participer à des manifestations / passer l'été avec ma famille / travailler dans un restaurant / **?**
2. Pendant le week-end . . .
   rester à la maison / manger au restaurant / acheter des vêtements / aller à une surprise-partie / regarder la télévision / écouter de la musique / téléphoner à des amis / étudier / aller au cinéma / **?**
3. Hier soir . . .
   aller à un concert / inviter des amis à dîner / emmener mon ami(e) au cinéma / faire la cuisine / regarder un film à la télévision / étudier / faire une promenade / raconter des histoires amusantes / **?**

B. Questions/interview. Use the questions below to interview another student. If the answer to the major question is affirmative, proceed with the related questions. If the answer is negative, move on to the next numbered question. Each main question has a series of related questions to help you gain skill in sustaining a conversation in French.

1. Est-ce que tu as regardé la télévision hier soir?
   a. Est-ce que tu as regardé les actualités?
   b. Est-ce que tu as regardé un film policier?
   c. Est-ce que tu as écouté le bulletin météorologique?
   d. **?**

2. Est-ce que tu es allé(e) au cinéma pendant le week-end?
   a. A quel cinéma est-ce que tu es allé(e)?
   b. Quel film est-ce qu'on a présenté?
   c. Est-ce que tu es allé(e) au cinéma avec des ami(e)s?
   d. Est-ce que tu as aimé le film?
   e. **?**
3. Est-ce que tu as écouté des disques hier soir?
   a. Est-ce que tu as écouté des disques de musique classique?
   b. Où est-ce que tu as écouté des disques et avec qui?
   c. **?**
4. Est-ce que tu as mangé à la maison hier soir?
   a. Est-ce que tu as fait la cuisine?
   b. Qu'est-ce que tu as préparé?
   c. Est-ce que tu as invité des amis?
   d. A quelle heure est-ce que tu as mangé?
   e. **?**
5. Est-ce que tu as mangé au restaurant la semaine passée?
   a. A quel restaurant est-ce que tu es allé(e)?
   b. Est-ce que tu as aimé la cuisine?
   c. Qu'est-ce que tu as mangé?
   d. **?**
6. Est-ce que tu as fait un voyage pendant les vacances d'été ou de printemps?
   a. Où est-ce que tu es allé(e)?
   b. Avec qui est-ce que tu as voyagé?
   c. Est-ce que tu es resté(e) à l'hôtel ou chez des amis?
   d. **?**
7. Est-ce que tu es allé(e) en Europe?
   a. Dans quels pays est-ce que tu es allé(e)?
   b. Est-ce que tu as visité des villes intéressantes?
   c. **?**

C. Huit heures dans la vie d'un(e) étudiant(e). Tell what you did yesterday, using the following questions as a guide: A quelle heure est-ce que vous êtes allé(e) à l'université? A quelles classes est-ce que vous êtes allé(e) et à quelle heure? Avez-vous étudié à la bibliothèque? Où avez-vous mangé et avec qui? A quelle heure avez-vous quitté le campus? Avez-vous regardé la télévision? Quand avez-vous fait vos devoirs? A quelle heure avez-vous commencé à étudier et à quelle heure avez-vous terminé?, etc.

⊘ _____ *PRONONCIATION*

Certain French vowels—/e/, /ɛ/, /ø/, /œ/, /o/, /ɔ/—can be pronounced with the mouth more, or less, open. The closed vowels are /e/, as in **mes**; /ø/, as in **peu**; and /o/, as in **beau.** The open vowels are /ɛ/, as in **mère**; /œ/, as in **peur**; and /ɔ/, as in **bord**. Note that the closed vowels generally occur in an open syllable, that is, in a syllable ending in a vowel sound. Open vowels generally occur in a closed syllable, that is, in a syllable ending in a consonant sound.

1. Repeat and contrast the following words:

    /e/   /ɛ/

    ouvri**er**   ouvri**ère**
    derni**er**   derni**ère**
    premi**er**   premi**ère**
    étran**ger**   étran**gère**

2. Repeat the following words containing the sound /e/. Note the various
    spellings associated with the sound.

    mari**é**   travaill**er**   m**es**
    m**é**tro   regard**er**   **et**
    ann**ée**   all**ez**   ch**ez**
    ét**é**   écout**ez**   j'**ai**

3. Repeat the following words containing the sound /ɛ/. Note the various
    spellings associated with the sound.

    j'esp**è**re   j'**ai**me   r**e**ster   s**e**pt
    fr**è**re   f**ai**re   s**é**lection qu**e**l
    probl**è**me   satisf**ai**te acc**e**pter n'**es**t-ce pas
    r**ê**ve   proch**ai**ne   p**e**rsonne cig**a**rette

C. Repeat the following sentences, paying close attention to the sounds you have
    been practicing.

    1. Les ouvri**er**s et les ouvri**ère**s vont f**ai**re grève.
    2. J'esp**è**re qu'elle va r**e**ster ch**ez** sa mère.
    3. Vous pouv**ez** all**er** au caf**é** pour regard**er** la tél**é**.
    4. Il f**ai**t tr**ès** beau au bord de la m**er**.
    5. J'**ai** peur de f**ai**re d**es** rêves.

VOCABULAIRE

Noms
les **actualités** (f) *news*
l' **addition** (f) *bill*
l' **après-midi** (m) *afternoon*
la **bagarre** *brawl, fight*
le **cambrioleur** *burglar*
la **caméra** *movie camera*
la **dame** *lady*
le **début** *beginning*
le **dessin** *drawing*
l' **émission** (f) *program*
la **fin** *end*
l' **histoire** (f) *story, history*
la **jeune fille** *girl*
le **mari** *husband*

la **moto** *motorcycle*
le **patron** (m), la **patronne** (f) *boss*
le **quartier** *neighborhood, quarter*
la **sensibilité** *sensitivity*
le **soir** *evening*
la **surprise-partie** *party*
le **trottoir** *sidewalk*

Verbes
emmener *to take along*
montrer *to show*
raconter *to tell*
résoudre *to solve*
trouver *to find*
voler *to steal*

Adjectifs

bruyant(e) *noisy*
dernier, dernière *last*
jeune *young*

Divers

après *after*

chaque *each*
en direct *directly, live*
enfin *finally*
ensuite *then, next*
quand *when*
sans *without*
voici *here is, here are*

COGNATE NOUNS

l' accident (m)
l' acteur (m), l'actrice (f)
l' art (m)
l' aventure (f)
le client, la cliente
le concert*

le détective
le diamant
l' exploit (m)
le film
le héros, l'héroïne
le mariage

l' orchestre (m)
le papier
le parc
la police
la série
la victime

La pluie
et le beau temps

Bulletin météorologique du vendredi 22 février

NUAGES DANS LE *NORD, SOLEIL* DANS LE RESTE DE LA FRANCE

—En France aujourd'hui—

Aujourd'hui, une zone de *mauvais temps* va progresser de l'*Ouest* à l'*Est*. Dans le Nord et le Centre, le *ciel* va *devenir nuageux* ou très nuageux. Dans le *Midi* il va continuer à faire beau.

Les *vents, faibles* et variables le matin, vont devenir modérés dans le Nord du pays.

Dans le Nord, les températures assez *froides* le matin vont *monter* jusqu'à dix degrés pendant la *journée*. Dans le reste de la France, les températures vont rester stables.

—Demain—

Demain, il va faire beau dans le *Sud-ouest* de la France. Dans le reste du pays, le temps va rester variable. Possibilité de *pluie* et de *neige* dans les Alpes.

Compréhension du texte. Répondez aux questions suivantes selon les renseignements donnés dans le texte.

1. Est-ce que le mauvais temps va progresser de l'Est à l'Ouest ou de l'Ouest à l'Est?
2. Est-ce que le ciel va être nuageux ou est-ce qu'il va faire beau dans le Nord?
3. Est-ce que les vents vont devenir modérés ou violents pendant la journée?

INTRODUCTION

clouds / North / sun

bad / weather / West / East
sky / become / cloudy
southern France
winds / slight

cold / climb
day

tomorrow

southwest
rain / snow

4. Dans le Nord, est-ce que les températures vont rester stables ou est-ce qu'elles vont monter?
5. Demain, est-ce qu'il va faire beau ou mauvais dans le Sud-ouest de la France?
6. Est-ce qu'il y a des possibilités de pluie et de neige dans le Sud-ouest du pays ou dans les Alpes?

⊘ **Petite conversation au sujet du temps.**

Armand: Est-ce que tu as écouté la météo?
Bernard: Oui, il va continuer à neiger.
Armand: Ah non, alors! Je suis fatigué du mauvais temps! Pluie, neige, vent...
    Quel climat!
Bernard: Patience! Le printemps va bientôt arriver.

Le climat

The climate of France is generally mild and varied. The warm and sunny climate of southern France is particularly appealing to French people and vacationers from all of Europe. The **Côte d'Azur** has especially pleasant weather all year because the Alps protect it from the **Mistral,** a powerful wind that sweeps through the Rhone River Valley. In the winter months its gusts are sometimes strong enough to blow over cars and cause considerable property damage—at least according to the people of Marseilles, who are well-known for their tendency to exaggerate. Houses are often protected by a windbreak of cypress trees.

Paysage de Provence

Although the weather affects everyone, those involved in the tourist industry are particularly sensitive to statements about it. The mayor of Biarritz once requested that television weather maps stop showing clouds that had been over the area for more than a week—because it had not actually rained!

La plage de Biarritz

Le temps

PRESENTATION

Many French weather expressions use the impersonal subject pronoun **il** (*it*) and the verb **faire.** Useful expressions are:

Quel temps fait-il?	*How is the weather?*
Il fait beau.	*It's nice. (The weather is nice.)*
Il fait chaud.	*It's warm.*
Il fait froid.	*It's cold.*
Il fait frais.	*It's cool.*
Il fait mauvais.	*The weather is bad.*
Il fait du vent.	*It's windy.*
Il fait du soleil.	*It's sunny.*
Il va pleuvoir.	*It's going to rain.*
Il va neiger.	*It's going to snow.*
Il pleut.	*It's raining.*
Il a plu hier.	*It rained yesterday.*
Il neige.	*It's snowing.*
Le ciel est couvert.	*It's cloudy.*
Il y a un orage.	*There is a storm.*

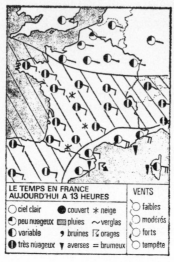

LE TEMPS EN FRANCE
AUJOURD'HUI A 13 HEURES

○ ciel clair ● couvert ✳ neige
◑ peu nuageux ▨ pluies ∼ verglas
◐ variable ⌇ bruines ⚡ orages
◕ très nuageux ▼ averses = brumeux

VENTS
faibles
modérés
forts
tempête

PREPARATION

⊘ **A.** Substituez les mots suggérés aux mots en italique.

1. Il fait *beau* maintenant.   mauvais / froid / trop chaud / très frais / du soleil / du vent
2. *Il pleut* aujourd'hui.   il neige / il y a des orages / le ciel est couvert
3. Il a *plu* pendant le week-end.   neigé / fait froid / fait du vent

B. Transformez les phrases suivantes selon le modèle donné.

modèle: Il neige aujourd'hui → **Il a neigé hier. Il va neiger demain.**

1. Il fait beau aujourd'hui.
2. Il pleut aujourd'hui.
3. Il ne fait pas mauvais aujourd'hui.
4. Il fait du soleil aujourd'hui.
5. Il fait du vent aujourd'hui.
6. Quel temps fait-il aujourd'hui?

106

C. Donnez l'équivalent français des phrases suivantes.

1. It is very cold.
2. The sky is cloudy.
3. It is not hot today.
4. It is going to snow tomorrow.
5. What's the weather like?
6. It was nice yesterday.
7. Is it sunny today?
8. There was a storm yesterday.

TRANSITION

Quel temps fait-il? A Paris newspaper reported the following temperatures and weather conditions in various cities around the world. How would you describe the weather in each city?

modèle: Berlin 10°C P → **A Berlin la température est de dix degrés centigrade et il pleut.**

TEMPERATURES ET CONDITIONS METEOROLOGIQUES

N = neige; P = pluie; V = vent; S = soleil; C = couvert; O = orage

Paris	10°C	VP	Melbourne	25°C	OV
Madrid	14°C	S	Oslo	7°C	S
New York	2°C	N	Berlin	10°C	P
Londres	8°C	C	Rome	13°C	SV

COMMUNICATION

A. Ça dépend du temps. According to your own experience complete the following sentences with an appropriate weather expression.

1. Je ne quitte pas la maison quand . . .
2. Je n'aime pas voyager quand . . .
3. En général, on ne va pas à la plage quand . . .
4. J'aime faire des promenades quand . . .
5. Je fais du sport quand . . .
6. Les étudiants n'aiment pas aller en classe quand . . .
7. Les accidents sont plus fréquents quand . . .
8. Je n'aime pas camper quand . . .

B. Questions/interview. Answer the following questions or use them to interview another student.

1. Quel temps fait-il aujourd'hui?
2. Quel est le bulletin météorologique pour demain?
3. Quel temps a-t-il fait hier?
4. Quel temps fait-il en février dans ta ville? Et au mois d'août?
5. Quel temps fait-il dans ta région au printemps?
6. Est-ce qu'il pleut beaucoup dans ta région?
7. Quelle saison préfères-tu? Pourquoi?
8. Qu'est-ce que tu aimes faire quand il fait beau? Et quand il fait mauvais?

PRESENTATION

A number of idiomatic expressions in French use the verb **avoir;** the most useful of these are:

J'ai froid.

Ont-ils sommeil?

avoir froid	*to be cold*	Il fait froid; nous avons froid.
avoir chaud	*to be warm*	En juillet j'ai toujours chaud.
avoir faim	*to be hungry*	Il est huit heures; j'ai faim.
avoir soif	*to be thirsty*	J'ai soif; je voudrais une bière.
avoir sommeil	*to be sleepy*	Il est minuit et nous avons sommeil.
avoir raison (de)	*to be right*	Vous avez raison de visiter Québec.
avoir tort (de)	*to be wrong*	Excusez-moi, j'ai eu tort.
avoir peur (de)	*to be afraid*	Annette a peur des chiens.
avoir besoin de	*to need*	J'ai besoin d'argent et de vacances.
avoir envie de	*to feel like*	J'ai envie d'aller au cinéma.
avoir l'intention de	*to intend to*	Tu as l'intention d'aller en Grèce, n'est-ce pas?
avoir lieu	*to take place*	Le match a lieu dimanche à trois heures.
avoir mal à la tête	*to have a headache*	Je suis fatiguée et j'ai mal à la tête.
avoir l'air	*to appear, look*	Il a l'air content.
avoir honte (de)	*to be ashamed*	Moi, je n'ai pas honte.

Il a peur du chien.

Il a très mal à la tête.

108

PREPARATION

⊘ **A.** Substituez les mots suggérés aux mots en italique.

1. Est-ce que tu as *faim*?   chaud / froid / peur / sommeil / soif / mal à la tête
2. Ils ont *besoin* de travailler.   l'intention / envie / l'air / raison / tort

B. Donnez l'équivalent français des phrases suivantes.

1. Are you thirsty?
2. I need to work.
3. She is lucky.
4. You look sad.
5. He is always hungry.
6. Aren't you ashamed?
7. I do not feel like going to class.
8. He is right; I am wrong.
9. We intend to watch television.
10. I am afraid of storms.
11. He is going to be sleepy tomorrow.
12. The concert takes place on Thursday.

TRANSITION

Petits dialogues. Complete each of the following dialogues with an appropriate **avoir** expression.

modèle: Marc: On va au café?
            Pierre: Oui, je . . . → **Oui, j'ai soif.**

1. *La mère:* Il faut manger ton dîner, mon petit!
   L'enfant: Mais Maman, je . . .
2. *L'étudiant:* New York est la capitale des Etats-Unis.
   Le professeur: Mais non, vous . . .
3. *M. Dupont:* Où est-ce que vous allez en vacances cette année?
   Mme Leclerc: Je ne suis pas sûre, mais nous . . . aller sur la Côte d'Azur.
4. *Jean-Luc:* Je voyage toujours en avion—c'est très rapide.
   Claude: Pas moi! Je n'aime pas les avions; je . . . d'un accident.
5. *Paul:* On fait une petite promenade dans le parc aujourd'hui?
   Chantal: Non, pas aujourd'hui. J'ai travaillé jusqu'à minuit hier soir et je . . .
6. *Le professeur:* Vous n'avez pas encore fait vos devoirs?
   L'étudiant: Non, Monsieur. Mais je . . . travailler aujourd'hui.

COMMUNICATION

A. Options. Complete the following sentences by using one or more of the options provided or by creating one of your own.

1. Aujourd'hui j'ai l'intention de . . .
   rester à la maison / aller chez mes parents / aller au cinéma / inviter des amis à dîner / **?**
2. Quand il pleut, j'ai souvent envie de . . .
   dormir jusqu'à midi / regarder des dessins animés à la télévision / faire une promenade sous la pluie / **?**
3. Moi, j'ai besoin de . . .
   sommeil / vacances / argent / inspiration / **?**

4. Je pense que notre président a besoin de . . .
   faire des réformes / voyager dans un pays étranger / consulter le public / résoudre la crise de l'énergie / **?**
5. Je suis courageux(-euse); je n'ai pas peur de . . .
   orages / examens / cambrioleurs / professeurs / **?**
6. Le vendredi après-midi, les étudiants n'ont pas envie de . . .
   travailler / aller en classe / écouter les explications du professeur / rester à la maison / faire leurs devoirs / **?**

B. Questions/interview. Answer the following questions or use them to interview another student.

1. Qu'est-ce que tu as l'intention de faire demain?
2. Et samedi, qu'est-ce que tu as l'intention de faire?
3. Quand tu as très faim, qu'est-ce que tu aimes manger?
4. Est-ce que tu as souvent sommeil en classe?
5. Qu'est-ce que tu as envie de faire pendant les vacances?
6. Est-ce que tu as envie d'habiter dans un pays étranger?
7. Quelle région des Etats-Unis est-ce que tu as envie de visiter?
8. Quel âge as-tu?
9. Est-ce que professeur a l'air content aujourd'hui?
10. Est-ce que tu as souvent mal à la tête?

Les adjectifs démonstratifs

PRESENTATION

Demonstrative adjectives, used to point out objects or people, correspond in meaning to *this* and *that, these* and *those*. The forms used in French are determined by the number and gender of the noun modified.

Les adjectifs démonstratifs

		SINGULAR	PLURAL
MASCULINE	Before a consonant	ce	ces
	Before a vowel sound	cet	ces
FEMININE		cette	ces

Ce soir, je vais chez Alain.	*This evening I'm going to Alain's house.*
Cet hôtel est excellent.	*This (that) hotel is excellent.*
Cette chambre n'est pas confortable.	*This (that) room is not comfortable.*
Ces enfants sont adorables.	*These (those) children are adorable.*

French speakers do not normally make the distinction between *this* and *that*, or *these* and *those*. When it is necessary to do so, the suffixes **-ci** and **-là** are added to the noun. The suffix **-ci** conveys a meaning similar to *this* and *these*; **-là** is similar to *that* and *those*.

Sur la photo, cet homme-ci est la victime et cet homme-là est le cambrioleur.	*In the photo, this man is the victim and that man is the burglar.*

PREPARATION

⊘ **A.** Donnez la forme appropriée de l'adjectif démonstratif.

modèle: la maison → **cette maison**

1. le professeur
2. la rue
3. le matin
4. la pluie
5. l'année

6. l'hiver
7. les étudiants
8. les classes
9. les enfants
10. le café

11. le soir
12. l'église
13. les vacances
14. l'université
15. les explications

B. Mettez les expressions suivantes au singulier.

modèle: ces devoirs → **ce devoir**

1. ces montagnes
2. ces maisons

3. ces livres
4. ces hôtels

5. ces usines
6. ces femmes

7. ces qualités
8. ces professeurs

C. Répondez négativement aux questions suivantes selon les modèles donnés.

modèles: Tu vas acheter cette auto-ci? →
   Non, je vais acheter cette auto-là.

   Tu vas dîner dans ce restaurant-là? →
   Non, je vais dîner dans ce restaurant-ci.

1. Vous allez rester dans cet hôtel-ci?
2. Tu as besoin de ce crayon-ci?
3. Elle a envie d'acheter cette moto-là?
4. Vous avez peur de ce chien-ci?
5. Tu vas envoyer cette carte-ci?
6. Ils ont l'intention de visiter cette église-là?
7. Il a besoin de ces livres-là?·

TRANSITION

A la terrasse d'un café. Several friends are sitting at a sidewalk café making comments about the things and people they see. Reconstruct the statements that they made.

modèle: femme / élégant → **Cette femme est élégante.**

1. auto / sensationnel
2. climat / impossible
3. pluie / désagréable
4. homme / pas sympathique

5. enfants / pas poli
6. chauffeur de taxi / imprudent
7. glace au chocolat / délicieux

COMMUNICATION

Observations. Listed below are objects and elements that are part of your environment. Make comments about each of them, using the examples below as a guide.

exemples: le soir → **Ce soir je vais étudier pour mon examen de français.**

le professeur → **Ce professeur est sympathique.**

la classe / le professeur / les étudiants / l'université / la ville / l'année / l'après-
midi / l'hiver / l'été / le temps

Les verbes pouvoir et vouloir

PRESENTATION

The verbs **pouvoir** (*to be able, can, may*) and **vouloir** (*to want, to wish*), though
they are irregular, are similar in form.

pouvoir		vouloir	
je peux	nous pouvons	je veux	nous voulons
tu peux	vous pouvez	tu veux	vous voulez
il/elle peut	ils/elles peuvent	il/elle veut	ils/elles veulent
passé composé: j'ai pu		passé composé: j'ai voulu	

Est-ce que je peux regarder la télévision?   Elles ne veulent pas rester ici.
On peut acheter des cigarettes au bureau de tabac.   Je veux mon dîner!

A. The **passé composé** of **pouvoir** and **vouloir** conveys various meanings:

Jacques a pu résoudre ce problème.   *Jacques succeeded in solving this problem.*
Elle n'a pas pu partir hier.   *She was not able to leave yesterday.*
Annette n'a pas voulu participer à la grève.   *Annette refused to participate in the strike.*

B. **Pouvoir** and **vouloir** are also used to make requests. In the present tense,
these requests are very direct, almost blunt:

Pouvez-vous . . . ?   *Can you . . . ?*
Voulez-vous . . . ?   *Do you want . . . ?*
Je veux . . .   *I want . . .*

To be less direct and more polite, the following forms are used:

Pourriez-vous . . . ?   *Could you . . . ?*
Voudriez-vous . . . ?   *Would you . . . ?*
Je voudrais . . .   *I would like . . .*

A polite way to accept an offer or agree to a request is:

Oui, je veux bien . . .   *Yes, I'm willing (I accept) . . .*

PREPARATION

A. Substituez les mots suggérés aux mots en italique.

1. *Je peux* acheter du vin.   tu peux / il peut / nous pouvons / vous pouvez / elles
peuvent

2. *Je veux* manger maintenant. tu veux / elle veut / nous voulons / vous voulez / ils veulent

B. Substituez les mots suggérés aux mots en italique et faites les changements nécessaires.

1. *Je* ne peux pas être ici à sept heures. tu / Claude / nous / vous / les étudiants
2. Qu'est-ce qu'*il* veut acheter? vous / je / tu / nous / Monique
3. *Elle* n'a pas pu dormir. Jeanne / je / mon frère / Dominique / nous
4. *Je* n'ai pas voulu faire la cuisine. Thérèse / nous / nos amis / Gilbert / tu

TRANSITION

Une surboum. Solange and her friends are planning a **surboum** (*party*). Her friends offer to help or to bring something. Indicate what each is doing.

modèle: je / pouvoir / apporter du vin → **Je peux apporter du vin.**

1. nous / pouvoir / décorer l'appartement
2. Jean-Luc / pouvoir / aider Solange à faire la cuisine
3. Claude et moi, nous / pouvoir / acheter de la bière
4. je / pouvoir / préparer un dessert
5. tu / pouvoir / faire des sandwichs
6. vous / pouvoir / inviter les autres

COMMUNICATION

A. Vouloir, c'est pouvoir. *Using the suggestions below or adding ideas of your own, create sentences to describe what is really important for you in life.*

Exemple: **Je veux avoir une profession intéressante, mais je ne veux pas habiter dans une ville.**

Suggestions: avoir des enfants / être heureux (-euse) / voyager dans des pays étrangers / avoir une maison au bord de la mer / avoir une vie simple et tranquille / participer à la vie politique / être indépendant(e) / aider les autres / habiter dans un pays où il fait toujours beau / habiter à la campagne / **?**

B. Trouvez un(e) étudiant(e) . . . Ask questions to find out who in your class can or wants to do the following things.

Trouvez un(e) étudiant(e):
1. qui peut parler italien
2. qui veut aller dans un pays étranger
3. qui veut être journaliste
4. qui veut être célèbre
5. qui peut raconter des histoires amusantes
6. qui peut persuader le professeur de changer la date de l'examen
7. qui peut préparer un bon dîner
8. qui peut résoudre les problèmes de l'université
9. **?**

Les nombres

PRESENTATION

A. **Large numbers.** Numbers above 1000 (**mille**) are expressed in the following ways:

1351	mille trois cent cinquante et un
3000	trois mille
4445	quatre mille quatre cent quarante-cinq
19 300	dix-neuf mille trois cents
541 000	cinq cent quarante et un mille
2 000 000	deux millions
4 565 918	quatre millions cinq cent soixante-cinq mille neuf cent dix-huit

Notice that **mille** is never spelled with an **s,** while **million** has an **s** in the plural.

B. **Decimals.** To indicate decimals, commas are used. Thus, periods and commas have reversed roles in French and English usage:

4,5   10,3   152,75   4.476.429,63

Three-digit groups may also be separated by spaces:

1 000 000 or 1.000.000; 463 829 491 or 463.829.491.

C. **Ordinal numbers.** Ordinal numbers (*first, second, third,* etc.) are listed below. **Premier(-ière)** agrees with the noun modified; other ordinal numbers always end in **-ième.**

premier (1er)	sixième	onzième	seizième	vingt et unième
première (1ère)	septième	douzième	dix-septième	vingt-deuxième
deuxième (2e)	huitième	treizième	dix-huitième	etc.
troisième (3e)	neuvième	quatorzième	dix-neuvième	
quatrième	dixième	quinzième	vingtième	
cinquième				

C'est le premier jour de l'année.
C'est la première maison à droite.

Rulers are identified with **premier/première** for the first and cardinal numbers for all others.

François 1er	François Premier
Henri IV	Henri Quatre
Louis XIV	Louis Quatorze

D. **Useful vocabulary.**

pourcentage	Quel pourcentage de la population habite à la campagne?
pour cent (%)	Quarante pour cent (40%) des habitants habitent là.
fois	la première fois (*the first time*)
	la dernière fois (*the last time*)
	une fois par jour (*once a day*)
	deux fois par an (*twice a year*)
	à la fois (*at the same time*)

PREPARATION

Répétez les nombres suivants.

1. 10, 100, 1000, 10 000, 100 000, 1 000 000
2. 3 000, 15 000, 55 000, 106 000, 3 700 000
3. 1 200, 9 110, 69 821, 238 402, 248 669 329
4. la 1ère visite, le 1er jour, la 3e auto, la 7e leçon, la 10e fois
5. 10%, 100%, 37%, 75%, 91%

TRANSITION

A. Distances. American tourists in various cities are planning trips to Québec.
Using the table of distances below, indicate how far they will have to travel.

modèle: Chicago
→ **La distance entre Chicago et Québec est de mille six cent quarante et un kilomètres.**

DISTANCE (EN KILOMETRES)

Chicago	1641	Minneapolis	2130
Indianapolis	1640	Philadelphia	961
Los Angeles	5202	San Francisco	5247

B. Quel Arrondissement? Several Parisians are talking about the section (**arrondissement**) of Paris in which they live. Reconstruct their statements using the cues given.

modèle: Nous / 9ᵉ arrondissement. →
Nous habitons dans le neuvième.

1. Chantal et Gérard / 16ᵉ arrondissement.
2. Tu / 3ᵉ arrondissement.
3. Claude et moi / 17ᵉ arrondissement
4. Mon amie Suzanne / 1ᵉʳ arrondissement
5. Les Grandjean / 2ᵉ arrondissement
6. Mes parents / 10ᵉ arrondissement

COMMUNICATION

A. Petit test culturel. Answer the following questions about France and the French-speaking world. If you are not sure of an answer, check the answers given below.

1. Combien de touristes étrangers visitent la France chaque année?
   a. 10 millions   b. 50 millions   c. 100 000
2. Combien de Canadiens français y a-t-il au Canada?
   a. 10 millions   b. 200 millions   c. 6 millions
3. Combien de personnes parlent français en Louisiane?
   a. 1 million   b. 20 000   c. 500 000
4. Quelle est l'altitude du mont Blanc?
   a. 378 mètres   b. 4810 mètres   c. 140 kilomètres
5. En France, quel est le pourcentage de femmes dans la population active?
   a. 39%   b. 75%   c. 33%
6. Quel pourcentage de Français parlent anglais?
   a. 50%   b. 10%   c. 40%
7. Quel est le pourcentage de Français qui parlent une langue étrangère?
   a. 34%   b. 15%   c. 50%
8. Dans combien de pays d'Afrique est-ce qu'on parle français?
   a. 10   b. 20   c. 30
9. Combien d'autos est-ce que la France produit chaque année?
   a. 600.000   b. 4.000.000   c. 1.600.000
10. Quelle est la population de la France?
    a. 200 millions   b. 50 millions   c. 120 millions

Réponses: 1. a; 2. c; 3. a; 4. b; 5. a; 6. b; 7. a; 8. b; 9. c; 10. b.

B. Possible ou impossible? Do you believe the following statements?

1. Au 19ᵉ siècle, une femme de la région de Moscou a eu 69 enfants.
2. Il y a une région de Hawaii où il pleut 350 jours par an.
3. Une sculpture égyptienne de la 18ᵉ dynastie a une valeur de 260 000 dollars.
4. Il y a plus de 573 000 000 personnes qui parlent chinois.
5. Il y a 75 000 000 familles qui ont le nom Chang.

6. Il y a eu 3200 orages dans différentes régions de notre planète pendant les trente dernières secondes.
7. Chaque semaine 19 320 000 personnes achètent une copie de *TV Guide*.
8. La première année de son existence 10 700 000 touristes ont visité Disney World.
9. Les éléphants n'ont pas besoin de dormir plus de deux heures par jour.

Un pays où il fait toujours beau

Est-ce que vous rêvez d'un pays où il fait toujours beau, . . . un pays sans usine et sans pollution et où les touristes sont rares, . . . un pays qui est à la fois l'Inde, le Pakistan, la Chine, l'Afrique, et la France?

Ce pays, c'est l'île Maurice, au milieu de l'océan Indien. Dans cette île, il y a 550 000 Hindous, 250 000 Chinois, 250 000 Créoles et 3000 ou 4000 Français. L'île Maurice a été sous le contrôle de l'Angleterre pendant deux cents ans. La *langue* officielle est l'anglais, mais *tout le monde* continue à parler français: l'agent de police hindou, le garagiste pakistanais, le chauffeur de taxi chinois, le *garçon de café* créole.
language / everyone

waiter

L'architecture de l'île est très variée; sa cuisine aussi. Il y a des restaurants chinois qui sont *à la fois* chinois et hindous, des restaurants hindous qui ont des spécialités chinoises et des restaurants français qui ne sont pas *vraiment* français.
at the same time / both
really

Le *paysage* est très varié aussi. Il y a des montagnes volcaniques, une mer vraiment *bleue* et calme (excepté pendant la saison des cyclones), des plages magnifiques *protégées* par des *récifs de corail,* et une végétation tropicale. A l'intérieur du pays, il y a des *forêts* sur les montagnes et des plantations de *canne à sucre* dans les plaines. *Partout* les *gens* sont simples et *accueillants.*
landscape
blue
protected / coral reefs
forests
sugar cane / everywhere / people / hospitable / If

Si vous aimez le soleil, la mer, la nature, une vie à la fois simple et variée, vous allez apprécier l'île Maurice.

Extrait et adapté d'un article de *Paris Match*

L'Ile Maurice: Un marché en plein air à Vacons

117

Compréhension du texte. Selon les renseignements donnés, est-ce que les phrases suivantes sont vraies ou fausses? Si le sens de la phrase est faux, corrigez-le.

1. L'île Maurice est située dans l'océan Pacifique.
2. C'est un pays très industrialisé.
3. La population de l'île est très variée.
4. L'île Maurice a été sous le contrôle de la France pendant deux cents ans.
5. La langue officielle du pays est l'anglais.
6. A l'île Maurice, tout le monde parle chinois.
7. A l'île Maurice, il y a des restaurants chinois ou hindous où vous pouvez manger de la cuisine orientale.
8. La mer est très calme pendant la saison des cyclones.
9. On trouve des forêts dans les plaines et des plantations de canne à sucre sur les montagnes.
10. L'île Maurice a un climat très froid.

L'île Maurice

Mauritius, located in the Indian Ocean east of Madagascar, belonged to the French from 1715 until 1814, when it became part of the British Empire. In 1968 Mauritius became an independent state of the British Commonwealth. Despite its close ties with Britain, French influence remains strong on the island even today. In addition to French and English, several Indian languages, two Chinese dialects, and Creole are spoken on the island. The island's distinctive international character and beautiful countryside are appealing not only to French tourists but to visitors from many countries.

Curepipe dans l'Ile Maurice: Une rue du quartier commercial

COMMUNICATION

A. Bulletin météorologique. Using the **bulletin météorologique** in the **Introduction** as a model, prepare your own weather forecast for tomorrow. Your forecast might be for your own town, for a city or town in the French-speaking world, or for a country where the climate is either ideal or miserable.

B. Problèmes et solutions. What would be the best solution to each of the following problems? You may want to combine several of the options or create one of your own.

1. Gérard a invité Agnès à aller au cinéma. Mais il a oublié qu'il a aussi invité Sylvie. Qu'est-ce qu'il peut faire? Il peut . . .
   aller au cinéma avec Sylvie / demander à son ami Alain d'aller au cinéma avec Sylvie / téléphoner à Sylvie pour expliquer la situation / inventer une excuse / aller au cinéma avec Sylvie à sept heures et avec Agnès à neuf heures / **?**

2. Un de vos amis ne parle pas bien le français. Qu'est-ce qu'il peut faire? Il peut . . .
   demander au professeur d'être plus patient / étudier avec des amis / abandonner le français / écouter des disques français / parler avec des Français / **?**
3. Vous avez envie de visiter la France avec deux amies. Vous ne voulez pas être touriste. Vous préférez travailler, mais vous voulez un travail facile et agréable. Qu'est-ce que vous pouvez faire? Je peux . . .
   travailler dans une agence de voyage / travailler dans un restaurant ou dans un café / être réceptionniste dans un hôtel / travailler dans une colonie de vacances / travailler dans une usine / **?**
4. Hélène aime beaucoup les langues étrangères, mais elle ne veut pas être professeur. Elle est ambitieuse et elle aime le contact avec le public. Qu'est-ce qu'elle peut faire? Elle peut . . .
   être interprète / travailler pour une compagnie internationale / être journaliste / travailler dans une agence gouvernementale / être diplomate / **?**
5. Il est dix heures du soir. Vous avez beaucoup étudié et maintenant vous avez mal à la tête. Qu'est-ce que vous pouvez faire? Je peux . . .
   dormir pendant une heure ou deux / faire une promenade / écouter de la musique / aller à la pharmacie pour acheter de l'aspirine / regarder un match de football à la télévision / **?**

C. Catastrophes et désastres. There are days when absolutely *everything* goes wrong. Imagine that today is one of those days for you and that the following list of events happens to you. Choose the five that seem to be the worst of all.

1. Vous allez à votre cours de français à huit heures du matin. Vous regardez dans la classe. Les autres étudiants ne sont pas dans la classe. Pourquoi? Où sont-ils? . . . C'est samedi.
2. Vous avez l'intention de faire un voyage avec votre ami(e) . . . On a volé votre auto.
3. Vous avez envie de faire du ski. Vous allez passer une semaine dans le Colorado . . . Il n'y a pas de neige.
4. Vous avez étudié jusqu'à deux heures du matin parce que vous avez un examen. Vous êtes fatigué(e) mais content(e) . . . Le professeur a oublié de préparer l'examen.
5. Il fait très chaud et vous avez soif . . . Il n'y a pas de bière dans le réfrigérateur.
6. C'est l'hiver et il fait très froid. Vous êtes malade. Vous téléphonez à votre docteur . . . Il (elle) est en vacances à Hawaii.
7. Vous n'avez pas envie d'aller en classe de français parce qu'il fait beau aujourd'hui. Vous allez faire une promenade avec un(e) ami(e) . . . Et voilà votre professeur!
8. Vous emmenez des amis au restaurant; vous mangez un dîner excellent; c'est le moment de payer l'addition. Catastrophe! . . . Vous avez oublié votre argent.

PRONONCIATION

A. The vowel sound /œ/ always occurs in a closed syllable. The vowel sound /ø/ occurs in open syllables and in syllables closed by a /z/ sound. Compare:

/ø/	/œ/
peu	peur
danseuse	danseur

1. Repeat the following words containing the sound /ø/:

    deux   il pleut   heureux   paresseux   heureuse   paresseuse

2. Repeat the following words containing the sound /œ/:

    heure   neuf   peur   sœur   inspecteur   liqueur

B. The vowel sound /ɔ/ generally occurs in a closed syllable. The vowel sound /o/ occurs in open syllables, in syllables closed by a /z/ sound, and when the spelling is **au, eau,** or **ô.** Compare:

/o/	/ɔ/
beau	bord
vos	votre
cause	corps

1. Repeat the following words containing the sound /o/:

    numéro   rose   aussi   jaune   animaux   auto

2. Repeat the following words containing the sound /ɔ/:

    tort   pilote   Europe   Paul   octobre   sommeil

C. The spelling **oi** is pronounced /wa/. Repeat the following words:

    moi   voici   soir   trois   pourquoi   froid   soif   pleuvoir

D. Repeat the following sentences, paying special attention to the sounds you have been practicing.

1. Voici les d**eu**x j**eu**nes profess**eu**rs.
2. Vous avez t**or**t d'aller en **Eu**rope en **o**ct**o**bre.
3. Quel est le numéro de v**o**tre **au**t**o**?
4. R**o**se est un peu paress**eu**se, mais elle est h**eu**r**eu**se.
5. Les dans**eu**rs et les dans**eu**ses vont sortir à d**eu**x h**eu**res.

VOCABULAIRE

Noms
le **ciel** sky
l' **est** (m) east
le **garçon de café** waiter
les **gens** (m) people
la **journée** day
la **langue** language
la **neige** snow
le **nord** north
le **nuage** cloud
l' **ouest** (m) west
le **paysage** landscape, scenery
la **pluie** rain
le **sud** south
la **tête** head
le **vent** wind

Verbes
devenir to become
expliquer to explain
monter to go up, get on a bus or train

Adjectifs
accueillant(e) hospitable
faible weak, slight
nuageux, nuageuse cloudy
protégé(e) protected

Divers
demain tomorrow
mal badly
partout everywhere
si if
tout le monde everyone
vraiment really

COGNATE NOUNS
la **catastrophe**
le **centre**
le **chinois**
le **contrôle**
la **copie**
l' **excuse** (f)
l' **existence** (f)
la **forêt**
l' **intérieur** (m)
la **possibilité**
la **réforme**
la **sculpture**
la **température**

120

Choix et décisions

Les jeunes filles du temps présent

INTRODUCTION

Comment les jeunes Françaises imaginent-elles leur avenir *et leur rôle dans la* société? *Voici leurs* réponses *à un* sondage *organisé par l'Express.*

future
answers / opinion poll / a
weekly news-magazine

1. *A votre avis,* est-ce que vos *études* sont une *bonne* préparation pour la vie?

in your opinion / studies /
good

Très bonne	8,7%
Assez bonne	44,2
Assez mauvaise	34,1
Très mauvaise	10,8

2. Quel est le *but* principal des études? Placez les cinq buts *suivants* dans l'ordre d'importance qu'ils ont pour vous.

goal / following

BUTS	ORDRE D'IMPORTANCE
Préparer à une profession	1
Former le caractère et la personnalité	2
Donner une culture générale	3
Donner la possibilité d'avoir une bonne position sociale	4
Préparer les jeunes à *jouer* leur rôle dans la société	5

to give

to play

3. Quel est le principal problème social dans le *monde* d'aujourd'hui?   world

La faim	28,3%
Le *chômage*	15,5
Le danger d'une *guerre*	14,1
Le racisme	11,5
La production d'énergie nucléaire	11,5
Les injustices sociales	9,7
La *maladie*	6,7
L'inflation	0,8
La condition féminine	0,3

unemployment
war

sickness

4. En France, est-ce que les femmes et les hommes ont les *mêmes* chances   same
   de *réussir* dans la vie?   to succeed

Oui	65,9%
Non	31,1

5. Est-ce que vous désirez *lutter* pour la libération de la femme *seule*, dans   to fight / alone
   un groupe de femmes, ou *pas du tout*?   not at all

Avec un groupe féministe	42,3%
Pas du tout	39,5
Seule	16,3

6. A votre avis, est-ce que le régime politique des pays suivants est un bon
   ou un mauvais modèle?

	LA SUISSE	LA FRANCE	LES ETATS-UNIS	LA SUEDE	LA CHINE	L'URSS
Bon	54,6%	47,4%	38,5%	37,7%	26,7%	18,0%
Mauvais	7,3	36,4	37,8	12,3	41,1	55,0
Je ne sais pas.	36,3	16,2	23,7	50,0	32,2	27,0

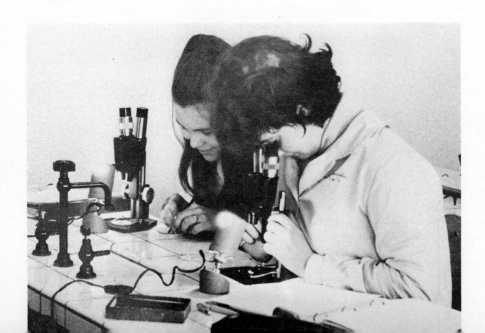

7. **Quel sentiment avez-vous quand vous pensez à votre avenir?**

Je suis enthousiaste.	14,1%
Je suis optimiste.	40,8
Je suis indifférente.	7,3
Je suis *inquiète*.	32,4
Je suis résignée.	2,6
Je ne sais pas.	2,5

worried

8. **Quelle profession ou quel *métier* avez-vous l'intention de *choisir*?**

profession (*trade*) / to choose

Assistante sociale ou travail avec les délinquants et les handi-cappés	13,7%
Hôtesse de l'air, secrétaire	12,7
Professeur	11,6
Travail manuel	10,3
Médecin, dentiste, pharmacienne, psychiatre	7,7
Théâtre, cinéma, arts	6,4
Vétérinaire	5,7
Décoratrice	2,9
Je ne sais pas.	2,5

social worker

flight attendant

9. **A votre avis, quel est le facteur principal pour réussir dans votre future profession?**

L'effort personnel	49,4%
Les *relations*	17,7
Les diplômes	17,2
La chance	15,2

connections

Extrait et adapté d'un article de *l'Express*

Compréhension du texte. Selon les renseignements donnés, est-ce que les phrases suivantes sont vraies ou fausses? Si le sens de la phrase est faux, corrigez-le.

1. La majorité des jeunes Françaises pensent que les études sont une assez bonne préparation pour la vie.
2. Pour les jeunes Françaises, le but principal des études est de préparer les jeunes à jouer leur rôle dans la société.
3. Pour les jeunes Françaises, le principal problème social est le problème de l'inflation.
4. La majorité des jeunes Françaises pensent que les hommes et les femmes ont les mêmes chances de réussir dans la vie.
5. Les jeunes Françaises admirent beaucoup le régime politique de la Suisse.
6. En général, les jeunes Françaises sont optimistes quand elles pensent à leur avenir.
7. La profession préférée des jeunes Françaises est le théâtre.

8. Les jeunes Françaises pensent que le facteur principal pour réussir dans leur future profession est l'effort personnel.

⊘ **Petite conversation:** Valérie et Solange parlent de leurs projets d'avenir.

Valérie: Qu'est-ce que tu vas faire l'année prochaine?
Solange: Je ne sais pas si je veux continuer mes études ou chercher du travail. Et toi, qu'est-ce que tu as l'intention de faire plus tard?
Valérie: Moi, je vais continuer mes études. Je voudrais être vétérinaire.
Solange: Vétérinaire! Mais ce n'est pas un métier pour une femme!
Valérie: Et pourquoi pas?

La femme française

French law has forbidden discrimination against women since 1946. However, women are still actively striving for full equality in French society. Traditional attitudes concerning women are slowly giving way, and feminism remains a hotly debated issue.

Women now make up 49 percent of the student body at French universities. Even such bastions of male supremacy as **l'Ecole Polytechnique** are beginning to open their doors to a few women. Generally, though, French women still tend to select traditionally "feminine" fields. In the mid-1970s the percentages of women in the following areas were:

Dentistry	22.3%
Sciences	33.2%
Law and Economics	33.8%
Medicine	45.8%
Pharmacy	57.1%
Humanities	65.7%
Technical Schools	25.6%

Women constitute 39 percent of the French work force. Although all fields are open to them, and the law guarantees them equal pay for equal work, they are still concentrated in lower paying jobs. The percentage of women in high administrative posts is gradually increasing.

Government benefits make it possible for French women to combine families with careers. They are guaranteed, for example, maternity leave of up to one year without job loss. A recent law has made it possible for either the mother or the father of a new baby to be granted a leave.

Attitudinal changes over the past few years have been substantial. A recent survey indicated, for example, that two thirds of young French women believe that an interesting job is the most important thing in life. And the percentage of men opposed to women's working has dropped from 56 percent to 16 percent.

PRESENTATION

A group of French verbs has infinitives that end in **-ir.** The present tense of many of these verbs is formed by dropping the **-ir** from the infinitive and adding the endings shown. The past participle is formed by dropping the **r** from the infinitive.

choisir

je chois**is**	nous chois**issons**
tu chois**is**	vous chois**issez**
il/elle chois**it**	ils/elles chois**issent**

passé composé: j'ai choisi

Other useful verbs conjugated like **choisir** are:

accomplir	*to accomplish*	Elle a accompli son but.
désobéir (à)	*to disobey*	Cet enfant désobéit toujours à ses parents.
enrichir	*to enrich*	Vous avez besoin d'enrichir votre vocabulaire.
établir	*to establish*	Le président a établi son programme.
finir	*to finish*	Tu n'as pas fini ton sandwich!
obéir (à)	*to obey*	Il n'a pas obéi à son patron.
punir	*to punish*	On a puni le cambrioleur.
réfléchir (à)	*to reflect, to consider, to think about*	Vous ne réfléchissez pas assez.
réussir (à)	*to succeed, to pass (a test)*	J'ai voulu finir, mais je n'ai pas réussi.
rougir	*to blush, to get red*	Pourquoi rougissez-vous?

PREPARATION

A. Substituez les mots suggérés aux mots en italique.

1. *Je finis* à cinq heures.   tu finis / il finit / nous finissons / vous finissez / elles finissent
2. Qu'est-ce que *je choisis*?   tu choisis / elle choisit / nous choisissons / vous choisissez / ils choisissent

B. Substituez les mots suggérés aux mots en italique et faites les changements nécessaires.

1. Qu'est-ce que *tu* choisis?   vous / je / Vincent / nous / les enfants
2. Est-ce que *vous* obéissez à vos parents?   Claudine / nous / Luc / les enfants / tu
3. *Elle* n'a pas réfléchi au problème.   je / les étudiants / nous / Pierre / vous

C. Répondez aux questions suivantes selon les indications données.

modèle: Est-ce que tu réfléchis à ton avenir? (Non, . . .) →
Non, je ne réfléchis pas à mon avenir.

1. A quelle heure est-ce que vous finissez votre travail? (. . .à cinq heures)
2. Est-ce qu'Alain a désobéi à ses parents? (non, . . .)
3. Quel métier as-tu choisi? (. . .le théâtre)
4. Est-ce qu'il rougit souvent? (oui, . . .très)
5. Est-ce que vous avez enrichi votre vocabulaire? (oui, . . .)
6. Est-ce que j'ai réussi à l'examen? (non, vous . . .)
7. Est-ce que vous avez accompli votre but? (oui, nous . . .)

TRANSITION

Des femmes parlent. At a consciousness-raising session several women are examining their role in modern society. Reconstruct some of the statements that they are making.

modèle: nous / réfléchir / à notre rôle dans la société →
       Nous réfléchissons à notre rôle dans la société.

1. notre travail / enrichir / la société
2. nous / obéir / sans réfléchir aux conséquences
3. on / punir / les femmes qui veulent être indépendantes
4. nous / établir / un programme d'action
5. nous / choisir / la liberté pour nous et pour les autres femmes
6. les femmes / accomplir / des progrès chaque jour.

COMMUNICATION

Questions/interview. Answer the following questions or use them to interview another student.

1. Est-ce que tu as choisi ta future profession?
2. Quand est-ce que tu vas finir tes études?
3. A quelle heure est-ce que tu finis tes devoirs le soir?
4. Est-ce que tu parles souvent sans réfléchir?
5. Est-ce que tu rougis souvent?
6. En général, est-ce que tu préfères obéir ou commander?
7. En général, est-ce que les professeurs de votre université réussissent à établir un bon rapport avec les étudiants?
8. Est-ce que tu penses que les études enrichissent la vie?
9. A ton avis, quelle sorte de personne réussit dans la vie?
10. Est-ce que tu as réussi au dernier examen de français?

L'impératif

PRESENTATION

To give commands, imperative verb forms are used without subject pronouns. The imperative forms are identical to the **tu, vous,** and **nous** forms of the present indicative, with one exception: the final **-s** is dropped from the **tu** form of **-er** verbs, including **aller.**

L'impératif

-ER VERBS	-IR VERBS
écoute	réfléchis
écoutez	réfléchissez
écoutons	réfléchissons

Note that the negative of the imperative is regular, **ne** precedes the verb and **pas** follows it.

Finis tes devoirs.	*Finish your homework.*
Ne tourne pas à gauche.	*Don't turn left.*
Va chez le médecin cet après-midi.	*Go to the doctor's this afternoon.*
Téléphonez à la police.	*Telephone the police.*
Ne choisissez pas cet album.	*Don't choose that album.*

A. The **nous** form of the imperative is used for the *let's . . .* form of command.

Finissons notre travail ce soir.	*Let's finish our work this evening.*
Expliquons le problème au professeur.	*Let's explain the problem to the instructor.*
N'allons pas au match dimanche.	*Let's not go to the game Sunday.*

B. The verbs **être** and **avoir** have irregular imperatives.

être	sois	**avoir**	aie
	soyez		ayez
	soyons		ayons

Sois calme!	*Be calm!*
Soyons prudents.	*Let's be careful.*
N'aie pas peur.	*Don't be afraid.*
Ayez de la patience.	*Have patience.*

PREPARATION

A. Substituez les mots suggérés aux mots en italique.

1. *Parlez* français en classe.   parle / parlons / ne parlez pas
2. *Choisissez* maintenant.   choisis / choisissons / ne choisissez pas
3. *Soyez* patient.   sois / soyons / ne soyez pas
4. *N'ayez pas* peur.   n'aie pas / n'ayons pas

B. Mettez les phrases suivantes à l'impératif.

modèle: Vous pensez à votre avenir → **Pensez à votre avenir.**

1. Vous luttez contre la pollution.
2. Nous mangeons maintenant.
3. Vous choisissez vos cours.
4. Tu obéis à tes parents.
5. Vous n'allez pas chez le médecin.
6. Tu ne rougis pas.
7. Vous êtes optimiste.
8. Tu n'es pas triste.
9. Nous avons de la patience.
10. Tu n'as pas peur.

TRANSITION

Un homme difficile à satisfaire. Lucette is thinking about things she might want to do. Antoine, who is in a rather contrary mood, objects to each of her statements. Indicate his responses.

modèle: Je vais rester à la maison. → **Ne reste pas à la maison.**

1. Je vais regarder la télévision.
2. Je vais étudier ce soir.
3. Je vais faire la cuisine.
4. Je vais aller au théâtre.
5. Je vais finir le dessert.
6. Je vais être sévère avec les enfants.
7. Je vais écouter la radio.
8. Je vais choisir un autre ami!

COMMUNICATION

A. Bons ou mauvais conseils? Indicate whether each of the following would be good or bad advice for a new student in your university, by responding, **C'est un bon conseil,** or **C'est un mauvais conseil.**

1. Ne restez pas à la maison le vendredi soir.
2. N'étudiez pas pendant le week-end.
3. Allez en classe le vendredi après-midi si vous voulez faire bonne impression sur le professeur.
4. Mangez souvent au restaurant de l'université. La cuisine est excellente.
5. Si vous aimez dormir, ne choisissez pas une classe à huit heures.
6. Ecoutez bien les explications du professeur.
7. Commencez à étudier à minuit. Passez le reste de votre temps à parler et à regarder la télévision.
8. Soyez très patient(e) avec vos professeurs.
9. N'ayez pas peur de poser des questions en classe.
10. Soyez prudent(e) quand vous traversez le campus le soir.
11. Organisez très souvent des surprises-parties.
12. Passez votre temps dans les bars près du campus.
13. Ne téléphonez pas trop souvent à vos parents pour demander de l'argent.
14. Ne protestez pas en classe; le professeur a toujours raison.
15. Ne soyez pas trop sérieux(-euse)!

B. La voix de l'expérience. Your school's orientation manual probably leaves out important information. Make a list of suggestions that you, as an "experienced" student, would give to a new student. Compare your advice with that of other students.

Les dates

PRESENTATION

A. Dates are expressed in the following way:

le 20 janvier 1979   le 9 novembre 1984
le 13 février 1941   le 1er mars 1843

Cardinal numbers are used for all days of the month except the first, for which **premier** is used. Years can be expressed either by using the word **mille** or in terms of hundreds. For the latter, the word **cent** cannot be omitted.

1794 = mille sept cent quatre-vingt-quatorze *or*
dix-sept cent quatre-vingt-quatorze

B. When dates are abbreviated to digits, the order is the same as above; the day is given before the month.

le 23 / 8 / 37 = le 23 août 1937
le 14 / 12 / 68 = le 14 décembre 1968

C. Ordinal numbers are used to identify centuries (**siècles**):

le dix-huitième siècle *or* le XVIIIᵉ siècle *or* le 18ᵉ siècle, au vingtième siècle
(*in the twentieth century*)

PREPARATION

Lisez les dates suivantes.

1. 1492, 1620, 1715, 1776, 1830, 1944, 1984
2. le 14 juillet 1789, le 7 décembre 1941, le 8 septembre 1938, le 9 avril 1865, le 20 février 1962
3. le XVᵉ siècle, le XXᵉ siècle, le XVIIIᵉ siècle, le XIXᵉ siècle, le XXIᵉ siècle.

TRANSITION

Les fêtes françaises. Ann, an American student, wants to know on which holidays the French do not have to work. Formulate the answers, using the cues given.

modèle: 25 décembre / Noël → **On ne travaille pas le 25 décembre parce que c'est Noël.**

1. 1ᵉʳ janvier / le Jour de l'An
2. 1ᵉʳ mai / la Fête du Travail
3. 14 juillet / la Fête Nationale
4. 15 août / une fête religieuse
5. 1ᵉʳ novembre / la Toussaint
6. 11 novembre / la Fête de la Victoire

COMMUNICATION

A. Les fêtes américaines. Imagine that you are telling a French student on which holidays people in the United States do not have to work.

exemple: **On ne travaille pas le quatre juillet parce que c'est la Fête Nationale.**

B. Bon anniversaire. Ask yes / no questions to try to find out in as few questions as possible the birthday of another student.

exemples: **Est-ce que ton anniversaire a lieu en été?**
Est-ce que ton anniversaire est en juillet?
Est-ce que tu as ton anniversaire pendant la première semaine du mois?

Choix et décisions

PRESENTATION

Direct object pronouns, which have the same forms as the definite article, agree in gender and number with the nouns they replace.

Les pronoms compléments d'objets directs

	SINGULAR	PLURAL
MASCULINE	le (l') *him, it*	les *them*
FEMININE	la (l') *her, it*	les *them*

A. Direct object pronouns are placed immediately before the verb of which they are the object.

Elles détestent **le racisme.**	Elles **le** détestent.
Elles détestent **la solitude.**	Elles **la** détestent.
Elles détestent **les injustices sociales.**	Elles **les** détestent.
Il explique **le problème.**	Il **l'explique.**
Il n'aime pas **les études.**	Il ne **les** aime pas.
Elle n'aime pas **Alice.**	Elle ne **l'aime** pas.
Où est-ce qu'elle fait **ses études?**	Où est-ce qu'elle **les** fait?

B. With compound tenses such as the **passé composé,** direct object pronouns precede the auxiliary verb. Past participles agree in number and gender with a preceding direct object; thus, they always agree with direct object pronouns.

Marie a considéré **le problème.**	Elle **l'**a considér**é.**
Avez-vous fini **vos devoirs?**	**Les** avez-vous fin**is?**
Elle n'a pas commencé **ses études.**	Elle ne **les** a pas commenc**ées.**
N'a-t-il pas visité **cette église?**	Ne **l'**a-t-il pas visit**ée?**

C. When an infinitive has a direct object, the direct object pronoun immediately precedes the infinitive.

Je vais acheter **ce livre.**	Je vais **l'acheter.**
Il n'a pas envie de finir **son travail.**	Il n'a pas envie de **le** finir.

D. In an affirmative command, the direct object pronoun follows the verb and a hyphen separates them. In a negative command, the direct object pronoun remains in its usual place before the verb.

Fais-**le.**	Ne **le** fais pas.
Regardez-**les.**	Ne **les** regardez pas.
Achetez-**la.**	Ne **l'achetez** pas.
Finissez-**la.**	Ne **la** finissez pas.

PREPARATION

A. Remplacez les noms par les pronoms appropriés.

modèle: Tu fais la cuisine. → **Tu la fais.**

1. Je déteste la télévision.
2. Nous avons aidé nos amis.
3. Les Américains adorent les matchs de football.
4. Vous ne finissez pas votre travail.
5. Nous apprécions les gens intelligents.
6. Est-ce que tu as fait les exercices?
7. Nous n'aimons pas la pluie.
8. Veux-tu regarder ces photos?
9. Elle a visité l'Espagne.
10. Il déteste l'hiver.

B. Répondez affirmativement puis négativement aux questions suivantes. Utilisez un pronom dans votre réponse.

modèles: Est-ce que Marc aime le café? → **Oui, il l'aime.**
                                        Non, il ne l'aime pas.

1. Est-ce que Marie aime les animaux?
2. Est-ce qu'elle a écouté les actualités?
3. Est-ce qu'il a aimé le film?
4. Est-ce qu'elle va accomplir son but?
5. Est-ce qu'il peut imaginer son avenir?
6. Est-ce qu'ils ont écouté la radio?
7. Est-ce que les étudiants aiment les exercices de grammaire?

TRANSITION

A. La vie d'une mère de famille. Geneviève is a busy housewife who is just beginning to question the traditional role of women. She is being interviewed by a reporter. Indicate her responses. Be sure to use direct object pronouns.

modèle: Est-ce que vous faites la cuisine tous les jours? (oui) → **Oui, je la fais tous les jours.**

1. Est-ce que vous achetez les provisions? (oui)
2. Est-ce que vous aidez les enfants à faire leurs devoirs? (oui)
3. Est-ce que vous préparez le dîner? (oui)

4. Est-ce que vous regardez la télévision pendant la journée? (non)
5. Est-ce que vous avez le temps d'inviter vos amies? (non)
6. Est-ce que vous avez abandonné vos études pour être mère de famille? (oui)
7. Est-ce que vous regrettez cette décision? (oui)
8. Est-ce que vous acceptez l'idée de la supériorité masculine? (non)
9. Est-ce que vous avez envie de changer votre style de vie? (oui)
10. Est-ce que vous admirez les femmes libérées? (oui)

B. Conseils du professeur. Georges, a student who missed the first week of classes, is wondering what he should do in order to succeed in his French course. Indicate the instructor's advice. Be sure to use direct object pronouns.

modèle: Faire mes devoirs? (oui) → **Oui, faites-les.**

1. Etudier les verbes irréguliers? (oui)
2. Répéter les petites conversations? (oui)
3. Finir la leçon aujourd'hui? (non)
4. Abandonner le français? (mais non!)
5. Ecouter les explications? (oui)
6. Faire l'exercice sur le passé composé? (non)
7. Préparer les exercices? (oui)

COMMUNICATION

Questions/interview. Answer the following questions or use them to interview another student. Be sure to use direct object pronouns in your responses.

1. Est-ce que tu aimes le café? Et le vin? Et la bière?
2. Est-ce que tu écoutes souvent la radio?
3. Est-ce que tu regardes les matchs de football à la télévision?
4. Est-ce que tu as fait tes devoirs pour aujourd'hui?
5. Est-ce que tu aimes les sciences?
6. Est-ce que tu fais souvent la cuisine?
7. Est-ce que tu as préparé le dîner hier soir?
8. Est-ce que tu invites souvent tes amis à dîner?
9. Est-ce que tu as choisi ta future profession?
10. Est-ce que tu as visité l'Europe?

Le courrier du cœur

SYNTHESE

Marcelle Ségal est l'équivalent d'Ann Landers. Ses conseils sont publiés dans Elle, un magazine pour les femmes.

advice

Chère Marcelle Ségal,

dear

J'ai dix-huit ans. Je vais finir mes études l'été prochain. Je vais passer le *baccalauréat* **en juin: section** *philosophie-lettres.* **Mais je suis pessimiste quand je pense à mon avenir. Quelle profession peut-on trouver avec un bac littéraire? C'est trop tard pour choisir un autre programme et je n'ai pas envie**

French high school
 diploma / humanities

d'étudier les sciences ou de faire des études commerciales. Mon père est dans le commerce et il a une bonne situation. Mais je n'ai pas la personnalité nécessaire pour réussir dans ce *genre* de travail et je ne veux pas ressembler à mes parents. J'ai honte de leur matérialisme. Je ne peux pas accepter leur système de *valeurs*. Mais je n'aime pas les jeunes de mon âge *non plus*. J'ai l'impression d'être différente. J'ai vraiment des complexes. *Quelquefois,** je suis très *découragée*.

type

values / either
sometimes
discouraged

Chère Découragée,

Ne soyez pas *si* pessimiste. Vous êtes jeune et vos problèmes ne sont pas impossibles à résoudre.

so

   Pour commencer, finissez vos études et passez votre bac. Les études littéraires sont une excellente *formation* générale et elles peuvent donner accès à des professions très variées. Après cela, consultez un centre d'orientation professionnelle pour trouver une profession adaptée à votre personnalité et à votre formation. Pensez aux *choses* que vous aimez et non aux choses que vous détestez.

education

things

   Vous avez des complexes? Mais tout le monde a des complexes et c'est normal. L'essentiel est de *surmonter* vos problèmes.

to overcome

   Ne soyez pas trop sévère avec vos parents. Ils ont *grandi* dans des conditions différentes. Et c'est peut-être parce que vous avez grandi dans le confort et la sécurité que vous pouvez refuser leur système de valeurs.

grew up

Compréhension du texte. Répondez aux questions suivantes selon les renseignements donnés dans le texte.

1. Est-ce que la jeune fille est très enthousiaste quand elle pense à son avenir?
2. Pourquoi n'est-elle pas contente de ses études?
3. Pourquoi est-ce qu'elle n'a pas envie de ressembler à ses parents?
4. Est-ce que Marcelle Ségal pense que les problèmes de la jeune fille sont impossibles à résoudre?
5. Qu'est-ce que Marcelle Ségal pense des études littéraires?
6. Quels sont les différents conseils que Marcelle Ségal donne à la jeune fille?
7. Est-ce que Marcelle Ségal pense qu'il est normal d'avoir des complexes?

* Note the following expressions using **quelque:** quelquefois (*sometimes*); quelqu'un (*someone*); quelque chose (*something*); quelque part (*somewhere*).

L'enseignement

The French educational system differs significantly from that of the United States. Between the ages of three and six, children may attend a nursery school (**école maternelle**). They can stay at such a school from 8:30 A.M. until 4:30 P.M., and sometimes even until 6:00 P.M. For younger children there are state-supported day-care centers.

At the age of six, students begin primary school, which lasts for five years. They then go on to secondary school, taking up studies with either an academic or a vocational orientation. Those who elect the vocational program may leave school at the age of sixteen, or attend a technical school (**collège d'enseignement technique**) and obtain the **certificat d'aptitude professionnelle.** Those

who elect the academic program enter a **lycée** for the final years of secondary school.

At the **lycée,** students undertake a specialized program of study, such as **philosophie-lettres, économie-sciences sociales,** or **mathématiques-sciences physiques.** The last program, the most difficult to enter, can lead to admission to a prestigious institution such as the Ecole Polytechnique and to more promising careers. On the other hand, such programs as **philosophie-lettres** tend to be saturated.

Studies at the **lycée** culminate in the extremely difficult nationwide examination called **le baccalauréat,** or **le bac.** Students are very apprehensive about this exam, which includes written and oral sections. Some must take it two, or even three, times in order to pass; the **baccalauréat** permits a student to enter the university. The first two years of university study lead to the D.E.U.G. (**diplôme d'études universitaires générales**). Two additional years are usually necessary to obtain the **maîtrise,** which is generally considered equivalent to an American master's degree.

COMMUNICATION

A. Conseils. Below are two letters written to an advice column. Either individually or with a group of students, create answers to the letters.

1. Je suis allé dans un bar vendredi soir avec mes amis. Il y a eu une bagarre. Le patron a téléphoné à la police. Nous avons passé la nuit au poste de police. Comment est-ce que je peux expliquer cet incident à mes parents?
2. J'ai dix-neuf ans et je suis très dynamique. J'aime un garçon qui est très sympathique, mais chaque fois que j'ai envie d'aller au cinéma ou au théâtre, Raoul préfère rester à la maison pour regarder la télévision. Ce n'est pas une vie très intéressante, mais je suis trop gentille pour refuser. Est-ce que j'ai raison?

B. Lettre au courrier du cœur. Either individually or in a small group, write a letter to Marcelle Ségal. Then have another student or group of students write a response to it. You might want to share the letters with the entire class.

C. Les jeunes Américains du temps présent. Answer the survey questions of the **Introduction, Les jeunes filles du temps présent.** Compare your answers with those of other students and with those of the French women surveyed.

⊘ ――――――――――――――――――――――――――――――― *PRONONCIATION*

Cognates are easy to recognize in writing, but it is often difficult to recognize them when you hear them and to pronounce them correctly. The following patterns of correspondence between French and English account for a large number of cognates.

A. Many nouns ending in **-é** or **-ie** in French correspond to nouns ending with **-y** in English. These nouns are always feminine. Compare:

liberté   *liberty*
hypocrisie   *hypocrisy*

Repeat the following words:

possibilité   maladie   autorité   partie   personnalité   écologie

B. French nouns ending in **-isme** correspond to English nouns ending in **-ism.** These nouns are always masculine. Compare:

optimisme   *optimism*
communisme   *communism*

Repeat the following words:

optimisme   pessimisme   racisme   sexisrne   féminisme   capitalisme

C. French nouns ending in **-tion** or **-ssion** have counterparts in English with the same endings. In French, however, the endings are pronounced /sjɔ̃/, and the nouns are always feminine. Compare:

position   *position*
profession   *profession*

Repeat the following words:

inflation   condition   situation   profession   impression   possession

D. Many English nouns identifying professions and ending in **-or** or **-er** have French counterparts that end in **-eur** in the masculine form and **-euse** or **-trice** in the feminine form.

Repeat the following pairs of words:

décorateur—décoratrice   acteur—actrice   danseur—danseuse

Professeur and **docteur** are used for both men and women.

E. English nouns ending in **-arian** or **-ary** and adjectives ending in **-ary** or **-ar** often have French counterparts ending in **-aire.**

Repeat the following words:

secrétaire   vétérinaire   nécessaire   contraire   populaire   nucléaire

F. English adjectives ending in **-al** often have counterparts in French that end in **-el** or **-al.**

Repeat the following words:

professionnel   essentiel   culturel   régional   social   commercial

G. Repeat the following sentences, paying special attention to the sounds you have been practicing.

1. Il faut protéger les libert**és** individu**elles**.
2. L'utilisa**tion** de l'énergie nucl**éaire** pose un problème pour l'écolo**gie**.
3. Ce sont des act**eurs** et des act**rices** du Théâtre Popul**aire**.
4. Les autorit**és** ont étudié les possibilit**és** d'infla**tion**.

_____ *VOCABULAIRE*

Noms
l' **avenir** (m) *future*
le **baccalauréat (le bac)**
  French baccalaureate degree
le **but** *goal, aim*
la **chose** *thing*
le **conseil** *advice*
le **courrier** *mail*
l' **étude** (f) *study*
la **formation** *education, training*
la **guerre** *war*
la **maladie** *sickness*
le **métier** *profession, trade*

le **monde** *world*
le **sondage** *poll*
le **travail** *work*
la **valeur** *value*

Verbes
  commander *to order, command*
  donner *to give*
  jouer *to play*
  lutter *to struggle*

Adjectifs
  bon, bonne *good*
  cher, chère *dear, expensive*

inquiet, inquiète *worried, upset*
même *same*
seul(e) *alone*
suivant(e) *following*

Divers
   à votre avis *in your opinion*
   non plus *neither, either*
   pas du tout *not at all*
   quelquefois *sometimes*
   si *so*

COGNATE NOUNS

le campus
le caractère
le commerce
la culture
le diplôme
l' effort (m)
l' exercice (m)

le genre
l' incident (m)
le magazine
l' ordre (m)
la préparation
la réponse

le rôle
la sécurité
le sentiment
la situation
la société
le style

Français! Achetez et consommez!

Qu'est-ce que tu as acheté?

INTRODUCTION

> Jean, je suis très <u>occupée</u> aujourd'hui.
> Est-ce que Tu peux <u>faire le marché</u>?
> Achète: du <u>pain</u>
>   du <u>sucre</u>
>   3 <u>biftecks</u>
>   <u>des</u> <u>pommes de terre</u>
>   des oranges
>   de l'aspirine

busy

do the shopping

bread

sugar

potatoes

Jean: Michelle! Michelle! Où es-tu?
Michelle: Ici. Je suis *en train de* finir mon article pour le *journal.*
Jean: Regarde. J'ai acheté les *provisions* pour ce soir.
Michelle: Merci, tu es *gentil.* Je vais commencer à préparer le dîner *tout de suite.* Où sont les provisions?
Jean: Ici, sur la table.
Michelle: Mon Dieu! Tu as acheté *assez de* pommes de terre pour *nourrir* une armée!

in the process of / newspaper / groceries
nice / immediately

My goodness! / enough / to feed

138

Jean: Elles sont *bon marché* en ce moment—elles *coûtent seulement* deux francs le kilo. Alors, j'ai pensé . . .   inexpensive / cost / only

Michelle: Oui, mais qu'est-ce que nous allons faire avec cinq kilos de pommes de terre? Et j'ai *déjà* tendance à *grossir!* Tu as acheté du pain?   already / to gain weight

Jean: Zut! J'ai oublié d'aller à la *boulangerie.*   Shoot! / bakery

Michelle: *Ça ne fait rien.* La boulangerie de la rue Vendôme est *ouverte* jusqu'à sept heures.   That doesn't matter. / open

Jean: Je suis allé chez le *boucher.*   butcher

Michelle: Chez qui est-ce que tu es allé?

Jean: Chez Saclier, rue Voltaire.

Michelle: Bon. Tu as acheté des biftecks, n'est-ce pas?

Jean: Non, j'ai acheté un *rôti de veau.* J'aime bien le veau.   veal roast

Michelle: Mais, Jean, sois raisonnable! Je n'ai pas le temps de préparer un rôti de veau ce soir. Nous allons *être obligés* de manger à neuf heures. Et j'ai *encore* cet article à finir pour demain.   have to / still

Jean: *Toi,* tu travailles trop. Ecoute, j'ai une idée. On va *prendre* la *voiture* et aller manger au restaurant.   You (*emphasized*) / to take / car

Michelle: Ce n'est pas possible. Il y a quelque chose qui ne *marche* pas dans le moteur, et je n'ai pas eu le temps d'aller chez le garagiste.   work

Jean: Mais *heureusement,* je n'ai pas oublié d'acheter de l'aspirine.   fortunately

Compréhension du texte. Répondez aux questions suivantes selon les renseignements donnés dans le texte.

1. Pourquoi est-ce que Michelle a demandé à Jean de faire le marché aujourd'hui?
2. Qu'est-ce que Michelle est en train de faire?
3. Qu'est-ce que Jean a acheté?
4. Pourquoi a-t-il acheté cinq kilos de pommes de terre?
5. Est-ce qu'il a acheté du pain?
6. Pourquoi n'a-t-il pas acheté de biftecks?
7. Pourquoi est-ce que Michelle n'est pas contente?
8. Quelle est la profession de Michelle?
9. Est-ce que Michelle travaille beaucoup?
10. Pourquoi Michelle et Jean ne peuvent-ils pas prendre leur auto pour aller au restaurant?

Petite conversation: Quand on a mauvaise mémoire . . .

Nicole: Qu'est-ce que tu fais, Jocelyne?
Jocelyne: Je suis en train de faire mes devoirs. Est-ce que tu as acheté les provisions pour ce soir?
Nicole: Oui, je suis allée à la boucherie.
Jocelyne: Est-ce que tu es allée à la boulangerie?
Nicole: Ah zut! J'ai oublié d'acheter du pain!
Jocelyne: Ça ne fait rien. Le pain fait grossir!

Les repas

The three French meals are **le petit déjeuner** (*breakfast*), **le déjeuner** (*lunch*), and **le dîner** (*dinner*). Lunch has traditionally been the main meal of the day. Increasingly, however, French people do not go home for lunch, although in most jobs and schools there is a two-hour lunch break. After coming home from school in the late afternoon, children often have a **goûter** (*snack*) consisting of bread and dark chocolate, preserves, or cheese. Dinner is usually served between 7:00 and 8:30 P.M.

Many people still shop daily, especially on their way home from work. To carry purchases, they have their own mesh shopping bags that can easily be kept in a pocket or purse for use when needed. Neighborhood stores do not usually supply paper bags.

At least once a week, in most cities, an outdoor market is set up for the sale of fresh produce and meat, fish, and cheese. Larger cities have permanent markets (**halles**) where both individuals and restaurants can purchase daily supplies. These markets are generally open between five in the morning and noon.

Les verbes de la troisième conjugaison

PRESENTATION

A group of French verbs has infinitives that end in **-re.** The present tense of these verbs, including **perdre** (*to lose*), is formed by dropping the **-re** from the infinitive and adding the endings shown. The past participle is formed by dropping the **-re** from the infinitive and adding **-u.**

perdre	
je perd**s**	nous perd**ons**
tu perd**s**	vous perd**ez**
il/elle perd	ils/elles perd**ent**
passé composé: j'ai perdu	

Note that the **-d** is not pronounced in the singular (**il perd**) but is pronounced in the plural (**ils perdent**). In the third person singular inversion, **perd-il,** the liaison sound is /t/.

Other **-re** verbs that follow this pattern are:

attendre to wait for, expect	Paul attend Alice devant la boulangerie.
entendre to hear	Répétez, s'il vous plaît. Je n'ai pas entendu.
répondre to answer	Répondez aux questions du professeur.
vendre to sell	On vend de l'aspirine à la pharmacie.
rendre + noun to hand back, to return	Quand allez-vous rendre les examens?
rendre + noun + adjective to make	Est-ce que l'argent rend les gens heureux?

PREPARATION

⊘ **A.** Substituez les mots suggérés aux mots en italique.

Je n'entends pas bien.   tu n'entends pas / il n'entend pas / nous n'entendons
pas / vous n'entendez pas / elles n'entendent pas

⊘ **B.** Substituez les mots suggérés aux mots en italique et faites les changements
nécessaires.

1. *J'*attends un taxi.   mes parents / mon frère / tu / vous / nous
2. *Nous* avons répondu à la question.   les étudiants / je / tu / Charles / vous
3. Perd-*elle* souvent patience?   tu / les professeurs / nous / Maurice

C. Répondez aux questions suivantes selon les indications données.

modèle: Est-ce qu'ils ont vendu leur maison? (Oui, . . .au printemps)
    → **Oui, ils ont vendu leur maison au printemps.**

1. Est-ce qu'ils ont répondu à votre question? (non, . . .)
2. Est-ce que vous attendez l'autobus? (non, . . .un taxi)
3. Est-ce qu'elle entend bien? (oui, . . .très bien)
4. Est-ce qu'on vend du pain chez le boucher? (non, . . .à la boulangerie)
5. Est-ce que tu as vendu ta bicyclette? (oui, . . .la semaine dernière)
6. Qu'est-ce que tu as perdu? (mon argent)

TRANSITION

A l'arrêt d'autobus. Several people are chatting while waiting for a bus, which,
as usual, is late. Reconstruct their statements, making sure to use appropriate
tenses.

modèle: est-ce que / vous / attendre / l'autobus → **Est-ce que vous attendez l'autobus?**

1. nous / attendre / l'autobus ici / chaque matin
2. hier / nous / attendre / pendant une heure
3. moi, je / perdre / souvent patience
4. le bus / être / toujours en retard et cela / rendre / les gens furieux
5. l'année dernière / je / vendre ma voiture / et maintenant je / regretter / cette
décision
6. Répétez, s'il vous plaît. / je / ne pas entendre bien
7. Ecoutez! / je / entendre / un autobus qui arrive

COMMUNICATION

Questions/interview. Answer the following questions or use them to interview another student.

1. Est-ce que tu perds souvent patience?
2. Est-ce que tu as quelquefois l'impression de perdre ton temps à l'université?
3. En général, est-ce que tu es content(e) quand le professeur rend les examens?
4. Est-ce que tu perds patience quand tu es obligé(e) d'attendre?
5. Est-ce que tu réponds toujours aux lettres de tes amis ou de tes parents?
6. Est-ce que tu attends une lettre aujourd'hui? De qui?
7. Où est-ce qu'on vend des disques français dans cette ville?
8. Est-ce que l'argent rend les gens heureux?
9. Quand est-ce que les étudiants rendent les professeurs furieux? Et heureux?
10. Quand est-ce que les professeurs rendent les étudiants furieux? Et heureux?

L'alimentation

PRESENTATION

Food has long been an important topic of conversation in France. Basic food items are:

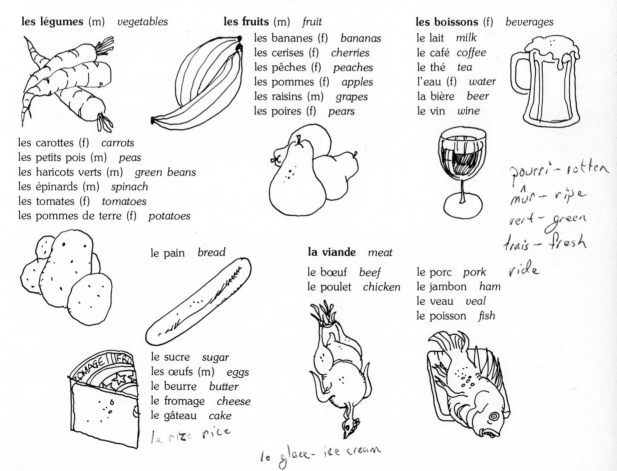

les légumes (m) *vegetables*

les carottes (f) *carrots*
les petits pois (m) *peas*
les haricots verts (m) *green beans*
les épinards (m) *spinach*
les tomates (f) *tomatoes*
les pommes de terre (f) *potatoes*

les fruits (m) *fruit*

les bananes (f) *bananas*
les cerises (f) *cherries*
les pêches (f) *peaches*
les pommes (f) *apples*
les raisins (m) *grapes*
les poires (f) *pears*

les boissons (f) *beverages*

le lait *milk*
le café *coffee*
le thé *tea*
l'eau (f) *water*
la bière *beer*
le vin *wine*

pourri - rotten
mûr - ripe
vert - green
frais - fresh
vide

le pain *bread*

la viande *meat*

le bœuf *beef*
le poulet *chicken*
le porc *pork*
le jambon *ham*
le veau *veal*
le poisson *fish*

le sucre *sugar*
les œufs (m) *eggs*
le beurre *butter*
le fromage *cheese*
le gâteau *cake*
le rize rice

le glace- ice cream

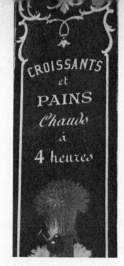

Small stores and shops remain very popular in France, although people also go to modern supermarkets (**les supermarchés**). The shops most frequently found in every neighborhood are:

les magasins (m)   *stores*
la boulangerie   *bakery*
la boucherie   *beef butcher shop*
la charcuterie   *pork butcher shop*
l'épicerie (f)   *grocery store*
la pâtisserie   *pastry shop*

PREPARATION

Substituez les mots suggérés aux mots en italique et faites les changements nécessaires.

1. Je voudrais des *légumes*.   petits pois / carottes / cerises / bœuf / épinards / poisson
2. Est-ce que vous aimez le *fromage*   pain / café / veau / raisins / pommes de terre / porc
3. Je n'aime pas les *épinards*.   thé / œufs / haricots verts / bière / légumes
4. Allez à la *boucherie*.   boulangerie / charcuterie / pâtisserie / épicerie / supermarché

TRANSITION

Madame Bontemps fait son marché. Madame Bontemps has had a busy morning. Recreate her sentences telling a friend where she has gone to get her groceries.

modèle: épicerie / eau minérale → **Je suis allée à l'épicerie pour acheter de l'eau minérale.**

1. pâtisserie / glace
2. boulangerie / pain
3. épicerie / sucre
4. supermarché / provisions
5. charcuterie / rôti de porc
6. boucherie / bifteck

COMMUNICATION

A. Préférences. How well do you like various foods? Describe your tastes, using the following scale.

Je déteste	Je n'aime pas	J'aime assez	J'aime beaucoup	J'adore

Les légumes	*La viande*	*Les boissons*	*Les fruits*
les carottes	le jambon	le lait	les poires
les petits pois	le veau	le café	les pommes
les épinards	le poisson	la bière	les oranges
?	?	?	?

B. Questions/interview. Answer the following questions or use them to interview another student.

1. Qu'est-ce que tu aimes préparer quand tu invites des amis à dîner?
2. Qu'est-ce que tu préfères manger le matin? A midi? Le soir?
3. Qu'est-ce que tu aimes manger quand tu dînes au restaurant?
4. Est-ce que tu fais le marché seulement une fois par semaine?
5. Où est-ce que tu fais le marché?
6. Quelle boisson préfères-tu quand il fait chaud? Et quand il fait froid?
7. Qu'est-ce que tu aimes manger comme dessert?
8. Est-ce que tu aimes les fromages français?

Les expressions de quantité

PRESENTATION

A. Most expressions of quantity are followed by **de (d')** alone, rather than by the full partitive article (**de l', de la, du, des**). The most useful of these are:

ADVERBS OF QUANTITY
assez de   *enough*
autant de   *as much, as many*
beaucoup de   *much, many, a lot*
combien de   *how much, how many*
moins de   *less, fewer*
peu de   *little, few*
plus de   *more*
tant de   *so much, so many*
trop de   *too much, too many*

MEASURES OF QUANTITY
un verre de   *a glass of*
un kilo de   *a kilo of*
une boîte de   *a box of*
un litre de   *a liter of*
une bouteille de   *a bottle of*
un peu de   *a little, some*

J'ai assez d'argent.

Il y a beaucoup d'étudiants dans cette classe.

Combien de fois êtes-vous allé à Québec?

Ils ont très peu de patience.

Nous n'avons pas autant de travail cette semaine.

Je voudrais un verre de vin.

B. The partitive article is retained in the expressions **la plupart** (*most, the majority*) and **bien des** (*many*).

La plupart des gens aiment bien manger.

Bien des Français font le marché tous les jours.

PREPARATION

A. Substituez les mots suggérés aux mots en italique.

1. J'ai *tant de* devoirs à faire ce soir.   beaucoup de / trop de / peu de / moins de / assez de

2. Je voudrais *un verre* de vin.   une bouteille / deux litres / un peu / cinq bouteilles

B. Substituez les mots suggérés aux mots en italique et faites les changements nécessaires.

1. Il y a *des* haricots verts dans la salade.   beaucoup / trop / tant / assez
2. J'ai acheté *du* pain.   assez / deux kilos / un peu / beaucoup

C. Répondez aux questions suivantes selon les indications données.

modèle: Est-ce que Marie a du travail? (oui, . . .trop) → **Oui, Marie a trop de travail.**

1. Est-ce que Jean a de l'argent? (oui, . . .assez)
2. Est-ce que Pierre a du talent? (oui, . . .beaucoup)
3. Est-ce que vous avez plus de temps maintenant? (non, . . .moins)
4. Est-ce que le professeur a de la patience? (non, . . .peu)
5. Est-ce qu'ils ont acheté du vin? (oui, . . .un peu)
6. Est-ce que les étudiants sont ici? (oui, . . .la plupart)
7. Est-ce que tu as autant de problèmes maintenant? (non, . . .pas autant)
8. Y a-t-il de la salade aujourd'hui? (non, . . .pas beaucoup)
9. Les étudiants ont-ils du travail? (non, . . .pas trop)

D. Donnez l'équivalent français des expressions suivantes.

1. some money / too much money / a little money / more money / how much money / a lot of money
2. most cars / as many cars / few cars / too many cars / so many cars / how many cars
3. a kilo of oranges / a bottle of cognac / five liters of water / most of the time / many times / a little sugar

TRANSITION

Inventaire. Before going shopping, Jean and Michelle look in their cupboard to check what they may need. Reconstruct their statements.

modèle: nous / ne pas avoir / beaucoup / café → **Nous n'avons pas beaucoup de café.**

1. nous / avoir / assez / pommes de terre
2. il y a encore / un peu / fromage
3. nous / ne pas avoir / assez / beurre
4. nous / avoir besoin de / un kilo / pommes
5. il y a encore / deux bouteilles / vin
6. nous / avoir / beaucoup / légumes
7. nous / avoir encore / trois boîtes / petits pois
8. je ne sais pas / combien / litres de lait / il faut acheter

COMMUNICATION

A. Etes-vous d'accord? Do you agree or disagree with the following statements? If you disagree, reword the statement so that it more accurately represents your opinion.

1. Les jeunes ne passent pas assez de temps à la maison.
2. Les professeurs ne donnent pas assez de devoirs à leurs étudiants.
3. Les parents américains n'ont pas beaucoup de patience avec leurs enfants.
4. Les jeunes n'ont pas assez de responsabilités.
5. La plupart des gens sont honnêtes.
6. Il y a trop de violence à la télévision.
7. Il y a peu de gens heureux aujourd'hui.
8. Il n'y a pas assez de cours obligatoires à l'université.
9. Notre pays consomme trop d'énergie.

B. Questions/interview. Answer the following questions or use them to interview another student. Use an expression of quantity (**assez de, beaucoup de, peu de,** etc.) in your answer in order to give as much information as possible.

exemple: Est-ce que tu as de la chance?
→ **Oui, j'ai beaucoup de chance.** *or* **Non, je n'ai pas assez de chance.**

1. Est-ce que tu as beaucoup de travail à faire ce soir?
2. Est-ce que tu as des devoirs à faire ce soir?
3. Est-ce que tu manges beaucoup de légumes? De fruits? De viande? De glace?
4. Est-ce que tu as de l'argent à la fin du mois?
5. Est-ce que tu as de la patience? Et ton professeur?
6. Est-ce que tu as beaucoup d'énergie le matin?
7. Est-ce que tu as beaucoup d'ambition?
8. Est-ce qu'il y a des Français dans ta ville?

Les pronoms compléments d'objets directs: me, te, nous, vous

PRESENTATION

The first and second person direct object pronouns are:

Les pronoms compléments d'objets directs

SINGULAR	PLURAL
me (m') *me*	nous *us*
te (t') *you*	vous *you*

A. Like **le, la** and **les,** these pronouns are placed directly before the conjugated verb or the infinitive of which they are the object. And as you have learned, the past participle of a verb in a compound tense like the **passé composé** agrees with the direct object pronoun.

Elle nous attend chez le garagiste.   Paul ne vous a-t-il pas aidé(e)(s)?
Il ne t'a pas entendu(e).   Il va m'interroger.

B. Imperatives follow the same pattern as imperatives with **le, la,** and **les.** But note that in affirmative commands, **me** and **te** become **moi** and **toi.**

Regardez-moi!   Ne me regardez pas!
Attendez-nous!   Ne nous attendez pas!
Ecoute-moi!   Ne m'écoute pas!

PREPARATION

A. Substituez les mots suggérés aux mots en italique.

1. On *te* demande au téléphone.   vous / nous / le / les / me
2. Ils *vous* ont invité(e)(s) samedi.   nous / te / me / les / le
3. Ne *nous* attendez pas.   me / les / la / nous
4. Ils ne *nous* ont pas écoutés.   me / te / la / vous
5. Est-ce qu'ils vont *nous* attendre?   me / la / vous / te
6. Aide-*moi*.   nous / le / les / la

B. Répondez aux questions suivantes selon le modèle donné.

modèle: Je t'attends ici? (Oui) → **Oui, attends-moi ici.**

1. Je vous emmène à la gare? (Oui)
2. Je t'écoute? (Oui)
3. Je vous attends au café? (Non)
4. Je te demande au téléphone? (Non)
5. Je vous aide à faire la cuisine? (Oui)
6. J'invite les Régnier à dîner? (Non)
7. Je vais chercher les enfants à quatre heures? (Oui)
8. Nous faisons le marché maintenant? (Oui)

C. Donnez l'équivalent français des phrases suivantes.

1. He's waiting for me.
2. Listen to us!
3. Don't leave me!
4. She's going to look for us.
5. Don't look at me!
6. They didn't invite her.
7. They can't find you.
8. We helped her.

TRANSITION

Est-ce que tu m'aimes? Armand is a very insecure lover who constantly needs reassurance from his friend Danielle. Give Danielle's answers to his questions.

modèle: Est-ce que tu m'aimes? → **Mais oui, je t'aime.**

1. Tu vas m'attendre après la classe, n'est-ce pas?
2. Est-ce que tu vas m'inviter chez tes parents le week-end prochain?
3. Est-ce que tu m'admires un peu?
4. Est-ce que tu me trouves sexy?
5. Tu ne vas pas me rendre jaloux, n'est-ce pas?
6. Tu désires me rendre heureux, n'est-ce pas?
7. J'espère que tu ne vas pas m'oublier . . .
8. Je ne veux pas te perdre. Tu ne vas pas me quitter, n'est-ce pas?

COMMUNICATION

A. Votre personnalité. Do you agree or disagree with the following statements? If you disagree, reword the statement so that it is true for you.

1. Je suis content(e) quand on m'invite à aller à un match de football.
2. Je ne suis pas content(e) quand on m'oublie.
3. J'aime quand on me regarde tout le temps.
4. Je suis indifférent(e) quand on m'insulte.
5. Ça me rend furieux(-euse) quand on m'accuse sans raison.
6. Je perds patience quand on ne m'écoute pas.
7. J'ai peur quand on me demande au téléphone.

B. Questions/interview. Answer the following questions or use them to interview another student.

1. Est-ce que tes amis t'invitent souvent à aller au cinéma? Et toi, est-ce que tu les invites?
2. Est-ce qu'ils t'aident quand tu as des problèmes personnels? Et toi, est-ce que tu les aides?
3. Est-ce qu'ils t'attendent quand tu n'arrives pas à l'heure précise? Et toi, est-ce que tu les attends?
4. Est-ce qu'ils te trouvent sympathique?
5. Est-ce que tes professeurs t'apprécient assez?
6. Est-ce qu'ils t'aident quand tu as des difficultés?
7. Est-ce qu'ils t'écoutent quand tu donnes ton opinion? Et toi, est-ce que tu les écoutes?
8. Est-ce qu'ils te critiquent trop souvent? Et toi, tu les critiques souvent?

C. Avez-vous de l'autorité? Choose people in your class to whom you would like to give the following commands.

exemples: Demandez à une ou plusieurs personnes de votre choix de vous écouter.
→ **Pierre et Marie, écoutez-moi!**

Demandez à une personne de votre choix de ne pas vous oublier.
→ **Sylvie, ne m'oublie pas!**

Demandez à une personne de votre choix . . .

1. de vous aider à faire vos devoirs
2. de vous attendre après la classe
3. de vous écouter quand vous parlez
4. de vous inviter à aller au cinéma ce soir
5. de ne pas vous quitter
6. de ne pas vous regarder tout le temps
7. de ne pas vous accuser sans raison
8. de ne pas vous critiquer

La publicité _____ SYNTHESE

En France, comme aux Etats-Unis, la publicité *a un seul message:* Consommez!   advertising / consume

Fort strong
mouchoir handkerchief
gros big
rhumes colds

allez vivre à la montagne!..
ou buvez beaucoup d'eau d'evian!

Kleenex Extra Fort.
Le grand mouchoir qui résiste aux gros rhumes.

vivre to live
buvez drink

Saucisson salami *recette* recipe
suivi followed *charcutiers* pork butchers

Saucisson Loste:
nous avons suivi la recette des charcutiers.

LOSTE

Granola. Une bonne petite galette
avec beaucoup de chocolat.

galette cookie

Pour
les vrais gourmands,
du vrai
chocolat velouté :
Menier au lait

gourmands people who like to eat
velouté velvety
goût taste

151

Compréhension du texte. Quel produit est-ce que chacun des slogans suivants décrit le mieux? *(Which product does each of the following slogans best describe?)*

1. Préparé avec de la viande de porc de première qualité.
2. Pour rester jeune, buvez un grand verre d'eau chaque matin.
3. Un bon petit gâteau au chocolat; on ne peut pas le refuser.
4. Un mouchoir qui résiste au rhume, c'est un mouchoir irrésistible.
5. Vous n'avez pas besoin d'avoir soif pour apprécier notre bière.
6. Essayez notre chocolat. Il a un goût riche et délicat qui encourage la gourmandise.

La Publicité

In magazines and newspapers, on buses and subways, at the movies, on the radio, and even on television, the French, like Americans, are increasingly subject to a constant stream of advertising. Statistics indicate that there is more advertising for household products and for beauty and personal-hygiene products than for other products. Surprisingly, a relatively small percentage of advertising is for alcoholic beverages, food, tobacco, cars, and leisure or travel activities.

Advertising in France tends to be more descriptive or intellectually oriented than in the United States. Advertisers for certain goods such as wines and beer often focus on the long history and tradition or the superior quality of their products rather than on the social benefits or attractiveness that they bestow.

Although consumer protection agencies are not as common in France as in the United States, false advertising is prohibited by law and severe penalties are imposed on guilty parties.

COMMUNICATION

A. Slogans. Using an item from each column, create slogans that might appear in advertising material.

Si vous avez mal à la tête	mangez	de l'aspirine
Si vous êtes fatigué et vous n'avez pas d'énergie	achetez	Geritol
Si vous avez toujours sommeil	buvez	du vin
Si vous avez soif	utilisez	du Coca-Cola
Si vous n'avez pas le temps de manger le matin		de l'eau minérale
Si vous avez besoin d'exercice		des vitamines
Si vous aimez le confort		une bicyclette
Si vous avez toujours faim		de l'Alka-Seltzer
Si vous aimez la nature		du chocolat
?		une Rolls Royce
		du café
		?

B. Soyez persuasif! Using words and phrases in the **Synthèse** and **Communication A** as examples, create short advertisements for real or imaginary products.

C. Au marché. Make up a shopping list and then go to the market. One student will play the role of a difficult client; another student will play the role of a person trying very hard to sell the merchandise. Useful sentences include:

Client(e)

Je voudrais une bouteille de

_____

J'ai besoin de trois kilos de

_____

C'est combien?

Qu'est-ce que c'est?

Est-ce que les _____ sont bon marché?

Je voudrais des _____

Marchand(e)

Que désirez-vous?

Les _____ coûtent _____ le kilo.

Le _____ coûte _____ le litre.

Nous n'avons pas de _____ mais nous avons _____.

Nous n'avons pas beaucoup de _____ aujourd'hui mais il (elles) vont arriver demain.

Avez-vous besoin de _____?

Avez-vous assez de _____?

153

The letter **e** (without accent marks) is usually pronounced /ə/, as in the following words:

le, de, me, ce, je, demain, regarder

The mute /ə/ is not always pronounced, however. Whether it is pronounced or not depends upon its position in a word or group of words and upon its "phonetic environment." The patterns are:

A. The mute /ə/ is not pronounced:

1. At the end of a word:
    ouverte, tendance, voiture, anglaise

2. When it is preceded by only one consonant:
    samedi, tout de suite, seulement

    Listen and repeat:

acheter	chez le marchand
boulangerie	ça ne fait rien
épicerie	en ce moment
heureusement	un kilo de pain
tout le monde	je n'ai pas le temps

B. The mute /ə/ is pronounced:

1. When it is preceded by two consonant sounds and followed by a third:

    vendredi   quelque chose   pour ce jour

    Listen and repeat:

mercredi	pour demain
quelquefois	ça marche bien
premier	faire le marché
votre livre	pomme de terre
notre voiture	une autre personne

2. When it is at the beginning of a word or an utterance:

    demain   regardez   le marché   ce journal

C. In fast speech, the mute /ə/ may be dropped even at the beginning of an utterance. This is especially true of the pronoun **je.** Listen and compare:

Careful Speech	*Fast Speech*
je mange /ʒəmɑ̃ʒ/	je mange /ʒmɑ̃ʒ/
je réponds /ʒərepõ/	je réponds /ʒrepõ/
je suis /ʒəsyi/	je suis /ʃsyi/*
je pense /ʒəpɑ̃s/	je pense /ʃpɑ̃s/*

In fast informal speech even the **ne** of the negative may be omitted entirely.

* Before an unvoiced consonant /ʒ/ becomes /ʃ/.

Awareness of this omission is important in understanding spoken French.
Listen and compare:

Careful Speech	Fast Informal Speech
ça ne fait rien	ça fait rien
je n'ai pas le temps	j'ai pas le temps
ce n'est pas possible	c'est pas possible
il n'a pas oublié	il a pas oublié
je ne sais pas	j(e) sais pas

D. Repeat the following sentences, paying special attention to the mute *e*'s.

1. Est-ce que ça marche bien en ce moment?
2. Je ne sais pas ce que je vais faire samedi.
3. Je vais acheter quelque chose à la boucherie ou à l'épicerie.
4. Heureusement, il reste du rôti de veau et un kilo de pain.
5. Tout le monde fait le marché le vendredi.

--- VOCABULAIRE

Noms
le **goût** *taste*
le **journal** *newspaper*
le **marchand** *shopkeeper*
le **mouchoir** *handkerchief*
la **publicité** *advertising*
la **recette** *recipe*
le **rhume** *cold*
le **trou** *hole*

Verbes
buvez *(you) drink*
consommer *to eat, consume*
coûter *to cost*
faire le marché *to do the shopping*
grossir *to gain weight*
marcher *to walk*
nourrir *to feed*
suivre *to follow*
vivre *to live*

Adjectifs
bon marché *cheap*
fort(e) *strong*
gentil, gentille *nice, kind*
gourmand(e) *person who likes to eat*
gros, grosse *fat, large*
ouvert(e) *open*

Divers
ça ne fait rien *it's not important, that doesn't matter*
déjà *already*
encore *still, yet, again*
en train de *in the process of*
heureusement *fortunately*
jamais *never, ever*
Mon Dieu! *My God! My Goodness!*
seulement *only*
tout de suite *immediately*
zut *darn! shoot!*

COGNATE NOUNS

l' **armée** (f)
l' **article** (m)
l' **aspirine** (f)
le **moment**
le **message**
les **provisions** (f)
le **supermarché**
la **tendance**

La vie n'est pas toujours facile

Mohammed Alimi

INTRODUCTION

Il y a un grand nombre de Nord-Africains qui travaillent en France et leur inté-gration à la vie française n'est pas toujours facile. Ici, Mohammed Alimi, un jeune Algérien, parle avec un reporter français.

Le *reporter*: Pourquoi avez-vous quitté l'Algérie?

Mohammed: J'ai quitté mon pays pour *venir* travailler en France. Mon *père*   to come / father
est mort en 1966, cinq ans après l'indépendance de l'Algérie. J'ai été   died
obligé de travailler pour nourrir *toute** la famille. J'ai travaillé *comme*   all, the whole / as a /
manœuvre dans le port d'Alger pendant *plusieurs* années. Mais j'ai eu un   laborer / several
accident et je suis resté *quelques* mois à l'hôpital.   a few

Le *reporter*: Qu'est-ce que vous avez fait quand vous *êtes sorti* de l'hôpital?   left

Mohammed: J'ai cherché du travail mais sans succès. Alors, j'ai décidé de
partir en France. Je suis arrivé à Marseille en 1975.

Le *reporter*: Est-ce que vous avez eu beaucoup de difficulté à trouver du
travail?

Mohammed: Oui, j'ai été obligé d'attendre plusieurs mois. *Finalement*, j'ai   finally
trouvé du travail dans les *travaux publics*, comme manœuvre.   public works

Le *reporter*: Vous n'avez pas pu trouver un travail plus facile?

Mohammed: Non, parce que je n'ai pas d'*instruction*. J'ai commencé à *ap-*   education
prendre à *lire* et à *écrire* seulement après mon arrivée en France. Ce   to learn / to read / to write
n'est pas facile à mon âge et quand on travaille du matin au soir. Mais
maintenant je peux lire le journal sans trop de difficulté.

Le *reporter*: Est-ce que vous êtes satisfait de votre vie ici?

Mohammed: Oui et non. Je peux *gagner ma vie* ici, mais il faut travailler   earn a living
dur. *A mon avis*, pour avoir un travail décent, il faut avoir de l'instruction.   hard / in my opinion

156

Alors, nous, les Arabes, nous faisons les travaux que les Français ne veulent pas faire. Il y a aussi beaucoup de gens qui n'aiment pas les Arabes. Heureusement, tous* les Français ne sont pas comme ça.

Le reporter: Est-ce que vous regrettez votre décision de venir en France?

Mohammed: Non, mais la vie n'est pas facile ici. Et je ne veux pas rester manœuvre toute* ma vie. J'envoie une partie de mon salaire à ma famille en Algérie et j'économise le reste pour pouvoir apprendre un vrai métier. J'espère que ça va marcher.

* **Tout** (*all, every*) as an adjective agrees in gender and number with the noun it modifies: tout le temps (*all the time*); tout le monde (*everyone*); tous les jours (*every day*); toute la ville (*the whole city*); toutes les femmes (*all the women*).

Compréhension du texte. Selon les renseignements donnés, est-ce que les phrases suivantes sont vraies ou fausses? Corrigez le sens de la phrase s'il est faux.

1. Mohammed Alimi a quitté son pays parce qu'il aime voyager.
2. Après la mort de son père, il a été obligé de travailler pour nourrir toute sa famille.
3. Quand il est sorti de l'hôpital, il a trouvé du travail sans difficulté.
4. Mohammed est arrivé à Marseille le jour de l'indépendance de l'Algérie.
5. Après son arrivée en France, Mohammed a eu beaucoup de difficulté à trouver du travail.
6. Mohammed a finalement trouvé du travail dans une banque.
7. C'est difficile pour Mohammed de trouver un bon travail parce qu'il n'a pas d'instruction.
8. C'est seulement après son arrivée en France qu'il a commencé à apprendre à lire.
9. En général, les Arabes qui travaillent en France ont une vie facile et agréable.
10. Mohammed envoie tout son argent à sa famille.

157

Petite conversation: Mohammed parle avec un autre Algérien.

Abdoulah: Dis, pourquoi tu as quitté l'Algérie, toi?

Mohammed: Pour venir travailler ici. Et toi?

Abdoulah: Pour la même raison. Est-ce que tu as eu de la difficulté à trouver du travail?

Mohammed: Oui, ça a été difficile. Mais j'ai fini par trouver du travail comme manœuvre. Il faut travailler dur, mais je gagne ma vie.

Abdoulah: Est-ce que tu as l'intention de retourner en Algérie?

Mohammed: Oui, ma famille est encore à Alger.

L'Algérie

Algeria, along with two other countries in North Africa, Morocco and Tunisia, was French territory during its colonial days. The country remained under French control until 1954, when Algerian nationalists began fighting for independence. After a long and difficult war, which bitterly divided French public opinion, President Charles de Gaulle granted Algeria its independence in 1962. The peace accords gave Algerians the option of retaining French citizenship and provided for continued economic cooperation between France and Algeria.

The majority of the 1,500,000 European settlers, nicknamed **pieds noirs** by the Arabs because they wore black shoes rather than sandals, elected to return to Europe. Since 1962, large numbers of Algerians have also emigrated to France, where they often work as unskilled laborers. It is not uncommon for them to send part of their income back to North Africa to support their families. Many live in squalid ghetto-like conditions: five or six men often share a room, and sometimes entire families live in shacks on the outskirts of cities. The feelings of the French people toward Algerians living in France are often a mixture of guilt, because of economic exploitation of these people, and animosity or fear, because of their different life-style and high crime rate.

Un bidonville

PRESENTATION

A. Most French adverbs are formed by adding **-ment** to an adjective. This process is similar to the addition of *-ly* to many English adjectives to form adverbs. Most adverbs are formed according to the following rules:

1. Add **-ment** to the masculine singular form of an adjective if this form ends in a vowel.

   honnête → honnêtement   vrai → vraiment
   sincère → sincèrement   poli → poliment

2. Add **-ment** to the feminine singular form of an adjective if its masculine singular form ends in a consonant.

   parfait, parfaite → parfaitement
   impulsif, impulsive → impulsivement
   heureux, heureuse → heureusement
   traditionnel, traditionnelle → traditionnellement

3. If the masculine singular form of an adjective ends in **-ent** or **-ant**, replace the **-ent** with **-emment,** or the **-ant** with **-amment,** to form the corresponding adverb. In both cases the pronunciation of the adverb ending is the same: /amã/.

   patient → patiemment
   intelligent → intelligemment
   constant → constamment

B. There are certain common adverbs that are not formed from adjectives:

aujourd'hui	souvent	vite (*quickly*)	très
demain	toujours	bien	peu
hier	assez	mal (*badly*)	partout
déjà	beaucoup	aussi	là-bas (*over there*)
quelquefois			

C. Adverbs can be used in several positions within a sentence:

1. Adverbs usually follow immediately a verb in a simple tense, such as the present tense.

   Michel parle constamment.
   Jacqueline attend patiemment la fin de la classe.
   Est-ce que le professeur parle trop vite?

2. Short adverbs usually come between the auxiliary verb and the past participle of a verb in a compound tense, such as the **passé composé.** Adverbs that end in **-ment,** however, generally follow the past participle.

   Il a déjà fini son travail.
   Nous n'avons pas bien étudié la leçon.
   Marc a répondu impulsivement.

3. Adverbs of time and place usually are placed at the beginning or end of a sentence.

Habib n'est pas à la maison aujourd'hui.
Hier, nous avons décidé de partir en Algérie.

PREPARATION

⊘ **A.** Donnez l'adverbe qui correspond à chacun des adjectifs suivants.

1. difficile	4. courageux	7. intelligent	10. traditionnel
2. final	5. actif	8. patient	11. exceptionnel
3. modeste	6. impulsif	9. constant	12. vrai

B. Transformez les phrases suivantes selon les indications données.

modèle: Nous faisons notre travail. (patiemment) → **Nous faisons patiemment notre travail.**

1. Je parle français. (bien)
2. Il a envoyé de l'argent à son père. (hier)
3. J'ai sommeil. (vraiment)
4. Téléphonez à la police. (vite)
5. Nous allons au cinéma le samedi. (quelquefois)
6. Il a répondu à nos questions. (poliment)
7. Il a trouvé du travail. (finalement)
8. Ils ont attendu pendant plusieurs mois. (déjà)

TRANSITION

La vie d'un prisonnier. Papillon, a famous French convict, spent many years of his life in prison on Devil's Island in French Guiana for a crime he had not committed. Using the adverb in parentheses, create sentences that might describe the feelings of someone wrongly imprisoned.

modèle: Je suis innocent. (complètement) → **Je suis complètement innocent.**

1. On m'a condamné à passer le reste de ma vie en prison. (injustement)
2. Les juges n'ont pas écouté mes arguments. (vraiment)
3. C'est triste, mais je vais finir ma vie ici. (probablement)
4. On nous punit. (trop sévèrement)
5. Je lutte pour prouver notre innocence. (constamment)
6. J'ai demandé plusieurs fois au Président de me pardonner. (déjà)
7. Je n'accepte pas cette vie misérable. (facilement)
8. Je perds courage. (quelquefois)

COMMUNICATION

A. Opinions. To express your opinions choose one of the adverbs provided and, if necessary, make the sentence negative.

1. Mon professeur de français parle _____.
   bien / vite / tout le temps
2. Je suis _____ fatigué(e).
   constamment / rarement / très
3. J'ai tendance à parler trop _____.
   impulsivement / franchement / vite / souvent
4. Je téléphone _____ à mes amis.
   souvent / rarement / quelquefois / tout le temps
5. Je suis _____ favorable à l'émancipation de la femme.
   personnellement / modérément / totalement
6. Je suis _____ opposé(e) aux explosions nucléaires.
   violemment / vraiment / totalement
7. L'année dernière, j'ai _____ travaillé.
   beaucoup / bien / mal / trop
8. Je voudrais vivre plus _____.
   dangereusement / courageusement / tranquillement / honnêtement / agréablement

B. La vie d'un(e) étudiant(e). The life of a student is not always easy. Make up sentences describing the problems you face as a student. Use adverbs in each of your sentences.

exemples: **Mes camarades de chambres parlent constamment au téléphone.**
Les professeurs sont quelquefois sévères.

Les verbes conjugués comme dormir

PRESENTATION

The present tense forms of several **-ir** verbs like **dormir** (*to sleep*) do not follow the regular pattern of second conjugation verbs like **choisir:**

dormir	
je dor**s**	nous dorm**ons**
tu dor**s**	vous dorm**ez**
il/elle dor**t**	ils/elles dorm**ent**

passé composé: j'ai dormi

Ne dormez pas en classe.
Est-ce que tu as bien dormi?
Other verbs that follow this pattern are:

partir*	*to leave* (*opposite of* arriver)	Nous partons en vacances jeudi.
sortir*	*to go out, to leave* (*opposite of* entrer)	Est-ce que tu sors avec des amis ce soir?
sentir	*to smell, to feel*	Ce parfum sent bon.
servir	*to serve*	A quelle heure est-ce qu'on sert le dîner?

* **Partir** and **sortir** are conjugated with **être** in the **passé composé** and will be explained later in this chapter.

PREPARATION

A. Substituez les mots suggérés aux mots en italique.

1. *Je sors* de la gare.   tu sors / il sort / nous sortons / vous sortez / elles sortent
2. *Je ne pars pas* aujourd'hui.   tu ne pars pas / il ne part pas / nous ne partons
pas / vous ne partez pas / elles ne partent pas

B. Substituez les mots suggérés aux mots en italique et faites les changements nécessaires.

1. *Elle* ne dort pas très bien.   je / vous / Jeanne / mon mari / nous
2. *Nous* avons servi du gâteau.   Suzanne / je / leurs amis / vous

C. Mettez les verbes suivants au pluriel. *(Change the following verbs to the plural.)*

modèle: Tu dors bien. → **Vous dormez bien.**

1. Tu pars demain.
2. Il part pour la France.
3. Tu sers le dessert.
4. Pourquoi est-ce qu'elle part demain?
5. Je ne sors pas ce soir.
6. Ce fromage sent bon.

TRANSITION

Il y a des gens qui ont de la chance! André, a well-to-do and rather arrogant bachelor, is comparing his life-style with that of his married friends Josette and François. Using the cues given, formulate their answers to his statements.

modèle: Moi, le dimanche, je dors jusqu'à midi. Et vous? (seulement jusqu'à neuf heures)
→ **Nous, nous dormons seulement jusqu'à neuf heures.**

1. Le matin, je pars à mon travail à dix heures. Et vous? (à sept heures et demie)
2. Moi, je sors chaque fois que j'ai envie de sortir. Et vous? (seulement une ou deux fois par mois)
3. La semaine dernière, je suis sorti tous les soirs. Et vous? (samedi soir)
4. Quand j'invite mes amis, je sers du caviar et du champagne. Et vous? (des spaghetti et du vin rouge)
5. Chaque année, je pars en vacances avec mes amis. Et vous? (avec nos enfants)
6. Je dors souvent jusqu'à dix ou onze heures du matin. Et vous? (rarement)

COMMUNICATION

Questions/interview. Answer the following questions or use them to interview another student.

1. Est-ce que tu dors jusqu'à midi le samedi ou le dimanche?
2. Est-ce que tu dors bien ou mal quand tu as un examen le jour suivant?
3. Est-ce que tu as bien dormi hier soir? Pendant combien de temps as-tu dormi?
4. Est-ce que tu sors souvent le vendredi soir? Et pendant la semaine?
5. Le matin, à quelle heure est-ce que tu pars pour l'université?

6. Est-ce que tu vas partir en vacances cette année? Si oui, où vas-tu aller?
7. Est-ce que tu es content(e) quand on sert des épinards pour le dîner?
8. Quand tu invites des amis à dîner, qu'est-ce que tu sers comme boisson? Comme entrée? Comme dessert?

Les verbes conjugués comme venir

PRESENTATION

The verb **venir** (*to come*) is irregular:

venir

je viens	nous venons
tu viens	vous venez
il/elle vient	ils/elles viennent

passé composé: je suis venu(e)*

Il vient d'Alger.
Venez ici.
Je suis venu en France pour travailler.

A. Other verbs similar to **venir** are:

devenir*   *to become*
revenir*   *to come back, to return*
retenir   *to hold back, to reserve (a seat, book)*
tenir à   *to really want to, to insist upon, to really care for*

appartenir à   *to belong to*
obtenir   *to obtain, to get*

Revenez plus tard. Il n'y a pas de travail maintenant.
Les conditions de vie deviennent impossibles.
Est-ce que tu tiens à apprendre un métier?
Elle tient beaucoup à son père.
J'ai retenu deux places dans l'avion Paris-Alger.

B. **Venir de** before an infinitive has the special meaning of *to have just done* the action of the infinitive.

Je viens d'acheter une auto.   *I just bought a car.*
Nous venons d'arriver d'Algérie.   *We just arrived from Algeria.*

Thus, there are three ways to express actions that relate closely to present time: (1) **aller** + infinitive is used to express an action that is about to take place: **Je vais servir le dîner;** (2) **être en train de** + infinitive is used to express an action in the process of taking place: **Je suis en train de servir le dîner;** (3) **venir de** + infinitive is used to express an action that has just taken place: **Je viens de servir le dîner.**

* **Venir, revenir,** and **devenir** are conjugated with **être** in the **passé composé** and will be explained in the next presentation.

PREPARATION

⊘ **A.** Substituez les mots suggérés aux mots en italique.

Je viens de Marseille.   tu viens / elle vient / nous venons / vous venez / ils viennent

⊘ **B.** Substituez les mots suggérés aux mots en italique et faites les changements
nécessaires.

1. *Marcel* vient d'arriver.   vous / je / Monsieur et Madame Dupont / nous
2. Quand reviennent-*ils* de vacances?   tu / vous / vos amis / Chantal
3. *Ils* ont obtenu des résultats intéressants.   nous / je / le médecin / tu

C. Mettez les formes des verbes au pluriel.

modèle: A quelle heure reviens-tu? → **A quelle heure revenez-vous?**

1. Elle vient de Toulouse.
2. Je reviens de mon cours de français.
3. Tu deviens paresseux.
4. Est-ce qu'il appartient à votre groupe de discussion?
5. Je ne tiens pas particulièrement à ce disque.

D. Donnez l'équivalent français des phrases suivantes.

1. He's going to do his homework. He's in the process of doing his homework.
   He has just done his homework.
2. We're going to serve dessert. We're in the process of serving dessert. We've
   just served dessert.
3. He's becoming impossible.
4. They really want to come back tomorrow.
5. Did you reserve a room?
6. What clubs do you belong to?

TRANSITION

La vie d'un ouvrier nord-africain. Nasra has just met another North African
who is working at the same place he does. Using the cues given, recreate what
he tells his new friend about himself.

modèle: je / venir / Fez / Maroc. →
   Je viens de Fez au Maroc.

1. nous / appartenir / classe ouvrière
2. les conditions de vie / devenir / très difficiles / pour les ouvriers
3. mais l'année dernière / je / obtenir / travail / usine
4. maintenant / la vie / devenir / plus facile
5. un jour / je / vais / obtenir / diplôme / à l'école technique
6. ma famille / tenir à / venir / France
7. je / déjà / retenir / les places / dans l'avion

164

COMMUNICATION

A. Questions/interview. Answer the following questions or use them to interview another student.

1. De quelle ville est-ce que tu viens?
2. De quel pays ta famille vient-elle?
3. A ton avis, est-ce que la vie à l'université devient plus facile après la première année?
4. Est-ce que tes études deviennent plus faciles ou plus difficiles?
5. Est-ce que tu vas revenir à cette université l'an prochain?
6. Quand est-ce que tu vas obtenir ton diplôme?
7. Est-ce que tu appartiens à un parti politique?
8. Est-ce que tu appartiens à différents clubs ou organisations sociales?
9. Est-ce que tu tiens beaucoup à ton indépendance?
10. Quels sont les projets que tu tiens à accomplir dans ta vie?

B. Points communs. Interview other students in your class in order to find students who fit the following descriptions.

Trouvez des étudiants:
1. qui viennent de la même ville
2. qui appartiennent au même club ou groupe
3. qui tiennent à devenir célèbres ou riches
4. qui viennent de passer un examen

Les verbes conjugués avec l'auxiliaire être

PRESENTATION

Like **aller** and **rester,** certain verbs indicating motion or transition are conjugated with **être** in the **passé composé.**

aller *to go*	venir *to come*
arriver *to arrive*	partir *to leave*
entrer (dans) *to enter*	sortir *to go out, to leave*
monter *to go up*	descendre *to go down*
naître *to be born*	mourir *to die*

rester *to stay*
rentrer *to return home*
revenir *to come back*
retourner *to go back*
tomber *to fall*
devenir *to become*
passer *to come by, to go by*

A. Like **aller** and **rester,** the past participles of verbs conjugated with **être** agree in number and gender with their subjects. All past participles of these verbs are regular except: **naître → né; devenir → devenu; revenir → revenu; venir → venu; mourir → mort**

Elle est entrée dans la boulangerie.
Les enfants sont déjà montés dans leur chambre.
Albert Camus est né en Algérie.
Elle est morte l'année dernière.
Pierre et Jacqueline sont rentrés à quatre heures du matin.
Je suis tombé dans la neige.
Ton père n'est pas revenu de Bruxelles?

B. Note that the verbs conjugated with **être** are intransitive: they do not have direct objects. Several of these verbs can also be transitive and take on a slightly different meaning. They are then conjugated with **avoir**.

Il a passé trois mois à Marseille.	*He spent three months in Marseilles.*
Nous avons passé un examen hier matin.	*We took an exam yesterday morning.*
Vous avez monté mes valises?	*Did you take up my suitcases?*
Elle a sorti ses photos.	*She took out her photos.*
Nous avons descendu l'avenue.	*We went down the avenue.*

PREPARATION

A. Substituez les mots suggérés aux mots en italique.

1. *Je suis sorti* à neuf heures.   tu es sorti / elle est sortie / nous sommes sortis / vous êtes sorti / ils sont sortis
2. Pourquoi ne sont-elles pas *parties*?   venues / entrées / restées / revenues / rentrées / descendues

B. Substituez les mots suggérés aux mots en italique et faites les changements nécessaires.

1. *Je* suis retourné à Bruxelles l'année dernière.   tu / mon amie / nous / vous / les étudiants
2. En quel mois est-ce qu'*elle* est née?   tu / ton père / vous / Jean et Pierre
3. *Nous* ne sommes pas venus hier.   Jacqueline / les touristes / vous / je / tu

C. Mettez les phrases suivantes au passé composé.

modèle: Je viens à huit heures. → **Je suis venu à huit heures.**

1. Les touristes montent dans l'autobus.
2. Nous retournons en Europe cet été.
3. Elle entre dans le bureau.
4. Il part à six heures.
5. Nous venons par le train.
6. A quelle heure arrivent-elles?
7. Vous entrez dans la boulangerie?
8. Pourquoi ne venez-vous pas cet après-midi?
9. Janine monte dans le train.
10. Où est-ce qu'ils descendent?

Le marché d'El-Harrach,
en Algérie

TRANSITION

Un voyage en Afrique du Nord. Jean-Luc and his brother Alain took a trip to
Morocco and Algeria last summer. Using the words below, create sentences describing their trip.

modèle: partir / de Paris / le 1ᵉʳ août → **Ils sont partis de Paris le 1ᵉʳ août.**

1. arriver / à Alger / dimanche soir
2. manger / du couscous / dans un restaurant algérien
3. dormir / sur la plage / à Oran
4. rester deux semaines / à Casablanca
5. visiter / Marrakech et Rabat
6. voyager / en jeep / dans le Sahara
7. parler arabe et français
8. aller / chez des amis marocains
9. retourner à Paris / fin du mois d'août.

COMMUNICATION

A. Expériences communes . . . Interview other students in your class in order to
find one or several students who have done the following things; then report your
findings to the class.

Trouvez un ou plusieurs étudiants:

1. qui sont sortis tous les soirs cette semaine
2. qui sont restés deux jours sans manger
3. qui sont nés le même jour
4. qui sont montés jusqu'au sommet de la Tour Eiffel
5. qui sont arrivés à l'université à sept heures et demie ce matin
6. qui sont venus en classe tous les jours
7. qui sont rentrés à la maison à deux heures du matin la nuit dernière
8. qui sont revenus récemment d'un pays étranger

B. Est-ce vrai? Complete the following sentences by giving the proper **passé composé** forms of the verbs. Then decide whether you agree with the sentences. If you disagree, modify the sentences to make them true for you.

1. mes amis et moi, nous / aller / au cinéma deux fois cette semaine
2. tous les étudiants / arriver / cinq minutes après le professeur aujourd'hui
3. je / ne pas rester / à la maison hier soir
4. récemment le professeur / devenir / plus sévère
5. George Washington et moi, nous / naître / le même jour
6. la température / monter / jusqu'à 30°C aujourd'hui
7. l'hiver passé, la température / descendre / jusqu'à moins 18°C
8. hier soir, je / rentrer / à onze heures et demie
9. le président Kennedy et le président de Gaulle / mourir / la même année
10. dans ma classe, les autres étudiants et moi, nous / devenir / amis

Les tensions de la vie moderne

SYNTHESE

Certains *événements* de notre vie peuvent être la cause d'une tension nerveuse plus ou moins grande. Les psychologues ont attribué une certaine valeur numérique à chaque événement capable de provoquer cette tension. Leurs *recherches* indiquent qu'il y a un *rapport* entre ces valeurs numériques et la probabilité de maladies et de problèmes physiques. Vos chances de maladie sont proportionnelles au total des points accumulés.

events

research / relationship

100	*mort* d'une personne très aimée	death
73	divorce ou séparation	
63	prison	
53	maladie ou accident sérieux	
50	mariage	
47	*perte* de votre *emploi*	loss / job
39	*naissance* d'un enfant	birth
37	*déception* ou *échec* dans votre vie personnelle	disappointment / failure
36	conflits fréquents avec votre mari, femme ou *amant(e)*	lover
31	conflits avec vos parents	
29	conflits avec vos amis, vos camarades de chambre ou les gens avec qui vous travaillez	
28	grand succès personnel	
26	début ou fin des études	
20	*changement* de résidence	change
19	changement de *distractions*	leisure activities
17	préparation pour un départ en vacances	
16	retour de vacances	
11	petites difficultés avec la police	

Compréhension du texte. Selon les renseignements donnés dans le texte, attribuez une valeur numérique à chacun des événements suivants. *(Using the information given in the text, assign stress points to each of the following events.)*

1. Eric vient de gagner 100 000 francs à la Loterie Nationale.
2. Anne va aller passer quinze jours de vacances au bord de la mer.
3. Georges et Denise Beauchamp viennent d'avoir un enfant.
4. Paulette a eu une pneumonie et elle a passé trois semaines à l'hôpital.
5. Alain est très triste parce que son amie l'a quitté.
6. Hélène vient de terminer ses études et elle va commencer à travailler la semaine prochaine.
7. Alain vient d'être arrêté par la police pour possession illégale de marijuana.
8. Sylvie a perdu son emploi.

Les tensions de la vie moderne

NOTES CULTURELLES

Like most industrial societies, France is experiencing such tensions of modern life as pollution, a rising crime rate, and changing lifestyles. This is especially true in large urban centers where the pace of life is becoming increasingly hectic.

Whether due to the increasing pressures of modern society, or to a long-honored tradition of speaking their mind, the French tend to let off steam rather than keep problems or dissatisfaction to themselves. This outspokenness often may manifest itself in a certain gruffness in dealing with others, and visitors to France sometimes think that the French seem blunt or curt. Yet their comments and complaints are often simply a good-natured way of expressing irritation with things in general. Some of the more common colloquial expressions used to complain are:

J'en ai marre!
J'en ai assez!   *I've had it!*
J'en ai ras le bol!

Laissez-moi tranquille!   *Leave me alone!*
Fichez-moi la paix!

Quelle barbe!   *What a bore!*

Espèce d'imbécile!   *You jerk!*

COMMUNICATION

A. Evaluez la situation. Using the information given in **Les tensions de la vie moderne,** how many stress points would you assign to the people described below?

1. Bertrand Lasalle vient de perdre son emploi. Sans hésiter, il décide de continuer ses études à l'université Laval à Québec. Mais pour cela, il est obligé de quitter sa petite ville et sa famille et de trouver un appartement près de l'université.

2. Antoine Lazare et sa femme Hélène viennent d'avoir un enfant. Le jour où Hélène est rentrée à la maison avec le bébé, Antoine a eu un accident d'automobile et il a été obligé de passer une semaine à l'hôpital.

3. Arlette Santerre et ses parents ont des opinions différentes sur l'éducation, sur la politique, sur les distractions, sur tout. Elle a décidé de quitter sa famille et de vivre avec trois autres jeunes filles de son âge. Elles ont trouvé un petit

appartement, mais elles ont des styles de vie très différents et il y a des conflits fréquents.

B. Les tensions de la vie universitaire. What about the tensions that are specific to student life? Give a numerical value (from 0 to 100) to each of the following events or conditions according to how stressful you judge them to be. You may want to compare and discuss your reactions with those of other students.

1. _____conflits fréquents avec votre camarade de chambre ou avec vos professeurs
2. _____début ou fin du trimestre ou du semestre
3. _____semaine des examens
4. _____problèmes financiers
5. _____visite non annoncée des parents
6. _____changement de résidence
7. _____problèmes avec votre voiture
8. _____début ou fin d'une liaison avec un garçon ou une fille
9. _____usage abusif de drogues ou d'alcool
10. _____cours qui ne sont pas intéressants ou qui sont une perte de temps
11. _____trop de distractions
12. _____perte de vos notes de classe

C. Encore et toujours des problèmes! Create descriptions of other problem situations. Present your descriptions to other students and see if they can agree on how many stress points should be assigned.

⊘ ——————————————————————————————————————— *PRONONCIATION*

A. When the letters **i, u,** and **ou** are followed by another vowel, their pronunciation changes and they become semi-vowels:

/i/ + vowel → /j/ as in **métier**
/y/ + vowel → /ɥ/ as in **lui**
/u/ + vowel → /w/ as in **Louis**

Repeat the following words:

/j/	/ɥ/	/w/
je viens	puis	oui
tension	huit	besoin
voyage	juillet	droite
viande	ensuite	voici
mieux	manuel	choisir

B. When the letter **s** occurs between two vowels, it is pronounced /z/ as in **poison.** When two **s**'s occur together, the sound is always /s/ as in **poisson.** The sound /s/ also corresponds to the following spellings: **ç, c** followed by **i** or **e, t** in the **-tion** ending (**ça, ceci, nation**).

1. Listen and repeat:

/z/	/s/
ils ont	ils sont
poison	poisson
désert	dessert
nous avons	nous savons
deux heures	deux sœurs

2. Repeat the following words:

cuisine   usine   musée   français   glace
maison   valise   impression   cigarette   intuition

C. Repeat the following sentences, paying special attention to the sounds you have been practicing.

1. Ils sont bien contents de leur métier.
2. Voici de la viande et du poisson.
3. Les fruits sont bons en cette saison.
4. La cuisine française a une excellente réputation.
5. Louis aime mieux voyager en Suisse en juillet.

VOCABULAIRE

Noms

l' **amant** (m) l'**amante** (f) *lover*
la **déception** *disappointment*
la **distraction** *amusement, hobby*
l' **échec** (m) *failure*
l' **emploi** (m) *job, occupation*
l' **événement** (m) *event*
la **note** *grade*
le **père** *father*
la **perte** *loss*
la **recherche** *research*
le **retour** *return*
les **travaux** (m) *works*
le **trimestre** *academic quarter*

Verbes

écrire *to write*
gagner sa vie *to earn one's living*
lire *to read*

Adjectifs

aimé(e) *loved*
dur(e) *hard*
mort(e) *dead*
abusif, abusive *harmful*
plusieurs *several*

COGNATE NOUNS

l' **alcool** (m)
l' **argument** (m)
l' **arrivée** (f)
le **bébé**
la **cause**
le **caviar**
le **changement**

la **classe**
le **club**
le **conflit**
le **départ**
le **divorce**
la **drogue**
l' **émancipation** (f)

l' **explosion** (f)
l' **instruction** (f)
l' **intégration** (f)
la **probabilité**
la **prison**
le **point**

la **résidence**
la **séparation**
le **succès**
le **sommet**
la **tension**
l' **usage** (m)

L'apparence et les gestes

Les Françaises et leur image

INTRODUCTION

La femme française a *longtemps* été considérée comme le symbole de la beauté et de l'élégance. Mais en réalité, quelle importance la beauté a-t-elle pour les Françaises? Pour trouver la réponse, *Marie-Claire,* un journal de mode, et le Comité Français de produits de beauté ont demandé à l'IFOP (Institut français d'opinion publique) d'organiser un sondage d'opinion. Voici les résultats.

long (a long time)

fashion magazine

1. A votre avis, jusqu'à quel âge une femme peut-elle être *belle?*

beautiful (f)

30 ans	2%
40 ans	11
50 ans	13
60 ans	6
Pas de limite	66
Sans opinion	2

2. Voici des photos de femmes qui représentent cinq styles différents de
beauté. Quel style de beauté préférez-vous?

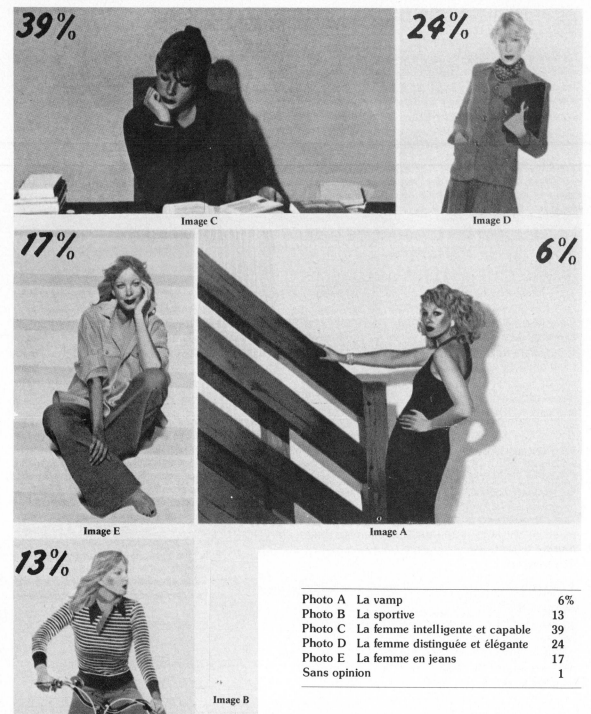

39%

Image C

24%

Image D

17%

Image E

6%

Image A

13%

Image B

Photo A	La vamp	6%
Photo B	La sportive	13
Photo C	La femme intelligente et capable	39
Photo D	La femme distinguée et élégante	24
Photo E	La femme en jeans	17
Sans opinion		1

C'est à Paris et dans les grandes villes que la beauté est spécialement associée à l'idée d'une femme à la fois belle, intelligente et capable. *Par contre,* à la campagne, on préfère la femme distinguée. Et *bien entendu,* les femmes de moins de vingt-cinq ans préfèrent la fille qui *porte* des jeans et une *chemise* d'homme.

on the other hand
of course
wears / shirt

3. A votre avis, *qu'est-ce qui* est préférable pour une femme?

what

a. Etre belle . . .	3%
Ou être intelligente	94
Sans opinion	3
b. Etre belle . . .	5%
Ou avoir de la personnalité	93
Sans opinion	2
c. Etre belle . . .	59%
Ou être riche	33
Sans opinion	8
d. Etre belle . . .	15%
Ou avoir de la chance	80
Sans opinion	5
e. Etre belle . . .	59%
Ou être célèbre	33
Sans opinion	8

4. Personnellement, quel type de beauté préférez-vous posséder? Et votre mari, quel type de beauté féminine préfère-t-il?

	VOUS	VOTRE MARI
Naturelle	65%	63%
Raffinée	20	12
Sportive	8	6
Modeste et réservée	4	5
Sexy	1	10
Sans opinion	1	4

5. Il y a *de moins en moins* de différence entre les hommes et les femmes. A votre avis, est-ce que cela signifie que . . .

less and less

Les femmes vont se préoccuper de moins en moins de leur beauté.	14%
Les hommes vont se préoccuper *de plus en plus* de leur beauté.	53
Sans opinion	33

more and more

La question de la beauté est une question difficile pour les femmes. Si elles sont belles et se préoccupent de leur beauté, on les accuse de frivolité et de vanité. Si elles ne sont pas belles ou ne se préoccupent pas de leur beauté, on les accuse de *manquer* de féminité.

lacking (to lack, to miss)

   Mais heureusement pour les Françaises, aujourd'hui, ces contradictions sont en train de *disparaître.* Il n'y a pas, pour elles, de contradiction entre beauté et intelligence. Elles pensent que si la beauté est désirable pour les femmes,

disappearing (to disappear)

elle est désirable aussi pour les hommes. Une société qui emprisonne les femmes dans l'obligation d'être belles—et les hommes dans l'obligation d'être forts et virils—est une société qui refuse aux hommes et aux femmes la possibilité de réaliser *pleinement* leur individualité.

fully

Extrait et adapté d'un article de *Marie-Claire*.

Compréhension du texte. Selon les renseignements donnés, est-ce que les phrases suivantes sont vraies ou fausses? Corrigez le sens de la phrase s'il est faux.

1. Ce sondage a été organisé par un groupe de professeurs.
2. Les Françaises préfèrent les femmes qui sont à la fois belles, intelligentes et capables.
3. Les jeunes Françaises de moins de vingt-cinq ans préfèrent les femmes distinguées et élégantes.
4. Si elles ont le choix entre l'intelligence et la beauté, la majorité des Françaises préfèrent la beauté.
5. Si elles ont le choix entre être belles et avoir de la personnalité, les Françaises préfèrent avoir de la personnalité.
6. Les Françaises pensent qu'à l'avenir les hommes vont se préoccuper de plus en plus de leur beauté.
7. Pour les Françaises la beauté et l'intelligence sont des qualités incompatibles.
8. Les Françaises pensent que si la beauté est importante pour les femmes, elle est importante aussi pour les hommes.

⊘ **Petite conversation:** Une femme reporter pose des questions à un homme au sujet de son opinion sur les femmes.

La reporter: Quel style de beauté féminine préférez-vous?

M. Leroux: Moi, je préfère les femmes qui sont intelligentes et capables.

La reporter: A votre avis, jusqu'à quel âge une femme peut-elle être belle?

M. Leroux: Toute sa vie! La beauté n'a pas d'âge!

La reporter: Pour réussir dans la vie, qu'est-ce qui est préférable pour une femme? Etre belle ou être intelligente?

M. Leroux: Les deux, bien entendu.

REACTIONS PERSONNELLES

A. Répondez aux questions du sondage. Est-ce que vos réponses aux questions sont différentes des réponses des Françaises?

B. Les hommes et leur image. Pour explorer ce sujet, répondez aux questions suivantes. Est-ce qu'il y a des différences entre les réponses des hommes et les réponses des femmes dans votre classe?

1. Est-ce que la beauté est importante pour les hommes?
2. A votre avis, jusqu'à quel âge un homme peut-il être beau?
3. Quel type de beauté masculine préférez-vous? (Un homme sexy? Un homme sportif? Un homme élégant et distingué? Un homme fort et viril?)

4. A votre avis, qu'est-ce qui est préférable pour un homme? Etre beau ou être intelligent? Etre beau ou avoir de la personnalité? Etre beau ou être riche? Etre beau ou avoir de la chance? Etre beau ou être célèbre?
5. Est-ce que les hommes se préoccupent assez de leur apparence?

Les compliments

Les canons de la beauté et de la mode changent rapidement, mais savoir° faire et recevoir° des compliments est important dans la plupart des sociétés. Quand un Américain reçoit un compliment, sa réponse habituelle est de sourire° et de remercier.° Un Français, par contre,° a tendance à minimiser ou à refuser le compliment. Le dialogue suivant illustre cette tendance:

Marie: C'est un très joli manteau.°
Claudine: Oh, tu trouves? C'est simplement un vieux° manteau. Je l'ai acheté l'année dernière.

En France, comme aux Etats-Unis, il est aussi très important de savoir faire un compliment ou d'exprimer° son appréciation quand cela est nécessaire. Après un bon dîner, on peut remercier l'hôte et l'hôtesse en disant° «mes compliments au chef» ou plus formellement «merci infiniment» ou «merci mille fois». On peut dire «chapeau»° pour exprimer son admiration d'une manière plus familière, aussi bien que° «sensationnel», «chic alors», «chouette» et «formidable».

savoir *to know how*   recevoir *to receive*   sourire *to smile*
remercier *to say thank you*   par contre *on the other hand*
manteau *coat*   vieux *old*   exprimer *to express*   en disant
by saying   chapeau *hats off*   aussi bien *as well as*

PRESENTATION

A. Several frequently used adjectives are usually placed before the nouns rather than after:

MASCULINE	FEMININE	MEANING
un **bon** dîner	une **bonne** boulangerie	good
un **grand** verre	une **grande** maison	large, tall, big
un **gros** livre	une **grosse** voiture	big, large, fat
un **jeune** homme	une **jeune** femme	young
un **joli** pays	une **jolie** ville	pretty
un **long** voyage	une **longue** vie	long
un **mauvais** film	une **mauvaise** prononciation	bad
un **petit** café	une **petite** maison	small, little
un **vrai** Français	une **vraie** amie	real, true

The plural of these adjectives is formed by adding an **-s.** Note that when one of these adjectives precedes a plural noun, the indefinite article **des** becomes **de:**

des tomates → de grosses tomates
des amis → de vrais amis

In conversational French, however, this rule is not always observed.

B. Three adjectives that normally precede nouns have two different forms in the masculine singular, and irregular plurals:

MASCULINE			FEMININE		MEANING
singular, before a consonant	singular, before a vowel sound	plural	singular	plural	
beau	bel	beaux	belle	belles	beautiful
nouveau	nouvel	nouveaux	nouvelle	nouvelles	new
vieux	vieil	vieux	vieille	vieilles	old

un beau garçon   un vieux monsieur
un bel homme   un vieil homme
une belle femme   une vieille dame
de beaux enfants   de vieux amis
de belles montagnes   de vieilles amies

C. The meaning of certain adjectives varies depending on whether they precede or follow the noun:

ancien (ancienne)	mon ancien professeur	my former teacher
	un livre ancien	an old book
cher (chère)	chers amis	dear friends
	un livre cher	an expensive book

grand	un grand_homme	*a great man*
	un homme grand	*a tall man*
même	la même personne	*the same person*
	ce soir même	*this very evening*
pauvre	un pauvre homme	*a poor, unfortunate man*
	un homme pauvre	*a man who is poor*
propre	ma propre famille	*my own family*
	une chemise propre	*a clean shirt*

PREPARATION

A. Répétez les expressions suivantes.

1. un bon ami
un bon hôtel
une bonne pharmacie
de bons amis

2. un nouveau cours
un nouvel ami
une nouvelle voiture
de nouveaux hôtels

3. un vieux monsieur
un vieil homme
une vieille dame
de vieux livres

B. Substituez les mots suggérés aux mots en italique et faites les changements nécessaires.

1. C'est un bon *ami.*   hôtel / livre / vie / voiture / film
2. Regardez ce vieux *monsieur.*   auto / café / femme / homme / musée
3. Ce sont de belles *voitures.*   garçons / montagnes / enfants / restaurants / pommes / livres

C. Répondez affirmativement aux questions suivantes en utilisant les indications données.

modèle: Est-ce que tu as une voiture? (bon) → **Oui, j'ai une bonne voiture.**

1. Est-ce que Marie a une maison? (beau)
2. Est-ce qu'il a une sœur? (petit)
3. Est-ce que tu as des amis? (bon)
4. Est-ce qu'il y a un hôtel près d'ici? (vieux)
5. Est-ce que le professeur a un dictionnaire? (nouveau)
6. Est-ce qu'il a des photos de sa famille? (joli)
7. Est-ce que vous avez un appartement? (grand)
8. Est-ce qu'il y a des autos dans ce musée? (vieux)

D. Donnez l'équivalent français des phrases suivantes.

1. My former teacher has her own library.
2. Poor people can't buy expensive cars.
3. It's a pretty city where there are many little cafés.
4. My new roommate and my brother have become good friends.
5. The young man bought a new car.
6. He bought an old house near a large supermarket.
7. It's a bad year for good wines.
8. His sister has her own apartment now.

TRANSITION

Impressions. Robert, un Américain, regarde *Paris Match* avec son ami français Jean-Marie. Il veut vérifier ses impressions au sujet de différentes choses qu'il remarque dans cette revue. Formulez les réponses de Jean-Marie.

modèle: Cette voiture est économique, n'est-ce pas? (la Renault)
→ **Oui, la Renault est une voiture économique.**

1. Ce film est intéressant, n'est-ce pas? (*Hiroshima, mon amour*)
2. Ces vins sont bons, n'est-ce pas? (*le beaujolais et le bordeaux*)
3. Ce restaurant est excellent, n'est-ce pas? (*l'Auberge de l'Ile*)
4. Ces fromages sont bons, n'est-ce pas? (*le camembert et le brie*)
5. Ce musée est nouveau, n'est-ce pas? (*le Centre Georges Pompidou*)
6. Cet hôtel est cher, n'est-ce pas? (*l'hôtel Georges V*)
7. Cet avion est très rapide, n'est-ce pas? (*le Concorde*)
8. Cette église est très belle, n'est-ce pas? (*la cathédrale de Chartres*)

COMMUNICATION

Qu'est-ce que vous préférez? Indiquez vos préférences en commençant la phrase par «Je préfère . . .»

Qu'est-ce que vous préférez?
1. Manger un bon dîner ou lire un bon livre?
2. Habiter dans une grande maison ou dans un petit appartement?
3. Faire un long voyage ou passer un mois à la plage?
4. Manger dans un bon restaurant ou dormir dans un bon hôtel?
5. Avoir de vieux amis ou avoir de nouveaux amis?
6. Avoir une bonne conversation avec un petit groupe d'amis ou aller à une grande surprise-partie?
7. Posséder une petite voiture ou une grosse voiture?
8. Etudier dans une grande université ou dans une petite université?
9. Avoir un bon salaire ou un travail agréable?
10. Avoir de vieux vêtements confortables ou de nouveaux vêtements élégants?

Le présent des verbes réfléchis

PRESENTATION

In both French and English an action can be performed on an object or on another person.

Je lave la voiture.   *I wash the car.*

When the action is performed on oneself—that is, when the object of the verb is the same as the subject—French uses a reflexive construction.

Je **me** lave.   *I wash myself.*

Reflexive verbs are conjugated with reflexive pronouns:

se laver (*to wash oneself*)		s'habiller (*to get dressed, to dress oneself*)	
je **me** lave	nous **nous** lavons	je **m'**habille	nous **nous** habillons
tu **te** laves	vous **vous** lavez	tu **t'**habilles	vous **vous** habillez
il/elle **se** lave	ils/elles **se** lavent	il/elle **s'**habille	ils/elles **s'**habillent

Je ne me lave pas.
Vous lavez-vous?
Se lave-t-il?

Je ne m'habille pas.
Est-ce que vous vous habillez?
S'habille-t-il?

Note that the **-e** of the reflexive pronouns **me, te,** and **se** is dropped before a vowel sound.

Reflexive verbs can also be used in their infinitive forms after a conjugated verb. In this case, the reflexive object pronoun is still in the same person as the subject and precedes the infinitive.

Je vais me laver.
Il vient de s'habiller.
Elles sont en train de s'habiller.

A. Reflexive verbs fall into three main categories.

1. Certain reflexive verbs, such as **se laver** and **s'habiller,** indicate that the subject performs the action on himself or herself.

s'arrêter	to stop	Nous allons nous arrêter à la boulangerie.
se coucher	to go to bed	Elle se couche à onze heures.
se lever	to get up	Je me lève à sept heures.
se raser	to shave	Il ne se rase pas tous les jours.
se réveiller	to wake up	Il vient de se réveiller.

2. Many verbs can be used as reflexive verbs to indicate a reciprocal action.

s'aimer	to like, to love each other	Pierre et Hélène s'aiment beaucoup.
s'embrasser	to kiss	On ne s'embrasse pas en public!
se rencontrer	to meet (by accident)	Nous venons de nous rencontrer.
se retrouver	to meet (by prior arrangement)	Après la classe, nous allons nous retrouver au café.

3. Certain reflexive verbs have an idiomatic meaning.

s'amuser	to have a good time	On s'amuse bien en classe de français.
s'appeler	to be named	Comment t'appelles-tu?
se débrouiller	to manage, to get along	Est-ce que tu te débrouilles bien en français?
se dépêcher	to hurry	Nous sommes obligés de nous dépêcher.
s'entendre (avec)	to get along (with)	Henri ne s'entend pas très bien avec son frère.
s'intéresser à	to be interested in	Est-ce que vous vous intéressez à l'art moderne?
se marier (avec)	to get married (to)	Ils vont se marier l'an prochain.
s'occuper de	to be busy with, to take care of	Il s'occupe de ses enfants.
se préoccuper de	to be concerned with	Il se préoccupe trop de l'opinion des autres.
se souvenir de	to remember	Je ne me souviens pas de son adresse.

B. **Se lever** and **s'appeler** are regular **-er** verbs that have changes in the spelling of their stems:

se lever		s'appeler	
je me lève	nous nous levons	je m'appelle	nous nous appelons
tu te lèves	vous vous levez	tu t'appelles	vous vous appelez
il/elle se lève	ils/elles se lèvent	il/elle s'appelle	ils/elles s'appellent

PREPARATION

⊘ **A.** Substituez les mots suggérés aux mots en italique.

1. *Je me lève* à sept heures.   tu te lèves / elle se lève / nous nous levons / vous vous levez / ils se lèvent
2. *Je ne me débrouille pas* bien.   tu ne te débrouilles pas / il ne se débrouille pas / nous ne nous débrouillons pas / vous ne vous débrouillez pas / elles ne se débrouillent pas

⊘ **B.** Substituez les mots suggérés aux mots en italique et faites les changements nécessaires.

1. *Je* m'amuse bien.   on / nous / tu / vous / tes amis
2. Est-ce qu'*elle* va se marier?   vous / Jean / tu / nous / Martine et Joseph
3. *Je* ne me souviens pas de son nom.   Michelle / nous / vous / tu / les professeurs

C. Mettez les phrases suivantes à la forme négative; ensuite mettez-les à la forme interrogative par inversion.

1. Mon frère se rase.
2. Elle s'habille.
3. Tu te réveilles tard.
4. Il s'appelle Robert.
5. Nous nous couchons à onze heures.
6. Mes enfants s'entendent bien.
7. Vous vous intéressez à la musique.
8. Elle se lève à huit heures.

TRANSITION

Un étudiant à ne pas imiter. Georges est loin d'être l'étudiant idéal. Au cours d'une discussion avec son conseiller, il révèle une attitude assez blasée. Donnez ses réponses aux questions du conseiller.

modèle: A quelle heure est-ce que vous vous réveillez? (midi) → **Je me réveille à midi.**

1. A quelle heure est-ce que vous vous levez? (deux heures de l'après-midi)
2. A quelle heure est-ce que vous vous couchez d'habitude? (trop tard)
3. Est-ce que vous vous entendez bien avec vos professeurs? (pas toujours)
4. Est-ce que vous vous débrouillez dans vos cours? (pas très bien)
5. Est-ce que vous vous intéressez à vos cours? (pas vraiment)
6. Est-ce que vous vous arrêtez quelquefois à la bibliothèque? (non)

7. Est-ce que vous vous amusez bien pendant le week-end? (oui, . . .bien sûr)
8. Est-ce que vous allez vous souvenir de la date de notre prochain rendez-vous? (probablement pas)

COMMUNICATION

A. Etes-vous d'accord? Si vous n'êtes pas d'accord avec l'opinion exprimée, modifiez la phrase.

1. Les médecins ne s'occupent pas assez de leurs clients.
2. Les Américains s'habillent très bien.
3. Les étudiants américains aiment se retrouver à la bibliothèque le vendredi soir.
4. On s'amuse bien en classe de français.
5. Les jeunes s'entendent bien avec leurs parents.
6. On se marie trop jeune aux Etats-Unis.
7. Le public américain ne s'intéresse pas assez à la politique.
8. Les habitants des grandes villes sont toujours en train de se dépêcher.
9. Les hommes se préoccupent trop de leur apparence physique.
10. Les parents d'aujourd'hui ne s'occupent pas assez de leurs enfants.

B. Questions/interview. Répondez aux questions suivantes ou utilisez-les pour interviewer un(e) autre étudiant(e).

1. Est-ce que tu te lèves tard pendant le week-end?
2. D'habitude, à quelle heure est-ce que tu te lèves?
3. Est-ce que tu te réveilles difficilement?
4. En général, à quelle heure est-ce que tu te couches?
5. Est-ce que tu te dépêches souvent pour venir en classe?
6. Qu'est-ce qu'on peut faire pour s'amuser dans cette ville?
7. Est-ce que tu t'intéresses à la politique?
8. Est-ce que tu te débrouilles bien en français? Et en mathématiques? Et en sciences?
9. Est-ce que tu t'entends bien avec tes professeurs? Et avec tes camarades de chambre?

Le passé composé et l'impératif des verbes réfléchis

PRESENTATION

A. The auxiliary verb **être** is used to form the **passé composé** of reflexive verbs. The past participle agrees in number and gender with the preceding reflexive pronoun.

Le passé composé de *se laver*	
je me suis lavé(e)	nous nous sommes lavé(e)s
tu t'es lavé(e)	vous vous êtes lavé(e)s
il s'est lavé	ils se sont lavés
elle s'est lavée	elles se sont lavées

Nous ne nous sommes pas lavées.

Vous êtes-vous lavés?

Elle s'est dépêchée pour venir en classe.

Ne se sont-ils pas rencontrés chez des amis?

Est-ce que tu t'es souvenu de son anniversaire?

A quelle heure s'est-il levé?

Ils ne se sont pas très bien amusés.

B. The reflexive pronoun follows the verb in the affirmative imperative and precedes the verb in the negative imperative.

Dépêchez-vous!   Ne vous dépêchez pas!

Marions-nous!   Ne nous marions pas!

The reflexive pronoun **te** changes to **toi** in the affirmative imperative.

Lève-toi!   Ne te lève pas!

PREPARATION

⊘ **A.** Substituez les mots suggérés aux mots en italique.

1. *Je me suis réveillé* tard.   tu t'es réveillé / il s'est réveillé / nous nous sommes réveillés / vous vous êtes réveillés / elles se sont réveillées

2. *Je ne me suis pas souvenu* de l'adresse.   tu ne t'es pas souvenu / elle ne s'est pas souvenue / nous ne nous sommes pas souvenus / vous ne vous êtes pas souvenus / ils ne se sont pas souvenus

⊘ **B.** Substituez les mots suggérés aux mots en italique et faites les changements nécessaires.

1. *Je me suis* bien débrouillé(e) à l'examen.   nous / vous / tu / Marcel / Monique et Sylvie

2. *Ils ne se sont pas rasés* ce matin.   tu / je / vous / mon frère / nous

3. A quelle heure est-ce qu'*elle s'est couchée*? Pierre / vos parents / tu / vous / Jeanne

C. Répondez aux questions suivantes selon les indications données.

1. A quelle heure est-ce que Jean s'est couché? (à six heures)
2. Est-ce que vous vous êtes bien amusés hier soir? (oui, . . .très bien)
3. Où est-ce que vous vous êtes rencontrés? (chez des amis)
4. Quand est-ce qu'ils se sont mariés? (en juin)
5. Où est-ce que vos amis se sont retrouvés? (devant le cinéma)
6. A quelle heure est-ce que tu t'es couché? (après minuit)
7. Comment s'est-il débrouillé en France? (très bien)
8. Où est-ce que vous vous êtes arrêtés? (à la boulangerie)

D. Mettez les phrases suivantes à la forme négative.

modèle: Lève-toi très tôt. → **Ne te lève pas très tôt.**

1. Dépêche-toi de choisir un métier.
2. Marions-nous immédiatement.
3. Arrêtez-vous chez le marchand de journaux.
4. Rase-toi avant de sortir.
5. Embrassez-vous en public.
6. Retrouvons-nous devant le cinéma.

TRANSITION

Une journée à oublier. Paul est arrivé trop tard pour son rendez-vous avec son futur patron. Reconstituez ses explications.

modèle: je / se lever / très tard → **Je me suis levé très tard.**

1. je / se coucher / à deux heures du matin
2. je / se réveiller / à neuf heures et demie / pour mon rendez-vous de dix heures
3. je / s'habiller / très vite
4. je / ne pas s'occuper de / mon apparence
5. je / attendre / l'autobus / mais il / ne pas s'arrêter
6. je / ne pas se souvenir de / l'adresse
7. je / s'arrêter / à la poste / pour téléphoner

COMMUNICATION

A. Avez-vous de l'autorité? Est-ce que vous aimez donner des ordres? Si oui, profitez de l'occasion et donnez des ordres à un(e) autre étudiant(e). Utilisez autant de verbes réfléchis que possible. L'autre étudiant(e) va décider s'il (elle) va accepter ou refuser ces ordres.

exemple: **Etudiant(e) nᵒ 1: Lève-toi à cinq heures du matin.**
Etudiant(e) nᵒ 2: Non, je refuse de me lever à cinq heures du matin. *ou*
Oui, c'est une bonne idée. Je vais me lever à cinq heures du matin.

B. Est-ce vrai? Avec un(e) autre étudiant(e) ou un groupe d'étudiants, décidez si les phrases suivantes s'appliquent à tous les membres de votre groupe. Sinon (*if not*), faites les changements nécessaires.

exemple: Nous nous sommes levés à huit heures.
→ **Oui, c'est vrai. Nous nous sommes levés à huit heures.** *ou*
Non, Jean et moi nous nous sommes levés à huit heures, mais Michel s'est levé à six heures.

1. Nous nous sommes couchés à trois heures du matin.
2. Ce matin, nous nous sommes dépêchés pour venir en classe.
3. Nous nous sommes arrêtés au restaurant pour manger un sandwich.

4. Nous nous sommes retrouvés au cinéma hier soir.
5. Nous nous sommes rencontrés pour la première fois en classe de français.
6. Samedi dernier nous nous sommes réveillés à midi.

Les parties du corps humain

PRESENTATION

Whereas in English possessive adjectives are used to refer to parts of the body (*my head hurts*), the French usually use definite articles (**j'ai mal à la tête**). The identity of the possessor is clearly indicated through the subject and the verb.

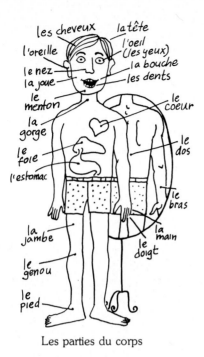

les cheveux   la tête
l'oreille   l'oeil
              (les yeux)
le nez   la bouche
la joue   les dents
le menton
              le coeur
la gorge
le foie   le dos
l'estomac
              le bras
la jambe   la main
              le doigt
le genou
le pied

Les parties du corps

A. Specifically, this use of definite articles occurs in:

1. Descriptions of physical traits:

Il a les cheveux blonds (bruns).	*His hair is blond (dark).*
Elle a les yeux bleus (verts, bruns)	*Her eyes are blue (green, brown).*

2. Indications of a pain in a part of the body:

J'ai mal à l'estomac.	*My stomach hurts.*
Est-ce que vous avez mal aux dents?	*Do you have a toothache?*

B. When an action is performed *on* a part of the body, reflexive verbs are used.

Il se brosse les dents.	*He brushes his teeth.*
Lavez-vous les mains!	*Wash your hands!*
Elle s'est cassé la jambe.*	*She broke her leg.*
Je me suis coupé le doigt.*	*I cut my finger.*

C. When the action is performed *with*, rather than on, a part of the body, reflexive verbs are not used.

Elle a tourné le dos.	*She turned her back.*
Ne fermez pas les yeux.	*Don't shut your eyes.*
Levez la main.	*Raise your hand.*

* In these sentences the past participle does not agree with the reflexive pronoun because **la jambe** and **le doigt** are the direct objects and do not precede the verb.

PREPARATION

A. Regardez le dessin et nommez les différentes parties du corps.

modèle: → **Voilà les cheveux.**

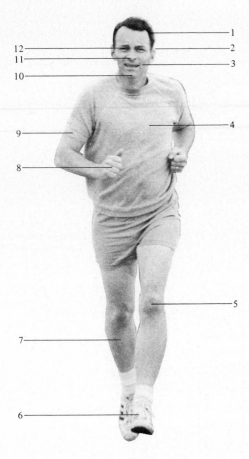

B. Substituez les mots suggérés aux mots en italique et faites les changements nécessaires.

1. Est-ce que vous vous êtes cassé *la jambe?*   le bras / le nez / le doigt / une dent
2. *Je* me suis lavé les mains.   nous / mon frère / tu / les enfants
3. Hélène a souvent mal à la *gorge.*   tête / dents / estomac / yeux / dos

TRANSITION

Interprète à l'hôpital. Paul Rivière est responsable d'un groupe d'Américains qui voyagent en Suisse. Ses clients ne parlent pas un mot de français. Un jour, tout le monde est malade. Paul est obligé d'expliquer au médecin les différents symptômes des membres du groupe. Formulez ses explications en français.

1. We all have a stomachache.
2. Mrs. Johnson has a sore throat.
3. Miss Lyons has a headache.
4. My eyes hurt.
5. The two children have earaches.
6. Mr. Smith's back hurts.

COMMUNICATION

Chez le médecin. Imaginez que vous êtes chez le médecin. L'étudiant(e) qui joue le rôle du médecin va poser les questions suivantes au client. Le client répond à chaque question. Ensuite le médecin va donner son diagnostic et suggérer les remèdes (par exemple: **Reposez-vous et mangez beaucoup d'épinards,** etc.)

1. il/elle va bien
2. il/elle dort bien
3. il/elle a bon appétit
4. il/elle est souvent fatigué(e)
5. il/elle a mal à la tête
6. il/elle a souvent mal à l'estomac
7. il/elle a quelquefois mal au dos
8. il/elle a déjà eu un accident
9. il/elle s'est déjà cassé la jambe ou le bras.
10. **?**

Attention à vos gestes

Chaque pays possède son propre répertoire de gestes qui viennent de sa culture et de ses traditions. Il faut les *connaître* pour *éviter* les *malentendus.* Voici quelques exemples de gestes qui peuvent avoir une interprétation différente.

to know / to avoid / misunderstandings

Oui ou non?

En France, pour *dire* oui, on *remue* la tête verticalement. Mais en Grèce, c'est le contraire. On la remue horizontalement pour dire oui, et verticalement pour dire non. En Iran, pour dire oui, on tourne le menton à gauche. A Tahiti, on *hausse les sourcils.*

to say / moves

raises one's eyebrows

A la table

En France, il faut *garder* les deux mains sur la table pendant le *repas.* Mais dans tous les pays anglo-saxons, il faut garder la main gauche sous la table. Il est permis de *tenir* la *fourchette* dans la main gauche seulement quand on coupe sa viande; après il faut la repasser dans la main droite.

to keep / meal

hold / fork

Dans certains pays arabes, on n'utilise pas de *couteau* ou de fourchette— on mange avec les trois doigts de la main droite. Mais *il ne faut pas* utiliser la main gauche, qui est considérée comme impure.

knife
one must not

Chez les Arabes et chez les Esquimaux, il faut *roter* pour manifester sa satisfaction après un bon repas.

to burp

En Allemagne, évitez de couper les pommes de terre avec votre couteau; utilisez seulement votre fourchette. En Italie, ne coupez pas les spaghetti avec votre couteau; débrouillez-vous avec votre fourchette.

Salutations et contacts physiques

Quand les Français rencontrent des *parents* ou des amis, ils adorent les gros *baisers* sur les joues. Les Esquimaux *se frottent* le nez; les Russes s'embrassent sur la bouche. Et au Tibet, on *tire la langue* pour dire bonjour.

Dans les pays arabes, les hommes se tiennent par le petit doigt quand ils *marchent* dans la rue. Mais les hommes et les femmes ne se touchent pas en public.

Au Japon, si vous êtes invité dans une famille, quittez vos *chaussures avant d'entrer* et placez-les devant la *porte*. *Inclinez-vous* pour dire bonjour, ne regardez pas les gens dans les yeux et *surtout*, ne *vous mouchez* pas en public!

relatives
kisses / rub
sticks out one's tongue

walk

shoes / before
door / bow
especially / blow your nose

Extrait et adapté d'un article de *Paris Match*

Compréhension du texte. Complétez les phrases suivantes selon les renseignements donnés.

1. En Iran, pour dire oui . . .
2. En France, quand on mange, il faut . . .
3. En Allemagne, il ne faut pas couper . . .
4. Dans certains pays arabes, on mange . . .
5. Quand ils rencontrent des amis ou des parents, les Russes . . .
6. Quand ils marchent dans la rue, les hommes arabes . . .
7. Si vous êtes invité chez des Japonais, il faut . . .

Les expressions figuratives

Un des aspects les plus fascinants du langage humain est l'utilisation de certains mots et expressions dans un sens figuré.° Cette tendance se manifeste dans la langue de tous les jours aussi bien que° dans le langage poétique. Les images et expressions figuratives qui sont passées dans la langue de tous les jours constituent une forme de poésie, d'humour et de sagesse° populaire. Leur utilisation est particulièrement fréquente dans la conversation familière. Voici, par exemple, quelques expressions qui se réfèrent au corps humain.

figuré *figurative*   aussi bien que *as well as*   sagesse *wisdom*

Tu me casses les pieds.
You're bothering me.

Il a mis les pieds dans le plat.
He put his foot in his mouth.

Ne vous cassez pas la tête.
Don't worry.

Ça saute aux yeux.
That's evident.

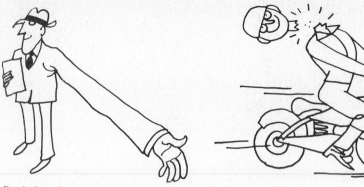

C'est un casse-cou.
He's a daredevil.

Il a le bras long.
He has influence (connections.)

Tu es tombé sur la tête.
You're crazy.

COMMUNICATION

A. Hier. Racontez votre journée d'hier. Utilisez autant de verbes réfléchis que possible dans votre description. Par exemple, vous pouvez commencer, «Je me suis réveillé(e) à sept heures. Ensuite . . .»

B. Préférences. Pour chaque situation mettez les choix proposés dans l'ordre de vos préférences (1, 2, 3, etc.). Le numéro 1 indique votre premier choix.

1. Est-ce que vous trouvez qu'il est agréable de:
   _____ marcher sous la pluie
   _____ jouer dans l'eau quand vous êtes à la plage
   _____ se laver à l'eau froide
   _____ sentir le vent dans vos cheveux
   _____ ?

2. Vous venez de vous réveiller. Est-ce que vous préférez sentir:
   _____ une odeur de café qu'on vient de préparer
   _____ l'odeur des voitures qui passent dans la rue
   _____ l'odeur du pain qu'on vient d'apporter de la boulangerie

_____ l'odeur des œufs et du jambon que quelqu'un est en train de préparer
_____ ?

3. Vous êtes à la terrasse d'un café. Est-ce que vous aimez mieux regarder:
   _____ la boisson dans votre verre
   _____ les gens qui passent
   _____ les différentes voitures qui passent
   _____ les autres clients
   _____ ?

4. En général, qu'est-ce que vous préférez donner à vos amis pour leur anni- versaire?
   _____ quelque chose qui est agréable à regarder
   _____ quelque chose qui sent bon
   _____ quelque chose qui est bon à manger
   _____ quelque chose qui est agréable à écouter
   _____ ?

5. Vous avez eu une journée difficile et vous êtes très fatigué(e). Est-ce que vous préférez écouter:
   _____ une sonate de Chopin
   _____ des enfants qui jouent aux cowboys et aux Indiens
   _____ un reportage sportif
   _____ un disque de guitare classique
   _____ ?

6. Vous faites du camping. C'est la nuit et vous êtes dans votre tente. Est-ce que vous préférez entendre:
   _____ la pluie qui tombe
   _____ des gens qui dansent et s'amusent
   _____ le silence de la forêt
   _____ le chant des insectes
   _____ ?

C. Portraits. Utilisez les suggestions suivantes (ou ajoutez vos propres idées) et faites le portrait (1) d'une personne que vous connaissez, (2) d'un personnage célèbre ou (3) de la femme idéale ou de l'homme idéal.

L'apparence physique: être petit, grand, gros / avoir les cheveux blonds, bruns / avoir les yeux bleus, verts / s'habiller bien, mal / avoir l'air gentil / **?**
La personnalité: individualiste / généreux / timide / impulsif / cynique / sérieux / amusant / **?**

D. Les photos parlent. Pour chacune des photos inventez le message verbal qui à votre avis exprime les sentiments des personnages.

Noms

le **baiser** *kiss*
la **chaussure** *shoe*
la **chemise** *shirt*
le **couteau** *knife*
le **dos** *back*
la **force** *strength*
la **fourchette** *fork*
le **geste** *gesture, body movement*
l' **image** (f) *image, picture*
le **malentendu** *misunderstanding*
le **parent** *relative*
la **porte** *door*
la **revue** *magazine*

Verbes

connaître *to know, be acquainted with*
couper *to cut*
dire *to say, tell*
disparaître *to disappear*
s'embrasser *to kiss*

éviter *to avoid*
manquer *to miss*
porter *to wear, to carry*
remuer *to move, to stir*
tenir *to hold*

Adjectifs

impur(e) *dirty*
produit(e) *produced, made*

Divers

avant de *before*
bien entendu *of course*
comme *like, as*
de moins en moins *less and less*
de plus en plus *more and more*
longtemps *a long time*
par contre *on the other hand*
pleinement *fully*
surtout *especially*

COGNATE NOUNS

la **beauté**
la **contradiction**
le **contraire**
l' **élégance** (f)
la **féminité**
l' **insecte** (m)

l' **interprétation** (f)
la **limite**
la **mode**
l' **obligation** (f)
l' **opinion** (f)

l' **odeur** (f)
la **réalité**
le **résultat**
le **salaire**
le **silence**

les **spaghetti** (m)
le **symbole**
la **table**
la **terrasse**
la **tradition**

Le passé
et les souvenirs

Les étapes de la vie

INTRODUCTION

L'enfant au cours de son développement physique, intellectuel et affectif passe par des *étapes* bien définies. Les psychologues pensent maintenant que la vie des adultes est, elle aussi, subdivisée en une série d'étapes.

stages

ANNÉE 1973   ÉTAT-CIVIL

N° 2242

MAIRIE DE POITIERS

BULLETIN DE NAISSANCE

Nom   MITCHELL
Prénoms   Vanessa Jennifer
Né e le   31 Juillet 1973

Fill e de   Charles James MITCHELL

Et de   Marie Nelly MILET son épouse

Mentions mises en marges :

Délivré sur papier libre et sans frais à titre de renseignements administratifs.

Poitiers, le   - 2 AOUT 1973   19
L'Officier de l'État-Civil. Délégué

195

De 9 à 13 ans, c'est l'âge du rêve. L'enfant *essaie** d'imiter les héros et héroïnes de la culture populaire.

tries

De 13 à 16 ans, les adolescents essaient d'établir leur propre identité et de se détacher de leur famille. Ils sont très influencés par les jeunes de leur âge. Cette période de la vie est souvent marquée par l'anxiété, l'indécision, et des choix prématurés.

De 16 à 21 ans, les jeunes possèdent une *meilleure connaissance* du monde et de leur propre personnalité; *par conséquent,* leurs décisions sont plus réalistes. Ils commencent à comprendre qu'il n'y a pas de *vérité* absolue. C'est encore une période transitoire dans les rapports avec la famille. *D'une part,* ils *éprouvent* le besoin d'affirmer leur indépendance; *d'autre part,* ils restent très attachés aux valeurs de leurs parents. Beaucoup de jeunes se marient à cet âge-là.

better / knowledge
consequently

truth
on the one hand
feel, experience / on the other hand

FIANÇAILLES

— Le docteur MARTIN-DUPRAY et Mme,
M. Jean DOMENGE, notre collaborateur, **et Mme**
sont heureux d'annoncer les fiançailles de leurs enfants,
Laurent et Muriel.
rue de Courcelles, Paris (17e).
square de Metz, 93 - Saint-Denis.

— M. et Mme Pierre PAMBRUN,
M. et Mme Henri GIRAL
sont heureux de faire part des fiançailles de leurs enfants,
Josette et Jean-François.
Lunel, le 9 juillet.
boulevard La Fayette, 34 - Lunel.
rue Albert-Laurenson, 92 - Boulogne.

— M. et Mme Xavier BEHAGHEL
ont la joie d'annoncer les fiançailles de leurs fils
Marc
avec **Mlle Joëlle STERLIN,**
fille de M. et Mme Jean Sterlin, et Joseph
avec **Mlle Chantal CONSIGNY,**
fille du colonel René Consigny, décédé, et de Mme Consigny.
rue Chernoviz, Paris (16e).
rue Albert-de-Mun, 60-Noyon.
rue des Missionnaires, 78-Versailles.

— On nous prie d'annoncer les fiançailles de
Mlle Odile de BRIVE,
fille du comte Jean de Brive et de la comtesse, née Georgette de Mourgues, avec
M. Ivan de FOUCHER de CAREIL,
fils du comte Patrick de Foucher de Careil et de la comtesse, née Josianne Jollan de Clerville.

* Verbs ending in **-ayer, -oyer,** or **-uyer** (essayer, envoyer) are regular except that the **y** changes to **i** in the **je, tu, il/elle,** and **ils/elles** forms of the present tense: j'essaie; tu essaies; il/elle essaie; nous essayons; vous essayez; ils/elles essaient.

De 21 à 29 ans, les adultes éprouvent le besoin de *prendre des décisions* make decisions
définitives, d'établir une famille, de choisir définitivement une profession. Ils
veulent réussir dans la vie. Mais leur assurance *cache* souvent le sentiment hide
de leur vulnérabilité. Ils sont *partagés* entre le besoin de sécurité et le besoin divided
de prendre des risques.

De 29 à 32 ans, on passe par une période de transition. On réexamine ses
décisions, ses buts dans la vie. On éprouve le besoin d'*élargir* son horizon. to widen
On accorde plus d'attention à ses besoins et désirs personnels.

De 32 à 39 ans, c'est l'âge du succès et de la stabilité. On s'accepte. On
élargit son horizon, et en même temps, on établit ses priorités.

De 39 à 43 ans, on passe par une autre période de transition. La distance
entre les rêves et la réalité devient évidente. On commence à avoir des regrets.
On réexamine son style de vie et ses valeurs.

Vœux sincères pour votre Anniversaire

De 43 à 50 ans, la vie devient plus facile et plus satisfaisante. On devient plus tolérant. On commence à accepter le *fait* qu'il est impossible d'être vraiment *compris*. On a moins besoin de l'*approbation* des autres. En même temps, on a une plus grande capacité d'aimer, de donner et de comprendre.

fact

understood / approval

De 50 à 65 ans, on commence à se résigner à l'inévitabilité de la *vieillesse* et de la mort. On commence à évaluer sa vie et à se préparer à la *retraite*.

old age

retirement

Après 65 ans, on sent qu'on a perdu son autorité et son contrôle direct sur le monde. On a souvent l'impression d'être abandonné, *inutile*. On peut enfin explorer les talents qu'on n'a pas eu le temps de cultiver avant.

useless

Compréhension du texte. Selon les renseignements donnés, à quel groupe d'âge appartiennent les personnes suivantes?

1. Jean Vasseur: Il a une bonne situation et il s'intéresse à son travail. Il est marié et il a des enfants. Il aime beaucoup sa famille.
2. Marie Dubois: Son mari est mort l'année dernière et elle habite maintenant avec un de ses enfants. Elle a souvent l'impression que sa vie est finie.
3. Pour payer ses études, Solange Grandjean travaille comme secrétaire. Elle veut être architecte. Maintenant elle habite chez ses parents pendant qu'elle fait ses études, mais elle est impatiente d'avoir son propre appartement.
4. Yves Blanchard: Son grand rêve est de ressembler à Johnny Halliday.
5. Maintenant, c'est décidé: Hélène Péron va être journaliste. Pendant longtemps elle a hésité entre le journalisme et la politique, mais elle a finalement fait son choix.

⊘ **Petite conversation:** Conflit entre les générations.

M. Blancpain: Mais enfin, mon garçon, tu as vingt-cinq ans! Il faut prendre une décision! Tu ne peux pas rester étudiant toute ta vie.

Hervé Blancpain: Mais tu ne comprends pas, papa . . .J'ai besoin de réfléchir.

M. Blancpain: Réfléchir, c'est bien beau, mais si tu veux réussir dans la vie, il faut être plus réaliste. Regarde ton frère. A vingt-huit ans, il est déjà marié et il a trois enfants!

REACTIONS PERSONNELLES

1. Est-ce que les descriptions des différentes étapes de la vie établies par les psychologues correspondent à votre développement personnel? Si oui, quels sont les points communs? Sinon, quelles sont les différences?
2. Selon vos observations personnelles, est-ce que la description qui s'applique à votre groupe d'âge est juste? Et la description qui s'applique à vos parents? A vos grands-parents? A vos petits frères et sœurs?
3. Est-ce qu'il y a d'autres caractéristiques des gens de votre âge qui ne sont pas mentionnées?

Rites et coutumes

En France, comme dans la plupart des autres cultures, les étapes et les événements importants de la vie sont marqués par des rites particuliers. La France étant° un pays de tradition catholique, la plupart de ces cérémonies ont une origine religieuse. Les enfants, par exemple, sont généralement baptisés dans les quelques mois qui suivent° leur naissance. Jusqu'à une époque récente, l'Eglise exigeait° même° qu'on donne

étant *being*   suivent *follow*   exigeait *required*
même *even*

La première communion

aux enfants des noms de saints, tels que° Jean, Paul, Thérèse, ou Marie. Ainsi,° en France, on célèbre non seulement° l'anniversaire mais aussi la fête° d'une personne. Le baptême° est suivi d'un° dîner qui réunit toute la famille et le parrain° et la marraine.° Il y a également° une cérémonie religieuse suivie d'un dîner de famille quand l'enfant fait sa première communion, généralement à l'âge de onze ou douze ans.

Selon les statistiques, la plupart des Français se marient entre l'âge de vingt et un et vingt-trois ans. Pour être marié légalement, il faut se marier à la mairie° mais un grand nombre de couples choisissent également d'avoir une cérémonie religieuse. Le mariage, surtout à la campagne, reste souvent une occasion de faire un grand dîner qui peut durer de midi jusqu'au soir.

tels que *such as*   ainsi *thus*   seulement *only*
fête *patron saint's day*   baptême *baptism*   suivi d'un *followed by a*   parrain *godfather*   marraine *godmother*   également *also*   mairie *city hall*

L'imparfait

PRESENTATION

The imperfect tense (**l'imparfait**) provides another way of talking about past events. It is formed by dropping the **-ons** ending from the **nous** form of the present tense and adding the endings shown below.

nous **parl**ons → parl- + *imperfect endings*
nous **av**ons → av- + *imperfect endings*
nous **finiss**ons → finiss- + *imperfect endings*

The only exception is **être,** whose imperfect stem is **ét-**.

L'imparfait de *parler*		L'imparfait d'*être*	
je parl**ais**	nous parl**ions**	j'ét**ais**	nous ét**ions**
tu parl**ais**	vous parl**iez**	tu ét**ais**	vous ét**iez**
il/elle parl**ait**	ils/elles parl**aient**	il/elle ét**ait**	ils/elles ét**aient**

All the singular forms and the **ils/elles** form are pronounced the same: /parlɛ/ and /etɛ/.

A. The imperfect is used to describe a situation or condition that existed in the past, or a habitual past action. The imperfect is not interchangeable with the **passé composé**. Its closest approximations in English are:

j'habitais
- *I was living*
- *I used to live*
- *I lived*

En 1965 j'avais sept ans.   *In 1965 I was seven years old.*
J'étudiais quand Marie est arrivée. *I was studying when Marie arrived.*
Quand nous étions enfants, nous *When we were children, we used to*
allions à la plage tous les étés. *go to the beach every summer.*

B. Certain time expressions introducing a description of a state of affairs or an ongoing condition in the past are often associated with the use of the imperfect:

à cette époque-là	*at that time, in those days*	A cette époque-là, j'éprouvais le besoin d'affirmer mon indépendance.
en ce temps-là	*at that time*	Nous étions encore jeunes en ce temps-là.
d'habitude	*usually*	D'habitude, ils se retrouvaient devant la bibliothèque.
autrefois	*formerly*	Autrefois, la vie était moins compliquée.

PREPARATION

A. Substituez les mots suggérés aux mots en italique.

1. A cette époque-là, *j'allais* à l'école. tu allais / il allait / nous allions / vous alliez / elles allaient
2. D'habitude, *je finissais* à dix heures. tu finissais / elle finissait / nous finissions / vous finissiez / ils finissaient

B. Substituez les mots suggérés aux mots en italique et faites les changements nécessaires.

1. Autrefois *tu* perdais souvent patience. nous / vous / mon professeur / les étudiants / je
2. *Je* n'étais pas fatigué après le match. nos amis / vous / nous / tu / Henriette
3. *Elle* avait vingt et un ans à cette époque-là. nous / Chantal et sa cousine / je / mon père / vous

C. Mettez les phrases suivantes à l'imparfait.

modèle: Nous sommes malades. → **Nous étions malades.**

1. Il va au cinéma le samedi après-midi.
2. Je passe par une période de transition.
3. Ils font souvent du ski dans les Alpes.
4. Nous sommes en train de finir nos devoirs.
5. Est-ce que tu as besoin de sécurité?
6. Dans ma famille, nous nous couchons très tard.
7. Elles ne sortent pas très souvent après minuit.
8. Son père le punit constamment.
9. Il est quatre heures.
10. Est-ce que vous attendez l'autobus?

TRANSITION

Souvenirs du bon vieux temps. Monsieur et Madame Foucaud sont en train de regarder de vieilles photos de famille avec des amis. Ils évoquent des souvenirs de leurs premières années de mariage. Reconstituez les phrases qu'ils ont prononcées.

modèle: en ce temps-là / nous / avoir / un petit restaurant
→ **En ce temps-là, nous avions un petit restaurant.**

1. mon mari et moi, nous / travailler / beaucoup
2. nous / commencer / notre travail à neuf heures du matin / et nous / ne pas finir / avant onze heures et demie du soir
3. moi, je / servir / les clients / et mon mari / faire la cuisine
4. nous / habiter / à Strasbourg
5. nous / avoir / deux enfants
6. Chantal / être / encore petite / à cette époque-là
7. Bernard / avoir / huit ans / et il / étudier / le piano
9. ils / s'entendre / très bien
10. nous / être / tous très heureux

COMMUNICATION

Questions/interview. Quand nous étions petits . . .Répondez aux questions suivantes ou utilisez-les pour interviewer un(e) autre étudiant(e).

1. Où habitait ta famille quand tu étais petit(e)?
2. Quel était ton programme de télévision favori?
3. Quelle était ta classe préférée?
4. Quelles étaient tes distractions favorites?
5. Quels étaient tes disques et tes livres préférés?
6. Qu'est-ce que tu voulais devenir?
7. Est-ce que tu avais un chien ou un chat?
8. Où est-ce que tu allais en vacances?
9. Qu'est-ce que tu faisais pendant tes vacances?
10. Qu'est-ce que tu faisais après tes classes?

L'imparfait et le passé composé

PRESENTATION

Although the imperfect and the **passé composé** are both past tenses, they have different purposes. Whether the imperfect or **passé composé** is used depends upon the speaker's view or perception of a past action.

Imparfait

Background: The imperfect describes a condition, state, state of mind, or action that was continuing or was in progress. There is no concern for the time when the situation started or ended.

Passé composé

Event: In contrast, the **passé composé** expresses:

1. An action that is a completed event:
Il a fini ses devoirs.
He finished his homework.

Il finissait ses devoirs.
He was finishing his homework.
Il pleuvait.
It was raining.
A cette époque-là, il travaillait dans une usine d'automobile.
At that time he was working in an automobile factory.
Il était très malheureux.
He was very unhappy.

2. An event that had a known beginning or end or a specific duration that may vary from a few moments to many years:
   Nous avons travaillé pendant deux heures.
   We worked for two hours.
3. A change in state of mind or a reaction to an event:
   J'ai eu très peur quand la machine a explosé.
   I was afraid (became afraid) when the machine exploded.
4. A succession of events; each event moves the story forward:
   Il s'est réveillé, il s'est habillé, il a quitté la maison.

Repeated action: The imperfect describes a habitual action in the past.

Le samedi, mon père faisait la cuisine.
My father used to do the cooking on Saturdays.

Single action: The **passé composé** describes a single action.

Hier, mon père a fait la cuisine.
Yesterday, my father did the cooking.

One of the most frequent cases where the **passé composé** and the imperfect are contrasted is when a continuing action is interrupted by a specific event.

Nous étions à table quand Jacques a téléphoné.
Nous parlions quand le professeur est entré.
Ils étaient en train de manger quand nous sommes arrivés.
Il faisait froid quand je suis sortie ce matin.

PREPARATION

A. Utilisez les éléments donnés pour former des phrases qui contrastent l'utilisation de l'imparfait et du passé composé.

modèle: Nous écoutons des disques. Pierre arrive.
    → **Nous écoutions des disques quand Pierre est arrivé.**

1. Paul étudie. Jacques téléphone.
2. Je fais du ski. Je me casse la jambe.
3. Patrick finit ses devoirs. Sa sœur entre.
4. Il fait beau. Nous faisons une promenade.
5. Hélène attend l'autobus. Il commence à pleuvoir.
6. Nous allons à la gare. Nous rencontrons Martine.
7. Nous sommes en Suisse. Je perds mon passeport.
8. Il est neuf heures. Je finis mon travail.

B. Répondez aux questions suivantes selon les indications données.

modèle: Pourquoi as-tu acheté un sandwich? (avoir faim)
    → **J'ai acheté un sandwich parce que j'avais faim.**

1. Pourquoi es-tu allé chez le médecin? (être malade)
2. Pourquoi vous êtes-vous couchés à 9 heures? (être fatigués)
3. Pourquoi t'es-tu levée si tôt? (avoir beaucoup de travail)
4. Pourquoi Janine est-elle allée à la poste? (vouloir envoyer une lettre)

5. Pourquoi avez-vous vendu votre vieille voiture? (ne pas marcher bien)
6. Pourquoi n'as-tu pas travaillé? (avoir mal à la tête)
7. Pourquoi sont-ils restés jusqu'à minuit? (s'amuser bien)
8. Pourquoi Josette s'est-elle dépêchée? (être très occupée)

C. Regardez les dessins suivants et utilisez les verbes suggérés pour décrire la situation représentée.

modèle: pleuvoir / sortir →
Il pleuvait quand je suis sorti.

étudier / venir

être huit heures / finir de manger

manifester / arriver

dormir / entrer

attendre / avoir lieu   attendre / rentrer

TRANSITION

L'histoire de Cendrillon. Pour compléter l'histoire, mettez les verbes suggérés à l'imparfait ou au passé composé selon le cas.

Il était une fois une jeune fille qui _____ (s'appeler) Cendrillon. Elle _____ (avoir) deux demi-sœurs qui n'_____ (être) pas gentilles avec elle. C'_____ (être) Cendrillon qui _____ (faire) tout le travail à la maison.

Un jour le prince _____ (décider) de donner un grand bal. Mais Cendrillon ne _____ (pouvoir) pas aller au bal parce qu'elle n'_____ (avoir) pas de jolis vêtements.

Cendrillon _____ (être) en train de pleurer (*cry*) quand sa marraine (*godmother*) _____ (arriver). Elle _____ (posséder) une baguette magique (*magic wand*). La marraine _____ (toucher) les vêtements de Cendrillon et ils _____ (devenir) très beaux. Cendrillon a promis à sa marraine de rentrer avant minuit et elle _____ (partir) au bal.

Le prince _____ (inviter) à danser la mystérieuse jeune fille et ils _____ (danser) pendant tout le bal. Cendrillon _____ (être) si heureuse qu'elle _____ (oublier) l'heure. Quand elle _____ (entendre) minuit sonner (*ring*), elle _____ (partir) si vite qu'elle _____ (perdre) une de ses chaussures.

Le prince, qui _____ (aimer) Cendrillon, _____ (aller) dans toutes les maisons de son pays pour essayer de la retrouver. Finalement, le prince _____ (venir) à la maison où Cendrillon et ses sœurs _____ (habiter). Les deux sœurs _____ (essayer) la chaussure mais elle _____ (être) beaucoup trop petite pour elles. Timidement Cendrillon _____ (demander): «Est-ce que je peux l'essayer »? La chaussure lui allait (*fitted*) parfaitement. Il _____ (être) évident que la belle jeune fille du bal et Cendrillon _____ (être) la même personne.

COMMUNICATION

Cendrillon! Tu viens de loin, ma petite! L'histoire de Cendrillon appartient au folklore international et reflète les valeurs traditionnelles de notre culture. Transformez-la pour la rendre plus moderne, moins sexiste, plus amusante, etc. Vous pouvez changer les personnages, le pays où l'action a lieu, le développement de l'histoire ou sa conclusion. Si vous préférez, inventez une autre histoire.

Les verbes conjugués comme prendre

PRESENTATION

Prendre is an irregular verb. Its basic meaning is *to take*, but it has many idiomatic uses.

prendre	
je prends	nous prenons
tu prends	vous prenez
il/elle prend	ils/elles prennent

passé composé: j'ai pris

There is a contrast between the pronunciation of the singular forms, /prɑ̃/, and third person plural, /prɛn/. The **nous** and **vous** forms are /prənõ/ and /prəne/, respectively. In the third person singular inversion (**prend-il**), the liaison sound is /t/ rather than /d/.

Je prends des photos.	*I'm taking pictures.*
Qu'est-ce que vous allez prendre comme dessert?	*What are you going to have for dessert?*
Va au marché et prends des oranges.	*Go to the market and get some oranges.*
Quand as-tu pris cette décision?	*When did you make that decision?*

Verbs like **prendre** are:

apprendre (à + *infinitive*)   *to learn, to teach*
comprendre   *to understand, to include*

Louis apprenait le français.	*Louis was learning French.*
Nous apprenons à faire du ski.	*We are learning how to ski.*
Ils ne comprennent pas la question.	*They don't understand the question.*
Je n'ai pas compris ses explications.	*I didn't understand his explanations.*
L'Europe francophone comprend la France, la Suisse et la Belgique.	*European French-speaking countries include France, Switzerland and Belgium.*

PREPARATION

⊘ **A.** Substituez les mots suggérés aux mots en italique.

Je prends l'avion.   tu prends / elle prend / nous prenons / vous prenez / ils prennent

⊘ **B.** Substituez les mots suggérés aux mots en italique et faites les changements nécessaires.

1. *Madeleine* apprend le français.   nous / vous / Marie et Thérèse / je / on
2. Est-ce que *vous* comprenez la question?   Caroline / tu / Jacques et son frère / nous / les étudiants
3. *J'*ai appris à danser.   nous / Anne / Annette et François / tu / vous

C. Mettez les phrases suivantes au passé composé.

modèle: Prenez-vous l'autobus? → **Avez-vous pris l'autobus?**

1. Elle prend beaucoup de risques.
2. Je prends une décision.
3. Il n'apprend pas ses leçons.
4. Qu'est-ce que tu prends comme dessert?
5. Nous apprenons à nous débrouiller.
6. Prend-il le train?
7. Je ne comprends pas vos explications.

TRANSITION

Une étape difficile. Geneviève Vasseur, une femme de quarante ans, est arrivée à une étape de sa vie où elle a besoin de réexaminer son style de vie et de prendre des décisions importantes. Reconstituez les phrases qu'elle a prononcées.

modèle: autrefois / je / ne pas prendre de risques / mais je / ne pas être satisfaite de ma vie
   → **Autrefois, je ne prenais pas de risques, mais je n'étais pas satisfaite de ma vie.**

1. l'année dernière / je / prendre la décision de / recommencer à travailler
2. maintenant / je / ne pas comprendre / pourquoi / je / attendre / si longtemps
3. autrefois / je / être toujours anxieuse / et je / prendre du Valium / pour oublier mes problèmes
4. à cette époque-là / je / ne pas comprendre / pourquoi / je / être toujours fatiguée
5. maintenant / je / apprendre / un nouveau métier / et je / ne pas avoir peur / prendre des risques
6. cette année passée / être / difficile / mais je / apprendre à / se débrouiller toute seule

COMMUNICATION

A. Questions/interview. Répondez aux questions suivantes ou utilisez-les pour interviewer un(e) autre étudiant(e)

1. Quand tu voyages, est-ce que tu prends le train, l'avion ou ton auto?
2. Est-ce que tu as pris ton auto, ta bicyclette ou l'autobus pour venir en classe ce matin?
3. Est-ce que tu prends de l'aspirine quand tu as mal à la tête?
4. Est-ce que tu aimes prendre des photos?
5. Est-ce que tu as pris beaucoup de photos la dernière fois que tu étais en vacances?
6. Est-ce que les parents comprennent toujours leurs enfants? Est-ce que les enfants comprennent toujours leurs parents?
7. Est-ce que tu comprends la littérature moderne? Et l'art moderne?
8. Est-ce que tu comprends l'italien? Et l'allemand?
9. Est-ce que tu as envie d'apprendre à faire du ski? A faire la cuisine? A parler espagnol?
10. A quel âge as-tu appris à parler? Et à marcher?

Les pronoms compléments d'objets indirects

PRESENTATION

Indirect objects are almost always introduced by the preposition **à: Je donne les livres à Pierre; Elle parle aux étudiants. A Pierre** and **aux étudiants** indicate to whom the action of the verb is directed. The following indirect object pronouns can replace **à** + a noun:

Les pronoms compléments d'objets indirects

SINGULAR	PLURAL
me (m')	nous
te (t')	vous
lui	leur

Note that only the third person indirect object pronouns differ from direct object pronouns. **Lui** means either *to him* or *to her*; **leur** means *to them*.

Je parle **à Anne.**	Je **lui** parle.
Je donne le livre **à Paul.**	Je **lui** donne le livre.
Je téléphone **à mes amis.**	Je **leur** téléphone.

A. Indirect object pronouns, like direct object pronouns, are placed directly before the verb of which they are the object.

Il te parle.	Il t'a parlé.	Il va te parler.
Il ne te parle pas.	Il ne t'a pas parlé.	Il ne va pas te parler.
Te parle-t-il?	T'a-t-il parlé?	Va-t-il te parler?

B. In affirmative commands the indirect object pronoun follows the verb, and **moi** and **toi** replace **me** and **te**. In negative commands, the indirect object pronoun remains in its usual place before the verb, and its form does not change.

Apportez-moi votre livre.	Ne m'apportez pas votre livre.
Expliquez-lui vos problèmes.	Ne lui expliquez pas vos problèmes.
Donnez-leur votre argent.	Ne leur donnez pas votre argent.

C. French speakers do not frequently use both direct and indirect object pronouns in the same sentence. When two pronouns do occur together, they are placed in the following order in all uses except affirmative commands:

me		le		
te		la		lui
nous	before	l'	before	leur
vous		les		

Il me l'a donné.
Je la leur ai expliquée.
Nous ne les lui avons pas montrés.
Ne nous les apporte pas maintenant.

D. In affirmative commands the pronouns are separated by hyphens and are placed in the following order:

le		moi
la	before	lui
les		nous
		leur

Expliquez-le-moi.   Ne me l'expliquez pas.
Apportez-les-nous.   Ne nous les apportez pas.
Donnez-le-lui.   Ne le lui donnez pas.
Montrez-les-leur.   Ne les leur montrez pas.

Au nom de toute ta bande de copains...

Bonne Fête

PREPARATION

A. Substituez les mots suggérés aux mots en italique.

1. Jeannette *me* téléphone le samedi. te / lui / vous / leur
2. Il ne *me* parle pas. lui / nous / leur / vous / te
3. Il *m'*a apporté une glace. lui / nous / leur / te / vous
4. Donnez-*lui* votre adresse. nous / moi / leur / lui

B. Remplacez les noms compléments d'objets indirects par des pronoms.

modèle: Le professeur explique la leçon aux étudiants. → **Le professeur leur explique la leçon.**

1. Marc téléphone à Suzanne.
2. Téléphonez à Henri.
3. Mon frère ne raconte pas d'histoires à ses enfants.
4. Elle a donné de l'argent à Georges et à Danielle.
5. N'apporte pas de bière à mes amis.
6. Ma cousine téléphonait souvent à son mari.
7. Michel va présenter Annette à Jean-Pierre.
8. Servez du lait aux enfants.

C. Répondez aux questions suivantes selon les indications données.

modèle: Est-ce que vous avez parlé à Chantal et à Sylvie? (non) → **Non, je ne leur ai pas parlé.**

1. Est-ce que vous avez parlé à Pierre et à Henri? (non)
2. Est-ce que Claude vous a montré où il habite? (oui)
3. Est-ce que tu donnes des conseils à tes amis? (oui)
4. Est-ce que Suzanne a raconté cette histoire à Georges? (non)
5. Est-ce que tu vas expliquer la situation à tes parents? (oui)
6. Est-ce que Jean-Claude a envie de téléphoner à Chantal? (oui)
7. Est-ce que vos amis nous ont demandé de venir? (non)
8. Est-ce que le professeur vous a posé des questions? (non)

TRANSITION

Il y a des gens qui changent d'avis comme de chemise. Jean-Luc est une de ces personnes qui changent d'avis d'une seconde à l'autre. Donnez sa seconde opinion.

modèle: Apportez-moi un sandwich. → **Non, ne m'apportez pas de sandwich.**

1. Téléphonez-nous ce soir.
2. Posez-moi des questions.
3. Parle-moi de tes voyages.
4. Montre-lui tes photos.
5. Indiquez-leur vos préférences.
6. Demandez-lui pourquoi elle est triste.
7. Répondez-moi.
8. Vendez-moi votre appareil-photo.

COMMUNICATION

A. Questions/interview. Répondez aux questions suivantes ou utilisez-les pour interviewer un(e) autre étudiant(e). N'oubliez pas d'utiliser des compléments d'objets indirects dans vos réponses.

1. Est-ce que tu parles souvent à tes amis en français?
2. En classe, est-ce que tu poses souvent des questions à ton professeur?
3. Est-ce que ton professeur te pose des questions difficiles?
4. Est-ce que tu aimes raconter des histoires amusantes à tes amis?
5. Est-ce que tu téléphones souvent à tes amis? A tes parents?
6. Est-ce que tes amis te téléphonent souvent?
7. Quand tu as des problèmes, est-ce que tu aimes demander des conseils à tes amis?
8. Est-ce que tu donnes des conseils à tes amis quand ils ont des problèmes?

B. J'ai une autre suggestion. On vous propose quelque chose qui ne vous satisfait pas; vous suggérez une autre solution. Utilisez l'impératif et les pronoms compléments d'objets indirects dans vos réponses.

exemple: Est-ce que je peux vous parler de mes voyages?
→ **Non, ne me parlez pas de vos voyages! Parlez-moi de votre vie sentimentale!**

1. Est-ce que je peux vous téléphoner ce soir?
2. Est-ce que je peux vous montrer mes photos de voyage?
3. Est-ce que je peux vous donner mon numéro de téléphone?
4. Est-ce que je peux vous apporter un sandwich?
5. Est-ce que je peux vous servir une bière?
6. Est-ce que je peux vous donner un conseil?

Les verbes conjugués comme mettre

PRESENTATION

The verb **mettre** (*to place, to put, to put on*) is irregular.

mettre	
je mets	nous mettons
tu mets	vous mettez
il/elle met	ils/elles mettent

passé composé: j'ai mis

Je ne mets pas de sucre dans mon café.
Mets tes sandales.
Où est-ce que j'ai mis mon stylo?

A. Idiomatic uses:

mettre la table	*to set the table*	Est-ce que vous avez mis la table?
se mettre à	*to start to*	Il se met à pleuvoir.
se mettre à table	*to sit down to eat*	Nous allons nous mettre à table.
se mettre en colère	*to get angry*	Il se met facilement en colère.

B. Other verbs conjugated like **mettre** are:

permettre (à + *person* + de + *infinitive*)   *to allow, to permit*
promettre (à + *person* + de + *infinitive*)   *to promise*
admettre   *to admit, to accept*
remettre   *to hand in, to postpone*

Remettez-moi vos devoirs.
Nous avons remis notre voyage à la semaine prochaine.
Madame LeBrun ne permet pas à ses enfants de sortir seuls.
Permettez-moi de vous aider.
Jacques a promis à son père de ne pas rentrer trop tard.

PREPARATION

A. Substituez les mots suggérés aux mots en italique.

1. *Je mets* la table.   tu mets / il met / nous mettons / vous mettez / elles mettent
2. *Je leur permets* de sortir seuls.   tu leur permets / elle leur permet / nous leur permettons / vous leur permettez / ils leur permettent

B. Substituez les mots suggérés aux mots en italique et faites les changements nécessaires.

1. *Je* mets le pain sur la table.   Pierre et Marc / ma sœur / tu / vous / nous
2. Où est-ce que *tu* as mis la lettre?   nous / vous / on / Jeannette / je
3. *Il* leur a promis de préparer le diner?   je / nous / tu / vous

C. Répondez aux questions suivantes selon les indications données.

modèle: Est-ce que Pierre met son argent à la banque? (oui) → **Oui, il met son argent à la banque.**

1. Est-ce que tu as mis la table? (oui)
2. Est-ce que vous mettez vos nouvelles sandales pour venir en classe? (non)
3. Est-ce que tous les étudiants remettent leurs devoirs? (oui)
4. Est-ce que le professeur te permet de parler anglais? (non)
5. Est-ce que tu as promis à tes amis de venir? (oui)
6. Est-ce que le patron a permis à ses employés de sortir? (oui)
7. Est-ce que sa mère lui permettait de sortir avec des amis? (non)
8. Est-ce que vous vous mettez souvent en colère? (non)

TRANSITION

Est-ce que tout va bien? Julien vient de commencer ses études à l'université de Grenoble. C'est la première fois qu'il est loin de sa famille. Son père lui téléphone pour s'assurer que tout va bien. Voici les questions posées par le père. Donnez les réponses de Julien.

modèle: Est-ce que tu as promis à Maman de revenir à la maison pour Noël? (oui)
→ **Oui, j'ai promis à Maman de revenir à la maison pour Noël.**

1. Est-ce que tu as mis ton argent à la banque? (non, pas encore)
2. Est-ce qu'on te permet d'avoir des visites dans ta chambre? (non)
3. Est-ce qu'on t'a permis de choisir les cours que tu voulais? (oui)
4. Est-ce que tu me promets de bien travailler? (mais oui, Papa)
5. Est-ce que tu mets le pull-over que ta mère t'a donné? (oui, tous les jours)
6. Est-ce que tu permets à tes amis d'utiliser ta voiture? (non)
7. Est-ce que tu vas te mettre à travailler sérieusement? (bien sûr, Papa)
8. Est-ce que tu nous promets de nous envoyer une lettre chaque semaine? (oui)

COMMUNICATION

A. Questions/interview. Répondez aux questions suivantes ou utilisez-les pour interviewer un(e) autre étudiant(e)

1. Quand tu étais petit(e), est-ce que tes parents te permettaient de sortir seul(e)?
2. Est-ce que tes parents te permettaient de choisir tes vêtements?
3. Est-ce que tu permets à ton(ta) petit(e) ami(e) de sortir avec un autre garçon ou une autre fille?
4. Est-ce que ton(ta) petit(e) ami(e) te permet de sortir avec un autre garçon ou une autre fille?
5. Est-ce que tu remets souvent ton travail à la semaine suivante?
6. Est-ce que tu te mets facilement en colère? Dans quelles circonstances?
7. Est-ce que ton professeur de français te permet de parler anglais en classe?
8. Le premier janvier de chaque année beaucoup de gens prennent des résolutions. Qu'est-ce que tu as promis de faire ou de ne pas faire?

B. Imaginez que . . .

1. Imaginez que vous êtes professeur. Est-ce que vous allez permettre à vos étudiants de dormir en classe? De parler anglais en classe? De ne pas remettre leurs devoirs? De ne pas passer leurs examens? D'être souvent absents?

2. Imaginez que vous êtes candidat(e) à la présidence des Etats-Unis. Est-ce que vous allez promettre aux Américains d'arrêter la pollution? De trouver du travail pour tout le monde? D'établir de bonnes relations avec les autres pays? De trouver une solution au problème de l'énergie?

3. Imaginez que vous avez des enfants. Est-ce que vous allez leur permettre de sortir seuls à l'âge de treize ans? De rentrer après minuit? D'avoir leur propre téléphone? De choisir leurs vêtements? De ne pas faire leur travail?

Souvenirs d'enfance de Kiwele Shamavu _____ SYNTHESE

Kiwele Shamavu, un Africain né au Zaïre, parle de son enfance.

Le reporter: **Où est-ce que vous avez passé votre enfance?**
Kiwele: **Je suis né et j'ai grandi dans un petit village du Zaïre. C'était à l'époque où le Congo était encore sous le contrôle de la Belgique.**
Le reporter: **Combien d'habitants y avait-il dans votre village?**
Kiwele: **C'était un petit village d'*environ* trois ou quatre cents habitants situé**   about
à cinquante kilomètres de Kisangani.

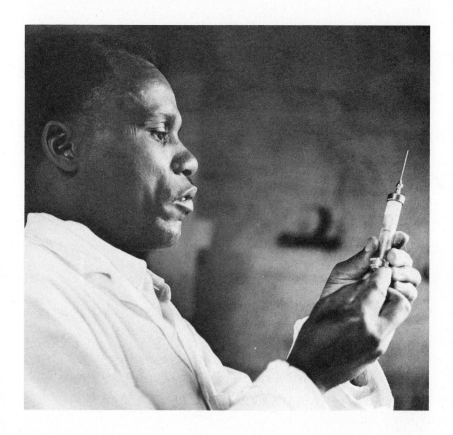

Le reporter: Quelle langue parlait-on dans votre village?

Kiwele: Notre tribu parlait le luba. Mais la langue de communication avec les autres tribus était le swahili, et à l'*école* on parlait français. J'ai *donc* trois langues *maternelles*.

school / therefore, then
native

Le reporter: Il y avait une école dans votre village?

Kiwele: Oui, c'était une école *dirigée* par des missionnaires belges. C'est là que je suis allé à l'école jusqu'à l'âge de douze ans.

directed, run

Le reporter: Et après, qu'est-ce que vous avez fait?

Kiwele: Mon *grand-père,** qui était le *chef* du village, m'a envoyé en Belgique pour continuer mes études au *lycée.* Je suis resté en Belgique pendant six ans et en France pendant quatre ans. Je suis retourné au Congo seulement une fois pendant toute cette période. C'était l'année où j'ai commencé mes études universitaires en France. Au début, cette séparation a été très difficile.

grandfather /chief
high school

Le reporter: Vous avez des frères et des sœurs?

Kiwele: Oui, j'ai cinq frères et trois sœurs; et des multitudes de cousins! Mes parents habitaient dans une grande maison au centre du village. *Oncles, tantes,* cousins, cousines, nous formions tous une grande famille. Un de mes cousins était *gardien* dans une réserve d'animaux *sauvages.* Quelquefois, il m'emmenait avec lui quand il partait en jeep dans la *brousse.* J'avais toujours grand *plaisir* à l'accompagner.

uncles
aunts
guard / wild
bush / pleasure

Le reporter: Est-ce que vous avez été très surpris quand vous êtes arrivé à Bruxelles pour la première fois?

Kiwele: Oui, c'était en hiver et il y avait de la neige. J'étais absolument *ravi.* J'ai touché la neige. Et puis, j'ai vite *rempli* mes *poches* de neige. La dame qui m'attendait à l'aéroport m'a demandé: «Mais Kiwele, qu'est-ce que tu fais? Pourquoi mets-tu de la neige dans tes poches?» Et j'ai répondu: «C'est pour l'envoyer à maman.»

delighted
filled / pockets

Texte basé sur une interview avec un Africain originaire du Zaïre.

Compréhension du texte. Répondez aux questions suivantes selon les renseignements donnés.

1. Où est-ce que Kiwele a passé son enfance?
2. Est-ce qu'il habitait dans une grande ville?
3. Quelles langues est-ce que Kiwele parle?
4. Où est-ce qu'il allait à l'école?
5. Pourquoi est-ce qu'il est parti en Belgique quand il avait douze ans?
6. Est-ce que Kiwele est resté longtemps sans retourner dans son pays?
7. Est-ce que Kiwele était le seul enfant de sa famille?
8. Est-ce qu'il y avait d'autres membres de la famille qui habitaient dans le même village?
9. Quelle a été sa réaction quand il est arrivé à Bruxelles?
10. Pourquoi a-t-il mis de la neige dans ses poches?

* Autres membres de la famille: la mère (*mother*); la grand-mère (*grandmother*); les enfants (*children*); le fils (*son*); la fille (*daughter*).

Le Zaïre

La République du Zaïre (ancien Congo Belge)
avec une population de 24 millions d'habitants est
le deuxième pays d'Afrique. Colonie belge
pendant quatre-vingts ans, le Zaïre est devenu
indépendant en 1960. Quelques années après, le
Zaïre était totalement africanisé: on a demandé à
tous les Zaïrois d'adopter un nom africain et on a
donné des noms africains aux rues et aux villes.
Par exemple, la capitale, Léopoldville, est
devenue Kinshasa.

   La plupart des tribus du Zaïre ont leur propre
dialecte et leurs propres coutumes. Il existe encore
d'assez fortes° rivalités locales, en particulier,
entre le Katanga où se trouvent les riches mines
de cuivre° et le reste du pays. Les langues
principales de ce pays sont le tshiluba au Centre
et au Sud-Est, le kikongo à l'Ouest, le lingala au
Nord-Ouest et le swahili à l'Est. En raison de°
cette diversité linguistique, le lingala est
généralement utilisé comme lingua franca (langue
de communication) et peut devenir la langue
officielle. Le français continue à être la langue
officielle.

   L'influence de la langue et de la culture
françaises est toujours présente au Zaïre de même
que° dans les dix-sept pays d'Afrique noire qui
sont devenus indépendants de la France pendant
les années soixante. La plupart de ces pays sont
membres de la Communauté Franco-Africaine et
ont une monnaie commune (le franc C.F.A.).

fortes *strong*   cuivre *copper*   En raison de *because of*
de même que *just as*

Deux aspects de la vie au Zaïre

COMMUNICATION

A. Questions/interview. Répondez aux questions suivantes ou utilisez-les pour interviewer un(e) autre étudiant(e). Commencez par la première question de chaque série et selon la réponse que vous obtenez, posez les autres questions de la série ou passez à la première question suivante.

1. Où es-tu né(e)? En quelle année est-ce que c'était? Où est-ce que ta famille habitait à cette époque-là? Est-ce que tu avais des frères et des sœurs? Dans combien de villes différentes est-ce que tu as habité? **?**
2. Est-ce que tu avais un(e) ami(e) que tu aimais beaucoup quand tu étais petit(e)? Comment s'appelait ton ami(e)? Où est-ce qu'il(elle) habitait? Pourquoi est-ce que vous étiez de bon(ne)s ami(e)s? Est-ce que vous alliez à la même école? Est-ce que tu es resté(e) en contact avec cette personne? **?**
3. Est-ce que tu te souviens d'une personne de ton enfance avec un plaisir particulier? Qui était cette personne? Pourquoi est-ce que tu te souviens de cette personne? Est-ce que tu l'admirais beaucoup? Quelles qualités possédait cette personne? **?**
4. Est-ce que tu te souviens d'un événement de ton enfance avec un plaisir particulier? Quel était cet événement? Quand et où est-ce que cet événement a eu lieu? Que faisais-tu? **?**
5. Où est-ce que tu es allé(e) au lycée? Est-ce que tu avais de bons professeurs? Quels étaient tes classes et tes professeurs préférés? Est-ce qu'il y avait des classes ou des professeurs que tu n'aimais pas? Est-ce que tu appartenais à différents clubs? Est-ce que tu travaillais pour gagner ton argent de poche? **?**

B. Souvenirs d'enfance. Racontez vos propres souvenirs d'enfance ou les souvenirs d'une autre personne (parents, grands-parents, ami(e), personne imaginaire).

C. Décisions. Quelle(s) décision(s) allez-vous prendre dans les situations suivantes? Vous pouvez choisir une ou plusieurs des suggestions proposées ou donner votre propre réponse.

1. Vous êtes au Zaïre ou dans un autre pays africain de langue française. Vous avez demandé à une personne où est le bureau de poste mais vous ne comprenez pas ses explications. Est-ce que vous allez:
   a. lui demander de répéter
   b. lui demander s'il parle anglais
   c. lui demander de parler moins rapidement
   d. **?**
2. Il y a plusieurs étudiants africains qui viennent d'arriver dans votre université. Est-ce que vous allez:
   a. les présenter à vos amis et leur montrer le campus
   b. les emmener faire une promenade en voiture dans la région
   c. leur demander de vous parler de leur pays
   d. **?**
3. C'est l'anniversaire d'un de vos grands-parents. Est-ce que vous allez:
   a. lui acheter une bouteille de vin
   b. lui donner un beau livre

c. l'emmener au restaurant
d. lui envoyer une carte de bon anniversaire
e. **?**
4. Un(e) de vos ami(e)s ou un membre de votre famille a besoin d'argent. Est-ce que vous allez:
   a. lui donner de l'argent
   b. l'aider à trouver du travail
   c. lui répondre que vous n'avez pas d'argent.
   d. **?**

--- *VOCABULAIRE*

Noms

l' **anxiété** (f) *worry, anxiety*
l' **approbation** (f) *approval*
le **chef** *leader*
la **colère** *anger*
la **connaissance** *knowledge, acquaintance*
l' **école** (f) *school*
l' **étape** (f) *stage*
le **fait** *fact*
la **poche** *pocket*
la **retraite** *retirement*
la **vieillesse** *old age*

Verbes

cacher *to hide*
se détacher *to stand out*
diriger *to direct*
élargir *to enlarge*

éprouver *to feel, to experience*
prendre une décision *to make a decision*
remplir *to fill*

Adjectifs

inutile *useless*
partagé(e) *divided, shared*
ravi(e) *delighted*
satisfaisant(e) *satisfactory*
sauvage *wild*

Divers

au cours de *during*
donc *therefore*
environ *around, approximately*
d'une part . . . d'autre part *on the one hand . . . on the other hand*
par conséquent *consequently*

COGNATE NOUNS

l' **aéroport** (m)	le **club**	l' **indécision** (f)	le **pull-over**
l' **assurance** (f)	le **contact**	la **multitude**	le **risque**
la **capacité**	le **développement**	la **période**	la **stabilité**
la **circonstance**	l' **horizon** (m)	la **pollution**	la **vulnérabilité**

La vie de tous les jours

Jacques Prévert

Jacques Prévert (1900–1977) a été le poète de la vie de tous les jours, des choses simples et familières, de la solidarité humaine. Il prend le temps d'écouter, de regarder, de sentir les gens et les choses vivre autour de lui. Et ensuite il les exprime avec des mots de tous les jours, dans un style simple et spontané, mais plein de fantaisie et de tendresse.

around / him
express / words
full of

Dans ses poèmes, Prévert décrit les choses qu'il aime, les choses qui chantent la vie, la tendresse et la liberté, et il se révolte contre toute forme d'injustice, de servitude ou d'hypocrisie. Il est aussi le témoin discret des drames de la vie: la séparation, le désespoir, la solitude comme, par exemple, dans le poème suivant.

describes / celebrate (sing)
witness
despair

Déjeuner du matin

Il a mis le café
Dans la *tasse* — cup
Il a mis le lait
Dans la tasse de café
Il a mis le sucre
Dans le café au lait
Avec la petite *cuiller* — spoon
Il a tourné
Il *a bu* le café au lait — drank
Et il a *reposé* la tasse — put back down
Sans me parler
Il *a allumé* — lighted
Une cigarette
Il a fait des *ronds* — circles, rings
Avec la *fumée* — smoke
Il a mis les *cendres* — ashes

Dans le *cendrier*
Sans me parler
Sans me regarder
Il s'est levé
Il a mis
Son *chapeau* sur sa tête
Il a mis
Son *manteau* de pluie
Parce qu'il pleuvait
Et il est parti
Sous la pluie
Sans une *parole*
Sans me regarder
Et moi j'ai pris
Ma tête dans ma main
Et j'*ai pleuré*

ashtray

hat

coat

word

cried

Jacques Prévert, ''Le déjeuner du matin'' extrait de *Paroles* © Editions Gallimard

Compréhension du texte. Répondez aux questions suivantes selon les renseignements donnés dans le texte.

1. Où et quand ce drame de la vie a-t-il lieu?
2. A votre avis, qui sont les deux personnages du poème?
3. Quelles sont les actions principales de l'homme?
4. Est-ce que ces actions sont des actions ordinaires et habituelles ou des actions inhabituelles? Donnez des exemples.
5. A votre avis, quelle attitude est-ce que ces gestes et ces actions révèlent?
6. Quelle est la réaction de l'autre personne?
7. A votre avis, quel est le problème principal entre ces deux personnages? L'absence de communication? La jalousie?

Réactions personnelles

1. Quelle est votre réaction personnelle devant l'attitude de chaque personnage du poème?
2. Est-ce que vous pouvez suggérer une solution à leur problème?
3. Imaginez les événements ou les discussions qui ont précédé la situation décrite dans le poème.
4. Essayez de composer un poème au sujet d'un moment de la journée ou d'une situation du même type que la situation décrite par Prévert.

Petite conversation: On a faim.

Bertrand: J'étais en retard ce matin et je n'ai même pas eu le temps de manger.
Roger: Alors, viens, on va prendre quelque chose dans un café. Il y a un petit café près d'ici.
Bertrand: D'accord.
Roger: Qu'est-ce que tu veux?
Bertrand: Je voudrais une grande tasse de café au lait, avec du pain et du beurre.
Roger: Moi, je vais prendre un café noir.

La Poésie de la vie de tous les jours

Il y a dans la poésie° française toute une tradition de poètes qui s'attachent à décrire d'une façon° simple et évocative les aspects de la vie de tous les jours. Cette tradition va de François Villon au quinzième siècle à Prévert, mort en 1977. Guillaume Apollinaire (1880–1918) est un autre poète moderne qui révèle dans sa poésie l'imagination fraîche° et presque° naïve de l'enfance en même temps° qu'une ironie amusée vis à vis° des hauts° et des bas° de la vie. Ces qualités sont particulièrement évidentes dans ses calligrammes, petits poèmes en images.

poésie *poetry*   façon *way*   fraîche *fresh*   presque *almost*   en même temps *as well*   vis à vis *toward*   les hauts *highs*   les bas *lows*

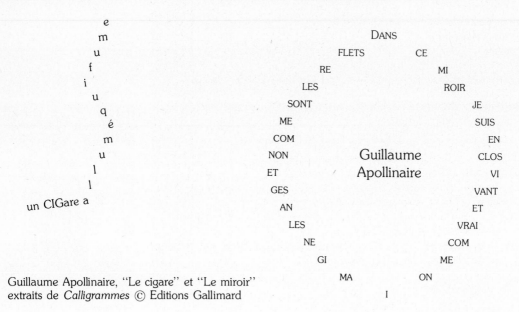

Guillaume Apollinaire, "Le cigare" et "Le miroir" extraits de *Calligrammes* © Editions Gallimard

Le verbe boire

PRESENTATION

The verb **boire** (*to drink*) is irregular.

boire

je bois	nous buvons
tu bois	vous buvez
il/elle boit	ils/elles boivent

passé composé: j'ai bu

Qu'est-ce que vous allez boire?
Je bois une tasse de café.
Nous avons bu une bouteille de champagne.
Buvez un peu de lait.
Il buvait trop quand il était jeune.

PREPARATION

⊘ **A.** Substituez les mots suggérés aux mots en italique.

Je bois du café.   tu bois / il boit / nous buvons / vous buvez / elles boivent

⊘ **B.** Substituez les mots suggérés aux mots en italique et faites les changements nécessaires.

1. *Tu* as trop bu hier.   je / les étudiants / vous / nous / mon ami
2. *Quand j'étais petit, je* buvais du lait.   vous / tu / Jacques / mes frères / nous

TRANSITION

Les pays et leurs boissons. Chaque pays, ou même chaque région, a une boisson qui est particulièrement populaire dans le pays. Indiquez les boissons qu'on boit dans chacun des pays suivants.

modèle: Français / boire / le vin → **Les Français boivent du vin.**

1. Anglais / boire / le thé
2. Aux Etats-Unis / nous / boire / le Coca-Cola
3. L'année dernière quand nous / être / Allemagne / nous / boire / la bière
4. Japonais / boire / le saki
5. En Normandie / on / boire / le cidre
6. Est-ce que vous / boire / le pastis / quand / vous/ être / Marseille
7. Autrefois / Russes / boire / beaucoup / la vodka

COMMUNICATION

Questions/interview. Répondez aux questions suivantes ou utilisez-les pour interviewer un(e) autre étudiant(e).

1. En général, qu'est-ce que tu bois le matin, à midi et le soir?
2. Quand tu étais petit(e), qu'est-ce que tu buvais?
3. Qu'est-ce que tu bois quand tu as très soif? Et quand tu es très fatigué(e)?
4. Qu'est-ce que tu bois quand il fait très chaud? Et quand il fait très froid?
5. Est-ce que tu as déjà bu du champagne? Et du vin français?
6. A ton avis, est-ce que les gens boivent trop d'alcool?
7. A ton avis, quelle est la boisson préférée des Américains? Et des Français? Et des étudiants?

PRESENTATION

The verb **voir** (*to see*) is irregular.

voir	
je vois	nous voyons
tu vois	vous voyez
il/elle voit	ils/elles voient
passé composé: j'ai vu	

Elle ne voit pas bien.
Nous n'avons pas vu ton chapeau.
Venez me voir demain.

PREPARATION

⊘ **A.** Substituez les mots suggérés aux mots en italique.

Je vois très bien.   tu vois / elle voit / nous voyons / vous voyez / ils voient

⊘ **B.** Substituez les mots suggérés aux mots en italique et faites les changements nécessaires.

1. *Ils* voyaient souvent les Dupont à cette époque-là.   nous / tu / Marie / vous
2. *Je* ne l'ai pas vu la semaine dernière.   tu / vous / nous / ses amis / Paulette

TRANSITION

Qu'est-ce que vous avez vu? Plusieurs amis sont en train de parler des différentes choses et personnes qu'ils ont vues pendant la journée. Reconstituez les phrases qu'ils ont prononcées.

modèle: Je / Jean / café → **J'ai vu Jean au café.**

1. Jacques et Claire / accident / Rue de Sèvres
2. Janine / son amie Hélène / épicerie
3. Tu / nouveau film / cinéma Rex
4. Nous / Jeanne et Alain / bibliothèque
5. Vous / photo de Mireille / journal
6. Je / film documentaire sur Jacques Prévert

COMMUNICATION

Qui a vu . . . ? Posez des questions aux autres étudiants de votre classe pour découvrir (*discover*) qui a vu les choses suivantes.

Trouvez un(e) étudiant(e):

1. qui a vu un film français récemment
2. qui a vu sa famille la semaine dernière
3. qui aime aller voir les matchs de football
4. qui voit son(sa) petit(e) ami(e) tous les jours
5. qui voit très bien de loin
6. qui a vu les pyramides d'Egypte
7. qui a vu le musée du Louvre
8. qui a vu tous les films de Woody Allen
9. qui a vu le mont Blanc
10. **?**

Les pronoms disjonctifs

PRESENTATION

The disjunctive, or stress, pronouns are:

Les pronoms disjonctifs

moi	*I, me*	nous	*we, us*
toi	*you*	vous	*you*
lui	*he, him, it*	eux	*they, them (m.)*
elle	*she, her, it*	elles	*they, them (f.)*
soi	*one*		

These pronouns are used:

A. After prepositions:

Est-ce que tu parles de moi?
Voulez-vous venir avec nous?
Ils sont restés chez eux.

B. After **c'est** or **ce sont.**

Qui a fait cela? C'est moi.   *Who did that? I did.*
Est-ce que c'était Jacques? Oui,   *Was it Jacques? Yes, it was he (him).*
  c'était lui.
C'est moi qui ai fait cela.   ***I** did it. (I am the one who did it.)*
Ce sont elles qui ont identifié le   ***They** identified the thief. (They are*
  cambrioleur.   *the ones who identified the thief.)*

C. Alone or in short phrases where there is no verb:

Qui veut une tasse de café? —Moi.
Hélène est fatiguée. —Nous aussi.

D. To put emphasis on the subject of the verb:

Eux, ils sont bu du thé, mais nous, nous avons bu du café.
Moi, je suis français. Lui, il est suisse.

Petit déjeuner du matin

E. With **-même(s)** to create *self* terms:

   Tu l'as fait toi-même, n'est-ce pas?   *You did it yourself, didn't you?*
   Ils font leur cuisine eux-mêmes.   *They do their cooking themselves.*

F. In compound subjects where a pronoun is used for at least one of the persons or items:

   Philippe et moi, nous avons faim.
   Elle et toi, vous êtes de bonnes amies.

G. To indicate possession following **être à:**

   Ce livre n'est pas à moi; il est à eux.   *This book isn't mine; it's theirs.*

H. In comparisons after **que,** where **que** means *than* or *as* (Comparisons are fully explained later in this chapter.):

   Paul est plus grand que toi.   *Paul is taller than you.*

PREPARATION

A. Substituez les mots suggérés aux mots en italique et faites les changements nécessaires.

1. Ce livre n'est pas à *moi*.   toi / lui / elle / nous / vous / eux / elles
3. *Je* l'ai fait *moi-même*.   tu / il / elle / nous / vous / ils / elles

B. Transformez les phrases suivantes selon le modèle donné.

modèle: J'ai très faim. → **Moi, j'ai très faim.**

1. Je suis contre la guerre.
2. Tu as pleuré.
3. Il ne vient pas cet après-midi.
4. Elle ne boit pas de vin.
5. Je ne comprends pas votre décision.
6. Ils n'ont pas vu ce musée.
7. Nous avons mis la table.
8. Vous avez toujours raison.

C. Répondez aux questions suivantes selon les indications données.

modèle: Est-ce que ce manteau est à toi? (oui, . . .) → **Oui, ce manteau est à moi.**

1. Est-ce que vous pouvez venir avec nous? (oui, . . .)
2. Est-ce que Jean est sorti avec elle? (oui, . . .)
3. Est-ce que vous rentrez chez vous? (non, . . .)
4. Est-ce que ce chapeau est à vous? (non, . . .)
5. C'est vous qui avez apporté ces cigarettes? (oui, . . .)
6. Est-ce que Suzanne et Arlette vont rester chez elles? (non, . . .)
7. Quelqu'un a téléphoné. Est-ce que c'était toi? (oui, . . .)
8. Veux-tu sortir avec moi ce soir? (oui, . . .)

TRANSITION

Une famille indépendante. Dans la famille de Justin chaque personne tient à se débrouiller toute seule. Modifiez les phrases suivantes de façon à indiquer qu'ils aiment faire les choses eux-mêmes.

modèle: Nous faisons notre pain. → **Nous faisons notre pain nous-mêmes.**

1. Je lave ma voiture.
2. Nous faisons notre cuisine.
3. Jean choisit ses vêtements.
4. Marguerite a trouvé la solution à ses problèmes.
5. Les enfants préparent leur petit déjeuner.
6. Je vais vous expliquer la situation.
7. Nous allons vendre notre maison.
8. Allons, les enfants, faites vos devoirs.

COMMUNICATION

A. Moi, je . . . Répondez aux questions suivantes en utilisant des pronoms disjonctifs.

exemple: Beaucoup d'étudiants aiment manger au restaurant. Et vous? →
Moi aussi, j'aime manger au restaurant. ou
Moi, je n'aime pas manger au restaurant. ou
Pas moi, je préfère faire ma cuisine moi-même.

1. La plupart des étudiants détestent les examens. Et vous?
2. Beaucoup de gens sont contre la guerre. Et vous? Et vos amis?
3. Beaucoup d'étudiants mangent au restaurant universitaire. Et vous?
4. En général, les Français boivent du vin avec leurs repas. Et vous?
5. Beaucoup de gens ne prennent pas de petit déjeuner le matin? Et vous?
6. Peu de gens aiment se lever avant huit heures du matin. Et vous?
7. Certains étudiants se dépêchent pour venir en classe. Et vous?
8. Il y a des gens qui se mettent facilement en colère. Et vous? Et votre professeur?
9. La plupart des Américains s'intéressent aux sports. Et vous? Et les étudiants de votre université?

B. Questions/interview. Répondez aux questions suivantes ou utilisez-les pour interviewer un(e) autre étudiant(e). N'oubliez pas d'utiliser des pronoms disjonctifs dans vos réponses.

La vie de tous les jours _____ **225**

1. Est-ce que tu fais ta cuisine toi-même?
2. Dans ta famille, est-ce que c'est toi qui fais le marché?
3. Est-ce que tu passes beaucoup de temps avec tes ami(e)s? Et avec ta famille?
4. Est-ce que tu répares ta voiture toi-même?
5. Est-ce que tu préfères résoudre tes problèmes toi-même?
6. Quand tu étais petit(e), est-ce que tu allais souvent en vacances avec tes parents?
7. Est-ce que tu vas rester chez toi ce soir?
8. Est-ce que tu t'entends bien avec tes camarades de chambre? Et avec tes frères et sœurs? Et avec ton (ta) petit(e) ami(e)?

Le verbe dire

PRESENTATION

Dire (*to say* or *to tell*) is an irregular verb.

dire

je dis	nous disons
tu dis	vous dites
il/elle dit	ils/elles disent

passé composé: j'ai dit

Qu'est-ce que vous dites?	*What are you saying?*
Elle nous a dit de venir ce soir.	*She told us to come this evening.*
Est-ce que vous disiez la vérité?	*Were you telling the truth?*
Dis à Yvonne d'attendre devant la pharmacie.	*Tell Yvonne to wait in front of the pharmacy.*

A. **Dire** is also used in several idiomatic expressions:

Qu'est-ce que ça veut dire?	*What does that mean?*
Qu'est-ce que vous voulez dire?	*What do you mean?*
C'est-à-dire . . .	*That is (to say) . . .*
Dis, qu'est-ce que tu vas faire?	*Hey, what are you going to do?*
Dites donc, vous!	*Hey you!*
Comment dit-on . . . ?	*How do you say . . . ?*

B. **Dire** can be followed by an infinitive verb phrase introduced by **de:**

Dites à Claudine de se dépêcher.
Nous leur avons dit de ne pas nous attendre.

PREPARATION

A. Substituez les mots suggérés aux mots en italique.

Je dis la vérité.   tu dis / elles dit / nous disons / vous dites / ils disent

B. Substituez les mots suggérés aux mots en italique et faites les changements nécessaires.

1. Qu'est-ce que *tu* dis?   vous / je / ton frère / vos amis / nous
2. *Je* leur ai dit de s'arrêter.   nous / Marc / nos amis / vous / tu

C. Répondez aux questions suivantes selon les indications données.

modèle: Qu'est-ce que tu as dit aux enfants? (de ne pas pleurer) → **Je leur ai dit de ne pas pleurer.**

1. Qu'est-ce que tu as dit à Annette? (de se lever avant neuf heures)
2. Qu'est-ce que le professeur t'a dit? (de remettre mes devoirs)
3. Qu'est-ce qu'ils disent à leurs enfants? (d'être plus sérieux)
4. Qu'est-ce que vous m'avez dit? (de ne pas rester ici)
5. Qu'est-ce que tu as dit à Pierre? (de mettre les cendres dans le cendrier)
6. Qu'est-ce que le client a dit au garçon? (de lui apporter une cuiller)

TRANSITION

Les observations de Madame Forestier. Madame Forestier est une concierge. Comme la plupart des concierges elle aime bien bavarder (*chat*). Le soir elle raconte à son mari ce qu'elle a vu et entendu pendant la journée.

modèle: les Dupont / à leurs enfants / ne pas parler aux enfants des Legrand
   → **Les Dupont ont dit à leurs enfants de ne pas parler aux enfants des Legrand.**

1. l'agent / à Monsieur Durant / venir au poste de police
2. Madame Rosier / à son mari / ne pas perdre son temps

3. Jean-Luc / à Madeleine / arriver avant neuf heures
4. je / à notre fille / ne pas sortir ce soir
5. Madame Leroi / à son fils / travailler plus sérieusement
6. je / à Madame Rosier / ne pas écouter les conversations des clients
7. je / à monsieur Poirier / ne pas oublier de me payer

COMMUNICATION

A. Qu'est-ce que vous dites? Répondez aux questions suivantes.

1. Est-ce que vous dites toujours la vérité?
2. Qu'est-ce que vous dites au professeur quand vous ne comprenez pas? Quand vous n'avez pas fait vos devoirs?
3. Si un jour, vous avez l'occasion de parler au Président, qu'est-ce que vous allez lui dire?
4. Comment dit-on bonjour en espagnol? En italien? Et dans d'autres langues?
5. Quelle a été votre réaction quand quelqu'un vous a dit que le Père Noël n'existait pas?
6. Quel est le premier mot que vous avez dit?
7. Quel est le dernier mot que vous espérez dire?

B. Qui a dit . . . ? Quel personnage historique a dit chacune des phrases suivantes?

1. Qui a dit: «Après moi, le déluge»?
   a. Noé   b. Louis XV   c. Napoléon
2. Qui a dit: «La France a perdu une bataille; elle n'a pas perdu la guerre»?
   a. De Gaulle   b. Jeanne d'Arc   c. Lafayette
3. Qui a dit: «L'état, c'est moi»?
   a. Charlemagne   b. César   c. Louis XIV
4. Qui a dit: «Il faut cultiver notre jardin»?
   a. Léonard de Vinci   b. Voltaire   c. Renoir
5. Qui a dit: «Je pense, donc je suis»?
   a. Descartes   b. Hamlet   c. Sartre
6. Qui a dit qu'il aime mieux une tête bien faite qu'une tête bien pleine?
   a. Rousseau   b. Montaigne   c. Rabelais

Réponses: 1. Louis XV 2. De Gaulle 3. Louis XIV 4. Voltaire 5. Descartes 6. Montaigne

---

Le comparatif et le superlatif

PRESENTATION

Comparative constructions are used to compare two groups, things, or individuals. In English, comparatives are formed by adding the suffix *-er* (fas*ter*, long*er*) or by using the adverbs *more* or *less* (*more* quickly, *less* intelligent). In a similar way, superlatives are formed by adding the suffix *-est* or by using *most* or *least* (the fast*est*, the *least* expensive). In French, suffixes are not used; comparative and superlative structures are formed in the following ways.

A. Comparatives of adjectives and adverbs can take three forms:

aussi . . . que   *as . . . as*
plus . . . que   *more (-er) . . . than*
moins . . . que   *less (-er) . . . than*

Jacques est aussi grand que son frère.   *Jacques is as tall as his brother.*
Un travail agréable est plus   *A pleasant job is more important*
    important qu'un bon salaire.   *than a good salary.*
Anne travaille plus sérieusement que Paul.   *Anne works more seriously than Paul.*
Cette chambre-ci est moins confortable   *This room is less comfortable than that room.*
    que cette chambre-là.

B. Comparisons of nouns are formed according to the following pattern:

plus de + *noun* + que   *more . . . than*
autant de + *noun* + que   *as much (many) . . . as*
moins de + *noun* + que   *less (fewer) . . . than*

J'ai plus d'argent que toi.
Annette a bu autant de vin que son frère.
Ce trimestre j'ai moins de travail que Pauline.

Before numbers **de** is used instead of **que.**

Camille a plus de cinq cents francs.
Toronto a moins de deux millions d'habitants.

C. Superlative adjectives and adverbs are used to distinguish things or individuals from a group. Superlative adjectives and adverbs are formed according to the following patterns:

1. When the adjective precedes the noun, the word order is:

    le
    la   +   **plus**   +   adjective + noun + **de** + group
    les   **moins**

    C'est la plus grande chambre de l'hôtel.   *It's the biggest room in the hotel.*
    Les Alpes sont les plus belles   *The Alps are the most beautiful*
        montagnes du monde.   *mountains in the world.*

    Note that the definite article and the adjective agree in number and gender with the noun modified.

2. When the adjective follows the noun, the word order is:

                le
    noun   +   la   +   **plus**   +   adjective + **de** + group
                les   **moins**

    Le passage le plus fascinant de ce livre est à la dernière page.
    C'est le film le moins intéressant de Bergman.
    C'est la voiture la plus économique.

Reference to the group or category may be omitted.

C'est Alain qui est le plus sportif de la classe.
C'est Alain qui est le plus sportif.

3. When an adverb is used in the superlative, the definite article is always
le (because adverbs do not have gender or number).

Ce sont les gens que je vois le plus souvent.
C'est elle que j'admire le plus.
C'est la ville que j'apprécie le moins.

4. Superlatives followed by nouns have two forms:

le plus de   *the most*
le moins de   *the least (fewest)*

C'est dans le nord qu'il y a le plus d'orages.   *Most of the storms are in the north.*
C'est Jean qui a le moins d'imagination.   *Jean has the least imagination.*

D. The adjective **bon** and the adverb **bien** have irregular comparative and superlative forms, which are the equivalent of *better* and *best* in English.

	COMPARATIVE	SUPERLATIVE
bon	meilleur(s)	le (les) meilleur(s)
bonne	meilleure(s)	la (les) meilleure(s)
bien	mieux	le mieux

Cette photo est meilleure que l'autre.
C'est le meilleur restaurant de la ville.
André parle mieux que Georges.
C'est après minuit que j'étudie le mieux.

PREPARATION

A. Substituez les mots suggérés aux mots en italique et faites les changements
nécessaires.

1. *Marie* est plus patiente que Philippe.   Jean-Claude et Lucien / nous / tu / je
2. *Je* ne suis pas aussi grand que lui.   tu / vous / nous / Jeannette
3. *Ce livre* est moins intéressant que les autres.   ces films / cette histoire / ce
programme / ces classes
4. C'est le plus beau *monument* de la ville.   église / musée / avenue / quartier
5. C'est *Geneviève* qui chante le mieux.   Paul / moi / mon père / ma mère

B. Répondez aux questions suivantes selon les indications données.

modèle: Est-ce que Jean est moins optimiste que Chantal? (non, . . .plus)
    → **Non, Jean est plus optimiste que Chantal.**

1. Est-ce que Georges est plus timide que sa sœur? (non, . . .moins)
2. Est-ce que Jeanne est moins intelligente que Lucette? (non, . . .aussi)

3. Est-ce que Paul est aussi sportif que toi? (oui, . . .)
4. Est-ce que Claude a autant de difficulté que toi? (non, . . .plus)
5. Est-ce que le vin est aussi bon que la bière? (non, . . .meilleur)
6. Est-ce qu'il fait moins chaud au Mexique qu'au Canada? (non, . . .plus)
7. Est-ce que les Français boivent plus de lait que les Américains? (non, . . .moins)
8. Est-ce que tu te débrouilles aussi bien en français qu'en espagnol? (non, . . .mieux)

C. Répondez aux questions suivantes selon les indications données.

modèle: Est-ce que Paris est la plus grande ville du monde? (Non, Tokyo . . .)
→ **Non, Tokyo est la plus grande ville du monde.**

1. Est-ce que Charlotte est la meilleure étudiante de la classe? (Non, Alain . . .)
2. Est-ce que c'est Paul qui travaille le mieux? (Non, . . .Josette))
3. Est-ce que c'est Roger qui est le plus jeune de la famille? (Non, . . .Monique)
4. Est-ce que ce sont les tomates qui sont les plus chères? (Non, . . .les petits pois)
5. Est-ce que c'est la voiture la plus économique? (Non, . . .moins)
7. Est-ce que les Pyrénées sont les plus hautes montagnes d'Europe? (Non, . . les Alpes)
8. Est-ce que c'est le meilleur film de l'année? (Non, . . .intéressant)

TRANSITION

Il ne faut pas exagérer! Aux Etats-Unis, ce sont les gens du Texas qui ont la réputation d'exagérer; en France, ce sont les Marseillais. Jean Dufour a accepté d'être interprète pour un homme d'affaires (*businessman*) texan qui visite la France. Aidez Jean Dufour à traduire les phrases prononcées par Monsieur Derrick.

1. We live in the biggest house on the street.
2. My Cadillac is better than your Peugeot.
3. My children go to the best school in town.
4. It rains less often in Dallas than in Paris.
5. French people are smaller than Americans.
6. Texas is as big as your country.
7. We eat better in Texas than in France.
8. I have more than a million dollars in the bank.

COMMUNICATION

A. **Questions/interview.** Répondez aux questions suivantes ou utilisez-les pour interviewer un(e) autre étudiant(e).

1. Est-ce que tu as l'impression que le français est plus facile ou plus difficile que l'anglais?
2. Est-ce que ton cours de français est plus facile ou plus difficile que tes autres cours?
3. Pour toi, est-ce que les mathématiques sont plus faciles que les langues?
4. Est-ce que tu as autant de travail au début qu'à la fin du trimestre?
5. Est-ce que tu trouves que la musique classique est plus belle que la musique moderne?

6. Est-ce que tu penses que les Européens sont plus cultivés que les Américains?
7. Est-ce que tu penses que la vie au dix-neuvième siècle était moins compliquée que maintenant?
8. Quand est-ce que tu es le(la) plus impatient(e)? Le(la) plus fatigué(e)? Le(la) plus enthousiaste? Le(la) plus irritable?
9. Quel est ton cours le plus intéressant ce trimestre? Et le moins intéressant?
10. A ton avis, quel est le programme de télévision le plus intéressant? Le plus amusant? Le plus violent?
11. A quel moment de l'année est-ce que tu as le plus de travail?
12. A ton avis, quelle est la voiture la plus économique? La plus rapide? La plus pratique?
13. A ton avis, quel est l'acteur ou l'actrice qui a le plus de talent?
14. A ton avis, quel est le meilleur groupe musical en ce moment?
15. A ton avis, quelle est la ville des Etats-Unis où il y a le plus de pollution? Et le moins de pollution?

B. Comparaisons. Utilisez les adjectifs ou les expressions suggérés pour exprimer votre opinion sur les sujets suivants. Notez les différentes possibilités dans l'exemple suivant.

exemple: l'avion ←→ le train
rapide / dangereux / confortable / pratique / cher / bon marché / **?**
Le train est moins rapide que l'avion.
Le train n'est pas aussi dangereux que l'avion.
Le train est meilleur marché que l'avion.
A mon avis, c'est l'avion qui est le plus pratique.

1. la cuisine américaine ←→ la cuisine française
variée / bonne / raffinée / mauvaise / simple / de bonne qualité / **?**
2. Les Américains ←→ les Européens
cultivés / conformistes / grands / puritains / naïfs / matérialistes / optimistes / **?**
3. les voitures étrangères ←→ les voitures américaines
économiques / chères / confortables / pratiques / de bonne qualité / rapides / **?**
4. le football américain ←→ le football européen
intéressant / violent / populaire / difficile / brutal / **?**
5. les hommes ←→ les femmes
courageux / capables / sportifs / ambitieux / indépendants / intelligents / **?**

Les Français à table

SYNTHESE

Les *repas* occupent une place importante dans la vie *quotidienne* des Français. C'est à la fois l'occasion de se retrouver en famille, d'échanger des idées et d'apprécier ensemble des *plats* qui ont été préparés avec *soin* et souvent avec *amour*. Le sondage suivant explore les habitudes des Français en *ce qui concerne* la *nourriture*.

meals / daily

dishes / care
love
concerning / food

Plus de mille personnes de différentes régions de France ont répondu aux questions du sondage. Voici les résultats.

1. Quelle distraction préférez-vous?

Voir un bon film	45%
Lire un bon livre	30
Manger un bon repas	21
Sans opinion	4

2. Quand vous êtes en voyage,
faites-vous de temps en temps un détour
pour aller dans un bon restaurant?

Oui	30%
Non	63
Sans opinion	7

16 rue du bœuf vieux-lyon

3. Quelle est, à votre avis, la meilleure cuisine du monde? Quelle cuisine
vient en deuxième position?

	1ère	2ème
La cuisine d'Afrique du Nord	2%	5%
La cuisine anglaise	1	2
La cuisine créole	1	4
La cuisine chinoise	4	16
La cuisine espagnole	1	9
La cuisine française	84	8
La cuisine grecque	1	3
La cuisine indienne	—	3
La cuisine italienne	2	21
La cuisine russe	—	2

4. Quand vous êtes dans un pays étranger, préférez-vous manger la cuisine
locale ou la cuisine française?

La cuisine locale	62%
La cuisine française	16
Sans opinion	22

5. Est-ce qu'on mange *de mieux en mieux* en France ou *de plus en plus*   better and better
mal?   worse and worse

	AU RESTAURANT	A LA MAISON
On mange de mieux en mieux.	15%	39%
C'est la même chose.	37	42
On mange de plus en plus mal.	27	14
Sans opinion	21	5

6. Est-ce que les *aliments* qu'on achète maintenant en France sont d'aussi   food products
bonne qualité qu'autrefois?

Il sont meilleurs.	7%
C'est la même chose.	23
Ils sont moins bons.	65
Sans opinion	5

7. Quand vous mangez à la maison, est-ce que vous faites attention à votre *ligne* ou à votre *santé*?

figure / health

	LIGNE	SANTE
Je fais très attention	6%	23%
Je fais assez attention	19	39
Je fais peu attention	20	14
Je ne fais pas du tout attention	53	22
Sans opinion	2	2

8. Et quand vous allez au restaurant, faites-vous attention à votre ligne ou à votre santé?

	LIGNE	SANTE
Je fais très attention	3%	12%
Je fais assez attention	7	20
Je fais peu attention	10	14
Je ne fais pas du tout attention	69	43
Sans opinion	11	11

9. A votre avis, quel est le produit qui est le plus prestigieux?

Le *pâté de fois gras*	24%	goose liver paste
Le *homard*	24	lobster
Le champagne	20	
Le caviar	19	
Les truffes	5	
Sans opinion	8	

10. Si vous êtes obligé de choisir, est-ce que vous préférez . . .

L'entrée	57%	La *tarte*	57%	pie
Ou le dessert	36	Ou la glace	34	
Sans opinion	7	Sans opinion	9	
Les viandes en sauce	41%	La viande	72%	
Ou les *grillades*	54	Ou le poisson	15	broiled meats
Sans opinion	5	Sans opinion	13	
La viande *saignante*	52%	Les légumes verts	60%	rare
Ou la viande *cuite à point*	46	Ou les pommes de terre	30	medium
Sans opinion	2	Sans opinion	10	
Le camembert	59%	L'*apéritif*	62%	before dinner drink
Ou le *gruyère*	30	Ou le *digestif*	13	Swiss cheese / after dinner
Sans opinion	11	Sans opinion	25	drink
Le café	78%	Le vin blanc	18%	
Ou le thé	13	Ou le vin rouge	64	
Sans opinion	9	Sans opinion	18	
Le vin	74%	Le *bordeaux*	42%	
Ou la bière	14	Ou le *beaujolais*	35	two kinds of red wines
Sans opinion	12	Sans opinion	23	

Extrait et adapté d'un article du *Nouveau Guide Gault Millau*.

Compréhension du texte. Selon les renseignements donnés, est-ce que les phrases suivantes sont vraies ou fausses? Corrigez le sens de la phrase s'il est faux.

1. Manger un bon repas est la distraction que les Français préfèrent.
2. Les Français pensent que la meilleure cuisine du monde est la cuisine anglaise.
3. La plupart des Français pensent qu'on mange de plus en plus mal.
4. La plupart des Français sont persuadés que les aliments sont de meilleure qualité qu'autrefois.
5. En général, les Français font assez attention à leur santé, surtout quand ils mangent chez eux.
6. Même quand ils mangent au restaurant, les Français font très attention à leur ligne.
7. En général, les Français aiment mieux l'entrée que le dessert.

8. Le fromage que les Français aiment le mieux est le camembert.
9. La boisson la plus populaire en France est le vin.
10. Les Français aiment mieux les pommes de terre que les légumes verts.
11. Les Français aiment mieux le vin blanc que le vin rouge.

La cuisine française

On dit souvent que pour les Français, la nourriture° est presque une religion, que manger est un rite et que la cuisine est un art. En France, on prépare les repas avec beaucoup de soin. Le goût est ce qui° compte le plus, mais l'harmonie et l'apparence de l'ensemble sont importantes aussi.

Le Guide Michelin reste toujours la «Bible» des gourmets qui cherchent les restaurants où on peut bien manger. Son système de classement est très rigoureux et seulement un petit nombre de restaurants reçoivent les trois étoiles (***) qui indiquent «une des meilleures tables de France».

✿	Une bonne table dans sa catégorie.
✿✿	Table excellente, mérite un détour.
✿✿✿	Une des meilleures tables de France, vaut le voyage.

L'importance de ces étoiles est illustrée par l'histoire du chef qui s'est suicidé parce que son restaurant avait perdu° ses étoiles.

Mais la cuisine française, comme la société française, est en train de changer. Il y a, par exemple, de plus en plus de restaurants «fast-food» ou self-service comme McDonald's ou Wimpy. Et pour les gens qui tiennent à faire attention à leur ligne, il y a la nouvelle cuisine française, la cuisine minceur.° La cuisine minceur essaie de transformer les recettes classiques—c'est-à-dire de diminuer le nombre de calories—sans perdre le goût et la qualité du plat.

nourriture *food*   ce qui *what*   avait perdu *had lost*
minceur *slim (diet)*

COMMUNICATION

A. Les Américains à table. Répondez aux questions du sondage. Si vous voulez, vous pouvez discuter vos réponses avec d'autres étudiants de la classe. Vous pouvez aussi additionner les résultats, les convertir en pourcentages et comparer vos résultats avec les réponses des Français.

B. Au restaurant. Imaginez que vous êtes dans une brasserie (restaurant où on peut manger un repas simple et rapide). Le garçon vient de vous apporter le menu. Qu'est-ce que vous allez choisir? Un(e) étudiant(e) peut jouer le rôle du garçon (*waiter*) ou de la serveuse (*waitress*) et d'autres étudiants peuvent jouer le rôle des clients.

Brasserie du Mont Blanc
59 bd. du Montparnasse

HORS D'OEUVRES

la salade niçoise
Niçoise salad

l'assiette de charcuterie
cold cuts

l'artichaut vinaigrette
artichoke with vinaigrette sauce

ENTREES

le poulet rôti, pommes frites
roast chicken with French fries

la choucroute garnie
meat and sauerkraut

la côtelette de veau, haricots verts
veal cutlet with green beans

DESSERTS

la crème caramel
caramel custard

la corbeille de fruits
basket of fruit

le plateau de fromages
assorted cheeses

BOISSONS

le 1/4 de vin rouge, rosé ou blanc
1/4 liter of red, rosé or white wine

la 1/2 bouteille d'eau minérale
a half bottle of mineral water

le demi de bière
a glass of beer

Fermé le lundi

C. Vérité ou chauvinisme? Jean Chauvin est un Français qui a des opinions bien définies sur toutes sortes de sujets. Etes-vous d'accord avec lui?

1. C'est en France qu'on trouve les meilleurs vins du monde.
2. Les Françaises sont les plus belles femmes du monde.
3. Pour être heureux, il faut travailler le moins possible et s'amuser le plus possible.
4. Les hommes sont plus intelligents et plus capables que les femmes.
5. Les Français sont moins matérialistes que les Américains.
6. La cuisine française est la meilleure du monde.
7. Aujourd'hui les étudiants ne travaillent pas aussi bien qu'autrefois.
8. Autrefois, les gens étaient plus heureux que maintenant.
9. Autrefois, il y avait plus de gens honnêtes que maintenant.
10. Les gens les plus intéressants sont aussi les plus modestes, comme moi!

VOCABULAIRE

Noms
l' **aliment** (m) *food item*
l' **amour** (m) *love*
l' **apéritif** (m) *before-dinner drink*
le **chapeau** *hat*
la **cuiller** *spoon*
le **déjeuner** *lunch*
le **désespoir** *despair*
le **digestif** *after-dinner drink*
l' **entrée** (f) *entrance; entrée*
la **fumée** *smoke*
le **gruyère** *type of Swiss cheese*
le **mot** *word*
le **petit déjeuner** *breakfast*
le **plat** *dish*
le **repas** *meal*
la **santé** *health*
le **soin** *care*
la **tasse** *cup*
le **témoin** *witness*

le **trimestre** *academic quarter*
la **vérité** *truth*

Verbes
allumer *to light*
chanter *to sing*
décrire *to describe*
exprimer *to express*
reposer *to rest*
vouloir dire *to mean*

Adjectifs
cuit(e) à point *cooked medium-rare*
quotidien, quotidienne *daily, everyday*
saignant(e) *cooked rare*

Divers
autour de *around*
en ce qui concerne *concerning*
récemment *recently*

COGNATE NOUNS

l' **avenue** (f)	le **détour**	le **passé**	la **servitude**
le **cidre**	l' **habitant** (m),	la **pyramide**	la **tendresse**
la **cathédrale**	l' **habitante** (f)	la **sauce**	la **vodka**
le **déluge**	l' **habitude** (f)		

Face à l'avenir

L'avenir

Jusqu'à quel point peut-on contrôler les événements futurs? Chaque philosophe, professionel ou amateur, admet que *d'une part,* il y a des forces et des *lois* naturelles qui gouvernent notre existence et que d'autre part, nous avons beaucoup de liberté dans nos choix, nos décisions et nos actions.

on one hand / laws

Et vous, quelle est votre attitude *envers* l'avenir? Pensez-vous que tout est pur *hasard* et que nous sommes les *jouets* d'un destin stupide et absurde? *Ou bien,* pensez-vous qu'il y a une force ou un *Être* supérieur qui détermine l'avenir? Ou bien encore, pensez-vous que nous pouvons contrôler notre avenir?

toward
chance / toys
or else, or rather / being

Pour explorer vos opinions sur ce sujet, indiquez si vous êtes d'accord ou non avec les opinions suivantes.

1. Je n'aime pas penser à l'avenir.
2. Je pense que n'importe quoi* peut *arriver*.   happen
3. Les individus peuvent modifier le cours de l'histoire.
4. C'est le *sort* qui détermine l'avenir.   fate
5. Je pense qu'il est important de faire des *projets* pour l'avenir.   plans
6. Il y a des gens qui ont de la chance et il y a des gens qui n'ont pas de chance.
7. Je prends chaque jour comme il vient sans me préoccuper de l'avenir.
8. Nos *malheurs* sont le résultat de nos propres erreurs.   misfortunes
9. Mon avenir va être déterminé par des forces qui sont *en dehors de* mon contrôle.   outside of, beyond
10. L'hérédité et le conditionnement social d'un individu vont déterminer son avenir.
11. L'avenir résulte en grande partie des choix qu'on a faits.
12. Certains événements (par exemple, rencontrer une personne) sont inévitables.
13. J'essaie souvent d'imaginer mon avenir.
14. Je pense que mon horoscope peut *prédire* les choses qui vont m'arriver.   predict
15. Je peux influencer le développement de la société.
16. Je pense que ma vie est guidée et déterminée par une force ou un Être supérieur.
17. C'est inutile de faire des projets parce qu'on ne peut pas changer le cours du destin.

    Les futuristes nous disent que *plus* l'individu est persuadé que tout est prédestiné, plus il a tendance à être pessimiste et fataliste. Son attitude envers l'avenir et envers son propre développement est *fermée* et inflexible. Au contraire, plus l'individu pense qu'il peut contrôler son destin, plus il est optimiste et *ouvert*. Ce sont précisément ces attitudes qui expliquent en partie la passivité de certaines personnes et l'agressivité des autres.   the more / closed / open
    En général, des réponses affirmatives aux questions 1, 4, 6, 7, 9, 10, 12, 14, 16 et 17 révèlent une attitude assez fermée envers l'avenir. Les autres révèlent une attitude plus ouverte. Dans quelle catégorie vous placez-vous?

Compréhension du texte. Choisissez la meilleure réponse pour compléter chacune des phrases suivantes.

1. Notre existence est en partie gouvernée par certaines _____ naturelles.
   a. opinions b. lois c. philosophies.
2. Les gens qui sont fatalistes pensent généralement que nous sommes les _____ du destin.
   a. jouets b. projets c. individus
3. Si vous êtes fataliste, vous avez probablement tendance à penser que votre avenir est déterminé par des forces _____ votre contrôle.
   a. près de b. en face de c. en dehors de

---

* There are several expressions using **n'importe: n'importe quoi** (*anything*); **n'importe qui** (*anyone*); **n'importe quand** (*anytime*); **n'importe où** (*anywhere*); **n'importe comment** (*in any way*).

4. Quand on a une attitude ouverte envers l'avenir, on pense généralement que
_____

   a. l'hérédité d'un individu détermine totalement son avenir
   b. tout est décidé par le sort
   c. n'importe quoi peut arriver
5. Beaucoup de gens pensent que l'astrologie permet de _____ l'avenir.
   a. prédire b. éviter c. cacher
6. Une personne qui a eu beaucoup de malheurs dans sa vie n'a pas beaucoup
   de _____ .
   a. sort b. jouets c. chance
7. Quel est le mot qui a un sens différent des quatre autres?
   a. la chance b. le sort c. le destin d. le hasard e. le choix

Réactions personnelles. Selon votre propre expérience de la vie, quelle est l'importance relative des différentes forces qui peuvent déterminer ou influencer l'avenir? Attribuez une valeur numérique de 1 à 5 à chacune des forces suivantes pour indiquer le degré d'importance que vous lui accordez, et essayez de justifier vos opinions.

1	2	3	4	5
sans importance	pas très important	important	très important	d'importance capitale

_____ le hasard
_____ le destin
_____ l'hérédité
_____ les décisions et les choix personnels
_____ une force ou un Être supérieur

Petite conversation. L'horoscope.
Guy: Passe-moi le journal. Je voudrais regarder mon horoscope.
Christine: Tiens, le voici. De quel signe est-ce que tu es?
Guy: Je suis un capricorne . . . . Formidable! Fantastique!
Christine: Qu'est-ce que ça dit? Tu vas rencontrer la femme de ta vie?
Guy: Non, mais je vais avoir beaucoup de succès dans mon travail! Ce n'est pas trop tôt . . . Et pour toi, qu'est-ce que ça dit?
Christine: Oh, je ne sais pas . . . Je ne l'ai pas lu. J'aime mieux prendre chaque jour comme il vient!

Les Français et l'avenir

Les Français, en général, ont une attitude assez prudente et même blasée envers l'avenir. Cette attitude est évidente dans le dicton° «Plus ça change, plus c'est la même chose.»

Contrairement aux Américains, qui ont souvent une foi° absolue dans l'avenir et dans le progrès

dicton *proverb* foi *faith*

scientifique et technologique, les Français ont plus tendance à se tourner vers° le passé, vers le bon vieux temps.° Les traditions culturelles et la place accordée à l'histoire dans l'enseignement° donnée dans les écoles soulignent° l'importance du passé et de l'héritage national.

Mais cette attitude est maintenant en train de changer et cela est évident dans la vie quotidienne des Français aussi bien que° dans les programmes gouvernementaux.

vers *toward*   le bon vieux temps *good old days*
l'enseignement *education*   soulignent *emphasize*
aussi bien . . . que *as well as*

La négation

PRESENTATION

In addition to **ne . . . pas,** there are several other ways to express negative meanings. All such negative expressions are composed of **ne** and another element:

ne . . . jamais	*never*	ne . . . personne	*nobody*
ne . . . plus	*no longer*	ne . . . que	*only*
ne . . . pas du tout	*not at all*	ne . . . aucun(e)	*none*
ne . . . rien	*nothing*	ne . . . ni . . . ni	*neither . . . nor*

A. **Ne . . . jamais, ne . . . plus,** and **ne . . . pas du tout** function in the same way as **ne . . . pas. Ne** precedes the verb and the second part of the negative expression follows the verb or the auxiliary in a compound tense. When the partitive follows the negative, its form is **de** or **d'.**

Je ne pense jamais à l'avenir.   Je n'ai jamais vu la Tour Eiffel.
Ce projet ne m'intéresse plus.   Nous n'avons plus d'argent.
Il ne se préoccupe pas du tout de son avenir.

Jamais without **ne** means *ever:*

Avez-vous jamais visité la Chine?   Have you ever visited China?

B. **Personne** and **rien** used with **ne** can be either subjects or objects of the verb and are sometimes objects of prepositions.

Nous n'achetons rien dans ce magasin.   Elle n'a parlé à personne.
Il n'y avait personne en classe vendredi.   La victime ne s'est souvenue de rien.

When **rien** and **personne** are direct object pronouns, the word order differs in a compound tense. **Rien** comes before the past participle and **personne** comes after it.

Je n'ai rien vu.   Il n'a rien entendu.
Je n'ai vu personne.   Il n'a entendu personne.

When **rien** and **personne** are subjects, both come at the beginning of the sentence.

Rien n'est simple.
Personne n'a pensé aux conséquences.

C. With **ne . . . que** and **ne . . . aucun(e),** the second part of the negative is placed directly before the item modified. Notice that **aucun(e)** is an adjective used only in the singular. Notice also that the partitive article is retained after **ne . . . que.**

Il n'y a qu'un choix possible.   Je n'ai aucune idée.
Nous ne sommes que les jouets du destin.   Aucun magasin n'est ouvert aujourd'hui.
Je ne mange que des légumes.

D. In response to a question, **jamais, personne, rien,** and **aucun(e)** can be used alone.

Quand vas-tu prendre une décision? Jamais!
Qui peut prédire l'avenir? Personne!
Qu'est-ce qui est arrivé? Rien!

E. In the expression **ne . . . ni . . . ni, ne** is placed before the verb, and **ni** is placed before each item negated. After **ni,** the indefinite and partitive articles are not used, but the definite articles are retained. Compare:

Elle a un frère et deux sœurs.   Elle n'a ni frère ni sœur.
Nous avons acheté des légumes et des fruits.   Nous n'avons acheté ni légumes ni fruits.
Il aime la bière et le vin.   Il n'aime ni la bière ni le vin.
Victor et Alfred ont répondu à notre invitation. Ni Victor ni Alfred n'a répondu à notre invitation.

F. While **aussi** is used to agree with a positive statement, **non plus** is used to agree with a negative statement.

Hélène est fataliste. Moi aussi.
Elle n'est pas optimiste. Moi non plus.
Pierre ne regarde jamais son horoscope. Nous non plus.
Paul pense que le sort détermine l'avenir. Jean aussi.

G. To disagree with a negative statement one uses **si** instead of **oui.** Compare:

—Tu as fait tes devoirs, n'est-ce pas?   —Tu n'as pas fait tes devoirs, n'est-ce pas?
—Oui, je les ai faits.   —Si, je les ai faits.

PREPARATION

A. Mettez les phrases suivantes à la forme négative en utilisant les expressions négatives indiquées.

modèle: Nous avons peur de l'avenir. (ne . . . plus) → **Nous n'avons plus peur de l'avenir.**

1. Il fait du vent au mois de juin. (ne . . . jamais)
2. Hélène sort avec Patrick. (ne . . . plus)
3. Ils boivent du lait. (ne . . . que)

4. Elle aime la cuisine orientale et la cuisine française. (ne . . . ni . . . ni)
5. J'ai une chance de réussir. (ne . . . aucune)
6. Nous comprenons ses idées. (ne . . . pas du tout).

B. Mettez les phrases suivantes au passé composé.

modèle: Nous ne voyons rien. → **Nous n'avons rien vu.**

1. Il ne voit personne.
2. Elle ne mange que des légumes.
3. Vous ne vous souvenez plus de son nom.
4. Nous n'apprenons rien.
5. Personne ne vient ici.
6. Rien ne change.
7. Je ne parle à personne.
8. Nous n'avons aucun problème.
9. Ils ne vont jamais au théâtre.
10. Tu ne te dépêches jamais.
11. Nous n'achetons ni légumes ni fruits.

C. Mettez les phrases suivantes à la forme négative en utilisant l'expression négative appropriée.

modèle: Ses parents le punissaient quelquefois. → **Ses parents ne le punissaient jamais.**

1. Il y a quelqu'un à la porte.
2. J'ai encore faim.
3. Nous avons quelque chose à faire maintenant.
4. Jean a étudié l'allemand et le russe.
5. Tout le monde est allé à la bibliothèque.
6. Tout est simple dans la vie.
7. A cette époque-là, les Leclerc habitaient encore à Lille.
8. Ils ont bu un apéritif et un digestif.

TRANSITION

Que la vie est cruelle! Jean se sent abandonné et négligé par ses amis. Retrouvez les réponses négatives que Jean a données aux questions qu'on lui a posées.

modèle: Qui as-tu vu cet après-midi? → **Je n'ai vu personne cet après-midi.**

1. Qui est venu te voir hier soir?
2. Est-ce qu'on te téléphone quelquefois?
3. Qu'est-ce qu'on t'a donné pour ton anniversaire?
4. Est-ce que ton père t'envoie encore de l'argent?
5. Qu'est-ce que ta petite amie t'a dit?
6. Est-ce qu'André et toi, vous avez aimé le film?
7. Est-ce que tu as des projets pour le week-end?
8. Est-ce que quelque chose a changé dans ta vie?
9. Est-ce que tu as jamais été vraiment heureux?

COMMUNICATION

A. Questions/interview. Répondez aux questions suivantes ou utilisez-les pour interviewer un(e) autre étudiant(e). Si votre réponse est négative, utilisez l'expression négative appropriée.

1. Est-ce que tu as encore les jouets que tu avais quand tu étais petit(e)?
2. Est-ce que tu vois encore tes amis d'enfance?
3. Est-ce que tu te souviens du nom de ton premier professeur à l'école élémentaire?
4. Est-ce que tu regardes encore les dessins animés pour les enfants?
5. Est-ce que tu as jamais voyagé au Japon ou en Chine?
6. Est-ce que tu as déjà participé à des compétitions sportives?
7. Est-ce que tu as jamais étudié une langue orientale?
8. Est-ce que quelqu'un est venu te voir hier soir?
9. Est-ce que tu te mets souvent en colère?

B. Non . . . jamais. Est-ce que les phrases suivantes sont vraies selon votre propre expérience? Sinon, utilisez des expressions négatives pour les modifier. Notez les différentes possibilités dans l'exemple qui suit.

exemple: Je bois du vin. du lait / de la bière / du thé / du champagne / du cognac / **?** →
  Je ne bois jamais de vin. ou
  Je ne bois plus de lait. ou
  Je ne bois ni vin ni bière. ou
  Je ne bois que de l'eau.

1. J'ai mangé du caviar.   du homard / du pain français / du chocolat suisse / **?**
2. J'ai vu la Tour Eiffel.   les pyramides d'Egypte / le Louvre / la Statue de la liberté / des films français / **?**
3. Je suis allé(e) en France.   à Buenos Aires / au Portugal / au Mexique / au Canada / en Afrique / à la Martinique / **?**
4. J'ai étudié l'astrologie.   la danse classique / le karaté / la sculpture / la photographie / **?**

Les pronoms **y** et **en**

PRESENTATION

In French there are two object pronouns that replace certain prepositional phrases. Like direct and indirect object pronouns, they are placed before the verb except in affirmative commands.

A.   The pronoun **y** is used to replace a prepositional phrase indicating location. Its meaning is often approximated by *there.*

  Je vais **à Québec.**   J'**y** vais.
  Elle va habiter **en Belgique.**   Elle va **y** habiter.
  Raoul est entré **dans la maison.**   Raoul **y** est entré.
  N'allez pas **chez le dentiste.**   N'**y** allez pas.
  Va **dans ta chambre.**   Vas-**y.**

Note that an **s** is added to **va** for the affirmative command with **y** to make it easier to pronounce.

B. Sometimes the preposition **à** is used in constructions where it does not refer to physical location. The pronoun **y** can nevertheless replace the prepositional phrase, as long as the object of the preposition is not a person.

Je pense **à mon enfance.**   J'**y** pense.
Il réfléchit **au problème.**   Il **y** réfléchit.
As-tu répondu **à ma lettre?**   **Y** as-tu répondu?
Ne pensez pas trop **à l'avenir.**   N'**y** pensez pas trop.

C. The pronoun **en** replaces the partitive or any other construction with **de, du, de la, de l'** or **des** plus a noun denoting a thing. Its meaning is usually the equivalent of *some, any, not any, of (about, from) it (them).*

Nous avons acheté **du pain.** Nous **en** avons acheté.
Il n'a pas **de chance.**   Il n'**en** a pas.
Elle va parler **de ses projets d'avenir.**   Elle va **en** parler.
Racontez **des histoires.**   Racontez-**en.**
Revient-il **d'Amérique du Sud?**   **En** revient-il?

D. **En** is also used to replace a noun modified by a number or by an expression of quantity.

J'ai trois **disques.**   J'**en** ai trois.
Il y a dix **étudiants.**   Il y **en** a dix.
Nous avons beaucoup **de travail.**   Nous **en** avons beaucoup.
Il n'y a plus **de sucre.**   Il n'y **en** a plus.
A-t-il acheté deux kilos **de veau?**   **En** a-t-il acheté deux kilos?

When the expression of quantity **quelques** is used with the pronoun **en,** it becomes **quelques-unes** when it refers to a feminine noun and **quelques-uns** if it refers to a masculine noun.

Je voudrais **quelques timbres.**   J'**en** voudrais **quelques-uns.**
Achetez **quelques oranges.**   Achetez-**en quelques-unes.**

E. **Y** and **en** can occur in combinations with other object pronouns, though these combinations are not very frequent in spoken French. When they do occur, the normal order of pronouns is:

me te se nous vous	before	le la les	before	lui leur	before	y	before	en	before verb

Nous avons donné **de l'argent aux enfants.**   Nous **leur en** avons donné.
Le marchand nous a vendu dix **litres de vin.** Le marchand **nous en** a vendu dix litres.
Ne donnez pas **de conseils aux autres.**   Ne **leur en** donnez pas.
Elle **s'**intéressait **à la politique.**   Elle **s'y** intéressait.
Est-ce que tu **te** souviens **de son adresse?**   Est-ce que tu **t'en** souviens?

In affirmative commands:

verb before	le la les	before	moi (m') toi (t') lui nous vous leur	before	y	before	en

Donnez-moi deux **biftecks**.   Donnez-**m'en** deux.
Apportez trois **cafés à mes amis**.   Apportez-**leur-en** trois.
Montrez-**nous quelques photos**.   Montrez-**nous-en quelques-unes**.

PREPARATION

A. Transformez les phrases suivantes selon le modèle donné.

modèle: Il travaille dans cette banque. → **Il y travaille.**

1. J'habite à Lyon.
2. Ne répondez pas à ses questions.
3. Je ne suis pas retourné au bord de la mer.
4. Vous passiez vos vacances en Suisse?
5. Tu es resté un an au Mexique, n'est-ce pas?
6. Annette et Pierre vont être chez eux à huit heures.
7. Va au marché cet après-midi.
8. Nous avons rencontré Guy au bureau de poste.

B. Transformez les phrases suivantes selon le modèle donné.

modèle: Nous avons acheté des légumes. → **Nous en avons acheté.**

1. Il prend beaucoup de risques.
2. Elle ne mange jamais de viande.
3. J'ai trop de devoirs.
4. Est-ce que vous avez vu beaucoup de manifestations?
5. Est-ce que tu vas m'envoyer une lettre?
6. J'ai acheté quatre livres.
7. Apportez-nous des sandwichs.
8. Avez-vous pris quelques photos?

C. Répondez affirmativement et ensuite négativement aux questions suivantes.
Utilisez **y** ou **en** dans vos réponses.

1. Est-ce que vous allez à Québec cet été?
2. Est-ce qu'ils ont vu quelques films français?
3. Est-ce que vous faites souvent des erreurs?
4. Est-ce que tu t'intéresses à la politique?
5. Est-ce que Lisette a envie de sortir?
6. Est-ce que vous buvez du café?
7. Est-ce que son père va lui envoyer de l'argent?
8. Est-ce que le professeur leur a donné trop de devoirs?
9. Est-ce que Jean-Paul se préoccupe trop de son avenir?
10. Est-ce que vous avez rencontré quelques Français?

TRANSITION

Projets de week-end. Des étudiants sont en train de parler de leurs projets pour le week-end. Formulez leurs réponses en utilisant **y** ou **en**.

modèle: Est-ce que vous allez chez vos parents ce week-end? (non, nous . . .) → **Non, nous n'y allons pas.**

1. Est-ce que vous êtes allé chez vos parents récemment? (non)
2. Est-ce que vous allez chez eux ce week-end? (oui)
3. Est-ce que tu vas aller au cinéma, Henri? (oui)
4. Est-ce que tu as vu des films américains récemment? (oui, . . . deux)
5. Est-ce que Jean va nous retrouver au café? (non)
6. Est-ce que Jean était au café hier soir? (non)
7. Est-ce que vous avez envie d'aller à Versailles? (non)
8. Est-ce que tu es déjà allé à Versailles? (non, . . . jamais)
9. Est-ce que vous avez beaucoup de travail ce week-end? (oui, . . . beaucoup)

COMMUNICATION

Questions/interview. Répondez aux questions suivantes ou utilisez-les pour interviewer un(e) autre étudiant(e). Utilisez **y** ou **en** dans vos réponses.

1. Est-ce que tu achètes quelquefois des journaux français?
2. Est-ce que tu as jamais mangé du fromage français?
3. Est-ce que tu as trop de travail en ce moment?
4. Est-ce que tu as envie d'écouter des disques français?
5. Est-ce que tu as une bicyclette? Une voiture? Une moto?
6. Combien d'habitants est-ce qu'il y a dans la ville d'où tu viens?
7. Est-ce que tu vas souvent aux matchs de football? De basketball? De baseball?
8. Est-ce que tu vas au cinéma plusieurs fois par semaine?
9. Est-ce que tu t'intéresses beaucoup aux sports? A la musique? A la politique?
10. Est-ce que tu tiens à te marier un jour?

Penser à *et penser de*

PRESENTATION

Penser à and **penser de** both mean *to think about (of),* but they are used in different ways.

A. **Penser à** is used when the meaning is *to have on one's mind* or *to direct one's attention to.*

Je pense à ma famille.
Le Président pense aux conséquences de sa décision.

B. **Penser de** is used in questions when the meaning is *to have an opinion about.* This question is usually answered by **Je pense que . . .**

Qu'est-ce que vous pensez de cette idée?
Je pense qu'elle est intéressante.

Qu'est-ce qu'il pense du professeur?
Il pense qu'elle est trop sévère.

C. When the noun following **à** or **de** is a person, it can be replaced by a disjunctive pronoun.

Vous pensez à **François.**   Vous pensez à **lui.**
Qu'est-ce que vous pensez de **Brigitte?**   Qu'est-ce que vous pensez d'**elle?**

When the noun is a thing or an abstract idea, **y** or **en** can replace the prepositional phrase.

Pensez **à votre avenir.**   Pensez-**y.**
Qu'est-ce que vous pensez **de cette Renault?**   Qu'est-ce que vous en pensez?

PREPARATION

A. Substituez les mots suggérés aux mots en italique.

1. Je pense *à mon avenir.*   à mon travail / aux autres / à mes cours
2. Qu'est-ce que vous pensez *de cette ville?*   du professeur / de Paris / de cette
auto

B. Remplacez le complément d'objet indirect par le pronom approprié.

modèle: Je pense souvent à mon avenir. → **J'y pense souvent.**
Je pense à mon oncle. → **Je pense à lui.**

1. Elle ne pense jamais à son travail.
2. Nous pensons rarement à nos problèmes.
3. Est-ce qu'ils pensent quelquefois à leurs anciens amis?
4. Qu'est-ce que tes parents pensent de Jacqueline?
5. Que penses-tu du nouveau président?
6. Qu'est-ce que Chantal pense de cet article?
7. Jacques ne pense plus à Sylvie.

C. Donnez l'équivalent français des phrases suivantes.

1. I often think about our trip.
2. I have never thought about it.
3. What do you think of him?
4. She used to think about me every day.
5. What does he think about it?
6. What do you think of this university?

TRANSITION

L'avenir. Deux amis parlent de leurs projets d'avenir. Charles est obsédé par l'avenir, mais Louis n'y pense jamais. Reconstituez les phrases qu'ils ont prononcées.

modèle: ta future maison. → **Charles: Moi, j'y pense toujours.**
Louis: Moi, je n'y pense jamais.

1. ton avenir.
2. ta retraite
3. tes futurs enfants
4. ta future femme
5. ta future profession
6. les conséquences de tes décisions présentes

COMMUNICATION

A. Questions/interview. Répondez aux questions suivantes ou utilisez-les pour interviewer un(e) autre étudiant(e). Utilisez **y** ou **en** dans vos réponses quand cela est possible.

1. A ton avis, est-ce que les politiciens pensent trop à leur image? Est-ce qu'ils pensent assez à leurs responsabilités?
2. En hiver, est-ce que tu penses souvent aux vacances d'été?
3. Quand tu prends l'avion, est-ce que tu penses aux risques d'accidents?
4. A ton avis, est-ce que les gens pensent trop à l'argent? A leur apparence? A leur santé? A leur position sociale?
5. Est-ce que les gens pensent assez à leurs responsabilités? A l'avenir de notre planète? Aux autres?
6. Qu'est-ce que tu penses de la situation économique aux Etats-Unis?
7. Qu'est-ce que tu penses de la publicité à la télévision?
8. Qu'est-ce que tu penses de la cuisine américaine?

B. Qu'en pensez-vous? Donnez votre opinion personnelle sur les sujets suivants.

1. Votre université: Qu'est-ce que vous pensez de votre université? Est-elle trop grande ou trop petite? Y a-t-il trop ou pas assez d'étudiants? Est-ce que les professeurs sont bons? Est-ce que les étudiants sont sympathiques? Comment est la cuisine dans les restaurants universitaires? Y a-t-il assez d'activités culturelles et sportives? Quels changements sont nécessaires pour l'avenir?
2. Le Président: Qu'est-ce que vous pensez du Président des Etats-Unis? Est-ce qu'il fait des réformes qui vont aider le pays à résoudre ses problèmes présents et futurs? A-t-il établi de bons rapports avec les autres pays? Est-il trop libéral ou trop conservateur pour vous? Etes-vous d'accord avec les décisions qu'il a prises?
3. Les sports: Qu'est-ce que vous pensez du rôle des sports dans la vie américaine? Est-ce que les Américains accordent trop d'importance aux sports? Est-ce qu'il est important de faire du sport? Est-ce que les sports sont une partie importante de la vie universitaire? Est-ce que les sports risquent de devenir trop professionnels ou trop compétitifs?

Le futur

PRESENTATION

The future tense in English is formed by using *shall* or *will* with the verb. In French, the future tense is a single word formed by adding endings to a stem. It is used both in writing and in speaking, though **aller** + an infinitive is very commonly used in conversation.

A. Most verbs form the future by adding the endings shown to the infinitive. When the infinitive ends in **-re,** the **-e** is dropped.

Le futur de *manger*

je manger**ai**	nous manger**ons**
tu manger**as**	vous manger**ez**
il/elle manger**a**	ils/elles manger**ont**

Le futur de *finir*

je finir**ai**	nous finir**ons**
tu finir**as**	vous finir**ez**
il/elle finir**a**	ils/elles finir**ont**

Le futur d'*attendre*

j'attendr**ai**	nous attendr**ons**
tu attendr**as**	vous attendr**ez**
il/elle attendr**a**	ils/elles attendr**ont**

Note the similarities between the future endings and the present tense forms of **avoir.**

Je parlerai à Jacqueline.
Nous attendrons Marc à l'arrêt d'autobus.
Qu'est-ce que vous boirez avec votre dîner?
Elle ne dormira pas dans cette chambre.
Anne et Paul se débrouilleront bien en France.
Dira-t-il la vérité?

B. Although the future endings are the same for all French verbs, certain common verbs have irregular stems.

VERB	FUTURE STEM	
aller	ir-	Je n'irai pas en classe demain.
avoir	aur-	Un jour, Mireille aura beaucoup d'argent.
être	ser-	Nous serons ici à six heures.
envoyer	enverr-	Est-ce que tu lui enverras un télégramme?
faire	fer-	Est-ce que vous ferez du ski cet hiver?
falloir	faudr-	Il faudra venir à huit heures.
pleuvoir	pleuvr-	Pleuvra-t-il demain?
pouvoir	pourr-	Je pourrai vous aider plus tard.
tenir, etc.	tiendr-	Il obtiendra facilement son diplôme.
venir, etc.	viendr-	Quand reviendras-tu?
voir	verr-	Je te verrai bientôt.
vouloir	voudr-	Qu'est-ce qu'ils voudront faire?

PRÉPARATION

A. Substituez les mots suggérés aux mots en italique.

Je parlerai au patron.   tu parleras / il parlera / nous parlerons / vous parlerez / elles parleront

B. Substituez les mots suggérés aux mots en italique et faites les changements nécessaires.

1. *Nous* partirons à onze heures.   tu / vous / je / les étudiants / mon ami
2. *J'*attendrai cinq minutes.   tu / nous / les étudiants / vous / le professeur
3. Est-ce qu'*ils* iront au cinéma ce soir?   vous / tu / nous / on / Jeannette / tes amis
4. *Tu* seras en classe, n'est-ce pas?   les étudiants / le professeur / vous / nous
5. *Elle* s'en occupera.   nous / mes amis / tu / je / vous

C. Mettez les phrases suivantes au futur.

modèle: Il finit avant moi. → **Il finira avant moi.**

1. Elle vient nous voir demain.
2. Il pleut beaucoup.
3. J'envoie des cartes postales.
4. Qu'est-ce que vous faites demain?
5. Ils ne peuvent pas vous emmener.
6. Il ne veut pas répondre à cette question.
7. Elle ne s'en souvient pas.
8. Il faut parler français.
9. Vous êtes au bureau de poste, n'est-ce pas?
10. Il y a beaucoup de touristes.

D. Répondez affirmativement aux questions suivantes en employant le futur dans vos réponses.

modèle: Est-ce que tu vas pouvoir résoudre ce problème toi-même →
   Oui, je pourrai résoudre ce problème moi-même.

1. Est-ce que vous allez faire des projets?
2. Est-ce que Michelle va sortir ce soir?
3. Est-ce qu'ils vont nous répondre?
4. Est-ce qu'elles vont se dépêcher?
5. Est-ce qu'Hélène va revenir ce soir?
6. Est-ce que nous allons avoir assez de temps?

TRANSITION

Plus jamais! Des étudiants sont en train de contraster leur vie présente à l'université et leur vie future quand ils auront leur diplôme. Retrouvez les phrases qu'ils ont prononcées à propos de leur avenir.

modèle: Maintenant nous passons tout notre temps à étudier. →
   Nous ne passerons plus jamais tout notre temps à étudier.

1. Je vais en classe tous les jours.
2. Nous mangeons la délicieuse cuisine du restaurant universitaire.
3. Georges écoute les explications des professeurs.
4. Françoise se lève à cinq heures pour étudier.
5. Je passe tout mon temps à la bibliothèque.

6. Hervé est un étudiant modèle.
7. Nous avons besoin d'écrire des compositions.
8. Je dépense tout mon argent pour acheter des livres.
9. Claude a peur des examens.
10. Nous nous retrouvons au café après la classe.

COMMUNICATION

A. Projets d'avenir. Voici une liste de projets d'avenir. Choisissez-en cinq que vous avez l'intention d'accomplir au cours de votre vie. Si vous préférez, vous pouvez substituer vos propres projets. Ensuite, discutez vos choix avec d'autres étudiants et essayez d'en expliquer les raisons.

exemple: apprendre à parler une autre langue étrangère →
J'apprendrai à parler une autre langue étrangère parce que c'est important pour la profession que j'ai choisie.

1. avoir un métier intéressant
2. faire le tour du monde
3. gagner beaucoup d'argent
4. prendre le temps de cultiver mes talents
5. se marier et avoir des enfants
6. faire du sport régulièrement pour rester en bonne forme physique
7. apprendre à piloter un avion
8. passer plusieurs années de ma vie dans un pays étranger
9. aller habiter à la campagne, loin de la pollution et de l'agitation des villes
10. explorer une région où personne n'est jamais allé
11. **?**

B. Imaginez que . . . Que ferez-vous dans les situations suivantes?

1. Imaginez que vous avez la possibilité de faire un grand voyage. Où irez-vous? Que ferez-vous? Avec qui et comment voyagerez-vous? Quels monuments et quelles villes visiterez-vous? Comment gagnerez-vous l'argent pour le voyage?
2. Imaginez que vous êtes le président de votre université. Que ferez-vous? Quelles décisions prendrez-vous? Quelles seront vos priorités?
3. Imaginez que vous êtes le professeur de français. Comment organiserez-vous votre classe? Quelle sorte de devoirs donnerez-vous aux étudiants? Quelle sorte d'examens donnerez-vous?

L'emploi de si au présent

PRESENTATION

Sentences with "if" clauses (for example, *if it rains, we'll stay home*) follow the same pattern in French as in English. When the **si** ("if") clause of a sentence is in the present, the result clause must be in the future, the imperative, or the present tense. The order of the clauses is not important. Either clause can come first.

SI CLAUSE	RESULT CLAUSE
Si + present tense	future tense imperative present tense

S'il pleut, nous resterons à la maison.
Ils iront au cinéma si Marie vient ce soir.
Si tu vas en France, n'oublie pas de m'envoyer une carte postale.
Si vous avez besoin d'argent, demandez-m'en.
Je boirai de l'eau si j'ai soif.
Si tu continues comme ça, je pars tout de suite.
Si je me couche tard, j'ai toujours mal à la tête le jour suivant.

PREPARATION

A. Substituez les mots suggérés aux mots en italique et faites les changements nécessaires.

1. Si *j'*ai besoin d'argent, *j'*irai à la banque. tu / nous / Pierre / vous / les employés
2. *Nous* ferons la cuisine si *nous* avons le temps Pierre / je / vous / tu / mes sœurs
3. S'*il* peut, *Jean* viendra ce soir. nous / je / tu / vous / les autres
4. Qu'est-ce que *je* ferai si *je* rencontre un agent? tu / nous / vous / les étudiants / le chauffeur

TRANSITION

Qu'est-ce que je ferai? Julie est une personne qui veut toujours savoir (*know*) à l'avance ce qui va arriver. Répondez à ses questions selon les indications données.

modèle: Qu'est-ce que nous ferons s'il pleut demain? (rester à la maison) →
S'il pleut demain, nous resterons à la maison.

1. Qu'est-ce que nous ferons s'il fait beau? (faire une promenade)
2. Qu'est-ce que Jacques fera s'il n'a pas d'auto? (prendre l'autobus)
3. Qu'est-ce que vous ferez si vous avez mal à la gorge? (aller chez le médecin)
4. Si le professeur ne vient pas en classe demain, qu'est-ce que nous ferons? (rentrer chez nous)
5. Qu'est-ce que je ferai si je ne comprends pas les explications du professeur? (lever la main)
6. Qu'est-ce que le professeur fera si je ne fais pas mes devoirs? (se mettre en colère)

COMMUNICATION

A. Réactions. Que pensez-vous des situations suivantes? Choisissez une ou plusieurs des réponses données ou créez-en une vous-même.

1. Si je suis en retard le matin, . . .
   a. je me dépêche.
   b. je ne prends pas de petit déjeuner
   c. je décide de retourner me coucher
   d. **?**
2. Si pendant l'hiver il y a une crise de l'énergie et si nous sommes sans éléctricité pendant quelque temps, . . .
   a. je partirai en Floride
   b. je mettrai des vêtements chauds et je resterai couché(e) toute la journée
   c. j'irai dans un café du quartier et j'attendrai que ça passe
   d. **?**
3. Si pendant un voyage en Europe, vous perdez votre passeport, . . .
   a. téléphonez immédiatement à l'ambassade américaine
   b. prenez la nationalité du pays en question
   c. ne perdez pas la tête (vous en aurez besoin)
   d. **?**
4. Si vous ne pouvez pas dormir le soir, . . .
   a. levez-vous et travaillez pendant une heure
   b. faites une petite promenade
   c. buvez un petit verre de vin avant de vous coucher
   d. **?**
5. Si vous avez mal à l'estomac, . . .
   a. allez chez le médecin
   b. allez vous coucher
   c. buvez de l'eau minérale
   d. **?**
6. Si je sors avec mes amis le week-end prochain, . . .
   a. nous irons au cinéma
   b. nous irons danser dans une discothèque
   c. nous dînerons dans un restaurant français
   d. **?**
7. S'il y a trop de chômage, . . .
   a. il faudra créer de nouveaux emplois
   b. j'irai dans une autre ville pour trouver du travail
   c. je resterai étudiant(e) toute ma vie
   d. **?**
8. Si on ne fait pas de réformes dans les prisons, . . .
   a. il y aura de plus en plus de crimes
   b. il y aura des révoltes
   c. les prisonniers ne pourront jamais être réhabilités
   d. **?**

B. Possibilités. Complétez les phrases suivantes selon vos préférences personnelles.

1. Si jamais je vais en France, je . . .
2. Si un jour je deviens riche et célèbre, je . . .
3. Si on me donne de l'argent, . . .
4. Si nous n'avons pas de devoirs à faire ce soir, . . .
5. Si je ne trouve pas de travail cet été, . . .

6. Si nous ne pensons pas assez à l'avenir, . . .
7. Si j'ai le temps ce week-end, . . .
8. Si la crise de l'énergie continue, . . .

La Tour Eiffel va-t-elle mourir?

Paris sans la Tour Eiffel? C'est impossible. C'est le monument le plus prestigieux du monde, le pôle d'attraction des touristes de tous les pays, le symbole de Paris. Chaque année elle *attire* plus de visiteurs que la Statue de la liberté ou même que le Parthénon. Que feront-ils sans elle? Qui inspirera les poètes, les *peintres* et les *cinéastes*? Au cours de l'histoire la tour a eu ses admirateurs et ses critiques, mais belle ou non, elle *fait* maintenant *partie de* Paris comme la Seine ou Notre-Dame.

    Pourtant, à l'âge de quatre-vingt-dix ans, cette fabuleuse structure de métal construite en 1889 par Gustave Eiffel (à l'occasion de l'*Exposition universelle* et pour célébrer l'anniversaire de la Révolution) est en danger. Peut-être en danger de mort . . .

    Elle est encore parfaitement solide, *bien sûr,* mais pour assurer son avenir, il faudra faire des travaux importants. En particulier, il faudra remplacer l'*escalier de secours,* il faudra reconstruire certaines plates-formes et surtout, il faudra remplacer l'*ascenseur,* qui est en service *depuis* 1889.

    Le danger n'est évidemment pas immédiat, et les touristes peuvent continuer à la visiter en toute sécurité. Les travaux *d'entretien* y sont accomplis très sérieusement et très régulièrement. Il y a quarante techniciens qui sont responsables de l'entretien de la tour. Chaque matin à sept heures, leur travail commence. Ils descendent *d'abord* dans les pieds de la tour pour vérifier et *graisser* les énormes machines. Ensuite ils montent jusqu'au dernier *étage* pour graisser tous les mécanismes de l'ascenseur.

    La tour est entièrement *repeinte* tous les sept ans. Pour cela il faut plus de

Glossary (right margin):

attracts

painters / filmmakers

is part of

however, yet
World's Fair

of course

emergency staircase
elevator / since

maintenance, upkeep

first
grease / floor

repainted

cinquante tonnes de peinture et des ouvriers qui *n'ont pas le vertige*! Pério-diquement, des *ingénieurs* spécialisés et des techniciens examinent aussi toutes les parties de la tour. Les 3 millions de touristes qui visitent annuellement la tour peuvent donc être *rassurés:* l'entretien et la surveillance sont excellents.

are not afraid of heights
engineers

reassured

Le problème, c'est l'avenir de la tour. Les travaux de modernisation coûteront au moins 90 millions de francs. L'ascenseur hydraulique, en particulier, coûtera 35 millions de francs. Il sera remplacé par un ascenseur électrique moderne et rapide. Il pourra monter mille visiteurs à l'heure et fonctionnera hiver comme été. Mais qui paiera? Des négociations sont *en cours*. Il faut espérer qu'elles réussiront et qu'on fera bientôt les travaux de modernisation qui assureront l'avenir de la tour.

in progress

Extrait et adapté d'un article de *L'Express* par Marie Laure de Léotard

Compréhension du texte. Selon les renseignements donnés, est-ce que les phrases suivantes sont vraies ou fausses? Corrigez le sens de la phrase s'il est faux.

1. La Statue de la liberté attire beaucoup plus de visiteurs que la Tour Eiffel.
2. La Tour Eiffel a été construite en 1789.
3. Si on veut assurer l'avenir de la Tour Eiffel, il faudra faire des travaux importants.
4. La réparation la plus urgente est le remplacement de l'antenne de télévision qui est au dernier étage.
5. Les touristes ne peuvent pas visiter la tour maintenant parce qu'on est en train de faire des réparations.
6. On n'a pas repeint la tour depuis sa construction parce qu'il est impossible de trouver des ouvriers.
7. Il y a 3 millions de touristes qui visitent la tour chaque année.
8. Le nouvel ascenseur fonctionnera en été et en hiver et il pourra monter quarante visiteurs à l'heure.

Le Paris moderne

NOTES CULTURELLES

Paris change. Les nouvelles constructions d'aujourd'hui soulèvent° autant de controverse que la Tour Eiffel en a soulevé il y a un siècle. Ces nouveautés choquent les uns, enthousiasment les autres, mais tous finiront par s'y habituer° tout comme° on s'est habitué à la Tour Eiffel. Un visiteur qui n'est pas venu à Paris depuis une vingtaine° d'années sera frappé° par les changements qui ont eu lieu. Par exemple, la plupart des monuments et édifices publics ont été nettoyés° pour redonner à la pierre° sa couleur originale.

soulèvent *arouse*   s'y habituer *get used to it*   tout comme *just as*   vingtaine *about twenty*   frappé *struck, surprised*   nettoyé *cleaned*   pierre *stone*

Montparnasse: le nouveau et l'ancien

Le centre Georges Pompidou

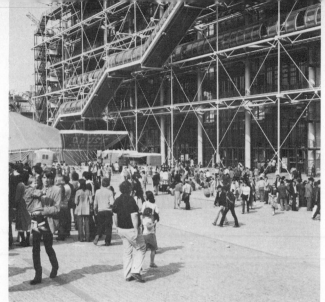

Il y a aussi des bâtiments° modernes. Parmi les plus controversés, on peut citer la Tour Maine-Montparnasse et la Maison de la Radio. Ce sont de belles réussites° architecturales mais certains pensent qu'elles détruisent° l'harmonie de leur quartier.

Un des changements les plus spectaculaires a été le transfert des Halles à Rungis dans la banlieue° sud de Paris. Sur le plateau Beaubourg, situé entre les anciennes Halles et le quartier du Marais, on a construit le Centre National d'Art et de Culture Georges Pompidou. L'organisation du Centre et son architecture sont basées sur des concepts ultra-modernes que beaucoup de gens ont encore de la difficulté à accepter.

bâtiments *buildings*   réussites *successes*   détruisent *destroy*   banlieue *suburb*

COMMUNICATION

A. Prédictions. Est-ce que vous pensez que certaines choses n'arriveront jamais ou pensez-vous que tout est possible? Pour chacune des prédictions suivantes, indiquez si vous êtes d'accord ou non.

exemple: Les hommes ne seront jamais parfaits. →
 C'est vrai, les hommes ne seront jamais parfaits. ou
 Mais si, un jour ils seront parfaits.

1. On ne pourra jamais éliminer totalement la nécessité de travailler.
2. Le soleil ne sera jamais notre source principale d'énergie.
3. Dans deux siècles, il n'y aura plus de vie sur cette planète.
4. Il n'y aura plus de pays indépendants; il n'y aura qu'un seul gouvernement pour toute notre planète.
5. Un jour on ne mangera que des aliments artificiels.
6. On n'aura plus besoin d'automobiles.
7. Personne ne pourra jamais résoudre le problème de l'énergie.
8. Il n'y aura qu'une langue que tout le monde parlera.

Quelles sont vos prédictions pour l'avenir? Utilisez les prédictions données ci-dessus (*above*) comme guide et préparez vos propres prédictions. Ensuite présentez-les à un(e) autre étudiant(e) ou à un groupe d'étudiants et demandez-leur s'ils sont d'accord ou non avec vos prédictions.

B. Comment refuser? Imaginez que vous êtes dans les situations suivantes. Comment allez-vous refuser? Choisissez la réponse qui vous semble la meilleure ou inventez-en une autre.

1. Un de vos amis vous invite à faire une promenade en voiture. Vous avez déjà refusé plusieurs fois. Comment allez-vous refuser encore une fois sans le vexer?
   a. Je n'ai absolument pas envie de faire une promenade aujourd'hui.

b. Excuse-moi, je n'ai pas le temps, je n'ai que quinze minutes.

c. Je ne veux pas sortir avec toi.

d. **?**

2. Un ami vous invite à dîner chez lui. La dernière fois que vous avez mangé chez lui, vous avez eu mal à l'estomac pendant une semaine. Comment allez-vous refuser son invitation?

a. Non, merci, je n'ai plus d'Alka-Seltzer.

b. Non, je ne sors jamais pendant la semaine.

c. Merci, c'est gentil de m'inviter, mais je n'ai pas le temps cette semaine. J'ai trop de travail.

d. **?**

3. Votre voiture ne marche pas bien. Un ami propose de vous aider à la réparer. Ses talents de mécanicien sont très médiocres. Comment allez-vous refuser son aide?

a. Toi? Réparer ma voiture? Je ne te le permettrai jamais!

b. Je préfère attendre un peu; je n'ai pas besoin de ma voiture maintenant.

c. Impossible! Ma voiture n'est pas un jouet pour les enfants!

d. **?**

4. Un groupe d'amis vous invite à aller faire du ski. Vos amis ont tendance à être imprudents et vous préférez rester chez vous. Comment allez-vous refuser?

a. Non, merci, je n'ai aucune envie de me casser une jambe.

b. J'ai écouté le bulletin météorologique et ils ont dit qu'il y a de très grands risques d'avalanches.

c. Je préfère y aller la semaine prochaine; la neige n'est pas bonne en ce moment.

d. **?**

5. Vous avez envie d'acheter une voiture, mais vous n'avez pas beaucoup d'argent. Vous décidez d'acheter une petite voiture économique. Mais l'employé tient absolument à vous vendre une voiture grand-luxe. Qu'est-ce que vous allez répondre?

a. Je n'aime vraiment pas la couleur de cette voiture.

b. Ça! Ce n'est pas une voiture, c'est un tank!

c. Cette voiture n'est ni économique ni pratique. Ce n'est pas du tout le type de voiture que je veux!

d. **?**

6. Un de vos amis a besoin d'argent. Il vous demande de lui en donner. Vous êtes sûr(e) qu'il ne le rendra pas. Qu'est-ce que vous allez dire pour refuser?

a. Mais tu ne m'as pas encore rendu l'argent que je t'ai donné le mois passé.

b. Quelle coïncidence! Moi aussi, j'ai besoin d'argent et j'allais t'en demander.

c. Tu n'as pas de chance. Je viens d'acheter une nouvelle voiture et je n'ai plus d'argent.

d. **?**

C. Rien ne va plus! Il y a des jours où rien ne réussit, où vous ne rencontrez que des problèmes, où vous êtes de mauvaise humeur. Voici, par exemple, quelques phrases prononcées par Jean Némard un jour où il était de mauvaise humeur.

Il ne fait jamais beau dans cette ville.

Zut! Il n'y a plus de bière dans le réfrigérateur.

Personne ne m'a téléphoné aujourd'hui.

Rien ne m'intéresse.

Imaginez que vous aussi, vous avez envie de rouspéter (*gripe*) contre tout. Composez des phrases qui expriment vos propres frustrations. Utilisez autant de négatifs que possible.

_____ *VOCABULAIRE*

Noms

les **affaires** (f) *business*

l' **amateur** (m) *fan, enthusiast*

l' **ascenseur** (m) *elevator*

le **cinéaste** *filmmaker*

le **destin** *fate*

l' **entretien** (m) *maintenance*

l' **escalier** (m) *stairs, stairway*

l' **étage** (m) *floor*

l' **être** (m) *being*

le **hasard** *chance*

l' **ingénieur** (m) *engineer*

le **jouet** *toy*

la **loi** *law*

le **peintre** *painter*

le **philosophe** *philosopher*

le **sort** *fate*

Verbes

arriver *to happen*

attirer *to attract*

faire partie de *to be a part of*

prédire *to predict*

Adjectifs

fermé(e) *closed*

ouvert(e) *open*

Divers

d'abord *first, first of all*

bien sûr *of course*

bientôt *soon*

depuis *since*

en cours *underway, in progress*

en dehors (de) *outside*

envers *toward*

pourtant *however*

COGNATE NOUNS

l' **action** (f)

l' **attraction** (f)

le **baseball**

le **basketball**

la **compétition**

le **critique**

la **discothèque**

l' **erreur** (f)

la **force**

l' **hérédité** (f)

l' **horoscope** (m)

l' **individu** (m)

la **nationalité**

la **planète**

le **projet**

le **visiteur**

Le Québec

Portrait des étudiants québécois

INTRODUCTION

Que pensent les étudiants québécois de leurs études universitaires? Quelles sont leurs ambitions? Comment imaginent-ils leur avenir? Que veulent-ils faire dans la vie? Quelles sont leurs relations avec leurs parents? Pourquoi étudient-ils? Sont-ils obligés de travailler? Comment s'habillent-ils? Quelle est leur attitude *au sujet de* l'amour et du mariage? Que pensent-ils de la politique et de la religion?

about

Pour avoir des réponses à ces questions, un éducateur canadien a organisé un sondage d'opinion. Il a interrogé mille étudiants et étudiantes de seize à vingt-trois ans. Cette étude a *duré* dix ans.

lasted

Leur but dans la vie

Quand on les a interrogés sur leur idéal dans la vie, la plus grande partie des jeunes (32%) ont choisi la *réussite* personnelle et le *bonheur* (17%) *plutôt que* la réussite financière ou le désir d'être *utile* à la société.

success / happiness / rather than / useful

Leurs qualités et leurs défauts

faults

Quand on leur a présenté une liste de qualités et qu'on leur a demandé d'indiquer la qualité principale qu'ils possédaient, ils ont choisi la sociabilité (14%) et la *franchise* (13%). Ces résultats sont restés constants pendant les dix dernières années. Ils pensent que leur principal défaut est l'*orgueil*.

sincerity, frankness
pride, arrogance

Leur avenir

Cinquante-neuf pour cent des étudiants québécois sont optimistes au sujet de leur avenir. Peu d'étudiants se sont déclarés pessimistes ou indifférents. Ces réponses n'ont pas changé au cours des années.

Leur orientation professionnelle

Les professions libérales attirent de plus en plus de jeunes (44%). Un fait intéressant est que la proportion de jeunes qui désirent devenir *agriculteurs augmente* chaque année. Par contre, l'intérêt pour le travail de *commerçant* diminue chaque année.

farmers
increases / small business owner

La famille

Les jeunes ont des relations plus profondes avec leur mère qu'avec leur père. En général aussi, ils s'entendent mieux avec leur mère. Ils parlent plus souvent avec elle qu'avec leur père. Quand ils étaient petits, ils *se confiaient* plus facilement à leur mère (43%) qu'à leur père (11%).

confided

Les études

A la question «Pourquoi continuez-vous vos études?» la majorité des jeunes (71%) ont répondu que c'est parce qu'ils veulent réussir dans la vie. La proportion de jeunes qui ont choisi cette réponse a augmenté d'année en année. Mais 10% disent qu'ils continuent leurs études parce qu'ils aiment étudier.

Le travail

La majorité des jeunes (50%) disent que leurs parents ne leur donnent aucune aide financière. Seulement 23% disent qu'ils travaillent pour pouvoir continuer leurs études et 43% disent qu'ils travaillent pour avoir de l'argent de poche.

Les vêtements

La majorité des jeunes disent qu'ils s'habillent comme ils veulent. En fait, *presque* tous les jeunes *portent* des jeans. Est-ce que cela veut dire qu'ils ont les mêmes goûts ou qu'ils sont conformistes?

almost / wear

L'amour

La plupart des jeunes (69%) pensent que l'amour donne un sens à la vie; mais pour eux il n'y a pas de *partenaire* prédestiné et l'amour dure rarement toute la vie.

partner

La politique

En général, les jeunes qui s'intéressent à la politique préfèrent le Parti québécois.

La religion

Seulement *un tiers* des jeunes pratiquent une religion, mais 81% pensent qu'il existe un Etre Suprême.

one third

Extrait et adapté d'un article du *Québec en Bref*

Compréhension du texte. Selon les renseignements donnés, est-ce que les phrases suivantes sont vraies ou fausses? Corrigez le sens de la phrase s'il est faux.

1. La réussite financière est moins importante pour les jeunes Québécois que la réussite personnelle et le bonheur.
2. Selon eux, le principal défaut des jeunes Québécois est la franchise.
3. L'intérêt pour les professions libérales diminue chaque année.
4. Le travail de commerçant intéresse de moins en moins les jeunes Québécois.
5. Il y a de moins en moins de jeunes qui veulent devenir agriculteurs.
6. En général, les jeunes s'entendent moins bien avec leur père qu'avec leur mère.
7. La majorité des jeunes Québécois continuent leurs études parce qu'ils aiment étudier.
8. Presque la moitié des jeunes sont obligés de travailler pour gagner leur argent de poche.
9. Le parti politique que les jeunes Québécois préfèrent est le Parti libéral.
10. Plus de deux tiers des jeunes pratiquent une religion.

Réactions personnelles. Les questions suivantes ont été posées aux jeunes Québécois. Répondez-y selon votre expérience et vos convictions personnelles.

1. Que pensez-vous de vos études?
2. Quelles sont vos ambitions dans la vie?
3. Comment imaginez-vous votre avenir?
4. Que voulez-vous faire dans la vie?
5. Etes-vous satisfait(e) de vos relations avec vos parents?
6. Quand vous avez des problèmes, à qui préférez-vous vous confier?
7. Pourquoi étudiez-vous?
8. Quelle est votre attitude au sujet de l'amour et du mariage?
9. Que pensez-vous de la politique?
10. Que pensez-vous de la religion?

Petite conversation. Un reporter parle avec un étudiant québécois.

Le reporter: Est-ce que vous préférez avoir beaucoup d'argent ou être heureux?

Yves Chambeau: Pour moi, le plus important c'est d'être heureux.

Le reporter: Est-ce que vous vous entendez bien avec vos parents?

Yves Chambeau: Oui, on s'entend assez bien. Je m'entends bien surtout avec ma mère. Je peux tout lui raconter.

Le reporter: Vous travaillez?

Yves Chambeau: Oui, j'ai besoin d'argent pour payer mes études et mes parents ne peuvent pas m'aider. Alors, je suis bien obligé de travailler.

L'enseignement au Québec

Comme l'étudiant français et américain, l'étudiant québécois va d'abord à l'école maternelle° puis° à l'école élémentaire de six à 12 ans. De 12 à 16 ans, les jeunes Québécois vont à l'école polyvalente ainsi° appelée à cause des° diverses options qui sont offertes à l'étudiant. Le tronc° commun à la polyvalente se compose de cours de langue maternelle et de langue secondaire, de cours de mathématiques, d'histoire, de catéchèse,° et d'éducation physique. En ce qui concerne° les autres matières, les étudiants peuvent choisir parmi les différentes options celles° qui les intéressent le plus ou qui semblent les mieux adaptées à leurs talents et capacités.

Après la polyvalente, les jeunes Québécois peuvent entrer directement dans le marché du travail. Par contre,° si un jeune veut aller à l'université ou recevoir° une formation technique, c'est le moment d'entrer dans un des nombreux Cegep (Collège d'enseignement général et professionnel) du Québec. Chaque Cegep offre plus de 130 options professionnelles aux étudiants et un choix de deux programmes généraux. D'un côté,° il y a le cours général qui dure deux ans et qui prépare à l'entrée dans une des six universités québécoises. De l'autre côté, il y a le cours professionnel qui dure trois ans et qui prépare l'étudiant à une profession dans un des cinq domaines suivants: techniques biologiques, techniques physiques, techniques humaines, techniques de l'administration, et arts.

école maternelle *nursery school*   puis *then*   ainsi *thus*
à cause des *because of*   tronc *core*   catéchèse
catechism   en ce qui concerne *concerning*   celles
those   par contre *on the other hand*   recevoir *receive*
d'un côté *on the one hand*

Les verbes lire et écrire

PRESENTATION

The verbs **lire** (*to read*) and **écrire** (*to write*) are irregular but resemble each other in several ways.

lire		écrire	
je lis	nous lisons	j'écris	nous écrivons
tu lis	vous lisez	tu écris	vous écrivez
il/elle lit	ils/elles lisent	il/elle écrit	ils/elles écrivent
passé composé: j'ai lu		passé composé: j'ai écrit	

Le professeur lit attentivement les résultats du sondage.
D'habitude je lis *Montréal-Matin*.
Hier j'ai lu le dernier livre d'Anne Hébert.
A cette époque-là, je lisais *Sélections du Reader's Digest*.
Je lirai le livre que vous m'avez suggéré.

J'écris souvent à mes parents.
Est-ce que vous lui écrivez tous les jours?
Gilles Vignault a écrit un très beau
   poème sur le Canada.
Ses enfants lui écrivaient toutes les semaines.
Demain j'écrirai au centre d'orientation
   professionnelle.

Another verb like **écrire** is **décrire** (*to describe*).

Décrivez la maison où vous habitez.

PREPARATION

A. Substituez les mots suggérés aux mots en italique.

1. *J'écris* bien.   tu écris / elle écrit / nous écrivons / vous écrivez / ils écrivent
2. *Je lis* le journal.   tu lis / il lit / nous lisons / vous lisez / elles lisent

B. Substituez les mots suggérés aux mots en italique et faites les changements nécessaires.

1. *Je* lirai cet article.   Monique / nous / vous / tu / les gens
2. *J'*écrivais peu mais *je* lisais beaucoup.   tu / vous / on / nous / les enfants
3. *Nous* n'avons pas lu cette lettre.   je / Colette / le directeur / vos parents / on

TRANSITION

Au Québec. Deux étudiants québécois parlent de ce qu'ils aiment lire. Formulez leurs réponses selon les indications données.

modèle: Est-ce que tu lis des journaux? (oui, . . . plusieurs) → **Oui, je lis plusieurs journaux.**

1. Quel journal est-ce que tu lis le matin? (*Montréal-Matin*)
2. Et tes parents, quel journal est-ce qu'ils lisent? (*La Presse*)
3. Quand vous habitiez à Québec, quel journal est-ce que vous lisiez? (*Le Soleil*)
4. Est-ce que tu as lu *Maria Chapdelaine* quand tu étais jeune? (oui)
5. Est-ce que tu lis souvent des revues américaines? (oui, . . . de temps en temps)
6. Quelles revues françaises est-ce que tu lis? (*L'Express* et *Le Nouvel Obser-vateur*)
7. Est-ce que ta mère lit une revue féminine? (oui, . . . *Marie-Claire*)

COMMUNICATION

Questions/interview. Répondez aux questions suivantes ou utilisez-les pour interviewer un(e) autre étudiant(e).

1. Est-ce que tu écris bien? Mal? Gros? Petit?
2. Est-ce que tu es obligé(e) d'écrire beaucoup de compositions ce trimestre?
3. Est-ce que tu écris beaucoup de lettres? A qui?
4. Qui t'écrit des lettres?
5. Aimes-tu écrire des poèmes? As-tu jamais écrit un poème en français?

6. Qu'est-ce que tu aimes lire? Quel est ton auteur préféré?
7. Est-ce que tu lis le journal tous les jours? Est-ce que tu le lis le matin ou le soir?
8. Quels livres as-tu lus cette année?
9. Est-ce que tu lisais beaucoup quand tu étais petit(e)? Qu'est-ce que tu lisais?
10. Est-ce que tu as déjà lu un livre en français? Dans une autre langue étrangère?

Depuis *et d'autres expressions de temps*

PRESENTATION

To indicate that an action or condition that began in the past is still going on in the present, the present tense is used with the expressions **depuis** or **il y a . . . que.**

A. **Depuis** and **il y a . . . que** can be used interchangeably when the condition or action that started in the past has lasted a given amount of time. In this case their meaning corresponds to *for* in English. Note that each expression requires a different word order.

Nous habitons à Toronto depuis trois mois.
Il y a trois mois que nous habitons à Toronto.
We've been living in Toronto for three months.

Il pleut depuis trois jours.
Il y a trois jours qu'il pleut.
It has been raining for three days.

Je suis ici depuis cinq minutes.
Il y a cinq minutes que je suis ici.
I've been here for five minutes.

B. To indicate that a condition or action started at a particular time in the past only **depuis** is used; its meaning corresponds in this case to *since* in English.

Suzanne travaille dans une école bilingue depuis la semaine dernière.
Suzanne has been working in a bilingual school since last week.

Le professeur s'intéresse à ce problème depuis 1973.
The professor has been interested in this problem since 1973.

André sort avec Lucette depuis Noël.
André has been going out with Lucette since Christmas.

Questions that elicit amount-of-time responses use either **depuis quand** (*since when* or *how long*) or **depuis combien de temps** (*for how long*).

Depuis quand as-tu ton diplôme? Depuis le mois de juin.
Depuis combien de temps travailles-tu ici? Depuis deux mois.

C. **Il y a** without **que** is the equivalent of the English word *ago*. In this case a past tense is used.

Il a fini ses études il y a deux ans.
He finished school two years ago.

Lisette et Pierre se sont mariés il y a six mois.
Lisette and Pierre got married six months ago.

D. To speak of an action or condition that began and ended in the past, **pendant** (*for, during*) is used with the **passé composé.**

Pendant combien de temps avez-vous habité au Canada?
How long did you live in Canada?

| Nous avons habité au Canada pendant deux ans. | *We lived in Canada for two years.* |
| Pendant nos vacances nous avons travaillé dans un restaurant. | *During our vacation we worked in a restaurant.* |

Note the different meanings conveyed by **depuis** and **pendant**:

| J'ai étudié à l'université Laval pendant trois ans. | *I studied at Laval University for three years.* |
| J'étudie à l'université Laval depuis trois ans. | *I've been studying at Laval University for three years.* |

PREPARATION

A. Transformez les phrases suivantes selon les modèles donnés.

modèle: Je suis ici depuis deux mois. → **Il y a deux mois que je suis ici.**

1. Ils écrivent depuis dix minutes.
2. Il neige depuis vingt-quatre heures.
3. Nous sommes en classe depuis un quart d'heure.
4. Je regarde la télévision depuis une demi-heure.
5. Elle a une voiture depuis trois ans.
6. Ils sont au Canada depuis un an.
7. Est-ce que tu as mal à la tête depuis longtemps?

modèle: Il y a une heure que nous attendons ici. → **Nous attendons ici depuis une heure.**

8. Il y a une semaine qu'ils font grève.
9. Il y a une heure qu'elle lit cet article.
10. Il y a un mois qu'il fait chaud.
11. Il y a vingt-cinq minutes que j'écoute la radio.
12. Il y a quinze ans que vous habitez à Toronto.
13. Il y a deux jours qu'il porte la même chemise.

B. Donnez l'équivalent français des phrases suivantes.

1. How long have you been reading?
2. How long have you been living in Europe?
3. I've been studying for four hours.
4. I wrote for two hours.
5. We read that book two months ago.
6. She's been working since 1925.
7. We've been waiting since two o'clock.

TRANSITION

Interview. Léon Forestier se présente comme candidat pour un poste dans un service d'administration québécois. On lui pose des questions. Formulez ses réponses selon les indications données.

modèle: Excusez-moi, Monsieur, est-ce qu'il y a longtemps que vous attendez? (Non . . . seulement dix minutes) → **Non, il y a seulement dix minutes que j'attends.**

1. Depuis quand cherchez-vous un nouvel emploi? (janvier)
2. Quand avez-vous fini vos études? (trois ans)

3. Depuis quand habitez-vous à Québec? (deux ans)
4. Pendant combien de temps êtes-vous resté dans votre emploi précédent? (trois mois)
5. Quand avez-vous commencé à travailler pour la première fois? (sept ans)
6. Depuis quand parlez-vous anglais? (l'âge de dix ans)

COMMUNICATION

Questions/interview. Répondez aux questions suivantes ou utilisez-les pour interviewer un(e) autre étudiant(e).

1. Depuis quand es-tu étudiant(e) dans cette université?
2. Depuis combien de temps étudies-tu le français?
3. Pendant combien de temps as-tu regardé la télévision hier?
4. Où habitais-tu il y a dix ans?
5. Où étais-tu il y a deux heures?
6. Quand as-tu voyagé seul(e) pour la première fois?
7. Est-ce que tu as une voiture? Depuis quand?
8. Où est-ce que tu habites maintenant? Y habites-tu depuis longtemps?

B. Points communs . . . Posez des questions aux autres étudiants pour découvrir qui, dans votre classe, se trouve dans les situations suivantes.

Trouvez un(e) étudiant(e):
1. qui est allé(e) au Canada pendant ses vacances
2. qui est marié(e) depuis un an ou plus
3. qui a habité dans la même ville pendant dix ans
4. qui est né(e) il y a vingt-trois ans
5. qui est sorti(e) avec la même personne pendant plus de six ans
6. qui parle une langue étrangère depuis son enfance
7. qui a habité dans un pays étranger pendant un an ou plus
8. qui dort en classe depuis le début du trimestre

Le futur avec quand, lorsque, dès que et aussitôt que

PRESENTATION

In French, when a clause begins with **quand** (*when*), **lorsque** (*when*), **dès que** (*as soon as*) or **aussitôt que** (*as soon as*) and future time is implied, the verb is in the future. In English the present tense is used in similar instances.

Faisons une promenade quand il fera beau.	*Let's take a walk when it's nice.*
Lorsque nous irons à Québec, nous visiterons le Château Frontenac.	*When we go to Quebec, we'll visit Frontenac Castle.*
Dès qu'ils arriveront, nous nous mettrons à table.	*As soon as they arrive, we'll sit down to eat.*
J'achèterai une maison aussitôt que j'aurai assez d'argent.	*I'll buy a house as soon as I have enough money.*

Notice that either clause can come first and that the verb in the main clause can be either in the future or in the imperative.

Québec: la vieille ville et le château Frontenac

PREPARATION

A. Substituez les mots suggérés aux mots en italique et faites les changements nécessaires.

1. Quand *j'*aurai le temps, *je* lirai un bon livre.   tu / il / nous / vous / elles
2. *Elle* partira aussitôt qu'elle pourra.   tu / les autres / nous / je / vous

B. Transformez les phrases suivantes selon le modèle donné.

modèle: Nous parlerons de cela. Ils seront ici. (quand) → **Nous parlerons de cela quand ils seront ici.**

1. Je t'écrirai. Nous arriverons à Moscou. (dès que)
2. Il achètera des vêtements. Il ira en ville. (quand)
3. Je lirai ce livre-là. J'aurai le temps. (lorsque)
4. Nous partirons en vacances. Le beau temps reviendra. (aussitôt que)
5. Je prendrai ma retraite. J'aurai soixante ans. (quand)
6. Vous réussirez mieux. Vous travaillerez plus sérieusement. (quand)

TRANSITION

L'amour n'a pas de frontières. Don, un Américain, a rencontré une jeune Québécoise qu'il a bien envie de revoir. Malheureusement, il ne parle pas français. Il vous a demandé de traduire (*translate*) ce qu'il veut lui dire.

1. When you come to the United States, you can stay with my family.
2. Write to me as soon as you return home.
3. As soon as you write to me, I'll answer.
4. I'll call you when I am at home.
5. I'll come back as soon as I have enough money.
6. We'll get married as soon as we can.

COMMUNICATION

Réactions. Complétez les phrases suivantes pour exprimer vos opinions ou vos intentions.

1. Quand j'aurai trente-cinq ans, je . . .
2. Je partirai en vacances dès que . . .
3. Quand j'aurai le temps, je . . .
4. Dès que j'aurai assez d'argent, je . . .
5. Aussitôt que la classe sera terminée, les étudiants . . .
6. Les étudiants seront contents quand . . .
7. Quand j'aurai besoin d'argent, je . . .
8. Quand il fera froid, nous . . .
9. Lorsque nous serons au vingt et unième siècle . . .
10. Je prendrai ma retraite quand . . .

Le verbe suivre et les différents cours qu'on peut suivre

PRESENTATION

Suivre (*to follow*) is an irregular verb. Its most frequent use is in the expression **suivre un cours** (*to take a course*).

suivre

je suis	nous suivons
tu suis	vous suivez
il/elle suit	ils/elles suivent

passé composé: j'ai suivi

Suivez-moi au poste de police.　Il est difficile de suivre vos idées.
Etudiez bien l'exemple qui suit.　Quels cours suiviez-vous quand vous étiez au lycée?
Je te suivrai n'importe où.

Suivre un cours can be used with names of courses and subjects. Some of the more common ones that have not yet been introduced are:

la géographie
les sciences: la biologie, la chimie (*chemistry*), la physique
les sciences politiques, les sciences économiques, la comptabilité (*accounting*)
les sciences humaines: l'anthropologie, la psychologie, la sociologie
les langues: le chinois, le grec, le latin, etc.

les arts: la peinture, la photographie, la sculpture, etc.   l'agriculture
le journalisme   l'éducation physique
les arts ménagers (*home economics*)   la pédagogie (*education*)
l'architecture

J'ai suivi un cours de mathématiques.
Est-ce que vous suivez un cours de russe depuis trois ans?
Elle a suivi un cours d'histoire il y a deux ans.

PREPARATION

⊘ **A.** Substituez les mots suggérés aux mots en italique.

Je suis plusieurs cours.   tu suis / elle suit / nous suivons / vous suivez / ils suivent

⊘ **B.** Substituez les mots suggérés aux mots en italique et faites les changements nécessaires.

1. *Il* l'a suivi jusqu'au restaurant.   je / les agents / vous / nous / tu
2. Elle suivait un cours de *biologie*.   histoire / pédagogie / sociologie / russe / allemand

TRANSITION

A. A l'université Laval. Elizabeth, une étudiante américaine, a décidé de passer un an à l'université Laval. Elle explique à son nouveau conseiller pédagogique les cours qu'elle a suivis l'année dernière. Récréez ses explications en utilisant le bulletin scolaire ci-dessous.

modèle: **Pendant le trimestre d'automne, j'ai suivi un cours de français.**

AUTUMN QUARTER	GRADE	WINTER QUARTER	GRADE
French	A	Anthropology	B
Biology	B	Physics	A
Political Science	A	Sociology	A
Physical Education	A	History	B

B. Quels cours suivez-vous? Des étudiants québécois sont en train de parler de leurs programmes d'études. Indiquez leurs réponses aux questions qu'on leur a posées.

modèle: Quels cours est-ce que vous suivez ce trimestre? (biologie et physique) →
       Nous suivons un cours de biologie et un cours de physique.

1. Est-ce que Laurent suit un cours de chimie? (oui)
2. Et toi, Denise, quel cours est-ce que tu suis? (psychologie)
3. Est-ce que vous suivez un cours de géographie? (oui)
4. Et tes camarades de chambre, est-ce qu'ils suivent beaucoup de cours? (non)
5. Quels cours est-ce que vous avez suivis le trimestre passé? (histoire, pédagogie et russe)
6. Et l'an prochain, quels cours suivras-tu? (latin et anthropologie)
7. Est-ce que tu es content des cours que tu suis maintenant? (non . . . pas du tout)

COMMUNICATION

Questions/interview. Répondez aux questions suivantes ou utilisez-les pour interviewer un(e) autre étudiant(e).

1. Quels cours suis-tu ce trimestre?
2. Quel est le cours le plus intéressant? Et le plus difficile?
3. Quels cours as-tu suivis à l'université jusqu'à présent? Quels étaient les meilleurs cours?
4. Quels cours as-tu suivis au lycée? Quels étaient tes cours préférés?
5. A ton avis, quelles sortes de cours suivront les étudiants dans vingt ans?
6. Est-ce que tu as envie de suivre des cours pendant toute ta vie?
7. Est-ce qu'il y a beaucoup de cours obligatoires dans ton programme? Qu'en penses-tu?
8. Quels cours est-ce que tu recommandes pour un(e) étudiant(e) qui vient d'arriver à l'université?

La ville de Québec

La ville de Québec possède un charme unique en Amérique du Nord. Ce charme vient en grande partie de son atmosphère européenne et de ses traditions françaises. Capitale de la province du même nom, la ville de Québec a été fondée en 1608 par Samuel de Champlain, qui était à la fois *soldat*, navigateur et explorateur. Elle est située sur une *colline* qui domine le Saint-Laurent.

soldier
hill

L'accès de la ville est facile. On peut y arriver par la route, par le train, par l'avion, ou même par *bateau*. Le port est équipé pour recevoir les plus gros bateaux transatlantiques, et de l'aéroport partent de fréquents *vols* vers Montréal et vers les diverses régions de la province. Québec possède tout ce qu'*il faut* pour recevoir les visiteurs: d'excellents hôtels, des restaurants réputés, des *boîtes de nuit* et des discothèques, des salles de concert et des musées, et toutes sortes d'activités et de compétitions sportives.

boat
flights

that
nightclubs

La ville de Québec a une population *d'environ* 400.000 habitants; environ 95 pour cent d'entre eux sont de langue française.

approximately

L'université Laval, fréquentée par plus de 8.000 étudiants, est située à l'ouest de la ville. C'est la plus vieille université de langue française en Amérique du

Nord. En été, des étudiants de presque tous les pays du monde viennent y suivre des cours de français. C'est à Québec aussi que se trouve le campus principal de l'université du Québec, créée en 1968, et qui est organisée selon les concepts les plus modernes.

Les *rivières* et les montagnes qui *entourent* la ville en font un *lieu* idéal pour la pratique des sports d'été et d'hiver, mais c'est pendant le Carnaval que l'exubérance générale est à son plus *haut* point. Pendant les jours de festivités populaires qui précèdent le *Carême,* on peut voir toutes sortes de *défilés* et de danses dans les rues décorées de monuments de *glace.* On peut aussi *assister à* la célèbre *course* de canots *parmi* les glaces du Saint-Laurent, à une compétition internationale de hockey pee-wee, à des courses de chiens, et à bien d'autres choses encore.

Québec est une ville moderne qui est restée *fidèle* à son passé et qui a protégé son riche héritage historique. Toute visite de la ville est un petit voyage dans l'histoire: monuments, architecture traditionnelle, vieilles églises— tout y *rappelle* son passé. Intimement associée à l'histoire du Canada depuis l'arrivée des premiers explorateurs, Québec a conservé une façon de vivre et une ambiance française qui en font une des grandes villes touristiques du monde.

rivers / surround / place

high
Lent
parades / ice
to attend / race / canoes / among

faithful

recalls

Extrait et adapté d'une publication de Tourisme Québec

Compréhension du texte. Répondez aux questions suivantes selon les renseignements donnés dans le texte.

1. Quand et par qui la ville de Québec a-t-elle été fondée?
2. Quels sont les différents moyens de transport qu'on peut utiliser pour aller à Québec?
3. Pourquoi est-ce que la ville de Québec est bien équipée pour recevoir des touristes?
4. Quel est le pourcentage de gens qui parlent français à Québec?
5. Quelles sont les caractéristiques respectives de l'université Laval et de l'université du Québec?
6. Dans quelle sorte de région la ville de Québec est-elle située?
7. Quels sont les principaux événements qui ont lieu à Québec pendant le Carnaval?
8. Qu'est-ce qui fait le charme particulier de la ville de Québec?

L'avenir du Québec

«Je me souviens» est la devise° officielle de la province de Québec et même aujourd'hui beaucoup de Québécois n'ont pas oublié que leur province a longtemps été sous la domination britannique. «Vive le Québec libre» est le cri de ralliement° du mouvement séparatiste. Le but de ce mouvement est de couper les liens° qui unissent le Québec au reste du Canada. Le Parti

québécois est le parti politique qui revendique° l'indépendance de la province. Pour les séparatistes, il est important de préserver et de protéger la culture et l'héritage français. Il y a aussi le problème de la mobilité sociale et de

dévise *motto*   cri de ralliement *rallying cry*   liens *ties*
revendique *demands*

l'accès des francophones aux travaux bien payés qui ont longtemps été réservés aux anglophones. Dans un livre intitulé *Les nègres blancs d'Amérique,* Pierre Vallières a comparé la situation des Québécois à celle des noirs américains.

D'autres pensent que le séparatisme conduira° à un isolement° culturel et économique qui peut être dangereux dans un monde de plus en plus interdépendant. Ils pensent que les lois qui ont établi le français comme la seule langue officielle de la province sont responsables du départ de certaines entreprises commerciales et d'un certain nombre d'anglophones.

De toute évidence, la solution ne sera pas facile.

conduira *will lead*   isolement *isolation*

COMMUNICATION

A. Agence de voyages. Imaginez que vous travaillez pour une agence de voyages canadienne. Vous répondez aux questions des touristes éventuels et vous leur décrivez les charmes du Québec pour les persuader de venir y passer leurs vacances. Jouez le rôle de l'employé et essayez de décrire le Québec. D'autres étudiant(e)s peuvent être les touristes éventuels.

B. Une brochure touristique. Vous êtes chargé(e) de préparer une brochure qui décrit les différentes attractions de la ville où vous habitez pour les touristes francophones qui visiteront cette ville. Quels sont les monuments et les attractions touristiques que vous leur suggérez de visiter? Quels sont les meilleurs restaurants et les meilleurs hôtels de la ville? Y a-t-il des parcs, des théâtres, des concerts, des compétitions sportives, des musées ou des activités folkloriques susceptibles d'intéresser des touristes étrangers?

C. Imaginez que . . . Imaginez que vous êtes dans les situations suivantes. Que ferez-vous?

1. Vous avez un(e) ami(e) qui part au Québec dans quinze jours. Vous avez très peu de temps pour lui apprendre quelques phrases utiles. Quelles sont, à votre avis, les dix ou quinze phrases les plus utiles pour se débrouiller dans un pays où on parle français?
2. Vous avez un(e) ami(e) québécois(e) qui va passer un an dans votre université. Il(elle) ne parle pas bien l'anglais. Quelles sont les dix ou quinze phrases les plus utiles dans la vie d'un étudiant américain que vous allez lui apprendre? Bien entendu, il(elle) a besoin de comprendre ces phrases. Comment allez-vous les lui expliquer en français?

D. Le portrait de l'étudiant américain. Est-ce que les étudiants américains ressemblent aux étudiants québécois? Par exemple, est-ce qu'ils ont les mêmes buts dans la vie? A quelles professions s'intéressent-ils le plus? Sont-ils satisfaits de leurs relations avec leur famille? Etc.

_____ VOCABULAIRE

Noms
l' **agriculteur** (m) _farmer_
le **bateau** _boat_
la **boîte de nuit** _nightclub_
le **bonheur** _happiness_
le **canot** _canoe_
le **chemin de fer** _railroad_
la **course** _race_
le **défilé** _parade_
la **glace** _ice_
le **goût** _taste_
le **lieu** _place_
l' **orgueil** (m) _pride, arrogance_
la **réussite** _success_
la **rivière** _river_
le **soldat** _soldier_
le **tiers** _third_
le **vol** _flight_

Verbes
assister à _to attend_
augmenter _to increase_
durer _to last_
entourer _to surround_
rappeller _to recall_

Adjectifs
haut(e) _high_
profond(e) _high_
utile _useful_

Divers
au sujet de _about_
parmi _among_
plutôt que _rather than_
presque _almost_

COGNATE NOUNS

l' **ambiance** (f)
l' **ambition** (f)
le **charme**
la **composition** (f)
le **concept**

le **désir**
la **liste**
la **majorité**
le **partenaire**
le **poète**

la **population**
le **portrait**
la **religion**

Sports et loisirs

Les plaisirs de la marche à pied

INTRODUCTION

Quel est le sport le plus populaire en France? Est-ce que c'est le football? Le ski? L'*athlétisme?* Le cyclisme? Les courses d'automobiles? Ou la *natation?* Peut-être, . . . si on considère seulement les reportages sportifs à la télévision. Mais si on parle du sport que les Français pratiquent vraiment, c'est peut-être tout simplement *la marche à pied.* Même les gens qui ne pratiquent aucun sport régulièrement font fréquemment une petite promenade à pied en famille le dimanche après-midi. Et pendant la semaine, ils marchent pour aller à leur travail, pour aller prendre l'autobus ou le métro, pour faire leur marché ou simplement pour prendre l'air et *se détendre* après dîner. Ils marchent, non pas pour faire du sport, mais parce que la marche reste un des *moyens* de locomotion les plus pratiques.

track and field / swimming

walking, hiking

relax
means

Mais, de plus en plus, la marche devient un sport. Cette popularité de la marche à pied correspond à un désir général de retour à la nature et à la simplicité, et à un besoin d'effort physique. Il y a en France un Comité National des *Sentiers* qui est responsable de l'entretien de 22 000 kilomètres de sentiers. Il y a soixante-trois itinéraires qui traversent la France et parmi les cinq sentiers européens, il y en a trois qui passent par la France. Par exemple, on peut aller de Vienne en Autriche jusqu'à Saint-Jacques-de-Compostelle en Espagne sans quitter les sentiers.

paths, trails

Le Comité National organise aussi des *conférences* et des présentations du film «La France et ses sentiers». Il a même organisé un marathon de 4 000 kilomètres qui a duré d'avril à octobre. Chaque *équipe* de *randonneurs* marchait pendant quinze jours avant d'être remplacée par une autre équipe. A chaque ville-étape, il y avait des activités et des *jeux* organisés par les municipalités locales.

lectures

team / hikers

games

276

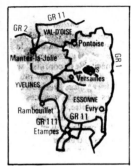

Sentiers près de Versailles

Parmi les randonneurs, on trouve des gens de tous les âges, de toutes les classes sociales et même de tous les pays. Mais ce sont surtout les jeunes et les intellectuels qui pratiquent ce sport, du moins quand *il s'agit de* longues marches.

it's a question of

Pour pratiquer ce sport, on n'a pas besoin d'avoir beaucoup d'argent. Les jeunes randonneurs peuvent passer la nuit dans des *auberges de jeunesse* qui sont très bon marché. L'équipement n'est ni très cher ni très compliqué non plus. Une bonne paire de chaussures, des *chaussettes*, un *pantalon*, une chemise, un pull-over, un *anorak*, et un *sac à dos* suffisent. Mais pour être un bon randonneur, *il ne suffit pas* d'être bien équipé, il faut aussi être très prudent et connaître ses possibilités et ses limites. Et surtout, il faut respecter la nature. Voici les dix commandements du randonneur:

youth hostels

socks / pants
ski jacket / backpack
it is not enough

1. Tu porteras de bonnes chaussures.
2. Tu seras en bonne condition physique.
3. Tu étudieras ton itinéraire sur la *carte*.   map
4. Tu t'informeras sur la nature du terrain.
5. Tu éviteras les *randonnées* qui sont *au-dessus de* tes forces.   trips, hikes / above, beyond
6. Tu ne partiras jamais seul au-dessus de 1500 mètres d'altitude.
7. Tu *emporteras* des vêtements chauds; les nuits sont froides en toute saison dans les montagnes.   will take along
8. Tu feras attention aux vipères.
9. Tu n'oublieras pas que tu es toujours sur la propriété de quelqu'un d'autre.
10. Tu respecteras la nature.

Extrait et adapté d'un article de *L'Express*

Compréhension du texte. Parmi les quatre options présentées, quelle est l'option qui est fausse selon les renseignements donnés?

1. Les Français marchent pour . . .
    a. faire leur marché
    b. se détendre
    c. aller à leur travail
    d. voyager rapidement d'une ville à une autre
2. La nouvelle popularité de la marche à pied correspond à . . .
    a. un besoin de se développer intellectuellement
    b. un besoin d'effort physique
    c. un désir de retour à la nature
    d. un désir de retour à une plus grande simplicité
3. La France est bien équipée en sentiers; il y a . . .
    a. trois sentiers européens qui passent par la France
    b. cinq sentiers européens qui traversent la France
    c. soixante itinéraires différents qui traversent la France
    d. un Comité National des Sentiers qui s'occupe de l'entretien des sentiers
4. Quand le Comité National des Sentiers a organisé un marathon de marche à pied . . .
    a. chaque équipe de randonneurs a marché pendant quinze jours
    b. les municipalités des villes-étapes ont organisé des jeux pour les participants
    c. le marathon a duré six mois
    d. le Président lui-même a participé au marathon pour donner l'exemple aux Français
5. Il y a beaucoup de randonneurs; parmi eux il y a . . .
    a. des gens qui viennent de différents pays
    b. des gens qui appartiennent à différentes classes sociales
    c. de nombreuses vipères
    d. des jeunes aussi bien que des personnes âgées
6. Pour faire de la marche à pied, il faut avoir . . .
    a. un sac à dos
    b. une paire de skis
    c. une paire de chaussures de marche
    d. un anorak
7. Pour être un bon randonneur, il faut . . .
    a. pouvoir marcher pendant cinq jours sans dormir
    b. être prudent
    c. être bien équipé
    d. connaître ses limites
8. Les recommandations suivantes font partie des dix commandements du randonneur:
    a. Si vous faites une excursion dans les montagnes, évitez de partir seul.
    b. Avant de partir, étudiez votre itinéraire sur une carte et informez-vous sur la nature du terrain.
    c. Emportez un livre de cuisine avec vous parce qu'il n'y a pas beaucoup de bons restaurants près des sentiers.
    d. Emportez des vêtements chauds pour ne pas avoir froid la nuit.

Réactions personnelles

1. Est-ce que vous aimez faire de la marche à pied? Si oui, où et quand? Sinon, pourquoi pas?
2. Est-ce qu'il y a des sentiers pour randonneurs ou des pistes pour cyclistes dans votre région?
3. Est-ce que vous êtes allé(e) dans des auberges de jeunesse? Qu'est-ce que vous en pensez?
4. Est-ce que vous avez jamais participé à un marathon?
5. Est-ce que les Américains font fréquemment des promenades à pied en famille le dimanche? Pourquoi, ou pourquoi pas?

Petite conversation: Dans une auberge de jeunesse. Henri Boucher est le père aubergiste d'une auberge de jeunesse dans les Pyrénées. Il parle à un groupe de jeunes qui se préparent à faire une randonnée en montagne.

Le père aubergiste: Vous avez de bonnes chaussures, j'espère. C'est important pour une randonnée de ce genre.

Michel: Oui, nous sommes bien équipés.

Le père aubergiste: Est-ce que vous emportez des vêtements chauds? Il peut faire très froid la nuit à cette altitude.

Laurent: Oui, on a tout ce qu'il faut.

Le père aubergiste: Vous avez une carte?

Jacqueline: Oui, nous en avons une qui indique tous les sentiers.

Le père aubergiste: En tout cas, soyez prudents. Et faites bien attention aux vipères.

Les Français et le sport

Les Français s'intéressent beaucoup aux sports et comme les Américains, ils aiment regarder les compétitions sportives à la télévision ou les écouter à la radio. Le football (ce que nous appelons le soccer aux Etats-Unis) jouit d'une° grande popularité et les Français regardent avec intérêt, et même passion, les matchs de leurs équipes favorites. Les équipes des grandes villes comme Saint-Etienne, Clermont-Ferrand et Lille jouent non seulement dans des compétitions régionales mais aussi dans des compétitions nationales et internationales comme la Coupe de France et le Championnat d'Europe.

Le cyclisme est un sport très populaire aussi. Parmi les différentes courses cyclistes, c'est le Tour de France qui est suivi avec le plus de passion par les Français. Le Tour de France,

jouit d'une   *enjoys a*

Joueurs de pelote basque

Joueurs de pétanque

comme son nom l'indique, fait le tour de presque toute la France y compris° les régions montagneuses comme les Alpes ou les Pyrénées. Les Français s'intéressent aussi aux courses automobiles—surtout aux Vingt-Quatre Heures du Mans et au Rallye de Monte Carlo.

En plus de° ces sports internationaux, il y a les sports typiquement français: la pétanque, ou les boules, un jeu qui ressemble un peu au «bowling» et qui se joue° surtout dans le sud de la France, et la pelote basque (ce que nous appelons le jai alai) qui se joue° au Pays Basque dans le sud-ouest de la France.

y compris *including*   En plus de *Besides*   se joue *is played*

Joueurs de football

Les sports: verbes et expressions

PRESENTATION

The verb **pratiquer** is used to refer to participation in sports in general: **Quels sports pratiquez-vous?** (*What sports do you play?*). The verbs **jouer, faire,** and **aller** are all used to describe participation in specific sports. There is, however, a general pattern to their use.

A. **Jouer à** is used with competitive games or sports. These sports are usually characterized by competition, either between teams or between individuals.

jouer	au tennis
	au football
	au base-ball
	au basket-ball
	au golf
	au rugby
	à la pétanque
	aux cartes
	au hockey

Nous jouons au tennis le samedi matin.
On joue à la pétanque surtout dans le Midi de la France.

B. **Faire de** is used for participation in sports or activities that are principally recreational in nature, although some may involve competition.

faire	du ski
	du ski nautique (*water skiing*)
	du camping
	de l'alpinisme (*mountain climbing*)
	du patinage sur glace (*ice skating*)
	de la gymnastique (*exercise or gymnastics*)
	de l'athlétisme (*track and field*)
	de la boxe
	de la lutte (*wrestling*)
	de la marche à pied
	de la course automobile (*racing*)
	de la course à pied (*running*)
	du cheval (*horseback riding*)
	de la bicyclette / du vélo

L'été, elles faisaient du camping dans les Alpes.
Pour être en bonne condition physique, il faut faire de la gymnastique tous les jours.

C. **Aller à** is used with hunting and fishing.

aller à la chasse (*hunting*)
aller à la pêche (*fishing*)

Mon père va à la pêche pour se détendre.

D. Other verbs associated with sports are **nager** (*to swim*) and **courir** (*to run*).
Courir is an irregular verb.

courir	
je cours	nous courons
tu cours	vous courez
il/elle court	ils/elles courent
passé composé: j'ai couru	
futur: je courrai	

Il a couru les cent mètres en douze secondes.

Vous courez le risque de perdre.

Est-ce que tu as couru ce matin ou est-ce que tu es allée nager?

PREPARATION

Substituez les mots suggérés au mots en italique et faites les changements nécessaires.

1. Je joue souvent au *tennis*. hockey / pétanque / cartes / golf / rugby
2. Demain nous ferons du *camping*. cheval / gymnastique / ski nautique / alpinisme / course à pied
3. *Vous* courez vite. je / les athlètes / nous / tu / Josette

TRANSITION

Petit test et grands sportifs. Jérôme participe à un jeu radiophonique sur les grands athlètes internationaux. Formulez ses réponses selon les indications données.

modèle: Muhammed Ali / boxe →
Muhammed Ali fait de la boxe.

1. Chris Evert / tennis
2. Jean-Claude Killy / ski
3. Eddie Merckx / cyclisme
4. Jack Nicklaus / golf
5. Nadia Comaneci / gymnastique
6. Maurice Richard / hockey sur glace
7. Pelé / football
8. Mario Andretti / course automobile
9. Guy Drut / course à pied

541 Articles de sport

CARABINE 303 avec téléscope, bonne condition

EQUIPEMENT de plongée sous-marine, bonbonne Dacor, 3000 régulateur Dacor 400, wet-suit 3827.

EQUIPEMENT de plongée sous-marine complet

EQUIPEMENT de plongée sous-marine, wet-suit neuf, B.C. veste, bombonne, régulateur, palmes, 2 masques, tuba, arbalète, flèches, gants, boussole. Utilisé une fois. Prix à discuter

EQUIPEMENT DE PECHE "Browning"-"Cardinal"-"Quick", et leurres renommées

LIQUIDATION: vélo français, dérailleur Simplex, régulier $190, spécial $125. 1081, Ch. Chambly, Longueuil

COMMUNICATION

A. Quels sports pratiquez-vous? Utilisez la liste des sports et indiquez si vous les pratiquez régulièrement, de temps en temps, rarement ou si vous ne les pratiquez jamais.

exemples: **Je joue quelquefois au base-ball.**
Je fais souvent du ski.
Je ne vais jamais à la pêche ou à la chasse.

B. Questions/interview. Répondez aux questions suivantes ou utilisez-les pour interviewer un(e) autre étudiant(e).

1. Est-ce que tu fais du sport régulièrement? Quel(s) sport(s) est-ce que tu pratiques?
2. Est-ce que tu aimes regarder les compétitions sportives à la télévision? Quelles sortes de matchs aimes-tu regarder à la télé?
3. Est-ce que tu préfères être spectateur (spectatrice) ou pratiquer un sport?

4. Est-ce que tu préfères les sports d'équipe ou les sports individuels?
5. Est-ce que tu as jamais joué à la pétanque? Et au rugby?
6. As-tu jamais fait de l'alpinisme? Du cheval?
7. Est-ce que tu es jamais allé(e) à la pêche ou à la chasse? Que penses-tu de ces sports?
8. Est-ce que tu cours tous les jours? Est-ce que tu cours vite?
9. Pourquoi est-ce que tu fais du sport? Pour te détendre? Pour rester en bonne santé? Pour le plaisir du jeu? Pour la compétition? Pour l'admiration des spectateurs?
10. A ton avis, quel est le sport le plus dangereux? Le plus compétitif? Le plus facile? Le plus agréable?

Les pronoms interrogatifs

PRESENTATION

Since the early chapters of this book you have been forming questions using **qu'est-ce que** and **qui** as interrogative words meaning *what* and *who*. **Qu'est-ce que** and **qui** are part of a larger group of interrogative pronouns which includes:

A. Pronouns referring to persons. These correspond to *who* and *whom* in English. The pronoun **qui** can always be used to refer to persons.

 1. **Qui** can function as the subject of a sentence. This short form **qui** can be replaced by the longer form **qui est-ce qui**.

    Qui a gagné le Tour de France?   Qui veut aller nager?
    Qui est-ce qui a gagné le Tour de France?   Qui est-ce qui veut aller nager?

 2. **Qui** can function as a direct object or as the object of a preposition. It can be used with **est-ce que** or with inversion.

    Qui avez-vous rencontré pendant votre promenade?
    Qui est-ce que vous avez rencontré pendant votre promenade?

    Avec qui as-tu joué au golf?
    Avec qui est-ce que tu as joué au golf?

 3. **Qui est-ce** is used to ask the identity of a person.

    Qui est-ce? C'est Jean.

B. Pronouns referring to things. These correspond to *what* in English.

 1. **Qu'est-ce qui** is used as the subject of a sentence.

    Qu'est-ce qui est arrivé?
    Qu'est-ce qui te préoccupe?

 2. Either **qu'est-ce que** or **que** is used as the direct object of a sentence. With **que** inversion is required.

    Qu'est-ce que vous faites?   Qu'est-ce qu'elle a vu?
    Que faites-vous?   Qu'a-t-elle vu?

3. **Quoi** is used after a preposition when there is not a specific antecedent.

De quoi est-ce qu'il a parlé?   A quoi est-ce que tu penses?
De quoi a-t-il parlé?   A quoi penses-tu?

4. **Qu'est-ce que c'est** or **qu'est-ce que c'est que** is used to ask someone to identify or define something.

Qu'est-ce que c'est? C'est un sac à dos.
Qu'est-ce que c'est qu'une 2CV? C'est une petite voiture française.

The following table summarizes the uses of the interrogative pronouns.

Les pronoms interrogatifs

	SUBJECT	OBJECT	OBJECT OF A PREPOSITION	DEFINITION OR IDENTIFICATION
PERSONS	qui qui est-ce qui	qui qui est-ce que	qui	qui est-ce
THINGS	qu'est-ce qui	que qu'est-ce que	quoi	qu'est-ce que c'est qu'est-ce que c'est que

PREPARATION

A. Transformez les questions suivantes en employant **est-ce que.**

modèle: Qui as-tu vu? → **Qui est-ce que tu as vu?**

1. Que dites-vous?
2. Qui verra-t-il demain matin?
3. Avec qui allons-nous jouer aux cartes?
4. A quoi vous intéressez-vous?
5. Qu'avons-nous fait?
6. Qui l'agent a-t-il arrêté?
7. Qui a-t-elle invité?
8. A qui René a-t-il téléphoné?

B. Pour chaque série de phrases, donnez les questions correspondantes.

modèle: C'est mon père qui a préparé le dîner. → **Qui a préparé le dîner?**

1. C'est Hélène qui a téléphoné hier soir.
2. Ce sont nos amis qui ont apporté ces disques.
3. C'est Jean qui a dit cela.
4. C'est mon frère qui a choisi notre itinéraire.
5. C'est mon oncle qui m'a envoyé ce livre.

modèle: J'écris une lettre. → **Qu'est-ce que vous écrivez?**

1. Nous mangeons une glace.
2. Ils ont acheté une carte de la région.
3. Je vais emporter des vêtements chauds.
4. Ils veulent faire du ski.
5. J'ai trouvé un anorak.

modèles: Il pensait à ses problèmes. → **A quoi pensait-il?**
Il a parlé à son oncle. → **A qui a-t-il parlé?**

1. Il est sorti avec Geneviève.
2. Sylvie travaillait chez un dentiste.
3. Elle joue à la pétanque.

4. Il a besoin d'un gros pull.
5. Il faut faire attention aux vipères.

modèles: C'est la cousine de Claude. → **Qui est-ce?**
C'est un musée. → **Qu'est-ce que c'est?**

1. C'est un champion de ski.
2. C'est une paire de chaussures de marche.
3. C'est le patron du Café des Sports.
4. C'est le nouveau professeur de gymnastique.
5. C'est un livre pour les randonneurs.

modèle: Nous avons invité les Dupont. → **Qui est-ce que vous avez invité?**

1. J'ai rencontré Jacques à un match de rugby.
2. Elle a emmené les enfants à la plage.
3. Nous avons vu Charles et Colette.
4. Jean va retrouver ses amis au cinéma.

C. Formulez les questions qui ont provoqué les réponses suivantes en remplaçant le(s) mot(s) en italique par le pronom convenable.

modèle: *Marie* est venue ce soir. → **Qui est venu ce soir?**

1. Jean-Luc a oublié *son anorak.*
2. *Sylvie* est allée à la pêche.
3. Le professeur a parlé de *Pierre de Coubertin.*
4. Ils veulent faire *du ski.*
5. On a besoin *d'un équipement* de bonne qualité.
6. Il a attendu *d'autres randonneurs.*
7. Il pensait à *son oncle.*
8. C'est *une carte de la région.*

TRANSITION

A l'auberge de jeunesse. Plusieurs randonneurs anglais passent la nuit dans une auberge de jeunesse française. Ils sont en train de parler entre eux. Les Français qui sont là ne peuvent rien comprendre. Pouvez-vous les aider?

1. Where did you buy your ski jacket?
2. Who told you about this youth hostel?
3. What are you going to do tomorrow?
4. What do you need for this trip?
5. What do I do if I see a snake?
6. What's a «sac à dos»?
7. What happened to the others?
8. That man over there, who is he?

COMMUNICATION

A. Des oreilles indiscrètes. Vous êtes candidat(e) pour un emploi de moniteur (monitrice) de ski dans une station de sports d'hiver. Le directeur de la station est en train d'interviewer un autre candidat. Vous entendez seulement les réponses du candidat. Quelles questions le directeur a-t-il posées?

Le directeur: _____?
Le candidat: Je m'appelle Charles Girard.
Le directeur: _____?
Le candidat: J'ai vingt-cinq ans.
Le directeur: _____?
Le candidat: Un de mes amis m'a parlé de ce travail.
Le directeur: _____?
Le candidat: Je veux être professeur de gymnastique.
Le directeur: _____?
Le candidat: En ce moment je suis étudiant et je travaille dans un restaurant.

Le directeur: _____ ?

Le candidat: J'ai travaillé dans une colonie de vacances.

Le directeur: _____ ?

Le candidat: Parce que j'aime faire du ski et j'ai besoin d'argent.

Le directeur: _____ ?

Le candidat: Je m'intéresse à tous les sports.

B. Questions/interview. Préparez une série de questions que vous aimeriez poser à un(e) autre étudiant(e) de votre classe. (Essayez d'utiliser autant de pronoms interrogatifs que possible.) Ensuite choisissez un(e) partenaire et posez-lui vos questions.

exemples: **Qu'est-ce que tu aimes faire pour te détendre?**
Avec qui est-ce que tu joues au tennis?

_____ *Le conditionnel*

PRESENTATION

In English a conditional verb can always be recognized by the word *would* in the verb phrase: I *would* like a new backpack; he *would* like to go to the Olympic games.

In French the conditional is formed by adding the endings of the imperfect tense to the future stem of a verb. There are no exceptions to this pattern.

Le conditionnel d'*aimer*

j'aimer**ais**	nous aimer**ions**
tu aimer**ais**	vous aimer**iez**
il/elle aimer**ait**	ils/elles aimer**aient**

The conditional is used:

A. To express a wish or a suggestion:

J'aimerais jouer au tennis ce soir.　　*I'd like to play tennis tonight.*
Nous voudrions faire une randonnée.　*We'd like to take a hike.*

B. When a condition is stated or implied:

A votre place, je ne dirais rien.　　　　　　*In your place, I wouldn't say anything.*
Dans ce cas-là, tu pourrais venir demain.　　*In that case, you could come tomorrow.*
Si j'avais le temps, je ferais du camping plus souvent.　*If I had the time, I'd go camping more often.*

C. To make requests and statements that are less direct and more polite than questions or statements using the present tense:

Je voudrais vous parler.　　　　*I would like to speak to you.*
Je veux vous parler.　　　　　　*I want to speak to you.*

Pourriez-vous m'expliquer cela?　*Could you explain that to me?*
Pouvez-vous m'expliquer cela?　　*Can you explain that to me?*

D. In the indirect style, to relate what somebody has said:

Il a dit qu'il parlerait au professeur.   *He said that he would speak to the instructor.*
Ils ont dit qu'ils aimeraient mieux y aller à pied.   *They said that they'd prefer to walk there.*

PREPARATION

A. Substituez les mots suggérés aux mots en italique.

J'aimerais sortir.   tu aimerais / il aimerait / nous aimerions / vous aimeriez / elles
aimeraient

B. Substituez les mots suggérés aux mots en italique et faites les changements nécessaires.

1. *Je* voudrais regarder la carte.   nous / vous / cette personne / tu / les étudiants
2. *Elle* a dit qu'*elle* attendrait.   tu / vous / je / mon mari / nos amis
3. Dans ce cas-là, *vous* pourriez jouer au tennis.   je / on / tu / Marie-Claire /
Claude et son ami

C. Transformez les phrases suivantes selon le modèle donné.

modèle: Il va dans un pays étranger. → **Il a dit qu'il irait dans un pays étranger.**

1. Tu portes de bonnes chaussures.
2. Ils ne prennent pas de risques.
3. Vous venez avec les autres.
4. Tu n'as pas peur.
5. Nous choisissons un joli itinéraire.
6. Elle écrit à sa famille.
7. Vous vous occupez des enfants.
8. Ils suivent plusieurs cours.

D. Utilisez les mots entre parenthèses pour transformer les phrases suivantes selon le modèle donné.

modèle: Il viendra aujourd'hui. (demain) → **Je pensais qu'il viendrait demain.**

1. Ils resteront ici. (dans une auberge de jeunesse)
2. Nous voyagerons en train. (en avion)
3. Les enfants se coucheront à onze heures. (à dix heures)
4. Nous nous retrouverons à la gare. (devant l'arrêt d'autobus)
5. Elle verra ses amis demain. (ce soir)
6. Ils serviront un rôti de veau. (des biftecks)
7. Brigitte sortira avec Jean-Claude. (Patrick)
8. Julien suivra un cours d'allemand. (de gymnastique)

TRANSITION

Politesse. Monsieur Bourru est un reporter sportif. Il n'a pas toujours le succès qu'il aimerait avoir parce qu'il est souvent trop direct. Pourriez-vous l'aider à être plus poli?

modèles: Je veux parler avec le capitaine de l'équipe. → **Je voudrais parler avec le capitaine de l'équipe.**
Aidez-moi. → **Pourriez-vous m'aider?**

1. Je veux prendre votre photo.
2. Jeune homme, apportez-moi les résultats sportifs!

3. Je veux parler avec le médecin de l'équipe.
4. Soyez ici à huit heures précises pour notre interview.
5. Dites aux autres membres de l'équipe que je veux les voir.
6. Mademoiselle, envoyez cet article au journal.
7. Donnez-moi votre opinion sur les athlètes canadiens.
8. Téléphonez au nouveau champion et dites-lui que je veux lui parler.

COMMUNICATION

A. A votre place, moi, je . . . Que feriez-vous à la place de la personne qui parle?

exemple: Je vais me coucher à trois heures du matin parce que j'ai un examen demain matin. →
Moi, à votre place, je me coucherais avant minuit. ou
Moi, à votre place, je ferais la même chose. ou
A votre place, je ne me coucherais pas à trois heures du matin.

1. Je vais aller faire une promenade; j'irai en classe un autre jour.
2. J'ai besoin de me détendre. Je vais faire de la marche à pied.
3. Je n'ai pas envie d'écrire cette lettre aujourd'hui. Je l'écrirai un autre jour.
4. Je n'ai pas àssez d'argent en ce moment. Mais j'ai vraiment envie d'une nouvelle stéréo. Je vais l'acheter à crédit.
5. J'ai déjà bu trois verres de vin mais j'ai vraiment soif. Je vais encore en boire un autre.
6. Je vais regarder le match de football à la télévision; je finirai mes devoirs demain.
7. Je ne permettrai pas à mes enfants de boire de l'alcool avant l'âge de dix-huit ans.

B. Vrai hier, faux aujourd'hui? Avez-vous jamais changé d'avis? Quelles sont les choses que vous avez dites ou pensées et qui ne sont plus vraies maintenant?

exemples: **J'ai dit que je ne me marierais jamais.**
J'ai pensé que ce trimestre serait plus facile que les autres.

Le verbe **conduire**

PRESENTATION

The verb **conduire** (*to drive*) is irregular.

conduire	
je conduis	nous conduisons
tu conduis	vous conduisez
il/elle conduit	ils/elles conduisent
passé composé: j'ai conduit	

Verbs that are conjugated like **conduire** are:

se conduire	*to behave, to conduct oneself*	détruire	*to destroy*
construire	*to build*	traduire	*to translate*
produire	*to produce*		

Tu conduis trop vite.
Pourriez-vous me conduire à l'aéroport?
Tu t'es conduit comme un idiot.
A cette époque-là, on produisait plus de vin.
Vous avez construit une belle maison.
Traduisez toutes ces phrases en français.
Ne détruisez pas nos ressources naturelles.

PREPARATION

⊘ **A.** Substituez les mots suggérés aux mots en italique.

Je conduis bien.   tu conduis / il conduit / nous conduisons / vous conduisez / elles conduisent

⊘ **B.** Substituez les mots suggérés aux mots en italique et faites les changements nécessaires.

1. *Nous* traduisons quelques phrases.   tu / je / vous / les étudiants / on
2. *Nous* nous sommes bien conduits.   je / vous / tu / Paulette / les enfants

C. Répondez aux questions suivantes selon les indications données.

modèle: Qu'est-ce que vous traduisez? (un poème) → **Je traduis un poème.**

1. Qu'est-ce qu'ils ont détruit? (beaucoup de maisons)
2. Comment est-ce qu'il s'est conduit? (mal)
3. Qui me conduira à la gare? (Jacqueline)
4. Qu'est-ce qu'on produit dans cette région? (du vin)
5. Qu'est-ce qu'ils vont construire? (une petite maison)
6. Que conduisiez-vous à cette époque-là? (une petite Renault)
7. Qui a traduit cet article? (un journaliste français)

TRANSITION

Clichés. Jean Chauvin parle de ses idées sur les différentes sortes de conducteurs qu'on trouve sur les routes de France. Reconstituez les phrases qu'il a prononcées.

modèle: Moi, je / très bien → **Moi, je conduis très bien.**

1. les femmes / très mal
2. les jeunes / comme des idiots
3. ma femme / trop vite
4. les vieux / trop lentement
5. nous, les hommes / mieux que les femmes
6. vous, les Américains / trop prudemment

COMMUNICATION

Etes-vous d'accord? Indiquez si vous êtes d'accord avec les phrases suivantes. Si vous n'êtes pas d'accord, modifiez la phrase pour exprimer votre opinion personnelle.

1. Je conduis bien.
2. J'adore conduire une voiture de sport.
3. Les femmes conduisent mieux que les hommes.

4. Les jeunes conduisent beaucoup plus prudemment que les gens plus âgés.
5. Les Français aiment conduire de grosses voitures.
6. Mon (ma) meilleur(e) ami(e) conduit comme un(e) idiot(e).
7. Il est dangereux de conduire quand on a trop bu.
8. Je conduis une voiture depuis l'âge de seize ans.
9. Quand j'étais plus jeune, je conduisais plus vite que maintenant.
10. Les spectateurs se conduisent toujours très bien quand ils vont à des compétitions sportives.

Les Français et l'automobile

Chaque année le *prix* des automobiles augmente—et le prix de l'*essence* aussi. Pourtant, le nombre de voitures en circulation continue à augmenter d'année en année. Est-ce que les Français pensent que la voiture est devenue un élément indispensable de la vie moderne? Quelle est leur réaction devant l'augmentation des prix et la crise d'énergie? Est-ce qu'ils pourraient *se passer de* leur voiture? Un sondage organisé par *L'Express* vous donne leurs réponses à ces questions.

price / gas

do without

1. Quel effet l'augmentation des prix a-t-elle sur votre *comportement?*   behavior

	OUI	NON	
L'augmentation des prix n'a rien changé; j'utilise ma voiture comme avant.	51%	48%	
J'essaie d'utiliser ma voiture moins souvent.	47	52	
Je voulais remplacer ma voiture *actuelle,* mais je ne l'ai pas fait *à cause de* l'augmentation.	44	55	present / because of
Je n'ai pas acheté la voiture que je voulais acheter.	42	55	
Je fais des économies sur l'entretien de ma voiture.	35	65	
J'ai acheté une voiture moins *puissante* que la voiture que je possédais avant.	18	74	powerful

2. Combien de kilomètres faites-vous chaque année avec votre voiture?

Moins de 7500 km.	27%	Plus de 25 000	14%
De 7500 à 15 000	36	Je ne sais pas	3
De 15 000 à 25 000	20		

3. Accepteriez-vous de payer 5 pour cent de plus quand vous achèterez une nouvelle voiture si elle possédait . . .

	OUI	NON
Un moteur qui consomme moins d'essence	82%	17%
Une meilleure protection en cas d'accident	68	29
Un système qui diminue la pollution	67	30
Un plus grand confort	34	63
Un moteur plus puissant	19	80

4. Pensez-vous que vous pourriez facilement vous passer de votre voiture et utiliser d'autres moyens de transport (taxi, autobus, etc.)?

Non	60%
Oui, mais avec difficulté	23
Oui, facilement	14

COMMUNE DES BAUX-DE-PROVENCE - 13 / FRANCE

Taxe de Stationnement Automobile

Le stationnement a lieu aux risques et périls des propriétaires de véhicules, les droits perçus n'étant que des droits de stationnement et non de gardiennage. La ville décline toute responsabilité en cas de détérioration, d'accident ou de vol. Il est recommandé de ne laisser aucun objet de valeur dans les véhicules et si possible de fermer à clef.

4,00 F

*Délibération du 24 Septembre 1977
approuvée le 4 Octobre 1977*

série E Nº 17004

5. Seriez-vous content s'il y avait de plus en plus de taxis et de moins en moins de voitures individuelles?

Non	46%
Oui	44
Sans opinion	10

6. Quand vous conduisez, est-ce que vous respectez la limite de *vitesse?*   speed

Toujours	49%
Souvent	29
De temps en temps	18
Jamais	4

7. Pour vous, est-ce que posséder une voiture représente surtout . . .

Une nécessité dans votre vie de tous les jours	53%
La liberté d'aller où vous voulez quand vous voulez	36
Une nécessité pour les week-ends	3
Un moyen de transport plus économique que les autres	3
Une nécessité pour vos vacances	3
Le plaisir de conduire	2

Extrait et adapté d'un article de *L'Express* par Georges Valence et Nicholas Langlois

Compréhension du texte. Selon les renseignements donnés, est-ce que les phrases suivantes sont vraies ou fausses? Corrigez le sens de la phrase s'il est faux.

1. L'augmentation des prix n'a eu aucun effet sur le comportement de la plupart des Français.
2. La majorité des Français ont acheté des voitures moins puissantes à cause de l'augmentation des prix.
3. Les Français utilisent très peu leur voiture. La majorité d'entre eux conduisent moins de 5000 kilomètres par an.
4. La majorité des Français accepteraient de payer plus cher pour une voiture qui consommerait moins d'essence.
5. La plupart des Français pensent qu'ils se passeraient facilement de leur voiture.
6. Les Français seraient contents s'il y avait plus de taxis et moins de voitures individuelles.
7. Tous les Français disent qu'ils conduisent au-dessus de la limite de vitesse.
8. La plupart des Français possèdent une voiture seulement pour le plaisir de conduire.

Les Français et leur voiture

NOTES CULTURELLES

Le sondage précédent indique que la voiture représente une nécessité plutôt qu'un luxe pour la majorité des Français. La raison n'est pas l'absence ou l'insuffisance des transports publics; il y a dans tout le pays d'excellents réseaux° de lignes d'autobus et de trains et même de lignes de métro à Paris et à Lyon. Mais les Français apprécient la liberté de mouvement que leur donne une voiture. Un autre sondage indique même que la promenade en voiture est la distraction favorite des Français.

Pour les Français, la voiture idéale est une voiture qui est à la fois économique, rapide et maniable.° Parmi les voitures fabriquées en France il y a les Peugeot, les Renault, les Citroën et les Simca.

Sans vouloir trop généraliser, on peut dire que le Français au volant° a tendance à être assez indépendant, agressif et même impatient. Si un autre conducteur lui semble trop timide, trop prudent ou trop lent, il n'hésitera pas à montrer son impatience: «Espèce d'imbécile! Tu peux pas faire attention, non?»

réseaux *networks*

maniable *easy to drive*   au volant *at the wheel*

COMMUNICATION

A. Les Américains et leur voiture. Répondez vous-même aux questions du sondage et discutez vos réponses avec les autres étudiants.

B. Qui suis-je?
1. Imaginez que vous êtes un(e) athlète célèbre. Les autres étudiants vont vous poser des questions pour trouver qui vous êtes.
2. Imaginez que vous êtes un(e) reporter et que vous allez interviewer des athlètes célèbres. Quelles questions allez-vous leur poser? Trouvez un(e) autre étudiant(e) qui jouera le rôle d'un(e) athlète de son choix et interviewez-le (la).

C. Les dix commandements. Prenez les «dix commandements du randonneur» comme modèle et écrivez (1) les dix commandements de l'automobiliste ou (2) les dix commandements pour rester en bonne condition physique.

D. Athlètes et performances sportives. Pouvez-vous répondre aux questions suivantes? Pouvez-vous créer d'autres questions sur le même sujet?

1. Quel Américain a gagné de nombreuses compétitions de course à pied aux Jeux Olympiques de 1936?
2. Qui a gagné le décathlon aux Jeux Olympiques de 1976?
3. Qui a gagné le marathon aux derniers Jeux Olympiques?
4. Qui a gagné la compétition de patinage artistique en 1976?
5. Quel Français a gagné de nombreuses compétitions de ski aux Jeux Olympiques de 1968?
6. Qui est l'organisateur des Jeux Olympiques modernes?
7. Quelle athlète roumaine a gagné la compétition de gymnastique aux Jeux Olympiques de 1976?
8. Quelle équipe de base-ball a gagné le «World Series» l'année dernière?
9. Dans quelle ville les prochains Jeux Olympiques auront-ils lieu?

--- *VOCABULAIRE*

Noms

l' **auberge de jeunesse** (f) *youth hostel*
la **carte** *map*
la **chaussette** *sock*
le **comportement** *behavior*
la **conférence** *lecture*
l' **équipe** (f) *team*
l' **essence** (f) *gasoline*
le **jeu** *game*
la **marche à pied** *walking, hiking*
le **moyen** *means*
la **natation** *swimming*
le **pantalon** *pants*
le **prix** *price, prize*
le **sac à dos** *backpack*
le **sentier** *path*

Verbes

s'agir de *to be a question of*
se détendre *to relax*
emporter *to take away*
jouer *to play*
se passer de *to do without*
suffire *to be enough*

Adjectifs

actuel, actuelle *current*
puissant(e) *powerful*

Divers

à cause de *because of*
au-dessus de *above, beyond*

COGNATE NOUNS

l' **athlète** (m, f)
le **cyclisme**
le **comité**

l' **itinéraire** (m)
la **paire**
la **popularité**

la **simplicité**
le **spectateur**, la **spectatrice**

Vivent les jeunes!

L'aventure du tee-shirt

INTRODUCTION

Oui, les pantalons, les *robes,* les *complets,* les *cravates* existent encore. Mais, de Rome à Tokyo, de Paris à San Francisco, l'uniforme universel *semble* être le tee-shirt et les blue-jeans. Quelles sont les raisons de cette popularité? Est-ce que c'est parce que le tee-shirt est pratique et bon marché? Parce qu'on peut le porter en été comme en hiver? Ou bien, est-ce à cause de sa fonction de *panneau d'affichage?*

dresses / suits / ties
seems

bulletin board

Le tee-shirt attire les inscriptions et les graffiti comme un *mur* ou une page blanche. Les vêtements ont toujours été un moyen d'expression, mais le tee-shirt va plus loin. Le message est ouvertement exprimé. *Grâce au* tee-shirt, on peut rendre public son signe du zodiaque, son université, sa bière préférée, ses *vedettes* favorites ou même ses idées sur l'amour, la politique et la vie en général.

wall

thanks to

stars

Le tee-shirt, comme les blue-jeans, est une mode venue des Etats-Unis. Quand il a traversé l'Atlantique pour la première fois en 1945, c'était comme *sous-vêtement* porté par les soldats américains. Plus récemment, il est revenu sur le dos des étudiants et il est très vite devenu populaire parmi les jeunes Français. Même les grands *couturiers* l'ont adopté, et *apparemment,* il n'y a pas beaucoup de différence entre un tee-shirt de Monoprix et un tee-shirt de Pierre Cardin, excepté le prix, bien entendu. Maintenant, les tee-shirts traversent *de nouveau* l'Atlantique mais dans l'autre *sens* et avec l'*étiquette* «Made in France». On peut voir sur les campus américains des tee-shirts qui portent des inscriptions en français. «Faites l'amour, pas la guerre», proclament certaines. «Voulez-vous jouer avec moi?» suggèrent d'autres. D'autres encore, plus philosophes, se contentent de dire «C'est la vie!»

underwear

designers / apparently

again / direction / label

Compréhension du texte. Selon les renseignements donnés, est-ce que les phrases suivantes sont vraies ou fausses? Corrigez le sens de la phrase s'il est faux.

1. Les vêtements préférés des jeunes sont les tee-shirts et les blue-jeans.
2. C'est à cause de son élégance que le tee-shirt est particulièrement populaire.
3. Les tee-shirts sont généralement bon marché.
4. Les tee-shirts sont pratiques, mais on peut les porter seulement en hiver.
5. Les vêtements sont un moyen d'expression de la personnalité.
6. La mode des tee-shirts est venue du Japon.
7. Le tee-shirt est venu en France pour la première fois en 1975.
8. La différence principale entre un tee-shirt de Monoprix et un tee-shirt d'un grand couturier, c'est le prix.
9. On trouve maintenant en Amérique des tee-shirts qui portent des inscriptions en français.

Réactions personnelles

1. Quelle sorte de vêtements aimez-vous porter en différentes circonstances?
2. Est-ce que vous portez souvent des tee-shirts? Pourquoi?
3. Quelles inscriptions y a-t-il sur vos tee-shirts? Et sur les tee-shirts de vos amis?
4. Y a-t-il à votre université des étudiants qui portent des tee-shirts avec des inscriptions en français? Que disent-elles?
5. Quelle est votre inscription préférée?

Petite conversation: L'habit ne fait pas le moine. (*Don't judge a book by its cover.*)

Corinne: Je ne sais pas quoi mettre aujourd'hui. Qu'est-ce que tu vas mettre, toi?
Sophie: Des blue-jeans et un tee-shirt, comme d'habitude.
Corinne: Tu ne te fatigues pas de porter toujours la même chose?
Sophie: Mais ce n'est pas la même chose! Hier je portais un tee-shirt qui disait «Un jour sans vin est un jour sans soleil» et aujourd'hui, j'en porte un qui dit «Buvez de l'eau minérale!»

La mode

La France est depuis longtemps la capitale de la haute couture° et les noms des grands couturiers et couturières français sont connus° partout dans le monde. Courrèges, Chanel, Givenchy, Saint-Laurent, Cardin évoquent l'image de vêtements élégants et chers. Chaque saison, ces maisons de couture lancent° la mode et on attend avec impatience leurs présentations. Ce qui se montre à Paris inspire beaucoup de couturiers étrangers.

Mais la mode française est en train d'évoluer. Le fait° que la haute couture coûte très cher et n'est pas à la portée° de tout le monde explique le développement du «prêt-à-porter».° Mais le prêt-à-porter a aussi ses couturiers—Cacharel, Hechter, Sonia Rykiel, par exemple—qui maintiennent la qualité et l'esthétique de leurs créations.

Depuis plus de douze ans, les blue-jeans de même que° les tee-shirts font partie de la garde-robe° de tout jeune Français. Il y a aussi les sweat-shirts dont les plus populaires sont ceux des universités américaines. Le blue-jean et le tee-shirt sont des vêtements démocratiques: ils cachent les différences sociales tandis que° la haute couture les met en évidence. Mais pour les Français, même un tee-shirt doit se porter° avec style, et le chic et l'élégance traditionels des Français n'ont pas disparu.°

haute couture *high fashion* connus *known* lancent *begin* fait *fact* portée *reach* prêt-à-porter *ready to wear* de même que *as well as* garde-robe *wardrobe* tandis que *whereas* se porter *be worn* disparu *disappeared*

L'emploi de si dans la phrase conditionnelle

PRESENTATION

Sentences with the **si** clause in the imperfect and the result clause in the conditional indicate what would happen if certain conditions were met. Although, in this case, several different tenses can be used in the *if* clause in English, only the imperfect tense can be used in French.

	If John dressed better,	
Si Jean s'habillait mieux, il aurait plus de succès.	*If John would dress better,*	*he would have more success.*
	If John were to dress better,	

Note that in French either clause can come first.

S'il faisait froid, nous mettrions un pullover.
Si j'avais de l'argent, j'achèterais des vêtements.
Je choisirais ce complet s'il était meilleur marché.
Je suis sûr que ce serait beaucoup plus cher si c'était un tee-shirt de Pierre Cardin.

PREPARATION

A. Substituez les mots suggérés aux mots en italique et faites les changements nécessaires.

1. S'il faisait mauvais, *nous* resterions à la maison.   je / vous / mes amis / Claire / tu
2. Si *Jacques* travaillait plus, *il* aurait de meilleures notes.   vous / nous / les étudiants / tu / je
3. *Pierre* viendrait s'*il* avait le temps.   vous / mes parents / nous / Hélène

B. Transformez les phrases suivantes selon le modèle.

modèle: Si nous sortons, je mettrai une cravate. → **Si nous sortions, je mettrais une cravate.**

1. Si j'ai le temps, je voyagerai en Suisse.
2. Si tu nous invites, nous viendrons.
3. S'ils étudient beaucoup, ils auront de meilleurs résultats.
4. Si Antoine vient avant huit heures, nous dînerons sur la terrasse.
5. Si vous êtes d'accord, nous lui écrirons tout de suite.
6. Si je fais du ski, je me casserai une jambe.
7. Si tu prends le métro, tu arriveras trop tard.
8. Si Marc fait attention, il comprendra mieux.

C. Répondez aux questions suivantes selon les indications données.

modèle: Qu'est-ce que Jacques ferait s'il avait besoin de nouveaux vêtements? (en acheter) →
   Si Jacques avait besoin de nouveau vêtements, il en achèterait.

1. Qu'est-ce que nous ferions s'il y avait un agent? (conduire plus lentement)
2. Qu'est-ce que vous feriez si le professeur vous demandait des explications? (trouver une excuse)
3. Qu'est-ce que Jacques ferait s'il avait mal aux dents? (aller chez le dentiste)
4. Qu'est-ce que nous ferions s'il n'y avait pas de classe aujourd'hui? (nous reposer)
5. Qu'est-ce que les ouvriers feraient s'ils n'étaient pas contents? (faire grève)

TRANSITION

Interview. Un reporter a interviewé des jeunes Français et il leur a posé la question suivante: «Que feriez-vous si vous aviez beaucoup d'argent?» Reconstituez les réponses qu'ils ont données.

modèle: je / aller aux Etats-Unis → **J'irais aux Etats-Unis si j'avais beaucoup d'argent.**

1. je / prendre de longues vacances
2. Paul et sa femme / acheter une maison à la campagne
3. Marie / apprendre à piloter un avion
4. nous / faire un voyage aux Etats-Unis
5. Pierre / acheter beaucoup de vêtements
6. Jean et moi, nous / le mettre à la banque
7. je / en donner une partie aux autres

COMMUNICATION

Que feriez-vous? Que feriez-vous si vous étiez dans les situations suivantes? Complétez les phrases selon vos préférences.

1. S'il n'y avait pas de cours aujourd'hui, nous . . .
2. Si j'étais professeur, . . .
3. Si j'étais à la place du président, . . .
4. Si j'avais besoin d'une nouvelle voiture, . . .
5. Si je pouvais être une autre personne, . . .
6. Si j'avais soixante-cinq ans, . . .
7. Si j'étais millionnaire, . . .
8. Si j'habitais dans un autre pays, . . .
9. Si je pouvais contrôler les programmes qu'on montre à la télévision, . . .
10. Si j'avais des enfants, . . .

Les verbes connaître et savoir

PRESENTATION

The irregular verbs **connaître** and **savoir** both correspond to the English verb *to know;* however, they cannot be used interchangeably.

connaître		savoir	
je connais	nous connaissons	je sais	nous savons
tu connais	vous connaissez	tu sais	vous savez
il/elle connaît	ils/elles connaissent	il/elle sait	ils/elles savent
passé composé: j'ai connu		passé composé: j'ai su	
futur: je connaîtrai		futur: je saurai	

A. **Connaître** is used in the sense of *to be familiar with* or *to be acquainted with*. It is always used with a direct object (e.g., people, places, etc.).

Je connais Jean-Luc.
Est-ce que vous connaissez Lyon?
A cette époque-là, je connaissais bien Madame Bertrand.
Je n'ai pas connu mon grand-père.
Si nous passons six mois à Paris, nous connaîtrons bien la ville.

Faire la connaissance de is another frequently used expression meaning *to meet* or *to become acquainted with*.

Est-ce que vous avez fait la connaissance de mon cousin?
J'ai fait sa connaissance à Paris.

B. **Savoir** is used in the sense of *to know facts* or *to know how*. It can be used with a direct object, a clause, an infinitive, or by itself.

Savez-vous la date de son anniversaire?
Est-ce que tu sais qui est Christian Dior? Non, je ne sais pas qui c'est.

Il sait s'habiller avec élégance.
Nous savions qu'ils ne viendraient pas.
Je ne saurai jamais toutes les réponses.

C. In the **passé composé, savoir** and **connaître** have idiomatic meanings.

J'ai su qu'ils étaient à Dakar.	*I learned that they were in Dakar.*
Comment est-ce que tu l'as su?	*How did you find it out?*
Elle l'a connu à Dijon.	*She met him (made his acquaintance) in Dijon.*

D. The following verbs are conjugated like **connaître:**

reconnaître	*to recognize*	Je l'ai reconnu tout de suite.
disparaître	*to disappear*	Ils ont disparu à l'horizon.
paraître	*to appear, to seem, to look*	Vous paraissez fatigué.

PREPARATION

⊘ **A.** Substituez les mots suggérés aux mots en italique.

1. *Je connais* cette personne.   tu connais / il connaît / nous connaissons / vous connaissez / elles connaissent
2. *Je sais* la réponse.   tu sais / elle sait / nous savons / vous savez / ils savent

⊘ **B.** Substituez les mots suggérés aux mots en italique et faites les changements nécessaires.

1. *Je* connaissais bien les Dupont à cette époque-là.   nos parents / tu / nous / Anne / vous
2. *Je* ne savais pas cela non plus.   vous / ces étudiants / nous / on

C. Donnez l'équivalent français des phrases suivantes.

1. Do you know John?
2. I know where you live.
3. We have known him for ten years.
4. She met him in Europe.
5. Do you know Toronto very well?
6. She knows how to drive.
7. How did you find that out?
8. We didn't know that.
9. You seem happy today.
10. Did you recognize him?

TRANSITION

Quelqu'un qui sait toujours tout. Jean-Paul Saitout est une de ces personnes qui sait tout et qui connaît tout le monde. C'est un véritable expert sur tous les sujets. Utilisez les indications données pour formuler ses réactions aux différents sujets mentionnés.

modèles: la réponse → **Bien sûr, je sais la réponse.**
    Pierre → **Bien sûr, je connais Pierre.**

1. la date de votre anniversaire
2. cette région
3. les parents de Julien
4. parler italien
5. jouer aux cartes
6. son oncle et sa tante
7. Marseille
8. l'adresse de Michelle
9. le numéro de téléphone de Françoise
10. un grand couturier

COMMUNICATION

Connaître n'est pas savoir. Vous désirez poser certaines questions à d'autres étudiants pour découvrir (*discover*), par exemple, ce qu'ils savent faire ou qui ils connaissent. Utilisez les suggestions suivantes pour préparer vos questions et ensuite posez-les à un(e) autre étudiant(e).

exemples: un personnage politique important →
Est-ce que tu connais un personnage politique important?
jouer à la pétanque → **Est-ce que tu sais jouer à la pétanque?**

1. danser le tango
2. les différents quartiers de notre ville
3. où on peut acheter des vêtements bon marché
4. piloter un avion
5. tes voisins

6. les autres étudiants de la classe
7. faire du ski nautique
8. parler chinois
9. quels cours tu vas suivre le trimestre prochain
10. ?

Les pronoms démonstratifs

PRESENTATION

A. Demonstrative pronouns can replace nouns. They reflect the number and gender of the nouns they replace.

Les pronoms démonstratifs

	MASCULINE	FEMININE
SINGULAR	celui *the one, this one, that one*	celle *the one, this one, that one*
PLURAL	ceux *the ones, these, those*	celles *the ones, these, those*

B. Demonstrative pronouns cannot stand alone.

1. Demonstrative pronouns can be followed by prepositional phrases.

Les meilleures photos de mode sont celles à la page 18.

Il prend l'avion pour Strasbourg et moi, je prends celui pour Lyon.

Les vêtements de Monoprix sont moins chers que ceux des Galeries Lafayette.

The best fashion photographs are those on page 18.

He's taking the plane for Strasbourg, and I'm taking the one for Lyons.

Monoprix's clothing is less expensive than that of Galeries Lafayette.

The prepositon **de** used with a demonstrative pronoun frequently indicates possession.

Ce tee-shirt a coûté vingt francs et celui d'Anne a coûté vingt-huit francs.
This T-shirt cost twenty francs and Anne's cost twenty-eight francs.

A qui est cette cravate? C'est celle de Jacques.
Whose tie is this? It's Jack's.

Est-ce que tu as vu les nouveaux manteaux de Christian Dior?
Did you see Dior's new coats?
Oui, mais je préfère ceux de Chanel.
Yes, but I prefer those of Chanel.

2. Demonstrative pronouns can be followed by relative pronouns.

Quel pantalon voulez-vous? Je préfère celui qui coûte le moins cher.
Which pants do you want? I prefer the one that costs the least.

Je préfère ce complet à celui que Paul a acheté.
I prefer this suit to the one that Paul bought.

Ces robes et celles qu'on a présentées l'année passée sont très élégantes.
These dresses and those that were presented last year are very elegant.

Ceux qui arriveront les premiers attendront les autres.
The people (those) who arrive first will wait for the others.

C. Demonstrative pronouns can be used with the suffixes **-ci** and **-là**.

Je ne sais pas quelle robe choisir.
I don't know which dress to choose.
Celle-ci est moins chère, mais celle-là est plus pratique.
This one is less expensive, but that one is more practical.

D. **Ceci** (*this*) and **cela** (*that*) and the more informal **ça** (*that*) are used to refer to ideas or unspecified things rather than to specifically named items. Thus, they do not indicate gender and number.

Ceci va vous surprendre. *This is going to surprise you.*
Je ne comprends pas cela. *I don't understand that.*
Ça, c'est formidable! *That's great!*
Ça ne veut rien dire. *That doesn't mean anything.*

PREPARATION

A. Transformez les phrases suivantes selon le modèle.

modèle: C'est le manteau de Jacques. → **C'est celui de Jacques.**

1. C'est la cravate du professeur.
2. Ce sont les chaussures de Guy.
3. Ce sont les étudiants de notre classe.
4. Ce sont les vêtements des enfants.
5. C'est la voiture de papa.
6. C'est la mode de l'année passée.
7. C'est le train pour Madrid.
8. C'est l'avion pour Tokyo.

B. Donnez l'équivalent français des phrases suivantes.

1. Do you like this dress or the one I bought yesterday?
2. These coats are cheaper than those of Galeries Lafayette.
3. This suit is more expensive than that one.
4. These shoes are more practical than those.
5. He buys Cardin tee-shirts. I buy those of Monoprix.
6. This shirt is prettier than that one.

TRANSITION

A. Contradictions. Jeannette et son petit ami Paul font du lèche-vitrine (*window shopping*). Chaque fois que Jeannette décide d'acheter quelque chose ou fait un commentaire sur quelque chose, Paul est de l'opinion opposée. Formulez les réponses de Paul.

modèle: *Jeannette:*   Cette voiture-là est économique. →
            Paul: **Ah non, cette voiture-ci est beaucoup plus économique que celle-là.**

1. Ces cigarettes-là sont fortes.
2. Ces pantalons-là sont à la mode.
3. Ces chemises-là sont jolies.
4. Cet homme-là est élégant.
5. Ce fromage-là est cher.
6. Ces chaussures-là sont pratiques.
7. Cette inscription-là est amusante.

B. La nostalgie du bon vieux temps. Il y a des gens—même des personnes assez jeunes—qui pensent toujours que le passé était bien plus agréable que le présent. Honoré Regret est une de ces personnes. Reconstituez les phrases qu'il a prononcées.

modèles: Je n'aime pas ma nouvelle maison. (la maison où nous habitions autrefois) →
          J'aimais mieux celle où nous habitions autrefois.
          Je n'aime pas ma nouvelle maison. (la maison de mes parents) →
          J'aimais mieux celle de mes parents.

1. Je n'aime pas les vêtements d'aujourd'hui. (les vêtements qu'on portait quand j'étais jeune)
2. Je n'aime pas les jeux qu'on joue aujourd'hui. (les jeux de mon enfance)
3. Je n'aime pas mes professeurs. (les professeurs que j'avais au lycée)
4. Je n'aime pas les cours que je suis ce trimestre. (les cours que je suivais le trimestre passé)
5. Je n'aime pas la mode d'aujourd'hui. (la mode d'il y a dix ans)
6. Je n'aime pas ma nouvelle chambre. (la chambre où j'habitais l'année dernière)
7. Je n'aime pas mes nouveaux camarades de chambre. (le camarade de chambre que j'avais l'année dernière)
8. Je n'aime pas les voitures de cette année. (les voitures de l'année dernière)

COMMUNICATION

Choix. Qu'est-ce que vous allez choisir dans chacune des situations suivantes? Utilisez un pronom démonstratif dans chacune de vos réponses.

1. Il y a trois garçons (ou filles) qui veulent sortir avec vous. Avec qui allez-vous sortir?
   a. un garçon (une fille) qui s'habille très bien mais qui n'est pas particulièrement beau (belle)
   b. un(e) autre qui n'est pas beau (belle), mais qui est intelligent(e) et sympathique
   c. un(e) autre qui n'est ni intelligent(e) ni beau (belle) ni particulièrement sympathique mais qui est très riche
   d. **?**
2. Chaque comédien(ne) a son propre humour. Quel type d'humour préférez-vous?

a. l'humour de Jerry Lewis
b. l'humour de Lily Tomlin
c. l'humour de Flip Wilson
d. ?

3. Quel(le) camarade de chambre allez-vous choisir?
   a. un garçon (une fille) qui est calme et sérieux(-euse), mais pas très amu-sant(e)
   b. un(e) autre qui adore s'amuser et inviter des amis mais qui ne travaille que rarement
   c. un(e) autre qui travaille tous les jours jusqu'à quatre heures du matin
   d. ?

4. Vous cherchez un appartement. Quel type d'appartement allez-vous choisir?
   a. un appartement très joli et très moderne, mais qui est très petit
   b. un appartement spacieux et confortable mais qui coûte assez cher
   c. un appartement confortable et bien situé, mais où on n'accepte pas les animaux
   d. ?

5. Vous êtes invité(e) à aller dîner dans un restaurant. Quel restaurant allez-vous choisir?
   a. un restaurant où on sert de la cuisine française
   b. un restaurant où la cuisine est assez médiocre mais l'ambiance est très agréable
   c. un restaurant où on mange très bien mais le décor est assez ordinaire
   d. ?

6. Vous avez de la chance. Vous êtes invité(e) à quatre surprises-parties différentes le même soir. A quelle surprise-partie allez-vous aller?
   a. une où il y a toujours de bonnes choses à boire et à manger
   b. une où vous pouvez rencontrer des gens intéressants mais où vous ne connaissez aucun des invités
   c. une où vous êtes sûr(e) de retrouver tous vos amis
   d. ?

7. Vous avez décidé d'aller au cinéma. Quel film allez-vous choisir?
   a. un film qui promet beaucoup de suspens et d'aventure
   b. un film où vous êtes sûr(e) de vous amuser
   c. un film que personne ne connaît mais qui semble avoir un sujet très inté-ressant
   d. ?

8. Vous allez suivre un cours de français et vous avez le choix entre plusieurs professeurs. Quel type de professeur est-ce que vous allez choisir?
   a. un professeur qui sait rendre une classe intéressante
   b. un professeur qui donne de bonnes notes à tout le monde
   c. un professeur qui demande très peu de travail de ses étudiants
   d. ?

Le verbe devoir

PRESENTATION

Devoir (*to have to, must, to be supposed to, should*) is an irregular verb.

devoir

je dois	nous devons
tu dois	vous devez
il/elle doit	ils/elles doivent

passé composé: j'ai dû

Because there is no exact English equivalent of the verb **devoir,** each of its tenses has a somewhat different English approximation.

A. The present tense of **devoir** is similar to the English *to have to, must,* or *to be supposed to* and is used to indicate:

   1. Necessity;

   Je dois rentrer chez moi pour travailler.   *I must (have to) go home to work.*

   2. Probability or likelihood:

   Il doit être trois heures.   *It must be (probably is) three o'clock.*

   3. Expectation:

   Ils doivent partir aujourd'hui.   *They are supposed to leave today.*

B. The **passé composé** is similar to the English *had to* or *must have* and is used to indicate:

   1. Necessity:

   J'ai dû y retourner le jour suivant.   *I had to go back there the next day.*

   2. Probability:

   J'ai dû perdre mon passeport quand   *I must have lost (probably did lose) my passport*
   j'étais en Suisse.   *when I was in Switzerland.*

C. The imperfect is similar to the English *to be supposed to, was/were to,* or *must have.* It indicates:

   1. Expectation:

   Ils devaient arriver à Rome aujourd'hui.   *They were to (were supposed to) arrive in Rome today.*

   2. Probability:

   Elle devait être très malheureuse.   *She must have been (probably was) very unhappy.*

D. The future tense is similar to *will have to* and indicates necessity.

   Elle devra en acheter une autre.   *She will have to buy another one.*

E. The conditional tense is similar to *should* or *ought to* and is used to indicate:

   1. Obligation:

   Tu devrais mettre une cravate.   *You should put on a tie.*

2. Probability:

Selon André, vous ne devriez pas
avoir de difficultés.

*According to André, you shouldn't
have any difficulty.*

F. In any tense, when **devoir** has a direct object, its meaning is *to owe*.

Je lui devais cinq dollars.   *I owed him five dollars.*
Elle leur doit beaucoup d'argent.   *She owes them a lot of money.*
Vous leur devez le respect.   *You owe them respect*

PREPARATION

A. Substituez les mots suggérés aux mots en italique.

Je dois partir ce soir.   tu dois / elle doit / nous devons / vous devez / ils doivent

B. Substituez les mots suggérés aux mots en italique et faites les changements nécessaires.

1. *Il* devait jouer au tennis.   je / François et Charles / nous / vous / tu
2. *Vous* devriez apprendre l'allemand.   nous / Raoul / tu / Annette et Lise

C. Donnez l'équivalent français des phrases suivantes.

1. I should buy fewer clothes.
2. He will have to come back tomorrow.
3. They were supposed to call me.
4. Did you have to go to Marseilles? He probably went to Marseilles.
5. Paul owes me a few dollars.
6. I must write to my friend. He has to go to Nice.
7. You ought to speak to the instructor.
8. They must be in Paris now.

TRANSITION

Résolutions. C'est le jour du Nouvel An et Paulette et ses amis parlent des résolutions qu'ils devraient prendre. Reconstituez les phrases qu'ils ont prononcées.

modèle: Je / m'habiller mieux → **Je devrais m'habiller mieux.**

1. nous / aller à la bibliothèque plus souvent
2. je / mettre de l'argent à la banque
3. Paul / chercher du travail
4. Marie / écouter quand les autres parlent
5. tu / écrire plus souvent à tes parents
6. on / prendre le temps de se détendre

COMMUNICATION

Questions personnelles. Répondez aux questions suivantes selon votre expérience ou vos convictions personnelles.

1. Qu'est-ce que vous devez faire ce soir? Et demain?
2. Est-ce qu'il y a des choses que vous deviez faire la semaine dernière et que vous n'avez pas faites?
3. Qu'est-ce que vous avez dû faire pour être admis(e) dans cette université?
4. Qu'est-ce que vous devriez faire pour avoir de meilleurs résultats dans vos études? Pour être plus satisfait(e) de votre vie? Pour être en meilleure santé? Pour mieux vous entendre avec vos amis?
5. Qu'est-ce que le gouvernement devrait faire pour résoudre les principaux problèmes de notre pays?
6. Qu'est-ce que les professeurs devraient faire pour rendre les cours plus intéressants?

B. Trouvez quelqu'un qui . . . Trouvez des gens dans votre classe qui sont dans les situations suivantes.

1. quelqu'un qui a dû travailler toute la nuit pour se préparer au dernier examen de français
2. quelqu'un qui devrait aller à la bibliothèque plus souvent
3. quelqu'un qui devrait boire moins de bière
4. quelqu'un qui devrait être plus sérieux(-euse)
5. quelqu'un qui devait écrire une composition la semaine dernière mais qui ne l'a pas fait
6. quelqu'un qui ne doit rien à personne, ni argent, ni gratitude
7. quelqu'un qui a dû venir à l'université à pied ce matin parce que sa voiture ne marchait pas, ou parce qu'il(elle) a manqué l'autobus

Les jeunes et l'argent: Une comparaison entre la France et l'Amérique

SYNTHESE

L'argent est un sujet fréquent de préoccupation pour les jeunes aussi bien que pour les adultes, pour les Français aussi bien que pour les Américains. Des sondages d'opinion organisés par la Sofres (Société française d'enquêtes par sondage) et aux Etats-Unis par le Gallup Poll nous *révèlent* l'attitude des jeunes Français et des jeunes Américains de quinze à vingt ans envers l'argent. Les questions posées ne sont pas exactement les mêmes, mais elles révèlent des attitudes assez *semblables* dans les deux pays.

reveal

similar

Voici d'abord la question posée aux jeunes Américains et leurs réponses.

Si vous gagniez mille dollars à la loterie, qu'est-ce que vous en feriez?

Je les mettrais à la banque.	52%
J'achèterais une voiture ou je réparerais celle que j'ai maintenant.	17
Je les utiliserais pour payer mes études.	17
J'achèterais des vêtements.	10
J'aiderais mes parents.	9
J'achèterais différentes choses que j'ai envie d'acheter depuis long-temps.	7
Je voyagerais.	6
Je les *dépenserais*.	5
J'achèterais une moto.	4
Je les donnerais à des organisations de charité.	3
Je les *placerais*.	2
Je paierais mes dettes.	2
J'achèterais de nouveaux *meubles* et je redécorerais ma chambre.	1
J'achèterais une chaîne stéréophonique.	1
J'achèterais un instrument de musique.	1
Je les donnerais à mon église.	1
Je ne sais pas.	1

would spend — *dépenserais*
invest — *placerais*
furniture — *meubles*

Et maintenant, voici la question correspondante posée aux jeunes Français.

Si vous aviez plus d'argent qu'est-ce que vous en feriez de préférence?

J'achèterais une voiture.	22%
Je le mettrais à la banque ou je le placerais.	19
J'achèterais des vêtements.	14
J'achèterais une moto.	13
Je voyagerais.	11
Je *louerais* un appartement plus confortable.	7
J'achèterais un appareil photo (une *caméra*, une chaîne stéréo-phonique, etc.)	6
J'achèterais des livres et des disques.	3
J'achèterais des meubles.	2
J'achèterais un bateau.	1
Je ne sais pas.	1

would rent — *louerais*
movie camera — *caméra*

Si on compare les réponses des filles et des garçons on voit qu'en France la moto est surtout la passion des garçons (22 pour cent des garçons voudraient en acheter une contre 2½ pour cent des filles). Aux Etats-Unis, les différences sont moins accentuées: 7 pour cent des garçons contre 4 pour cent des filles. Les vêtements, par contre, continuent d'avoir plus d'importance pour les filles que pour les garçons.

Est-ce que les jeunes Américains sont plus économes que les jeunes Français? Ils semblent l'être, mais il est difficile de l'affirmer car la question posée n'était pas exactement la même dans les deux pays.

D'autres questions posées aux jeunes Français montrent que l'argent est assez important pour eux. Mais ce n'est pas la chose la plus importante dans la vie ni dans le choix d'un métier.

Qu'est-ce que l'argent représente pour vous? Est-ce que c'est avant tout ...

Les plaisirs, la possibilité d'acheter les choses qu'on veut	56%
La sécurité	22
La liberté, l'indépendance	19
Le *pouvoir* sur les autres	2
Sans opinion	1

power

Quelle est pour vous la chose la plus importante dans le choix d'une profession?

Un travail intéressant	57%
Un emploi assuré	23
Un travail bien payé	9
Un travail qui *laisse* beaucoup de temps *libre*	7
Beaucoup de responsabilités	4

leaves / free

Quelles sont les deux choses qui *comptent* le plus pour les jeunes de votre âge?

count

Trouver un métier intéressant	40%
L'amour	38
Le bonheur familial	28
L'argent	27
Les loisirs	21
Se développer intellectuellement	15
Chercher à créer quelque chose soi-même	15
La justice sociale	17

leisure activities

Comment les jeunes Américains répondraient-ils à ces dernières questions si on les leur posait?

Extrait et adapté d'un article de *L'Express* par Michèle Cotta et d'un sondage du Gallup Youth Survey

Compréhension du texte. Répondez aux questions suivantes selon les renseignements donnés dans le texte.

1. Pourquoi la Sofres a-t-elle organisé un sondage d'opinion?
2. Les jeunes Américains et les jeunes Français ont-ils à peu près la même attitude envers l'argent?
3. S'ils gagnaient mille dollars à la loterie, que feraient la plupart des jeunes Américains?
4. Qu'est-ce que les jeunes Français achèteraient s'ils avaient de l'argent?
5. Est-ce que les vêtements ont beaucoup d'importance pour les jeunes Français?
6. Qu'est-ce que l'argent représente pour les jeunes Français?
7. Qu'est-ce qui est le plus important pour les jeunes Français dans le choix d'un métier?
8. L'argent est-il plus important que l'amour pour les jeunes Français?

Contrairement à la vieille image du Français cachant° son argent sous son matelas° en prévision des temps difficiles, la société française est en train de devenir une société de consommation. Le système de l'achat° à crédit est maintenant accepté et les cartes de crédit (la carte bleue, par exemple) sont en train de devenir très populaires.

Pour leurs transactions monétaires les Français peuvent utiliser un compte en banque ou un compte chèque postal. Généralement, les salaires sont versés° directement sur le compte bancaire ou sur le compte chèque postal de l'employé. Les banques offrent également différentes sortes d'épargne et de prêts° à long et à court° terme.

Le budget d'un Français est assez différent du budget d'un Américain. Il dépense relativement plus pour la nourriture, les vêtements et les vacances et moins pour le logement.°

cachant *hiding*   matelas *mattress*   achat *buying*
versés *deposited*   prêts *loans*   court *short*   logement *lodging*

COMMUNICATION

A. Sondage. Répondez aux questions du sondage et comparez vos réponses avec celles des autres étudiants.

B. Vendeur de tee-shirts. Imaginez que vous travaillez dans une boutique où on vend des tee-shirts et des blue-jeans. Votre patron veut mettre des inscriptions différentes sur les tee-shirts qu'il vend. C'est à vous de trouver (d'imaginer) beaucoup d'inscriptions différentes. Quelles inscriptions françaises allez-vous suggérer?

C. A votre avis. A votre avis, qu'est-ce qui arriverait et qu'est-ce que vous feriez personnellement si les situations suivantes existaient?

1. s'il y avait une autre grande crise économique comme en 1929
2. si c'étaient les jeunes qui gouvernaient les pays
3. si toutes les écoles et les universités étaient sous le contrôle du gouvernement fédéral
4. si les principales industries du pays étaient nationalisées
5. si tout le monde portait les mêmes vêtements
6. s'il y avait un service militaire obligatoire pour tous les jeunes, les femmes aussi bien que les hommes

7. si le gouvernement avait le pouvoir de décider quel métier chaque personne doit exercer
8. si les professeurs d'université faisaient grève pour obtenir une augmentation de salaire

D. Vivent les jeunes! Un autre sondage récent a montré que beaucoup de gens ont peur des jeunes; ils pensent qu'ils sont irresponsables, paresseux, sans principes, etc. Si vous êtes d'accord avec cette opinion, faites le portrait le plus noir possible de la jeunesse d'aujourd'hui. Si vous n'êtes pas d'accord, prenez la défense des jeunes.

VOCABULAIRE

Noms
la **caméra** *movie camera*
le **complet** *suit*
la **cravate** *tie*
l' **étiquette** (f) *label*
les **loisirs** (m) *leisure activity, pastime*
le **meuble** *piece of furniture*
le **mur** *wall*
le **pouvoir** *power*
la **robe** *dress*
le **sens** *direction*
le **sous-vêtement** *underwear*
la **vedette** *star, celebrity*

Verbes
compter *to count*
dépenser *to spend*
faire le tour de *to go around*
laisser *to leave*
louer *to rent*
réparer *to repair, fix*
sembler *to seem*

Adjectifs
libre *free*
semblable *similar*

Divers
apparemment *apparently*
de nouveau *once again*
grâce à *thanks to, because of*

COGNATE NOUNS

l' **adulte** (m, f)
le **bridge**
le **comédien**, la **comédienne**
le **décor**
la **fonction**

les **graffiti** (m pl)
l' **humour** (m)
l' **inscription** (f)
l' **instrument** (m)
l' **origine** (f)
la **page**

le **suspens**
le **tee-shirt**
le **terrain**
l' **uniforme** (m)
le **zodiaque**

L'opinion publique

Les jeunes et la politique

Quelle est l'attitude des jeunes envers la politique? Pour connaître leur opinion, *L'Express* a posé les questions suivantes aux jeunes Français de dix-sept à vingt et un ans, ceux qui viennent d'*atteindre* ou vont bientôt atteindre l'âge de voter.

reached (to reach)

1. L'âge de la majorité est maintenant à dix-huit ans. Qu'est-ce que cela représente pour vous? Parmi les réponses suivantes, choisissez les trois réponses qui vous semblent les plus exactes.

Le *droit* de voter	58,4%	right
Le fait d'être maintenant responsable de *soi-même*	47,0	oneself
La responsabilité devant la loi	45,6	
L'acquisition de droits nouveaux	31,1	
L'indépendance, le droit de faire *ce qu'*on veut	25,8	what, that which
La liberté d'expression	23,7	
L'*entrée* dans le monde des adultes	17,6	entrance
Cela ne représente aucun changement	13,2	

2. Vous intéressez-vous à la politique?

Beaucoup	7,9%
Assez	23,0
Un peu	42,0
Pas du tout	27,1

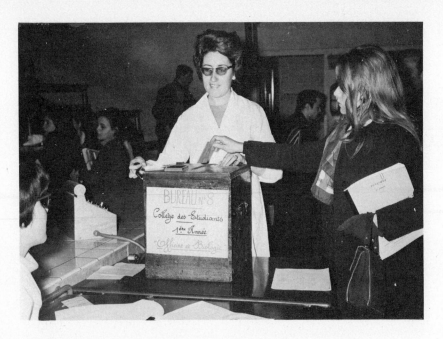

3. En ce qui concerne la politique, pensez-vous que vous êtes . . .

Très bien informé	2,2%
Suffisamment informé	23,9
Pas assez informé	52,8
Pas du tout informé	21,1

4. Est-ce que vous participez ou est-ce que vous avez déjà participé aux activités d'une organisation?

J'appartiens à une organisation de jeunes.	14,8%	
Je suis membre d'un parti politique.	7,3	
Je suis membre d'un *syndicat*.	6,6	union
Je suis membre d'un autre type d'organisation.	7,6	

5. Est-ce que vous avez . . .

Participé à une manifestation	54,0%	
Distribué des *tracts*	26,1	leaflets
Participé à une *réunion* politique	25,2	meeting
Mis des *affiches*	14,3	signs, posters
Rien de tout cela	37,1	

6. Si vous deviez participer à la création d'un mouvement politique, quelles seraient vos principales suggestions pour son programme?

L'abolition du service militaire	64,0%	
L'*égalité* à tous les *niveaux*	32,0	equality / levels

La réduction du chômage	28,0	
La *lutte* contre l'inflation	22,8	fight, struggle
La liberté d'expression	20,2	
De meilleures conditions de vie	14,0	
L'environnement, l'écologie	10,3	
Donner plus de possibilités aux jeunes	8,8	
Améliorer les conditions de travail	8,5	to improve

7. Seriez-vous content s'il y avait d'autres événements comme la révolte des étudiants de mai 1968?

Je ne serais pas content.	40,6%
Je serais content.	32,7
Je ne sais pas.	26,7

8. Dans le cas où il y aurait des événements comme ceux de mai '68, que feriez-vous?

Je participerais aux manifestations.	55,4%
Je resterais chez moi.	18,1
Je m'opposerais aux manifestations.	2,9
Je ne sais pas ce que je ferais.	23,6

9. Pour quelles raisons un candidat *se présente*-t-il aux élections? Choisissez les deux raisons qui vous paraissent les plus importantes.

run for

Pour servir son parti politique	51,9%
Pour se mettre au service du public	41,0
Pour changer la société	33,0
Par soif du pouvoir	28,0
A cause des avantages personnels	26,4
Pour devenir une vedette	6,7

out of

Extrait et adapté d'un article de *L'Express* par Michel Labro

Compréhension du texte. Selon les renseignements donnés dans le texte, est-ce que les phrases suivantes sont vraies ou fausses? Corrigez le sens de la phrase s'il est faux.

1. *L'Express* a organisé ce sondage pour connaître l'opinion des gens qui vont prendre leur retraite.
2. Pour la plupart des jeunes Français, avoir dix-huit ans veut dire avoir le droit de voter.
3. Les jeunes Français ne semblent pas s'intéresser beaucoup à la politique.
4. La plupart d'entre eux sont très bien informés en ce qui concerne la politique.
5. La majorité des jeunes n'appartiennent à aucune organisation politique.
6. Beaucoup de jeunes ont déjà participé à des manifestations.
7. Les jeunes voudraient l'abolition du service militaire.

8. S'il y avait d'autres événements comme ceux du mai 1968, la plupart des jeunes resteraient chez eux.
9. Selon les jeunes, les candidats se présentent aux élections parce qu'ils veulent devenir des vedettes.

Réactions personnelles. Répondez aux questions du sondage et comparez vos réponses avec celles des jeunes Français et celles des autres étudiants de votre classe.

⊘ **Petite conversation: Candidat ou candidate?**

Christine: Pour quel candidat est-ce que tu vas voter? Celui de gauche ou celui du centre?

Michelle: Je ne sais pas. Et puis tu sais, moi, la politique, je ne m'y intéresse pas beaucoup . . . Ça t'intéresse, toi?

Christine: Oui, beaucoup. Je suis membre d'un parti politique. J'espère bien que notre candidate va gagner.

Michelle: Candidate? Tu as dit candidate?

Christine: Oui, candidate. Tu ne savais pas qu'il y a plusieurs femmes qui se présentent aux élections?

Michelle: Non, mais je suis contente de l'apprendre. Est-ce que je peux venir à votre prochaine réunion?

La politique

Les Français sont souvent frappés° par l'absence de diversité dans les partis politiques américains. Comparé au système américain, le système français offre une gamme° variée de partis dont° les traits distinctifs peuvent paraître subtils à des étrangers.

L'éventail° actuel des partis politiques français est le suivant:

Les partis de la majorité:
le R.P.R. (Rassemblement pour la république)
le P.R. (Parti républicain, anciennement Républicains indépendants)
le C.D.S. (Centre des démocrates socialistes) ⎫
le C.N.I. (Centre national des indépendants) ⎭ Partis centristes
le P.R. (Parti radical)

Les partis de l'opposition:
le P.S. (Parti socialiste)
le P.C.F. (Parti communiste français)
le P.S.U. (Parti socialiste unifié)

frappé *struck*   la gamme *range*   dont *whose*   l'éventail *spectrum*

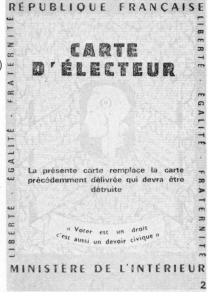

Au moment des élections, les partis ont tendance à s'allier pour former deux blocs principaux, la droite et la gauche, qui s'opposent l'un à l'autre et qui sont de force presque égale. Par exemple, aux élections de mars 1978, la gauche a obtenu presque la moitié des votes au premier tour.° Mais au deuxième tour, c'est la droite qui a gagné.

Ainsi on peut dire que les Français ont tendance à voter selon leur cœur au premier tour et selon leur porte-monnaie° au second.

le tour *ballot*   le porte-monnaie *pocketbook*

L'emploi des prépositions après les verbes

PRESENTATION

You have probably noticed that some verbs are followed by the preposition **de,** others by **à,** and still others by no preposition at all. The use of prepositions with verbs you have already learned can be summarized as follows:

A.   Verbs followed by an infinitive:

1.   The following verbs take no preposition at all with an infinitive:

aimer	désirer	devoir	laisser	préférer	venir
aller	détester	espérer	pouvoir	savoir	vouloir

Ce candidat veut abolir le service militaire.
Je préfère ne pas parler de mes idées politiques.

2.   The following verbs take **de** before an infinitive:

accepter	décider	dire	oublier	refuser
s'arrêter	demander	essayer	permettre	regretter
choisir	se dépêcher	finir	promettre	rêver

Il rêve de se présenter aux élections.
Il a promis de lutter contre l'inflation.

Demander, dire, permettre, and **promettre** can also take an indirect object.

On ne permet pas aux jeunes de voter avant l'âge de dix-huit ans.
Elle lui a demandé de participer à la manifestation.

3.   The following verbs take **à** before an infinitive:

aider	apprendre	commencer	hésiter	se mettre
s'amuser	avoir	continuer	inviter	réussir

J'hésite à prendre une décision.
La candidate a réussi à nous persuader.

Avoir, aider, and **inviter** usually take a direct object, which precedes the preposition.

Les jeunes ont beaucoup de choses à nous apprendre.
On a invité les étudiants à participer à la discussion.

B. Verbs followed by a noun:

1. Some verbs that take a preposition in English do not take one in French.

attendre	*to wait for*	Nous attendons le candidat.
chercher	*to look for*	Je cherche l'entrée.
demander	*to ask for*	Il faut demander la permission.
écouter	*to listen to*	Tu écoutes les résultats des élections?
regarder	*to look at*	Elle regarde les affiches.

2. Some verbs that take a preposition in French do not take one in English.

changer de	*to change*	Ce candidat change d'avis comme il change de chemise.
entrer dans	*to enter*	Nous sommes entrés dans la salle de réunion.
se marier avec	*to marry*	Josette va se marier avec un ami d'enfance.
obéir à	*to obey*	Obéissez aux lois de l'état.
répondre à	*to answer*	Est-ce que tu as répondu à sa lettre?
ressembler à	*to resemble*	Elle ressemble à son père.
se souvenir de	*to remember*	Te souviens-tu de la date de la réunion?
jouer à	*to play a sport*	Nous jouons souvent au tennis.
jouer de	*to play a musical instrument*	Il joue de la clarinette.

3. Some verbs take different prepositions in French and in English.

s'intéresser à	*to be interested in*	Ils s'intéressent à la politique.
s'occuper de	*to be busy with*	Occupez-vous de vos propres problèmes.
participer à	*to participate in*	Nous avons participé à la discussion.

PREPARATION

A. Substituez les mots suggérés aux mots en italique.

1. Elle *a oublié* de venir.   a refusé / a essayé / s'est dépêchée / a décidé / a accepté
2. Nous avons *promis* à Pierre d'être là.   permis / dit / demandé / promis
3. Est-ce que tu *continues* à parler français?   commences / hésites / apprends / réussis

B. Répondez aux questions suivantes selon les indications données.

modèle: Est-ce que vous voulez participer à la manifestation? (Non, nous hésitons . . .) →
   Non, nous hésitons à participer à la manifestation.

1. Est-ce qu'il voudrait gagner les élections? (Oui, il rêve . . .)
2. Est-ce qu'elle a essayé de répondre à la question? (Oui, et elle a réussi . . .)
3. Est-ce que vous savez jouer du violon? (Non, mais j'apprends . . .)
4. Est-ce qu'ils ont promis d'aller voter? (Oui, mais ils ont oublié . . .)
5. Est-ce que vous avez accepté de venir à la réunion? (Non, nous avons refusé . . .)
6. Est-ce qu'elles ont décidé de ne pas se présenter aux élections? (Oui, elles ont préféré . . .)
7. Est-ce qu'il s'est mis à pleurer? (Oui, et il a continué . . .)
8. Est-ce que vous avez dû rentrer? (Oui, nous nous sommes dépêchés . . .)
9. Est-ce que tu as décidé de voter cette année (Oui, je te promets . . .)

C. Utilisez les éléments suivants pour composer des phrases selon le modèle donné.

modèle: répondre / question → **Ils répondent à la question.**

1. changer / vêtements
2. attendre / autobus
3. obéir / lois
4. répondre / téléphone
5. chercher / réponse
6. s'occuper / enfants
7. ressembler / parents
8. jouer / guitare

D. Traduisez les phrases suivantes en français.

1. He always changes his mind.
2. Are you trying to fight against inflation?
3. He asked several people to help him give out leaflets.
4. They invited us to play cards.
5. He was looking at us.
6. He will invite her to participate in the discussion.
7. She hopes to win the election.
8. They are asking for better working conditions.
9. He married a movie star.
10. They entered the church.

TRANSITION

Un candidat qui n'a pas de chance. François Sanveine était candidat aux
dernières élections municipales, mais il n'a pas gagné. Reconstituez les raisons qui
expliquent pourquoi il a perdu l'élection.

modèle: il / s'occuper trop / ses propres intérêts. → **Il s'occupait trop de ses propres intérêts.**

1. il / promettre / faire beaucoup de changements
2. il / rêver / être sénateur
3. il / changer constamment / avis
4. il / oublier / assister aux réunions de son parti
5. il / ressembler / autres candidats
6. il / ne pas écouter / opinion des gens
7. il / ne pas pouvoir / comprendre les ouvriers
8. il / ne pas répondre / nos besoins

COMMUNICATION

La vie politique. Beaucoup de gens pensent qu'il est important de prendre part
à la vie politique du pays. Utilisez les verbes suivants pour exprimer vos propres
opinions sur ce sujet.

exemples: décider → **J'ai décidé de prendre part à la vie politique du pays.**
devoir → **Tout le monde devrait prendre part à la vie politique du pays.**
vouloir → **Beaucoup de gens ne veulent pas prendre part à la vie politique du pays.**

1. commencer
2. continuer
3. espérer
4. essayer
5. être content(e)
6. hésiter
7. pouvoir
8. promettre
9. refuser
10. rêver

Les pronoms relatifs

PRESENTATION

Relative pronouns are used to connect two clauses, a main clause and a dependent
clause. They are never omitted in French, whereas in English we may say either
There is the girl I met, or, *There is the girl that I met*.

A. **Qui** and **que** (*who, that, which*) are used to refer to both persons and things.

1. **Qui** is used when the relative pronoun is the subject of the dependent clause.

Voilà une étudiante. Elle parle espagnol. → Voilà une étudiante **qui** parle espagnol.

Les ouvriers **qui** vont faire grève appartiennent à un syndicat.
Avez-vous lu le sondage **qui** a paru dans *L'Express?*

2. **Que** is used when the relative pronoun is the direct object in the dependent clause.

Où est le journal? J'ai acheté le journal. → Où est le journal **que** j'ai acheté?

Quel est le parti politique **que** vous préférez?
Voici les candidates **que** nous avons interviewées.

Note again that the past participles of verbs conjugated with **avoir** agree with preceding direct objects.

B. **Dont** (*of whom, of which, whose*) is used to replace **de** plus a noun. It can refer to people or to things.

Voici la liste. Nous avons besoin de cette liste. → Voici la liste **dont** nous avons besoin.

J'ai rencontré la candidate **dont** vous m'avez parlé.
Ce sont les gens **dont** le fils est sénateur.

C. **Ce qui, ce que** (*what, that which*), and **ce dont** (*that of which*) are indefinite relative pronouns. They refer to ideas that do not have number or gender.

1. **Ce qui** is used as the subject of the dependent clause.

Je ne comprends pas **ce qui** est arrivé pendant les dernières élections.
Ce qui est intéressant, c'est la complexité de ce système politique.
Nous devons lutter contre **ce qui** est injuste.

2. **Ce que** is used as the direct object of the dependent clause.

Il dit toujours **ce qu'**il pense.
Nous ne savons pas **ce que** le premier ministre a décidé.
Voici tout **ce que** la police nous a dit.

3. **Ce dont** is used as the object of a verb that is used with the preposition **de (parler de, avoir besoin de**, etc.).

Je sais **ce dont** tu as envie.
Nous ne savons pas **ce dont** il est capable.
Ce dont vous parlez est intéressant.
Dites-moi tout **ce dont** vous vous souvenez.

Ce qui and **ce que** are frequently used in answers to questions beginning with **qu'est-ce qui** and **qu'est-ce que.**

Qu'est-ce qui intéresse les jeunes?
Je ne sais pas **ce qui** les intéresse.
Qu'est-ce que tu penses de la situation politique?
Je ne veux pas te dire **ce que** j'en pense.

Ce qui, ce que, and **ce dont** are also used when suggesting to someone what he or she should say or ask.

Demandez à Alain **ce qu'**il a pensé de cette manifestation.
Dites-nous **ce que** vous avez fait pour le pays.
Expliquez-moi **ce dont** vous avez peur.

PREPARATION

A. Utilisez le pronom relatif approprié pour former une seule phrase avec les deux phrases qui vous sont données.

modèle: J'ai lu les journaux. Les journaux sont sur la table. → **J'ai lu les journaux qui sont sur la table.**

1. Elle connaît les étudiants. Ils ont organisé la manifestation.
2. Nous avons regardé le programme. Il commence à neuf heures et demie.
3. Je connais une vieille dame. Elle a quatre-vingt-dix-neuf ans.
4. Nous sommes allés au restaurant. Il est derrière l'église.
5. Voici un candidat. Il n'est pas très honnête.
6. Nous avons participé à une discussion. Elle était très intéressante.

modèle: J'ai lu les journaux. Mon frère m'a apporté ces journaux. →
J'ai lu les journaux que mon frère m'a apportés.

1. J'ai perdu le stylo. Vous m'avez donné ce stylo.
2. Nous avons trouvé le magazine. Vous cherchiez ce magazine.
3. Où sont les chaussures? J'ai acheté ces chaussures.
4. Avez-vous suivi les conseils? Je vous ai donné ces conseils.
5. Nous sommes satisfaits de la candidate. Nous avons choisi cette candidate.
6. J'aime beaucoup l'appartement. Vous avez loué cet appartement.

modèle: J'ai lu les journaux. Vous m'avez parlé de ces journaux. →
J'ai lu les journaux dont vous m'avez parlé.

1. Voilà les réformes. Le pays a besoin de ces réformes.
2. Dites-nous les détails. Vous vous souvenez de ces détails.
3. Nous n'avons pas vu le reportage. Vous parlez de ce reportage.
4. Voilà les enfants. Je me suis occupé de ces enfants.
5. J'ai acheté un disque. J'avais très envie de ce disque.
6. Voici la liste des livres. Vous avez besoin de ces livres.

modèle: Je connais des gens. Leur fils est diplomate. → **Je connais des gens dont le fils est diplomate.**

1. Je connais un homme. Sa maison date du dix-septième siècle.
2. Voilà un étudiant. Son travail est excellent.
3. Je n'aime pas les partis politiques. Leur programme est trop compliqué.
4. Voici un peintre. Ses œuvres sont célèbres.
5. Il a un tee-shirt. Son inscription est très originale.
6. Voilà les Français. J'ai fait leur connaissance à Paris.

B. Répondez aux questions suivantes selon le modèle donné.

modèle: Qu'est-ce que tu vas faire s'il y a une grève? →
Je ne sais pas ce que je vais faire s'il y a une grève.

1. Qu'est-ce que vos parents pensent de cette situation?
2. Qu'est-ce que tes amis ont décidé de faire?
3. Qu'est-ce qui intéresse Henri?
4. Qu'est-ce que le Président a fait?
5. Qu'est-ce qui est arrivé?
6. Qu'est-ce que Solange a suggéré?

C. Donnez l'équivalent français des phrases suivantes.

1. There is the house that we sold.
2. I don't understand what he is saying.
3. It's a country whose laws are unfair.
4. What are the suggestions that you made last year?
5. What is the name of the candidate who won the election?
6. Where are the books that I need?

TRANSITION

Tout est relatif! Un professeur de français a plusieurs étudiants dans sa classe qui écrivent toujours des phrases très courtes et trop simples. Il veut leur montrer comment utiliser les pronoms relatifs. Aidez-le dans son travail.

modèle: Je vais voter pour la candidate. Elle est la plus sincère. →
Je vais voter pour la candidate qui est la plus sincère.

1. Nous avons rencontré un Français. Il a participé aux événements de mai 1968.
2. Est-ce que vous aimez le candidat? Votre ville a choisi ce candidat.
3. Combien coûteraient ces réformes? Nous avons besoin de ces réformes.
4. Montrez-moi les affiches. Vous parliez de ces affiches.
5. Je connais une jeune fille. Sa mère s'est présentée aux élections.
6. Avez-vous participé aux manifestations? Elles ont eu lieu hier.

COMMUNICATION

Questions/interview: Parlons politique. Utilisez les suggestions suivantes pour formuler des questions que vous poserez ensuite à un(e) étudiant(e) de votre choix.

Demandez à un(e) autre étudiant(e):

1. ce qu'il(elle) pense de notre Président
2. ce qu'il(elle) aimerait changer dans notre pays
3. ce qui est bon et ce qui est mauvais dans le capitalisme et dans le communisme
4. s'il(elle) aime parler politique avec des gens qui ne sont pas d'accord avec ses idées
5. s'il(elle) est d'accord avec les décisions que la Cour Suprême a prises
6. s'il(elle) se met en colère contre les politiciens qui ne font pas leur travail
7. qui est le personnage politique présent ou passé qu'il(elle) admire le plus et quel est celui dont il(elle) a le plus peur
8. qui est le personnage politique dont la popularité est la plus grande en ce moment
9. quelles sont les réformes dont nous avons le plus besoin

PRESENTATION

Ouvrir (*to open*) is an irregular verb.

ouvrir	
j'ouvre	nous ouvrons
tu ouvres	vous ouvrez
il/elle ouvre	ils/elles ouvrent
passé composé: j'ai ouvert	

Other verbs like **ouvrir** are:

couvrir *to cover*   découvrir *to discover*   offrir *to offer*   souffrir *to suffer, to hurt*

Ouvrez la porte, s'il vous plaît.
Le mur est couvert d'affiches.
Le ciel est couvert, n'est-ce pas?
On découvrira peut-être une solution au problème du chômage.
Ses parents lui ont offert une bicyclette pour son anniversaire.
Si tu ne vas pas chez le dentiste, tu souffriras encore plus.

PREPARATION

A. Substituez les mots suggérés aux mots en italique.

J'ouvre la porte.   tu ouvres / il ouvre / nous ouvrons / vous ouvrez / elles ouvrent

B. Substituez les mots suggérés aux mots en italique et faites les changements nécessaires.

1. *Elle* n'ouvre jamais la bouche.   je / nous / tu / vous / les étudiants
2. Est-ce que *tu* as beaucoup souffert?   le pays / vous / vos amis / Jacqueline

TRANSITION

Un sénateur parle. Un reporter pose des questions à un sénateur qui vient de gagner les élections. Donnez ses réponses.

modèle: Comment avez-vous couvert vos dépenses pour votre campagne électorale? (avec mon propre argent) → **J'ai couvert mes dépenses avec mon propre argent.**

1. Qu'est-ce que vous avez découvert au cours des élections? (que le public est mal informé)
2. Est-ce que le Premier Ministre vous a offert un poste dans son gouvernement? (non, pas encore)
3. Est-ce que vous ouvrez vous-même les lettres qu'on vous envoie? (non, ce sont mes secrétaires . . .)
4. Est-ce que vous offrirez des postes à vos anciens amis? (non, bien sûr)

5. Est-ce que votre célébrité vous ouvre beaucoup de portes? (oui, j'ai l'impression que . . .)
6. Qu'est-ce que vous avez à offrir au pays? (mon expérience)

COMMUNICATION

Questions/ interview. Répondez aux questions suivantes ou utilisez-les pour interviewer un(e) autre étudiant(e).

1. Quand tu invites des gens chez toi, qu'est-ce que tu leur offres à boire?
2. Qu'est-ce qu'on t'a offert pour ton anniversaire?
3. Quand tu ouvres les yeux le matin, quelle est la première chose que tu vois?
4. Est-ce que tu penses que les hommes devraient ouvrir les portes pour les femmes?
5. Est-ce que tu penses que les magasins devraient être ouverts le dimanche?
6. Quand le professeur donne des explications, est-ce que tu préfères avoir ton livre ouvert ou fermé?
7. Si tu bois trop quand tu vas à une surprise-partie, est-ce que tu souffres beaucoup le jour suivant?
8. Est-ce que tu as découvert des choses importantes depuis que tu es à l'université?

Le participe présent et l'infinitif

PRESENTATION

Present participles are used to indicate that an action taking place is closely related to the action of the main verb. It is equivalent to English forms ending in -*ing*, such as *speaking, walking, finding, choosing*. In French the present participle always ends in **-ant.** It is formed by adding **-ant** to the stem of the present-tense **nous** form of the verb.

nous **parlons**	→	parl**ant**	nous **faisons**	→	fais**ant**
nous **finissons**	→	finiss**ant**	nous **commençons**	→	commenç**ant**
nous **attendons**	→	attend**ant**	nous **mangeons**	→	mange**ant**

There are only three irregular present participles in French:

avoir → ayant   être → étant   savoir → sachant

Sachant cela, nous avons pris la décision de rester.
L'avion arrivant de Paris aura un retard de trente minutes.

A. The most common use of the present participle is after the preposition **en.** It is used to indicate:

1. That two actions are taking place at the same time. English equivalents to this use are *while* or *upon* plus the -*ing* form of the verb.

Nous écoutons la radio en mangeant.   *We listen to the radio while eating.*
En entrant, j'ai tout de suite remarqué   *Upon entering (as I entered) I immediately*
    que le Premier Ministre était absent.   *noticed that the Prime Minister was absent.*

2. The manner in which an action is done or the means by which an end is achieved. This use of the present participle is equivalent to using *by*, *in*, or *through* plus the *-ing* form of an English verb. Sometimes no preposition is used in English.

C'est en lisant les journaux qu'on apprend ce qui se passe.	*It is by reading the papers that one learns what's going on.*
Les manifestants ont traversé la rue en courant.	*The demonstrators ran across the street.*
Elle s'est cassé la jambe en faisant du ski.	*She broke her leg skiing.*

B. Present participles are occasionally used as adjectives. In this case, they agree with the noun modified.

Copiez les phrases suivantes.	*Copy the following sentences.*
Les réactions du public sont encourageantes.	*The reactions of the public are encouraging.*
C'est un événement intéressant.	*That's an interesting event.*

C. When prepositions other than **en** are used with verb forms, the verb is always in the infinitive.

Venez me voir avant de partir.	*Come to see me before leaving.*
Lisez lentement pour bien comprendre.	*Read slowly in order to understand well.*
Ne votez pas sans réfléchir.	*Don't vote without thinking.*

D. After the preposition **après,** the past infinitive must be used. It is composed of the infinitive **avoir** or **être** plus the past participle. Note that the past participle agrees with the subject when the verb is conjugated with **être.**

Après avoir écouté ses arguments, nous avons décidé de voter pour lui.	*After having listened to his arguments, we decided to vote for him.*
Elle a fait la connaissance de Jean-Claude après être revenue d'Europe.	*She met Jean-Claude after having returned from Europe.*
Ils ont fait le marché après s'être reposés.	*They went shopping after having rested.*

PREPARATION

Composez des phrases selon les modèles donnés.

modèle: J'écoute la radio. Je prépare le dîner. → **J'écoute la radio en préparant le dîner.**

1. Monique lit le journal. Elle prend son petit déjeuner.
2. Jacques se repose. Il écoute un reportage sportif.
3. Il s'est coupé. Il se rasait.
4. Ils ont eu un accident. Ils allaient à Nice.
5. Nous avons rencontré Paul. Nous revenions de la manifestation.

modèle: Ils finissent leur travail et ensuite ils vont se coucher. →
   Ils finissent leur travail avant d'aller se coucher.

1. J'étudie mes leçons et ensuite je vais en classe.
2. Elle boit une tasse de café et ensuite elle part à son travail.
3. Réfléchissez et ensuite répondez.
4. Nous regardons de chaque côté et ensuite nous traversons la rue.
5. Il va téléphoner à Hélène et ensuite il se couchera.

modèle: Ils finissent leur travail et ensuite ils vont se coucher. →
   Ils vont se coucher après avoir fini leur travail.

1. Je lis les explications et ensuite je fais les exercices.
2. Ils ont fait leurs devoirs et ensuite ils ont regardé la télévision.
3. Nous allons rentrer à la maison et ensuite nous nous reposerons.
4. Il est allé chez le médecin et ensuite il s'est senti mieux.
5. J'ai fini tout mon travail et ensuite je suis allé me reposer.

TRANSITION

Les secrets du succès. Antoine Sauveur est sénateur depuis de nombreuses années. Il explique les raisons de son succès. Reconstituez les phrases qu'il a prononcées.

modèle: je / consulter / toujours / sondages d'opinion / avant / se présenter à une élection →
   Je consulte toujours les sondages d'opinion avant de me présenter à une élection.

1. je / se détendre toujours / avant de / participer à un débat.
2. je / se détendre / en / écouter / la musique classique
3. je / ne pas prendre de décision / sans / réfléchir
4. je / regarder les actualités / en / s'habiller
5. je / faire de la gymnastique / pour / rester en bonne santé
6. je / lire les journaux / en / prendre le petit déjeuner
7. je / ne jamais changer d'avis / après / prendre une décision
8. après / donner une conférence de presse / je / inviter les journalistes à prendre un verre avec moi

COMMUNICATION

A. Pendant, avant ou après? Quelles sont les choses que vous aimez faire en même temps ou l'une après l'autre? Faites des phrases qui expriment vos préférences personnelles en utilisant les verbes de chacune des deux colonnes suivantes. Vous pouvez les associer dans l'ordre que vous préférez.

exemples: manger / regarder la télévision→
   Je n'aime pas manger en regardant la télévision. ou
   Je préfère regarder la télévision après avoir mangé. ou
   La plupart du temps, je ne peux pas regarder la télévision avant de manger parce que je rentre trop tard.

étudier	se promener
parler avec des amis	écouter la radio
lire le journal	sortir
réfléchir	rentrer à la maison
se détendre	prendre une décision
écouter des disques	passer un examen
boire quelque chose	faire mes devoirs
regarder la télévision	aller se coucher
dormir	manger
?	?

B. Est-ce que tu peux . . . ? Répondez aux questions suivantes ou utilisez-les pour interviewer un(e) autre étudiant(e).

1. Est-ce que tu peux faire tes devoirs en regardant la télévision?
2. Est-ce que tu peux aller en classe après avoir passé une nuit sans dormir?
3. Est-ce que tu peux répéter une phrase en français après l'avoir entendue seulement une fois?
4. En général, est-ce que tu peux finir tout ton travail avant de te coucher?
5. Est-ce que tu peux faire les exercices de grammaire avant de lire les explications?
6. Est-ce que tu peux expliquer dix fois la même chose sans te mettre en colère?
7. Est-ce que tu peux marcher droit après avoir bu toute une bouteille de vin?
8. Est-ce que tu peux traverser le campus la nuit sans avoir peur?
9. Est-ce que tu peux conjuguer le verbe *devoir* sans faire d'erreur?

C. Moi, je . . . Complétez les phrases suivantes selon votre expérience personnelle.

1. J'ai peur avant de . . .
2. J'ai mal à la tête après avoir . . .
3. Je suis content(e) après avoir . . .
4. Je lis les journaux pour . . .
5. Je suis prudent(e) avant de . . .
6. Je suis fatigué(e) après avoir . . .

Edith Piaf

SYNTHESE

Elle n'a pas été remplacée. Le public attend toujours une nouvelle Piaf. Beaucoup de *chanteuses* ont essayé de l'imiter mais elles n'ont pas réussi. C'est pourquoi les disques de Piaf continuent à avoir un grand succès. Même aujourd'hui, longtemps après sa mort, on éprouve une émotion *profonde* en écoutant sa belle *voix émouvante.* Pourquoi cette place privilégiée dans le cœur du public est-elle restée *vide?*

> singers (f)
>
> deep
> voice / moving
> empty

Piaf était capable d'émouvoir et d'enthousiasmer le public parce qu'elle n'était pas un produit fabriqué. Ses colères commes ses tendresses, ses *haines* comme ses amours, ses chagrins comme ses joies sont les témoins de son authenticité. Elle était impulsive, c'est vrai, mais elle était sincère. Et c'est cette sincérité qui a gagné l'affection et l'indulgence du public. La nature avait donné à Piaf une voix capable d'exprimer le sublime, le pathétique. Mais une voix n'est rien si elle n'a rien à dire, si elle n'est pas nourrie par une sensibilité venant de l'expérience de la vie, si elle n'est pas l'objet d'un travail constant.

> hatred

Ce sont là les principales raisons qui séparent Piaf des autres chanteuses. *Inconsciemment,* Piaf a divisé sa vie en deux actes. Dans le premier acte, elle *s'abandonnait à* ses sentiments, à ses excès. Après avoir accumulé les souvenirs et les expériences, elle les transformait en *chansons.* C'était le deuxième acte.

> unconsciously
> gave in to
> songs

Piaf a chanté l'amour admirablement, mais elle l'a rarement connu. Elle

Edith Piaf

a surtout connu les *déceptions,* la solitude et la maladie. Après une déception amoureuse, elle passait des semaines et des mois dans un état de dépression totale. Et puis, un jour, elle décidait de se remettre au travail.

    Si les chansons de Piaf étaient émouvantes, c'est parce qu'elles exprimaient des expériences et des sentiments réels. Les compositeurs qui travaillaient pour elle composaient des chansons qui étaient le *reflet* de ces expériences.

    La préparation d'un *spectacle* demandait beaucoup de temps. Quelquefois Piaf aimait la musique d'une chanson mais non le texte. Alors, elle demandait aux compositeurs de changer ce qu'elle n'aimait pas. Ils l'écoutaient parce que Piaf connaissait bien son public et elle *se trompait* rarement. Après avoir choisi les chansons, Piaf préparait son concert. Elle le préparait pendant deux ou trois mois en y travaillant dix à douze heures par jour.

    Puis, le soir de la première arrivait et elle triomphait. Elle était heureuse de son succès. Mais jamais pour très longtemps. Après un certain temps, elle commençait à *s'ennuyer.* Elle était *prête* pour un nouvel amour et un nouveau chagrin. Une nouvelle *moisson* de chansons était en train de naître.

disappointments

reflection
show

was wrong

to be bored / ready
harvest, crop

Extrait et adapté d'un article de *Marie-France*

Compréhension du texte. Répondez aux questions suivantes selon les renseignements donnés dans le texte.

1. Qui était Edith Piaf?
2. En général, quelle est la réaction des gens en l'écoutant chanter?
3. Pourquoi le public aimait-il tant Piaf?
4. A votre avis, est-ce qu'il suffit d'avoir une jolie voix pour être une bonne chanteuse?
5. En quoi consistaient les deux actes qui se sont répétés bien des fois au cours de sa vie?
6. Est-ce que Piaf a eu une vie très heureuse? Expliquez votre réponse.
7. Pourquoi les chansons de Piaf étaient-elles particulièrement émouvantes?
8. Pourquoi les compositeurs suivaient-ils généralement les conseils de Piaf?
9. Est-ce que Piaf travaillait beaucoup?
10. Est-ce qu'elle pouvait être satisfaite de son succès pendant très longtemps?

Les préférences musicales des jeunes Français

Depuis l'arrivée du transistor, on peut entendre de la musique partout en France—dans les rues, dans les ascenseurs et même sur la plage. Les statistiques indiquent que plus de quatre-vingts pour-cent des jeunes ont chez eux un poste de radio qu'ils peuvent écouter quand ils veulent. La musique préférée des jeunes est le rock ou la musique pop mais ils aiment aussi la musique folklorique des Etats-Unis et d'Amérique du Sud, les variétés françaises et étrangères, les chansons folkloriques françaises et la musique classique. Plus de trois millions de jeunes jouent d'un instrument de musique—surtout de la guitare, du piano, et des instruments à cordes comme le violon.

COMMUNICATION

A. Vous et la musique. Les questions suivantes ont été posées aux jeunes Français de douze à vingt ans pour connaître leurs préférences en ce qui concerne la musique. Répondez vous-même à ces questions et comparez vos réponses avec celles des autres étudiants.

1. Quel genre de musique préférez-vous? Donnez une note de 0 à 10 à chacun des genres suivants:
   _____ la musique pop
   _____ le folklore des Etats-Unis et de l'Amérique du Sud
   _____ les variétés
   _____ les chansons étrangères
   _____ la musique classique
   _____ le jazz
   _____ la musique traditionnelle d'Asie et d'Afrique
   _____ la musique contemporaine
   _____ la musique de la Renaissance

2. Quels chanteurs ou chanteuses préférez-vous? Pourquoi?
3. Allez-vous souvent à des concerts? Si oui, à quelles sortes de concerts?
4. Avez-vous étudié la musique? Dans quelles circonstances?
5. Est-ce que vous jouez d'un instrument de musique?
6. Est-ce que vous avez déjà écrit des chansons?
7. Est-ce que vous écoutez souvent la radio? Si oui, à quel moment de la journée?
8. Quand vous écoutez la radio, quelles émissions choisissez-vous?
9. Après avoir entendu à la radio un disque que vous aimez, est-ce que vous allez l'acheter immédiatement?

B. Etes-vous musicien(ne)? De quel(s) instrument(s) jouez-vous ou aimeriez-vous jouer?

Je joue de . . .
J'aime jouer de . . .
Je ne sais pas jouer de . . .
Je voudrais apprendre à jouer de . . .
Autrefois, je savais jouer de . . .
Je connais quelqu'un qui sait jouer de . . .

la guitare / le piano / la clarinette / le saxophone / le banjo / le trombone / l'accordéon / le violon / la flûte / la trompette / **?**

C. Connaissez-vous la musique? Préparez des questions à poser aux autres étudiants de votre classe ou à votre professeur pour savoir s'ils connaissent la musique et les musicien(ne)s.

exemples: **De quel instrument Van Cliburn joue-t-il?**
Qui est Georges Brassens?
Quelle est la chanson la plus populaire cette semaine?
Comment s'appelle le groupe anglais qui a beaucoup influencé la musique des années soixante?

VOCABULAIRE

Noms
l' **affiche** (f) *sign, poster*
le **chanteur**, la **chanteuse** *singer*
la **chanson** *song*
le **droit** *right*
l' **égalité** (f) *equality*
la **lutte** *struggle, fight*
le **niveau** *level*
le **poste** *position, job*
la **réunion** *meeting*
le **syndicat** *union*
la **voix** *voice*

Verbes
améliorer *to improve, better*
se tromper *to make a mistake, be wrong*

Adjectifs
émouvant(e) *moving, touching*
prêt(e) *ready*
profond(e) *deep*
vide *empty*

Divers
inconsciemment *unconsciously*
par *out of, by, through*
soi-même *oneself*

COGNATE NOUNS

l' **abolition** (f)
l' **acquisition** (f)
l' **affection** (f)
l' **avantage** (m)
le **candidat**, la **candidate**
le **compositeur**

le **concert**
l' **élection** (f)
l' **expérience** (f)
le **folklore**
le **genre**
l' **indépendance** (f)

le **mouvement**
l' **organisation** (f)
le **parti**
le **piano**
la **popularité**
le **service**

La vie culturelle

Les Français s'intéressent-ils vraiment à l'art? _____ INTRODUCTION

Quelle importance l'art et la culture ont-ils dans la vie des Français? Est-ce qu'ils sont aussi cultivés que les Américains l'imaginent? Pour le savoir, lisez les résultats d'un sondage d'opinion publié dans *Paris Match*.

1. Qu'est-ce que le mot «loisirs» évoque pour vous: l'art ou le sport?

L'art	26%
Le sport	55
Sans opinion	19

2. Pratiquez-vous, pour votre plaisir, une activité artistique (peinture, *dessin*,   drawing
sculpture, danse, etc.)?

Oui	16%
Non	83
Sans Opinion	1

3. En général, est-ce que vous aimez mieux l'art classique ou l'art d'avant-garde?

L'art classique	65%
L'art d'avant-garde	19
Sans opinion	16

4. Est-ce que vous possédez chez vous . . .

	OUI	NON	
Une reproduction de *tableau*	41%	59%	painting
Un tableau signé	28	72	
Une *tapisserie*	12	88	tapestry
Des disques classiques	56	44	
Des livres d'art	43	57	

5. A votre avis, est-ce que le gouvernement *consacre* assez d'argent à l'art? devote

Il lui consacre trop d'argent.	5%
Il ne lui consacre pas assez d'argent.	47
Il lui consacre juste assez d'argent.	29
Sans opinion	19

6. Avez-vous, au cours des douze derniers mois, . . .

	OUI	NON	PAS DE RÉPONSE	
Visité un musée ou une *exposition*	46%	53%	1%	exhibition, exhibit
Assisté à un concert de musique classique	17	81	2	attended
Visité des monuments (*châteaux*, cathédrales)	64	34	2	castles
Assisté à un spectacle de *son et lumière**	22	77	1	sound and light
Assisté à un spectacle de ballet	18	80	2	
Ecouté à la télévision une émission de musique classique	56	41	3	
Ecouté à la radio une émission de musique classique	48	50	2	

* A show usually presented at a historical site, and involving narration, dramatization, and special effects with sound and light.

7. Quelle importance l'art a-t-il dans votre vie?

Il est nécessaire.	14%	
Il est indispensable.	26	
Il est agréable.	45	
Il est *superflu.*	13	superfluous,
Sans opinion	2	unnecessary

8. Si l'entrée était *gratuite,* free est-ce que vous visiteriez des musées . . .

Plus souvent	18%
Moins souvent	1
Aussi souvent	74
Sans opinion	7

9. Pensez-vous que l'art est . . .

En décadence	36%
En progression	38
Sans opinion	26

Notre-Dame de Paris

10. Quelle est la profession de chacune des personnalités suivantes?

	PEINTRE	MUSICIEN	DANSEUR	SCULPTEUR	ARCHITECTE	JE NE SAIS PAS
Boulez (musicien)	7%	13%	0%	3%	3%	74%
Mathieu (peintre)	30	2	0	7	1	60
Ricardo Boffil (architecte)	6	4	3	3	9	75
Béjart (danseur)	0	5	52	1	1	41
Karajan (musicien)	2	32	1	1	1	63
Chagall (peintre)	47	1	1	2	1	48
Niemeyer (architecte)	3	5	1	2	4	85
Salvador Dali (peintre)	70	5	1	2	0	22
Buffet (peintre)	69	0	0	2	2	27
Andy Warhol (peintre)	2	2	1	2	0	93
Nouréyev (danseur)	1	3	37	0	1	58
César (sculpteur)	14	2	0	19	1	64
Yehudi Menuhin (musicien)	1	35	2	1	0	61
Rubinstein (musicien)	6	43	0	3	1	47

Extrait et adapté d'un article de *Paris Match*

Compréhension du texte. Selon les renseignements donnés dans le texte, est-ce que les phrases suivantes sont vraies ou fausses? Corrigez le sens de la phrase s'il est faux.

1. Quand un Français prononce le mot *loisirs,* il pense automatiquement à l'art et aux activités culturelles.

2. Au moins les trois quarts des Français pratiquent une activité artistique pendant leurs loisirs.
3. La plupart des Français aiment mieux l'art classique que l'art d'avant-garde.
4. Plus de la moitié des Français ne possèdent pas de reproductions de tableaux chez eux.
5. Il y a seulement une très petite minorité de gens qui pensent que le gouvernement consacre trop d'argent à l'art.
6. La plupart des Français assistent très fréquemment à des spectacles de ballet.
7. Si l'entrée des musées était gratuite, les gens iraient beaucoup plus souvent au musée.
8. La plupart des Français ne connaissent pas très bien les personnalités importantes du monde artistique.

Réactions personnelles. Répondez vous-même aux questions du sondage ou utilisez-les pour interroger des gens que vous connaissez. Comparez vos réponses avec celles des Français ou avec celles des autres étudiants de votre classe.

Petite conversation: Il faut de tout pour faire un monde. (*It takes all kinds.*)

Cécile: Tu viens? On va voir l'exposition sur l'art roman. C'est gratuit.

Roger: Oui, ce serait intéressant, mais je n'ai pas envie de passer la journée dans un musée. Il fait trop beau pour ça.

Cécile: Il y aura toutes sortes de sculptures de l'époque.

Roger: Oui, je sais, mais j'aimerais mieux aller voir un match de foot. Il y a St-Etienne qui joue contre Perpignan. Ça promet d'être passionnant.

Cécile: Toi et ton foot! Il n'y a que ça qui compte! Eh bien, fais ce que tu veux; j'irai à l'exposition sans toi.

L'art

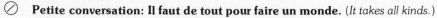

NOTES CULTURELLES

Même si les Français ne s'intéressent pas tous à l'art, d'une façon générale, on accorde une assez grande importance à l'art en France. Ce respect de l'art est évident dans les institutions mêmes du pays; il existe un Ministère de la Culture dont le rôle est de protéger et de développer le patrimoine° culturel national et d'intéresser le public à l'art. Le gouvernement accorde aussi d'assez généreuses subventions° aux différentes entreprises culturelles: théâtres, musées, salles de concert, expositions, etc. Pour intéresser les jeunes à la musique, on a créé les Jeunesses Musicales, séries de concerts données par des artistes célèbres et auxquels° on peut assister pour un prix modeste. Chaque année, on organise des festivals qui attirent des artistes et des spectateurs

patrimoine *heritage*   subvention *subsidy*
auxquels *which*

du monde entier: le festival d'art dramatique d'Avignon, le festival de Cannes (cinéma), le festival d'Aix (musique), par exemple.

Pour les Français l'art est aussi dans la rue. A Paris on découvre partout de magnifiques exemples d'architecture ancienne, des jardins° et des places ornés de statues, des galeries d'art et même des artistes qui travaillent dans la rue sous les yeux des curieux. On peut passer quelques minutes (ou quelques heures) à regarder les

jardin *garden*

gravures° des bouquinistes° installés sur les quais de la Seine; on peut aller faire un tour au marché aux fleurs° et si on est fatigué, on peut se reposer tranquillement à l'ombre° de Notre-Dame, dans le jardin des Tuileries ou sur les bancs° des places et des parcs publics. Le soir, l'illumination des monuments et des fontaines offre au regard un spectacle de choix, et tout cela, gratuitement.

gravure *print, sketch*   bouquiniste *outdoor bookseller* fleur *flower*   ombre *shade*   banc *bench*

Le verbe rire

PRESENTATION

The verb **rire** (*to laugh*) is irregular.

rire

je ris	nous rions
tu ris	vous riez
il/elle rit	ils/elles rient

passé composé: j'ai ri

Sourire (*to smile*) is conjugated like **rire**.

Nous rions beaucoup en regardant les dessins animés.
Souris, je veux prendre ta photo.

CHATEAU D'ANTIBES

MUSÉE PICASSO

BILLET D'ENTRÉE 5 F

042322   Le Visiteur est tenu de présenter ce billet à toute réquisition.

Ne ris pas, c'est sérieux.
Ils ont ri de mon accent.

A. Although the verb **rire de** can be used in the sense of *to laugh at,* the verb **se moquer de** (*to make fun of*) is more commonly used.

Ne vous moquez pas de moi!

B. **Rire** and **se moquer de** can be used idiomatically.

Il n'était pas sérieux; il a dit ça pour rire.   *He wasn't serious; he said that as a joke.*
Il se moque de ce que vous pensez.   *He doesn't care what you think.*
Il s'en moque!   *He couldn't care less about it!*

PREPARATION

⊘ **A.** Substituez les mots suggérés aux mots en italique.

Je ris souvent.   tu ris / elle rit / nous rions / vous riez / ils rient

⊘ **B.** Substituez les mots suggérés aux mots en italique et faites les changements nécessaires.

1. *Ce professeur* ne sourit jamais.   ces étudiants / tu / vous / Suzanne
2. *Nous* avons beaucoup ri en regardant ce film.   tu / les gens / vous / Georges

TRANSITION

Paranoïa. Jacques Chagrin a toujours l'impression qu'on se moque de lui. Il raconte ses problèmes au psychiatre. Reconstituez les phrases qu'il a prononcées.

modèle: je / ne jamais rire / parce que / je / penser / la vie est triste →
     Je ne ris jamais parce que je pense que la vie est triste.

1. quand j'étais petit / les autres / se moquer toujours de moi
2. ne pas rire / docteur / c'est sérieux
3. quand je suis entré ici / votre secrétaire / rire en me voyant
4. je / se moquer de / votre opinion
5. les enfants / rire / toujours / derrière mon dos
6. et vous / pourquoi est-ce que / vous / sourire

COMMUNICATION

Questions/interview. Répondez aux questions suivantes ou utilisez-les pour interviewer un(e) autre étudiant(e).

1. Est-ce que tu aimes rire?
2. Est-ce que tu as souvent l'occasion de rire? Quand?
3. Est-ce que tu ris quand quelqu'un raconte des histoires racistes ou sexistes?
4. Est-ce que tu ris quand quelqu'un raconte une histoire amusante, même si tu ne la comprends pas?
5. Quand quelqu'un se moque de toi, est-ce que tu te mets en colère?
6. Est-ce que tu te moques des gens qui ont un accent quand ils parlent anglais?

7. Qu'est-ce que tu penses des gens qui ne sourient jamais? Et de ceux qui sourient tout le temps?
8. Quand tu as une mauvaise note, est-ce que tu es triste ou est-ce que tu t'en moques?

Lequel et ses dérivés

PRESENTATION

The forms of **lequel** can function either as interrogative pronouns or as relative pronouns. In both cases they reflect the number and gender of the noun they replace.

Lequel

	SINGULAR	PLURAL
MASCULINE	lequel	lesquels
FEMININE	laquelle	lesquelles

A. As interrogative pronouns the forms of **lequel** mean *which one*. They always refer to a definite object or person already mentioned (or mentioned in the same sentence).

Avez-vous vu ces tableaux? Lesquels? — *Did you see these paintings? Which ones?*

Parmi les capitales d'Europe, laquelle est la plus agréable? — *Among the capitals of Europe, which one is the nicest?*

Renoir, Manet et Degas sont tous des peintres impressionnistes. Lequel des trois préférez-vous? — *Renoir, Manet, and Degas are all impressionist painters. Which of the three do you prefer?*

B. As relative pronouns the forms of **lequel** are used after prepositions to refer to persons or things.

La cathédrale dans laquelle nous sommes entrés était très belle. — *The cathedral which we entered was very beautiful.*

Montrez-moi le tableau sur lequel vous êtes en train de travailler. — *Show me the painting you're working on.*

Qui sont ces danseuses avec lesquelles vous venez de parler? — *Who are those dancers with whom you were just speaking?*

C. When used with the prepositions **à** and **de,** the forms of **lequel** combine with the prepositions in the same way as the definite article.

à +
lequel = auquel
laquelle = à laquelle
lesquels = auxquels
lesquelles = auxquelles

de +
lequel = duquel
laquelle = de laquelle
lesquels = desquels
lesquelles = desquelles

C'est le château près duquel nous avons campé. — *That's the castle near which we camped.*

Est-ce que c'est le monument auquel vous pensiez? — *Is that the monument you were thinking about?*

Auxquels de ces auteurs vous intéressiez-vous le plus? — *In which of these authors were you most interested?*

D. When there is no specific antecedent for the relative pronoun (or interrogative pronoun) following a preposition, **quoi** is used.

Je ne sais pas de quoi vous parlez.   *I don't know what you're talking about.*
Dis-moi à quoi tu penses.   *Tell me what you're thinking about.*
Avec quoi avez-vous fait cette sculpture?   *With what did you make that sculpture?*
De quoi avez-vous peur?   *What are you afraid of?*

PREPARATION

A. Transformez les phrases suivantes selon les modèles donnés.

modèles: Quel livre avez-vous lu? → **Lequel avez-vous lu?**
           A quel film est-elle allée? → **Auquel est-elle allée?**

1. Quelles expositions avez-vous visitées?
2. Quel poème a-t-il écrit?
3. Quels auteurs avez-vous étudiés?
4. A quel artiste a-t-il parlé?
5. Quel tableau préférez-vous?
6. De quels animaux avez-vous peur?
7. Dans quelle ville avez-vous vu ce spectacle?
8. De quel instrument jouez-vous?
9. Pour quel peintre avez-vous le plus d'admiration?
10. A quelles activités avez-vous participé?

B. Utilisez la forme appropriée de **lequel** pour former une seule phrase avec les deux phrases qui vous sont données.

modèle: Voilà le musée. Il y a plusieurs sculptures de Picasso dans ce musée. →
       Voilà le musée dans lequel il y a plusieurs sculptures de Picasso.

1. Voilà mon amie. J'ai voyagé avec elle.
2. Connaissez-vous le candidat? Vous avez voté pour lui.
3. Voilà un pauvre homme. Je lui ai donné cinq francs.
4. Voilà l'église. Ils se sont mariés dans cette église.
5. Connaissez-vous ces gens? Vous habitez près de ces gens.
6. Voilà le projet. Nous travaillons sur ce projet.
7. Avez-vous aimé les concerts? Vous avez assisté à ces concerts.
8. Aimez-vous cet artiste? Je vous ai présenté à cet artiste.

TRANSITION

Un homme jaloux. Jean-Louis veut toujours savoir qui sa petite amie a vu et à qui elle a parlé. Il n'arrête pas de la questionner. Formulez ses questions.

modèle: Samedi dernier je suis allée à une exposition. → **A laquelle es-tu allée?**

1. L'après-midi je suis allée chez des cousins.
2. Pendant la journée j'ai parlé à plusieurs personnes.
3. Hier soir j'ai dîné avec un ancien ami.
4. Nous avons vu un film réservé aux adultes.

5. Nous avons parlé de nos expériences communes.
6. Nous avons assisté à un spectacle de son et lumière.
7. Et ensuite nous sommes allés dans une boîte de nuit.

COMMUNICATION

Questions/interview. Répondez aux questions suivantes ou utilisez-les pour interviewer un(e) autre étudiant(e).

1. Parmi les films que tu as vus récemment lequel d'entre eux te paraît le plus intéressant? Pourquoi?
2. Parmi les œuvres d'art que tu connais, laquelle préfères-tu?
3. Quels sont les chanteurs et chanteuses pour lesquels tu as le plus d'admiration?
4. Auquel des héros—ou à laquelle des héroïnes—de la littérature moderne est-ce que tu t'identifies le plus?
5. Quels sont les objets (affiches, œuvres d'art, etc.) avec lesquels tu as décoré ta chambre?
6. Est-ce que tu as des amis d'enfance avec lesquels tu es resté(e) en contact?
7. Y en a-t-il auxquels tu écris régulièrement?
8. De quoi parlez-vous quand vous vous retrouvez?

Les verbes falloir et valoir mieux

PRESENTATION

Falloir (*to be necessary, must, to have to*) and **valoir mieux** (*to be preferable, to be better*) are irregular verbs that occur only in the third person singular impersonal forms.

	falloir	valoir
Présent	il faut	il vaut mieux
Passé composé	il a fallu	il a mieux valu
Imparfait	il fallait	il valait mieux
Futur	il faudra	il vaudra mieux
Conditionnel	il faudrait	il vaudrait mieux

Pourquoi faut-il apprendre tout le vocabulaire?

Si vous voulez être chanteur, il faudra apprendre à chanter mieux que ça.

Qu'est-ce qu'il fallait faire pour réussir?

Il vaut mieux acheter une reproduction.

Dans ce cas-là, il vaudrait mieux passer par Montpellier.

J'ai compris qu'il valait mieux ne rien dire.

Why is it necessary to learn all the vocabulary?

If you want to be a singer, you will have to (it will be necessary to) learn to sing better than that.

What was it necessary to do to succeed?

It is better to buy a reproduction.

In that case, it would be better to go through Montpellier.

I realized that it was better to say nothing.

A. Although **il faut** can mean *it is necessary* in the affirmative, **il ne faut pas** does *not* mean *it is not necessary;* it means *must not.* To convey the meaning *it is not necessary,* the expression **il n'est pas nécessaire de** is used.

Il **faut** travailler dur pour devenir célèbre.   *You have to work hard to become famous.*
Il **ne faut pas** perdre votre temps!   *You must not waste your time!*
Il **n'est pas nécessaire d'**avoir du talent.   *You don't have to have talent.*

Il faut can be used with an indirect object followed by a noun. Its meaning in this case is usually *requires* or *takes*.

Il lui **fallait** de la patience.   *It required (he needed) patience.*
Il nous **a fallu** trois heures pour visiter l'exposition.   *It took us three hours to visit the exhibit.*
Il vous **faudra** beaucoup d'argent.   *You'll have to have (need) a lot of money.*

B. **Valoir** by itself means *to be worth*. Although it can be conjugated in all persons, only the third person forms (**vaut, valent**) are commonly used.

Ce dessin **vaut** cent francs.   *This sketch is worth a hundred francs.*
Ces tableaux ne **valent** rien.   *These paintings aren't worth anything.*

Valoir is also used in the idiomatic expression **valoir la peine** (*to be worth the trouble*).

Ça ne **vaut** pas la peine de visiter ce château.   *It isn't worth the trouble to visit that chateau.*
Ça n'en **vaut** pas la peine.   *It's not worth it.*

PREPARATION

⊘ **A.** Substituez les mots suggérés aux mots en italique.

1. Qu'est-ce qu'il *faut* faire?   fallait / faudra / faudrait / a fallu
2. Il *vaut* mieux étudier.   valait / vaudra / vaudrait

⊘ **B.** Substituez les mots suggérés aux mots en italique et faites les changements nécessaires.

1. Il vaudrait mieux *vous spécialiser en psychologie.*   posséder un tableau signé / ne pas prendre une décision maintenant / être membre d'un parti politique / ne pas participer à cette manifestation
2. Il *me* faudra beaucoup de temps pour décider.   vous / nous / leur / lui / te
3. Est-ce que ça vaut la peine de *répondre à cette lettre?*   assister à ce concert / visiter ce château / faire de la gymnastique / traduire ce passage

TRANSITION

Place du Tertre. La place du Tertre à Montmartre est toujours pleine d'artistes qui essaient de vendre leurs œuvres aux touristes. Un touriste américain veut poser des questions à un de ces artistes. Traduisez les questions du client et les réponses de l'artiste.

1. Must you have money to be an artist?
   No, it's not necessary to be rich, but you must have talent and patience.
2. How long did it take you to make this sculpture?
   It took me three months.
3. How much is this painting worth?
   It is worth two hundred fifty francs, but I'll give it to you for two hundred.

La place du Tertre

4. Would it be better to buy a painting now or to wait?
   In my opinion, it would be better to buy it now, of course.
5. Is it worth the trouble of visiting that exhibit?
   No, don't go, it's not worth it.

COMMUNICATION

A. Que faut-il faire ou ne pas faire? Complétez les phrases suivantes en employant une ou plusieurs des expressions suivantes: **il faut, il ne faut pas, il n'est pas nécessaire de.**

exemple: Pour réussir dans ses études, . . . →
   Pour réussir dans ses études, il faut travailler régulièrement. ou
   Pour réussir dans ses études, il ne faut pas passer tout son temps dans les cafés. ou
   Pour réussir dans ses études, il n'est pas nécessaire d'être toujours d'accord avec ses professeurs.

1. Pour être artiste, . . .
2. Pour apprécier les arts, . . .
3. Pour être cultivé(e), . . .
4. Pour être un(e) bon(ne) comédien(ne), . . .
5. Pour être un leader politique, . . .
6. Pour être en bonne santé, . . .
7. Pour avoir de bons amis, . . .
8. Pour se détendre vraiment, . . .

VILLE D'AVIGNON

**VISITE DU PALAIS DES PAPES
ET EXPOSITION MODILOT**

Prix 9,00 F

VILLE
D'AVIGNON
10502

Ce ticket sera dépourvu de valeur libératoire s'il n'est revêtu du cachet de la Trésorerie Principale Municipale.

B. Qu'est-ce qui est préférable? A votre avis, qu'est-ce qui est préférable dans chacune des situations suivantes? Complétez les phrases avec les suggestions données ou *créez votre propre réponse.*

1. Si on veut encourager les artistes, il vaut mieux . . .
   a. leur donner de l'argent
   b. acheter leurs œuvres
   c. **?**
2. Si vous vouliez devenir musicien, il vaudrait mieux . . .
   a. aller dans une école spécialisée, comme Julliard
   b. prendre des leçons privées
   c. **?**
3. Si vous avez des talents artistiques aussi bien en musique qu'en peinture, il vaut mieux . . .
   a. vous spécialiser dans un de ces deux domaines
   b. cultiver vos talents dans les deux domaines
   c. **?**
4. Si vous aimez la peinture—mais vous n'avez pas beaucoup d'argent—il vaut mieux . . .
   a. posséder des reproductions de tableaux célèbres
   b. posséder des tableaux signés mais peints par des inconnu(e)s
   c. **?**
5. Pour apprécier l'art il n'est pas nécessaire . . .
   a. d'être un expert
   b. d'avoir soi-même des talents artistiques
   c. **?**
6. Si vous voulez cultiver vos talents artistiques simplement pour votre plaisir, il vaudrait mieux . . .
   a. explorer les différents domaines qui peuvent vous intéresser
   b. concentrer vos efforts dans un seul domaine
   c. **?**
7. Si vous voulez vraiment être artiste, il vaut mieux . . .
   a. accepter l'idée que vous ne serez jamais très riche
   b. trouver une utilisation commerciale de vos talents
   c. **?**

Le subjonctif des verbes réguliers

PRESENTATION

The subjunctive must be learned as a new tense, though technically it is a different verb *mood.* It is rarely used in English, occurring usually in dependent clauses such as *I prefer that he **be** discreet.* The subjunctive mood is much more frequent in French. It generally occurs in **que** clauses that follow verbs or expressions indicating judgments, beliefs, emotions, or wishes.

The subjunctive of regular verbs (**-er, -ir, -re,** and verbs like **dormir**) is formed by adding the endings shown below to a stem that is found by dropping the **-ent** from the **ils/elles** form of the present tense (**parl-, finiss-, attend-, dorm-**).

Le subjonctif de *parler*

que je parl**e**	nous parl**ions**
tu parl**es**	vous parl**iez**
il/elle parl**e**	ils/elles parl**ent**

Le subjonctif de *finir*

que je finiss**e**	nous finiss**ions**
tu finiss**es**	vous finiss**iez**
il/elle finiss**e**	ils/elles finiss**ent**

Le subjonctif d'*attendre*

que j'attend**e**	nous attend**ions**
tu attend**es**	vous attend**iez**
il/elle attend**e**	ils/elles attend**ent**

Le subjonctif de *dormir*

que je dorm**e**	nous dorm**ions**
tu dorm**es**	vous dorm**iez**
il/elle dorm**e**	ils/elles dorm**ent**

A. One of the most common uses of the subjunctive is after certain impersonal expressions. These expressions can be put in tenses other than the present as well as in the negative and interrogative forms. They are used to express:

NECESSITY OR OBLIGATION
il faut que
il est nécessaire que

UNCERTAINTY OR IMPOSSIBILITY
il est possible que
il est impossible que
il est rare que
il est peu probable que (*it is unlikely that*)
il semble que

JUDGMENT
il vaut mieux que
il est préférable que
il est dommage que (*it is too bad that*)
il est bon que
il est naturel que
il est temps que

Il faut que vous **visitiez** ce château.	*It is necessary that you visit this castle.*
Il vaudrait mieux que le gouvernement **établisse** immédiatement son programme.	*It would be better for the government to establish its program immediately.*
Il serait préférable que tu **répondes** à sa lettre toi-même.	*It would be preferable for you to answer his letter yourself.*
Il est peu probable que nous **assistions** à ce spectacle.	*It's unlikely that we'll attend this show.*
Il était rare qu'il **dorme** jusqu'à neuf heures.	*It was rare that he would sleep until nine o'clock.*

In conversational use of the expressions containing **être** the **il est** is often replaced by **c'est:**

C'est dommage qu'il s'habille si mal.   It's too bad that he dresses so badly.

B. Clauses in the subjunctive always include a specific subject. When the meaning is general and there is no specific subject, the impersonal expression is followed by an infinitive. Note the contrasts in the following sentences.

Il est impossible d'**économiser** de l'argent.   Il est impossible **que Gilbert économise** de l'argent.
Il serait bon de **se reposer** un peu.   Il serait bon **que nous nous reposions** un peu.
Il faut **choisir.**   Il faut **que tu choisisses.**

Il semble and **il est peu probable** cannot be followed by an infinitive. Note also that in all the expressions with **être** the infinitive is preceded by **de**.

PREPARATION

A. Substituez les mots suggérés aux mots en italique.

Il faut que *je travaille.*   tu travailles / il travaille / nous travaillions / vous travailliez /
elles travaillent

B. Substituez les mots suggérés aux mots en italique et faites les changements nécessaires.

1. Il est dommage que *vous* habitiez si loin.   nous / Daniel / Marie et Jeannette / tu / je
2. Il est peu probable qu'*elle* nous attende.   Yvonne et Anne / vous / tu / Claude
3. Il est possible que *nous* finissions avant midi.   vous / je / Marc / André et Louis / tu

C. Commencez chaque phrase par **il vaudrait mieux** et faites les changements nécessaires.

modèle: J'attends d'avoir assez d'argent pour acheter ce tableau. →
Il vaudrait mieux que j'attende d'avoir assez d'argent pour acheter ce tableau.

1. Je reste à la maison.
2. Vous réfléchissez un peu.
3. Nous répondons aux questions.
4. Jean-Claude et Paul se reposent.
5. Il s'habille tout de suite.
6. Nous nous couchons.
7. Vous vous intéressez un peu plus à l'art.
8. Nous punissons les enfants.

D. Répondez aux questions suivantes selon les indications données.

modèle: Est-ce que vous vendez beaucoup de tableaux? (il est rare) →
Il est rare que je vende beaucoup de tableaux.

1. Est-ce qu'ils partent aujourd'hui? (il est peu probable)
2. Est-ce que vos amis vous attendent? (il est possible)
3. Est-ce que vous perdez patience? (il est rare)
4. Est-ce que je me trompe? (il est impossible)
5. Est-ce que tu restes à la maison le soir? (oui, il vaut mieux)
6. Est-ce que vous obéissez aux lois? (oui, il faut)
7. Est-ce qu'ils laissent leurs enfants faire tout ce qu'ils veulent? (oui, il est dommage)

E. Donnez l'équivalent français des phrases suivantes.

1. It's time we eat dinner.
2. It's impossible for us to finish our work before leaving.
3. It's unlikely that she'll ask a question.
4. It's too bad that they aren't thinking about their future.
5. It's rare that artists demonstrate in the street.
6. You have to forget her.

TRANSITION

Un artiste en difficulté. Jean Songeur est un artiste qui n'a pas vraiment les
pieds sur terre. Un de ses amis lui donne quelques conseils. Reconstituez les
phrases prononcées par son ami.

modèle: il faut / tu / cesser de rêver → **Il faut que tu cesses de rêver.**

1. il vaudrait mieux / tu / payer tes dettes
2. il n'est pas nécessaire / tu / dépenser tant d'argent
3. il vaudrait mieux / tu / ne pas imiter Picasso
4. il est temps / tu / changer ton style de vie
5. il n'est pas nécessaire / tu / dormir jusqu'à midi
6. il est peu probable / tu / vendre beaucoup de tableaux
7. il est dommage / les gens / ne pas s'intéresser à l'art

COMMUNICATION

A. Réactions. La liste qui suit représente certaines habitudes, intentions ou préoccupations que vous pouvez avoir. Exprimez votre réaction envers chacune de ces suggestions en utilisant les expressions suivantes.

exemples: finir mon travail →
> **Il faut que je finisse mon travail.** ou **Il est peu probable que je finisse mon travail.**

Il faut que je . . .
Il vaudrait mieux que je . . .
Il est temps que je . . .
Il est rare que je . . .
Il est peu probable que je . . .
Il n'est pas nécessaire que je . . .
Il est possible que je . . .

Sugggestions: payer mes dettes / essayer de me débrouiller seul(e) / répondre aux lettres qu'on m'a envoyées / vendre mes vieux livres / changer d'opinion / consacrer plus de temps à mes loisirs / me reposer / cacher mes sentiments / finir mon travail / sortir ce soir / me coucher tôt / choisir les cours que je suivrai le trimestre prochain

B. Que faire? A votre avis, que devrions-nous faire pour résoudre les problèmes suivants? Choisissez une ou plusieurs des suggestions proposées ou inventez-en une vous-même. Utilisez l'expression impersonnelle appropriée pour commencer votre phrase.

exemples: changer l'âge de la retraite → **Il serait bon que nous changions l'âge de la retraite.**
cultiver plus de céréales → **Il est temps que nous cultivions plus de céréales.**

1. L'ignorance du public en ce qui concerne les arts.
   présenter plus de programmes culturels à la télévision / exposer les œuvres des artistes dans les rues et sur les places publiques / donner plus d'importance à l'art dans les écoles / **?**
2. Le développement des arts et de la culture.
   donner des subventions aux théâtres et aux musées / encourager les artistes en achetant leurs œuvres / établir des centres culturels dans chaque ville / **?**
3. Le problème du chômage.
   changer l'âge de la retraite / travailler seulement trente heures par semaine / limiter le nombre d'immigrants / créer de nouveaux emplois / **?**
4. La faim dans le monde.
   cultiver plus de céréales / forcer tout le monde à devenir végétarien / donner une partie de nos ressources à ceux qui en ont besoin / envoyer des experts pour aider les pays pauvres / **?**
5. La situation des groupes minoritaires.
   défendre les droits de toutes les minorités / leur réserver un certain pourcentage de postes dans le gouvernement / faciliter leur entrée dans les universités / éliminer toutes les formes de discrimination / **?**

Le carnaval dans le monde

Binche est une petite ville du sud de la Belgique. C'est aussi une ville célèbre depuis longtemps pour son carnaval, et c'est là qu'on vient de créer le Musée international du carnaval et du masque.

La visite de ce musée est un pur enchantement et il vaut mieux que vous vous prépariez tout de suite à être transporté dans un univers *étrange* et sompteux de couleurs *scintillantes* et de formes bizarres. Vous y rencontrerez plusieurs centaines* de personnages de rêve ou de *cauchemar* venus des quatre *coins* du monde. Il est impossible que vous restiez indifférent devant ce spectacle *éblouissant* où les *sorciers* et les *dieux,* les rites et la magie, les masques et les jeux forment un mosaïque fantastique.

    strange
    sparkling
    nightmare
    corners
    dazzling / sorcerers / gods

Pour créer ce musée il a fallu à son créateur, Monsieur Glotz, de longues années d'études et de nombreuses rencontres avec des spécialistes du monde entier. Il lui a fallu aussi une immense patience, car l'acquisition de chaque pièce a demandé des négociations souvent longues et difficiles. *En effet,* chaque pays tient à protéger son propre héritage culturel.

    in fact

Il ne faut pas que vous imaginiez que vous allez trouver dans ce musée les *défilés* de clowns ou de personnages de Walt Disney qui trop souvent caractérisent nos carnavals modernes. Le but du musée est d'explorer l'origine et le caractère symbolique ou magique de ces masques et de ces *déguisements.* A Binche, vous apprendrez que le masque a existé dans toutes les civilisations. Il a toujours un caractère rituel et sacré. Il est utilisé dans les pratiques religieuses ou magiques pour *chasser* les *mauvais esprits,* les maladies et la famine; pour *fêter* le retour des saisons; pour soliciter les faveurs des dieux; ou pour les *remercier* de leur générosité. Les caractères primitifs de ces masques ont évolué peu à peu selon le développement de chaque société et quelquefois, ils ont même presque complètement disparu.

    parade

    disguises, costumes

    to chase away / evil spirits
    to celebrate
    to thank

* **Une centaine** means *about a hundred;* the suffix **-aine** means *about* or *approximately.* It can be used with **dix, douze, quinze, vingt, trente,** etc., up to **cent.**

Le Carnaval de Nice

Le carnaval, lui, a une origine spécifiquement européenne. Ce sont les conquérants espagnols, portugais et français qui l'ont importé au Nouveau Monde. Là, il s'est enrichi de personnages et de symboles *propres à* chaque pays et qui ont leur origine dans le folklore et les religions locales ou dans les événements historiques.

characteristic of

Aujourd'hui les carnavals européens continuent à attirer de nombreux touristes. Le plus important en France est celui de Nice. On rit, on *crie*, on acclame le passage des *chars* somptueusement décorés de *fleurs*. Mais *malgré* tout, le carnaval français est devenu une *fête* très organisée et conventionnelle.

shout
floats / flowers / in spite of
festival, celebration

Si vous voulez retrouver les carnavals où la joie *entraîne* les participants dans un *tourbillon* irrésistible de plaisirs, de rires et de cris, il faudra que vous cherchiez *ailleurs*. A la Guadeloupe et à la Martinique, par exemple, où pendant toute la période du carnaval, on organise des *concours* de danse dans chaque village. Le jour de Mardi gras, tout le monde se retrouve pour *défiler* dans les rues des grandes villes et pour accompagner Vaval, qui représente toujours une personnalité connue. *Le mercredi des Cendres,* les gens dansent dans les rues de la ville.

draws along, leads
whirlwind
elsewhere
contests
to parade

Ash Wednesday

En Haïti, les habitants *se réunissent* dans les rues pour regarder passer les défilés. Ils *se déguisent* de façon burlesque et ils dansent au rythme des *tambours*. A la Nouvelle-Orléans, plusieurs jours avant le mercredi des Cendres, la ville est en effervescence et se prépare pour la grande parade où les orchestres de jazz et les danseurs se promènent dans les rues du *Vieux Carré*. A Québec, les rues sont décorées de monuments de *glace*. On promène le *roi* du Carnaval dans les rues et tout le monde rit et danse.

get together
disguise themselves / drums

French Quarter
ice / king

Extrait et adapté d'un article par Michèle Jean dans *Femmes d'aujourd'hui,* no. 5 du 26 janvier au 1er fevrier 1977

Compréhension du texte. Complétez les phrases suivantes selon les renseignements donnés dans le texte.

1. La petite ville de Binche en Belgique est célèbre pour . . .
2. Si vous visitez le musée de Binche, vous verrez . . .
3. La création de ce musée n'a pas été facile parce que . . .
4. Le but du musée n'est pas seulement d'amuser, c'est aussi de . . .
5. Le masque n'est pas une invention récente, il est utilisé depuis longtemps pour . . .
6. Le carnaval a une origine européenne. Il a été importé au Nouveau Monde par . . .
7. Si vous allez au carnaval de Nice, vous verrez . . .
8. A la Guadeloupe et à la Martinique, le jour de Mardis gras . . .
9. En Haïti, pour fêter le Mardi gras on . . .
10. En Amérique du Nord, pour fêter le Mardi gras, on peut aller à . . .

Les fêtes

Les fêtes de Noël (25 décembre) et du Jour de l'An (1er janvier) sont sans doute les fêtes les plus universelles, mais chaque pays les célèbre d'une façon un peu différente. En France, la veille° de Noël, on a l'habitude de faire un réveillon° chez

veille *eve*   réveillon *Christmas Eve dinner*

L'Arc de Triomphe, la veille de Noël

Un bal du 14 juillet

soi ou au restaurant et généralement après la messe° de minuit. Le plat° traditionnel du réveillon est la dinde aux marrons suivie de la bûche de Noël.° Pendant la nuit le Père Noël apporte des cadeaux° aux enfants; il les met dans les chaussures que les enfants ont placées devant la cheminée.° Beaucoup de gens font un autre réveillon la veille du Jour de l'An.

Le Jour de l'An, on rend visite à ses amis, on leur souhaite° la bonne année et on échange des cadeaux. En général on envoie des cartes de vœux° pour le Jour de l'An ou pour Noël.

Le 1ᵉʳ avril, on joue des tours° à ses amis. On leur met des poissons en papier dans le dos et quand ils découvrent le tour qu'on leur a joué, on dit: «Poisson d'avril!»

messe *mass*   plat *dish*   dinde aux marrons *turkey stuffed with chestnuts*   bûche de Noël *Yule log* cadeaux *gifts*   cheminée *chimney*   souhaite *wish* cartes de vœux *greeting cards*   tours *tricks*

Le 1ᵉʳ mai est la fête du Travail. Elle est marquée par des défilés de travailleurs et des discours prononcés par les responsables des syndicats. C'est aussi le jour de la fête du muguet.° On va le cueillir° dans les forêts—ou on l'achète dans la rue—pour l'offrir aux gens qu'on aime.

Le 14 juillet, jour de la Fête Nationale, commémore la prise° de la Bastille le 14 juillet 1789. A Paris, les troupes défilent sur les Champs-Elysées en présence du Président de la République. Dans les petites villes, ce sont les fanfares° municipales, suivies des autorités locales, qui défilent. Le soir, il y a des feux d'artifice° et ensuite on danse dans les rues et sur les places publiques.

Le 11 novembre est la fête de l'Armistice de 1918, qui a mis fin à la première guerre mondiale, et de la libération de juin 1945.

muguet *lily of the valley*   cueillir *to pick*   prise *capture* fanfares *marching bands*   feux d'artifice *fireworks*

COMMUNICATION

A. Questions/interveiw. Répondez aux questions suivantes ou utilisez-les pour interviewer un(e) autre étudiant(e).

1. Est-ce que tu aimerais visiter le musée de Binche si tu allais en Belgique?
2. Est-ce que tu es jamais allé(e) à un carnaval? Si oui, lequel? Quand? Avec qui? Qu'est-ce que tu as vu?
3. Est-ce que tu aimerais être à la Nouvelle-Orléans pour le Mardi gras?
4. Est-ce que tu aimes te déguiser? Est-ce que tu aimais te déguiser pour «Halloween» quant tu étais petit(e)? Comment te déguisais-tu?
5. Comment fête-t-on le 4 juillet dans ta ville? Est-ce qu'il y a un défilé?
6. Est-ce que tu t'intéresses aux vieilles traditions et au folklore?
7. A ton avis, est-ce que nous devons protéger notre héritage culturel?
8. Est-ce qu'il y a des monuments anciens ou des sites historiques intéressants dans ta région?

B. Connaissance de la culture française. Pouvez-vous répondre aux questions suivantes? Sinon, consultez les réponses à la fin du test.
1. Parmi les trois architectes français suivants, quel est celui qui a dessiné les plans de la ville de Washington?
   a. Le Corbusier   b. Pierre L'Enfant   c. Le Nôtre
2. Parmi les peintres suivants, lequel est considéré comme le principal représentant de l'école impressionniste?
   a. Renoir   b. Delacroix   c. Buffet
3. C'est un musicien du début du vingtième siècle dont l'œuvre la plus connue est le «Boléro». Qui est-ce?
   a. Pierre Boulez   b. Camille Saint-Saens   c. Maurice Ravel
4. Auteur de la célèbre phrase «une rose est une rose, est une rose, est une rose,» cette femme de lettres américaine a passé une grande partie de sa vie en France où elle a connu et encouragé les artistes de son temps. Qui est-ce?
   a. Mary Cassatt   b. Gertrude Stein   c. Virginia Woolf
5. Lequel de ces trois artistes a peint le tableau intitulé *Guernica?*
   a. Salvador Dali   b. Paul Klee   c. Pablo Picasso
6. Cet auteur d'origine roumaine est un des principaux représentants du théâtre de l'absurde. Qui est-ce?
   a. Jean Cocteau   b. Samuel Beckett   c. Eugène Ionesco
7. Il est généralement considéré comme un des plus grands poètes de l'époque romantique. Lequel des trois poètes suivants est-ce?
   a. Victor Hugo   b. La Fontaine   c. Ronsard
8. Dans laquelle des trois villes suivantes y a-t-il chaque année un festival d'art dramatique qui attire des jeunes du monde entier?
   a. Avignon   b. Cannes   c. Strasbourg
9. Lequel des trois peintres suivants a décoré l'Opéra de Paris et celui de New York?
   a. Matisse   b. Chagall   c. Van Gogh
10. Auteur de nombreux livres, cette femme a aussi écrit des scénarios de films et dirigé elle-même ses propres films. Qui est-ce?
    a. Simone de Beauvoir   b. Marguerite Duras   c. George Sand

Réponses: 1. b; 2. a; 3. c; 4. b; 5. c; 6. c; 7. a; 8. a; 9. b; 10. b

C. Votre culture. Chaque pays et même chaque génération a sa propre culture. Pensez aux artistes et aux œuvres que les gens de votre génération connaissent et apprécient et composez un petit test culturel que vous présenterez au reste de la classe (ou à votre professeur).

Noms

le **cauchemar** *nightmare*
le **château** *castle*
le **coin** *corner*
le **concours** *contest, competition*
le **défilé** *parade*
l' **esprit** (m) *spirit*
l' **exposition** (f) *exhibit*
la **fête** *feast, festival*
la **fleur** *flower*
la **glace** *ice*
la **lumière** *light*
la **magie** *magic*
le **roi** *king*
le **tableau** *painting*

Verbes

assister à *to attend*
chasser *to chase away*
crier *to shout*
entraîner *to draw along*
remercier *to thank*
se réunir *to meet, gather together*

Adjectifs

éblouissant(e) *dazzling*
étrange *strange*
gratuit(e) *free, without cost*
intitulé(e) *entitled*
jaloux/se *jealous*

Divers

ailleurs *elsewhere*
en effet *in fact, indeed*
malgré *in spite of*
propre à *characteristic of*

COGNATE NOUNS

l' **admiration** (f)
le **carnaval**
la **compensation**
le **déguisement**
la **dette**
le **domaine**
l' **enchantement** (m)

l' **époque** (f)
la **faveur**
le **festival**
la **générosité**
l' **héritage** (m)
le **leader**
le **passage**

le **personnage**
la **presse**
la **relation**
le **tableau**
la **tapisserie**
l' **utilisation** (f)

Problèmes et solutions

Les Français et l'écologie

Pour connaître l'opinion des Français en ce qui concerne les problèmes de l'écologie, la revue *L'Express* a demandé à ses *lecteurs* de répondre à une série de questions. Voici les réponses qu'ils ont données à quelques-unes de ces questions.

    readers

1. Pouvez-vous *classer* de 1 à 15, selon l'importance qu'ils ont pour vous, les problèmes de civilisation auxquels il faut que nous trouvions une solution?

    rank

La pollution de l'air et de l'eau	40,0%
Les dangers de l'énergie nucléaire	25,0
Le *gaspillage* de l'énergie	4,3
La destruction du *milieu marin*	4,3

    waste
    marine environment

L'extinction de certaines *espèces* animales	3,4	species
Le *bruit*	3,0	noise
La présence de produits chimiques dans les aliments	3,0	
La destruction des *terres agricoles*	2,7	farmland
Le monopole des partis politiques	2,5	
Le pillage des ressources du *tiers monde*	2,4	third world nations
La centralisation politique et économique	2,3	
La prolifération du *béton* dans les villes	2,0	concrete
La tendance au gigantisme	2,0	
La prolifération des automobiles	2,0	
L'*isolement* des individus et l'absence de contacts personnels entre *voisins*	1,1	isolation neighbors

2. Personnellement, qu'est-ce qui vous attire dans le mouvement écologique? Est-ce l'*espoir* de *sauvegarder* les charmes de la vie de village?

hope / save

Oui 57%
Non 43

3. Les écologistes disent que si les sociétés industrielles continuent à se développer au rythme des trente dernières années, nous courons à la catastrophe. Etes-vous d'accord avec cette analyse?

Oui 86%
Non 14

4. Selon vous, la solution est-elle d'abandonner la plupart des technologies développées au cours des trente dernières années et de retourner au passé?

Oui 25,7%
Non 74,3

5. Ou bien, voyez-vous dans les solutions proposées par les écologistes la possibilité de *conciler* le développement technologique avec le respect de l'environnement *et* la satisfaction des besoins matériels et psychologiques des hommes?

reconcile

Oui	89,8%
Non	10,2

6. Avez-vous déjà participé à une action ou à une manifestation écologique?

Oui	23,9%
Non	76,1

7. Si vous ne l'avez pas encore fait, seriez-vous prêt maintenant à devenir membre d'une association écologique?

Oui	79,5%
Non	20,5

8. Avez-vous déjà voté pour un candidat écologique?

Oui	32,3%
Non	67,7

9. Si les partis politiques n'acceptent pas les propositions et les revendications des écologistes, les *responsables* du mouvement écologique ont dit qu'ils présenteraient leurs propres candidats aux prochaines élections. Seriez-vous prêt à voter pour eux?

organizers, people in charge

Oui	86,8%
Non	13,2

Les réponses des lecteurs de *L'Express* montrent qu'un grand nombre de Français se préoccupent sérieusement des problèmes de l'écologie et que beaucoup d'entre eux sont prêts à *agir* pour défendre leurs convictions. Ils veulent aussi que le gouvernement s'en préoccupe *davantage*. Leurs réponses montrent aussi que le mouvement écologique n'est pas seulement un désir de retour au passé. La majorité des lecteurs pensent qu'il est possible de concilier le respect de l'environnement avec la satisfaction des besoins matériels et psychologiques grâce à une meilleure utilisation des découvertes scientifiques et technologiques.

act

more

Extrait et adapté d'un article de *L'Express* par Jacqueline Giraud

Compréhension du texte. Selon les renseignements donnés dans le texte, est-ce que les phrases suivantes sont vraies ou fausses?

1. Pour les Français, le problème le plus urgent, c'est celui de la prolifération des automobiles.

2. Le bruit est le problème dont les Français se préoccupent le plus.
3. Un grand nombre de Français ont gardé la nostalgie de la vie dans les petits villages d'autrefois.
4. Pour la majorité des Français, la seule solution au problème de l'environnement est l'abandon des technologies modernes.
5. Ils pensent qu'il est impossible de concilier le développement technologique avec le respect de l'environnement.
6. La majorité des Français disent qu'ils sont prêts à devenir membres d'une association écologique.
7. Ils sont prêts à voter pour des candidats écologiques aux prochaines élections.
8. Ils voudraient que le gouvernement se préoccupe davantage des problèmes de l'écologie.

Réactions personnelles

1. Répondez vous-même aux questions du sondage et discutez vos réponses avec les autres étudiants de votre classe.
2. Si nous voulons résoudre le problème de la pollution, il faudra peut-être que nous changions notre style de vie et que nous nous passions de certaines choses auxquelles nous sommes habitués. Utilisez les catégories suivantes pour indiquer votre réaction dans chacun des cas donnés.

> 1—Je pourrais très facilement m'en passer.
> 2—Je pourrais m'en passer s'il le fallait.
> 3—J'arriverais à m'en passer, mais avec beaucoup de difficulté.
> 4—Je ne pourrais absolument pas m'en passer.

_____ une télévision	_____ un mixer électrique
_____ une radio	_____ une machine à calculer
_____ une chaîne stéréophonique	_____ avoir de l'eau chaude pour se laver
_____ une machine à laver	_____ avoir une maison bien chaude pendant l'hiver
_____ une automobile	_____ pouvoir utiliser des détergents

⊘ **Petite conversation: La fête écologique**
M. Humbert: Qu'est-ce que c'est que tous ces gens là-bas? C'est une manifestation?
Mme Rochaix: Non, c'est une fête.
M. Humbert: Qu'est-ce que vous voulez dire?
Mme Rochaix: Le maire de la ville a décidé de fermer les vieilles rues à la circulation automobile et d'organiser une fête écologique.
M. Humbert: Tiens, c'est une bonne idée, ça!

L'écologie en chansons

NOTES CULTURELLES

Les problèmes de la civilisation moderne et en particulier ceux de l'écologie sont des thèmes d'inspiration fréquents pour les poètes et compositeurs de chansons. Voici par exemple comment commence une chanson composée et chantée par Maxime LeForestier.

Comme un arbre

Comme un arbre dans la ville
Je suis né dans le béton
Coincé° entre deux maisons
Sans abri° et sans domicile°
Comme un arbre dans la ville.

Paroles de Catherine et Maxime Le Forestier
Musique de Maxime Le Forestier
(avec l'aimable autorisation des Editions
de Misère 33, Bd Henri IV, 75004 Paris
© 1973)

coincé *stuck*   abri *shelter*
domicile *home*

Le subjonctif des verbes irréguliers

PRESENTATION

Irregular verbs form the subjunctive in three different ways.

A. Some verbs that are irregular in other tenses are regular in the subjunctive;
    in other words, the subjunctive endings are added to the stem of the **ils/elles**
    form of the present tense.

VERB	BASE FORM	SUBJUNCTIVE FORM
conduire	ils **conduis**ent	que je conduise
connaître	ils **connaiss**ent	que je connaisse
dire	ils **dis**ent	que je dise
écrire	ils **écriv**ent	que j'écrive
courir	ils **cour**ent	que je coure
lire	ils **lis**ent	que je lise
mettre	ils **mett**ent	que je mette
ouvrir	ils **ouvr**ent	que j'ouvre
rire	ils **ri**ent	que je rie
suivre	ils **suiv**ent	que je suive

Il est temps que nous mettions fin à la pollution.
Il est rare que les gens conduisent à moins de 100 kmh.

B. The subjunctive of certain verbs is formed regularly in the **je, tu, il/elle,** and
    ils/elles forms. The **nous** and **vous** forms are based on the **nous** form of the
    present tense. For instance, the subjunctive forms of **venir** are:

Le subjonctif de *venir*

que je **vienne**	que nous **ven**ions
que tu **vienne**s	que vous **ven**iez
qu'il/elle **vienne**	qu'ils **vienn**ent

The subjunctive of verbs in this category (and others conjugated like them) is:

acheter	ils **achèt**ent	que j'achète
	nous **achet**ons	que nous achetions
boire	ils **boiv**ent	que je boive
	nous **buv**ons	que nous buvions
devoir	ils **doiv**ent	que je doive
	nous **dev**ons	que nous devions
prendre	ils **prenn**ent	que je prenne
	nous **pren**ons	que nous prenions
venir	ils **vienn**ent	que je vienne
	nous **ven**ons	que nous venions
voir	ils **voi**ent	que je voie
	nous **voy**ons	que nous voyions

Il est dommage que le gouvernement ne voie pas l'importance du problème.
Il vaudrait mieux que vous buviez de l'eau minérale.

C. The subjunctive of the following verbs is irregular.

1. **Faire, pouvoir,** and **savoir** each have a single stem for all the subjunctive forms.

Le subjonctif de *faire*

que je fasse	que nous fassions
que tu fasses	que vous fassiez
qu'il/elle fasse	qu'ils/elles fassent

Le subjonctif de *pouvoir*

que je puisse	que nous puissions
que tu puisses	que vous puissiez
qu'il/elle puisse	qu'ils/elles puissent

Le subjonctif de *savoir*

que je sache	que nous sachions
que tu saches	que vous sachiez
qu'il/elle sache	qu'ils/elles sachent

Il est temps que nous fassions quelque chose pour arrêter la pollution.
Il faut que vous sachiez ce qui se passe.

2. **Aller** and **vouloir** have two stems.

Le subjonctif d'*aller*

que j'aille	que nous allions
que tu ailles	que vous alliez
qu'il/elle aille	qu'ils/elles aillent

Le subjonctif de *vouloir*

que je veuille	que nous voulions
que tu veuilles	que vous vouliez
qu'il/elle veuille	qu'ils/elles veuillent

Il faut que vous alliez voter.
Il est dommage que les gens ne veuillent rien faire.

3. **Etre** and **avoir** are completely irregular.

Le subjonctif d'*être*	
que je sois	que nous soyons
que tu sois	que vous soyez
qu'il/elle soit	qu'ils/elles soient

Le subjonctif d'*avoir*	
que j'aie	que nous ayons
que tu aies	que vous ayez
qu'il/elle ait	qu'ils/elles aient

Il faudrait que nous soyons plus prudents.
Il *est* peu probable qu'on ait les ressources suffisantes.

4. The subjunctive forms of **falloir** and **valoir** are **il faille** and **il vaille**.

Il est dommage qu'il faille partir.
Il est peu probable que ça en vaille la peine.

PREPARATION

A. Substituez les mots suggérés aux mots en italique.

Il faut que *j'aille en ville.*   tu te conduises bien / Paul vienne ici / nous sachions
la vérité / vous mettiez un pull-over / elles lisent cet article

B. Substituez les mots suggérés aux mots en italique et faites les changements nécessaires.

1. Il vaut mieux que *Giselle* dise la vérité.   je / tu / Marc et Jean / nous / vous
2. Il est temps que *vous* compreniez ce texte.   nous / tu / je / Georges et Guy / Raoul
3. Il serait bon que *nous* soyons ici.   je / vous / Marie-Claire / Louise et Jacques / tu
4. Il est préférable que *vous* fassiez du ski.   nous / je / Michèle / tu / Alain et Richard
5. Il est dommage qu'*il* n'ait pas de patience.   je / vous / Jean-Claude et André / nous

C. Commencez chaque phrase par **il vaudrait mieux** et faites les changements nécessaires.

modèle: Nous achetons une auto plus pratique. →
Il vaudrait mieux que nous achetions une auto plus pratique.

1. Nous suivons un cours d'espagnol.
2. Tu écris à tes parents.
3. Elle boit de l'eau.
4. Tu vas à Rome.
5. Vous êtes prêt à six heures.
6. Ils n'ont pas de dettes.
7. Les étudiants font leurs devoirs.
8. Henri sait la vérité.
9. Je vois René demain.

D. Donnez l'équivalent français des phrases suivantes.

1. It's too bad they aren't here.
2. It's preferable that they come on Saturday.
3. It would be good for you to write to them.
4. It's possible that we'll drive.
5. It's rare that you want to go there.
6. It's too bad that we don't know Annette Dubois.
7. It's impossible for the group to make a decision.
8. You'll have to drink tea.

TRANSITION

On parle de l'écologie. Les écologistes voudraient que les gens prennent davantage conscience de leurs responsabilités écologiques. Reconstituez certains des conseils qu'ils ont donnés au cours d'une discussion publique.

modèle: Nous courons à une catastrophe écologique. (il est possible) →
   Il est possible que nous courions à une catastrophe écologique.

1. Vous savez la vérité. (il est temps)
2. Tout le monde lit nos brochures. (il faut que)
3. Les gens suivent nos conseils. (il est important)
4. Vous conduisez plus lentement. (il faut que)
5. Vous achetez moins d'appareils électriques. (il est essentiel)
6. Nous faisons plus d'attention aux problèmes écologiques. (il est important)
7. Nous pouvons résoudre tous les problèmes immédiatement. (il ne semble pas)
8. Nous sommes obligés de changer nos habitudes de vie. (il est possible)

COMMUNICATION

A. Changeons de rôle. Vous êtes professeur. Dites à vos étudiants ce qu'il faut qu'ils fassent. Commencez chaque phrase par une des expressions suivantes: **il faut que, il est important que, il vaudrait mieux que,** etc.

exemple: étudier régulièrement → **Il est important que vous étudiiez régulièrement.**

1. remettre vos devoirs régulièrement
2. aller au laboratoire tous les jours
3. savoir les verbes irréguliers
4. venir en classe tous les jours
5. écrire une composition une fois par semaine
6. lire une centaine de pages chaque jour
7. pouvoir répondre aux questions
8. ?

Imaginez que vous avez un enfant. Expliquez-lui ce qu'il faut qu'il fasse.

exemple: aller à l'école tous les jours → **Il faut que tu ailles à l'école tous les jours.**

1. apprendre à te discipliner toi-même
2. être plus poli
3. rentrer à la maison à huit heures
4. mettre la table pour le dîner
5. te laver derrière les oreilles
6. boire ton lait
7. avoir plus de patience avec ton petit frère
8. dire toujours la vérité
9. ?

B. Que devez-vous faire cette semaine? Indiquez ce que vous devez faire cette semaine. Commencez chaque phrase par **il faut.**

exemples: **Il faut que j'aille chez le dentiste.**
   Il faut que j'écrive des lettres.

PRESENTATION

Plaire à (*to be liked by, to be pleasing to*) is often used in place of the verb **aimer.** In this case, the subject and object functions are reversed. Compare:

Vous allez aimer ce film.	*You're going to like this film.*
Ce film va vous plaire.	*You're going to like this film. (Literally: This film is going to be pleasing to you.)*

Plaire (and its opposite **déplaire**) are irregular verbs.

plaire

je plais	nous plaisons
tu plais	vous plaisez
il/elle plaît	ils/elles plaisent

passé composé: j'ai plu

Jean plaît à Suzanne.	*Suzanne likes Jean.*
Est-ce que cette solution vous plaît?	*Do you like this solution?*
Vous leur plaisez.	*They like you.*
Cela me plairait beaucoup.	*I would like that a lot.*
Ne faites pas tant de bruit, s'il vous plaît!	*Please don't make so much noise!*
Ce film a beaucoup déplu à tout le monde.	*Everyone really disliked that film.*
Je ne voudrais pas te déplaire.	*I wouldn't want to displease you.*

Se taire (*to keep quiet, to become silent*) is conjugated like **plaire** except that there is no circumflex in the **il/elle** form of the present tense.

Taisez-vous!	*Be quiet!*
Dites aux enfants de se taire.	*Tell the children to be quiet.*
Il ne se tait jamais.	*He is never quiet. (He never shuts up.)*

PREPARATION

A. Répétez les phrases suivantes.

1. J'aime la musique.
   La musique me plaît.
2. Tu aimes la musique.
   La musique te plaît.
3. Il aime la musique.
   La musique lui plaît.
4. Nous aimons la musique.
   La musique nous plaît.
5. Vous aimez la musique.
   La musique vous plaît.
6. Elles aiment la musique.
   La musique leur plaît.

B. Transformez les phrases suivantes selon le modèle donné.

modèle: Marie aime le jazz. → **Le jazz lui plaît.**

1. Sa sœur aime les tableaux de Gauguin.
2. Jean aime beaucoup les films italiens.
3. Nous aimons la marche à pied.
4. Est-ce que tu aimes tes cours?
5. Paul aimait son travail.
6. Vos amis ont aimé leur voyage.
7. Nous n'avons pas aimé ce concert.
8. Vous aimeriez ces disques.
9. Ils n'ont pas aimé ce livre.

TRANSITION

Les plaisirs de la vie à la campagne. Fatigué des tensions de la ville, Charles Leclerc est allé habiter dans un petit village à la campagne. Reconstituez les réponses qu'il a données aux questions qu'on lui a posées.

modèle: Est-ce que vous aimez la vie à la campagne? (oui) → **Oui, elle me plaît beaucoup.**

1. Est-ce que vous aimez les gens du village? (oui)
2. Et les gens du village, est-ce qu'ils vous aiment? (oui)
3. Est-ce que vous aimez votre travail ici? (oui)
4. Est-ce que vous aimiez votre appartement à Paris? (non)
5. Est-ce que vous aimez votre petite maison ici? (oui)
6. Est-ce que vous avez aimé la fête qui a eu lieu dimanche? (oui, . . . beaucoup)
7. Est-ce que vous avez aimé les danses folkloriques? (oui, . . . beaucoup)

COMMUNICATION

Questions/interview. Répondez aux questions suivantes ou utilisez-les pour interviewer un(e) autre étudiant(e).

1. Est-ce que la musique classique te plaît?
2. Est-ce que les chanteurs français te plaisent?
3. Est-ce que tes cours te plaisent ce trimestre?
4. Est-ce que le climat de cette région te déplaît?
5. Est-ce que tes vacances d'été t'ont plu?
6. Est-ce qu'un voyage à l'étranger te plairait?
7. Est-ce que l'idée de passer un mois sur une île déserte te plairait?
8. Qu'est-ce qui te plaisait le moins quand tu étais au lycée? Et le plus?
9. Est-ce que les comédies musicales te plaisent?
10. Est-ce que la note que tu as obtenue à ton dernier examen t'a plu?

Le futur antérieur

PRESENTATION

The future perfect tense is used to indicate that an action will have taken place prior to another future time (*We will have finished by noon*) or prior to another future action (*They will have eaten when we get home*). It is therefore used most frequently in clauses beginning with **quand** (*when*), **lorsque** (*when*), **aussitôt que** (*as soon as*), or **dès que** (*as soon as*). It is formed by using the future of **avoir** or **être** plus the past participle.

Le futur antérieur de *parler*	
j'aurai parlé	nous aurons parlé
tu auras parlé	vous aurez parlé
il/elle aura parlé	ils/elles auront parlé

Le futur antérieur d'*aller*	
je serai allé(e)	nous serons allé(e)s
tu seras allé(e)	vous serez allé(e)(s)
il/elle sera allé(e)	ils/elles seront allé(e)s

Que ferons-nous quand nous aurons complètement pollué l'atmosphère?

Je me reposerai lorsqu'on aura trouvé une solution.
Est-ce que vous aurez fini ce travail avant la fin de la semaine?
Téléphone-moi aussitôt que tu seras rentré.
Nous nous mettrons à table dès que nous nous serons lavé les mains.

Note that while in English one does not always use the future or future perfect tense after conjunctions like *when* or *as soon as,* in French the future or future perfect tense must be used to refer to future time. For example, **Je vous écrirai quand je *serai rentré* de vacances** might be expressed in English as *I'll write you when I return from vacation.*

PREPARATION

A. Substituez les mots suggérés aux mots en italique et faites les changements nécessaires.

1. *Vous* aurez vite oublié ces problèmes.   tu / Catherine / nous / je / André et Guy
2. Quand *vous* aurez fini, *vous* pourrez partir.   je / nous / tu / Geneviève / les enfants
3. Téléphonez-lui dès que *vos amis* seront arrivés.   votre sœur / vous / vos grands-parents / nous

B. Transformez les phrases suivantes selon le modèle donné.

modèle: Je finirai mon travail et ensuite je sortirai. → **Je sortirai dès que j'aurai fini mon travail.**

1. Vous lirez ces explications et ensuite vous comprendrez mieux.
2. Nous gagnerons assez d'argent et ensuite nous ferons un voyage.
3. Je vendrai ma maison et ensuite je serai content.
4. J'achèterai une moto et ensuite je pourrai aller où je veux.
5. Nous finirons nos devoirs et ensuite nous pourrons nous amuser.
6. Il ouvrira la porte et ensuite vous entrerez.
7. Vous déjeunerez et ensuite vous partirez.
8. Tu boiras une tasse de café et ensuite tu te sentiras mieux.

TRANSITION

Ne remettez pas à demain ce que vous pouvez faire aujourd'hui. Marianne a toujours une excuse pour remettre à plus tard les choses qu'elle doit faire. Donnez l'équivalent français des phrases qu'elle a prononcées.

1. I'll do my homework, when I've finished reading this magazine.
2. As soon as you return, we'll talk about that.
3. I'll write you as soon as I arrive in Paris.
4. I'll look for the recipe as soon as I've rested.
5. When I buy the book, I'll begin to study.
6. I'll go home when I finish my beer.
7. I'll travel as soon as I retire.

COMMUNICATION

Questions/interview. Répondez aux questions suivantes ou utilisez-les pour interviewer un(e) autre étudiant(e).

1. Lorsque tu auras fini tes études, est-ce que tu chercheras du travail ou est-ce que tu voyageras pendant quelque temps?
2. Quand tu seras rentré(e) chez toi ce soir, est-ce que tu te reposeras ou est-ce que tu auras encore du travail à faire?
3. Quand tu auras gagné un peu d'argent, est-ce que tu le dépenseras ou est-ce que tu le mettras à la banque?
4. Quand tu auras fini tout ton travail ce soir, est-ce que tu liras un bon livre ou est-ce que tu te coucheras tout de suite?
5. Lorsque tu auras quitté l'université, est-ce que tu reviendras ici quelquefois, ou est-ce que tu n'y reviendras jamais?
6. Lorsque tu seras arrivé(e) à l'âge de la retraite, est-ce que tu continueras à travailler ou est-ce que tu prendras ta retraite?

Les pronoms possessifs

PRESENTATION

Possessive pronouns are used to replace nouns plus possessive adjectives. They therefore have the same number and gender as the nouns they replace.

Les pronoms possessifs

SINGULAR		PLURAL		
MASCULINE	FEMININE	MASCULINE	FEMININE	
le mien	la mienne	les miens	les miennes	*mine*
le tien	la tienne	les tiens	les tiennes	*yours*
le sien	la sienne	les siens	les siennes	*his, hers, its*
le nôtre	la nôtre	les nôtres	les nôtres	*ours*
le vôtre	la vôtre	les vôtres	les vôtres	*yours*
le leur	la leur	les leurs	les leurs	*theirs*

Avez-vous apporté votre programme? Moi, j'ai apporté le mien.
Nous avons fait nos devoirs, mais Nadine n'a pas fait les siens.
Je vous raconterai mes secrets si vous me racontez les vôtres.
Nous avons encore notre vieille voiture, mais Marie a vendu la sienne.

A. It is important to remember that the pronoun agrees in number and gender wilth the noun possessed and not with the possessor.

la chambre de Paul → la sienne
le chien de Suzanne → le sien

B. When the possessive pronoun is preceded by **à** or **de,** the forms are contracted in the usual way.

Je ne suis pas très content de mon appareil-photo, mais eux, ils sont très satisfaits du leur.
Je pense à mes problèmes et elle, elle pense aux siens.

PREPARATION

A. Substituez les mots suggérés aux mots en italique.

1. Voici un livre. C'est *le mien.*   le tien / le sien / le nôtre / le vôtre / le leur
2. Voici une auto. C'est *la mienne.*   la tienne / la sienne / la nôtre / la vôtre / la leur

B. Transformez les phrases suivantes selon le modèle donné.

modèle: Voilà ma maison. → **Voilà la mienne.**

1. Voilà ton livre.
2. Voilà sa robe.
3. Voilà mes chaussures.
4. Voilà notre village.
5. Voilà nos stylos.
6. Voilà leurs examens.
7. Voilà leur passeport.
8. Voilà mes suggestions.
9. Voilà ta cravate.
10. Voilà son appartement.

C. Répondez affirmativement aux questions en employant le pronom possessif approprié.

modèle: As-tu ton livre? → **Oui, j'ai le mien.**

1. Est-ce que c'est ma bicyclette?
2. C'est votre place?
3. Est-ce que tu as fait tes devoirs?
4. Est-ce que c'est l'adresse de Monique?
5. Est-ce que ce sont les disques de Claude et de Paul?
6. Ce chat est à toi?
7. Est-ce que ces manteaux sont à nous?
8. Est-ce que ce chapeau est à vous?

D. Donnez l'équivalent français des expressions suivantes.

1. my sister: mine / his / hers / yours / ours / theirs
2. his parents: hers / theirs / ours / mine / yours
3. her car: his / yours / mine / theirs
4. our vacation: yours / theirs / mine / his / hers

TRANSITION

Possessions. C'est la fin de l'année scolaire et deux camarades de chambre sont en train de faire leurs valises. Ils essaient de décider à qui appartiennent les choses qu'ils ont accumulées au cours de l'année. Aucune de ces choses ne semble appartenir à Jean-Luc ou à ses amis. Indiquez les réponses de Jean-Luc aux questions que son camarade de chambre lui pose.

modèle: Est-ce que cette valise est à toi? → **Non, ce n'est pas la mienne.**

1. Est-ce que ces photos sont à toi?
2. Est-ce que ces livres sont à ton ami Henri?
3. Est-ce que ce pull-over est à toi?
4. Est-ce que cette revue est à Henri?
5. Est-ce que ces disques sont à tes amis?

6. Est-ce que cet appareil-photo est à ta petite amie?
7. Est-ce que ces vieilles chaussettes sont à toi?
8. Est-ce que ce dictionnaire est à toi?

COMMUNICATION

A. Questions/interview. Répondez aux questions suivantes ou utilisez-les pour interviewer un(e) autre étudiant(e).

1. Beaucoup d'Américains ont des ancêtres qui viennent d'Europe. D'où viennent les tiens?
2. L'anniversaire de George Washington est le 22 février. Quand est celui de Lincoln? Et le tien? Et celui de ton (ta) meilleur(e) ami(e)?
3. Certaines personnes préfèrent les grosses voitures, d'autres les petites voitures. Comment est la tienne? Et celle de tes parents?
4. Beaucoup d'étudiants passent leurs vacances de printemps en Floride. Et toi, où passes-tu les tiennes? Et tes parents, où passent-ils les leurs? Et ton professeur, sais-tu où il passe les siennes?
5. Selon les écologistes, le gouvernement français ne fait pas assez pour lutter contre la pollution. Et le nôtre?
6. A ton avis, les vins français sont-ils meilleurs que les nôtres?
7. Il y a des étudiants qui font toujours leurs devoirs à la dernière minute. Quand fais-tu les tiens?
8. A ton avis, est-ce que les voitures étrangères sont plus économiques que les nôtres?

B. Vous et moi. Choisissez un(e) autre étudiant(e) avec qui vous allez travailler et utilisez les suggestions suivantes pour guider la conversation.

1. Dites-lui quel est votre vin préféré et demandez-lui quel est le sien.
2. Dites-lui quels sont vos acteurs et actrices préférés et demandez-lui quels sont les siens.
3. Dites-lui comment est décoré votre appartement et demandez-lui comment est décoré le sien.
4. Dites-lui quel est votre film préféré et demandez-lui quel est le sien.
5. Dites-lui quand est votre anniversaire et demandez-lui quand est le sien.
6. Donnez-lui votre numéro de téléphone et demandez-lui quel est le sien.
7. Donnez-lui votre adresse et demandez-lui quelle est la sienne.

La créatique ou le triomphe de l'imagination   SYNTHESE

Une usine de fabrication de meubles est en difficulté. Que faut-il faire? Le directeur décide de réorganiser les méthodes de production. Quelques mois plus tard, la production a augmenté de 26 pour cent.

Dans un collège technique, un professeur *est chargé des* plus mauvais élèves. Rien ne semble les intéresser... Et pourtant, quelques semaines plus tard, ils sont contents de travailler et ils ont *repris confiance* en eux-mêmes. Leurs parents et leurs amis ne les reconnaissent pas. Est-ce possible que ce soient les mêmes élèves?

Derrière tous ces succès, il y a une méthode. Cette méthode, c'est «la créatique».

is in charge of

regained confidence

CRÉATION

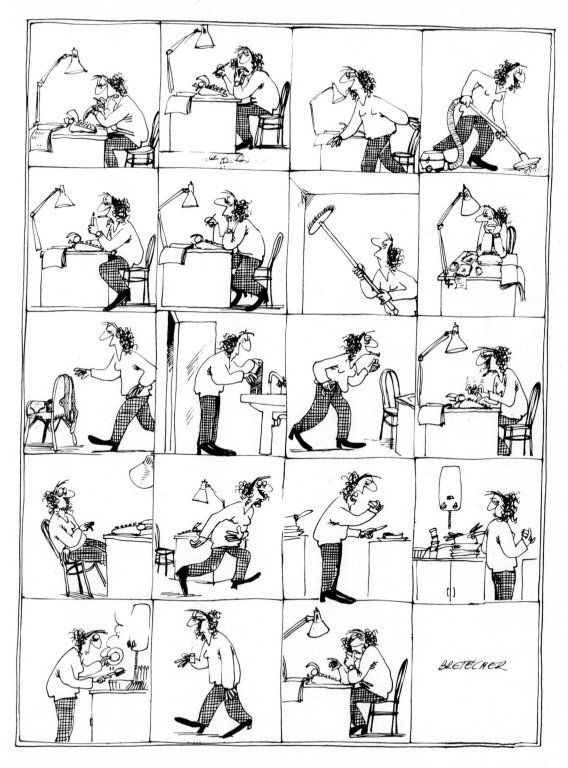

Tous les jours, la vie moderne nous confronte à des problèmes nouveaux. Trop souvent, l'habitude et la routine nous *empêchent* de voir non seulement les solutions, mais aussi les problèmes eux-mêmes. Pourtant, nous possédons tous des *trésors* d'imagination et d'intelligence. Mais il est rare que nous sachions les utiliser au maximum. Le problème est donc de libérer ces trésors.   prevent / treasures

Il faut que nous apprenions à utiliser nos talents créateurs; toute la question est là. Pour arriver à ce but, la créatique propose une méthodologie précise, c'est-à-dire une organisation du travail intellectuel. Il ne suffit pas d'aider une personne à résoudre un problème spécifique. Ce qui est important, c'est de lui enseigner une méthode qui l'aidera à résoudre tous les problèmes qui se présenteront.

Le premier principe de la créatique, c'est de ne pas *se laisser arrêter* par des obstacles imaginaires. Il faut d'abord que vous appreniez à séparer le problème des conditions et circonstances auxquelles il est habituellement associé. Comme exercice d'application pratique, vous pouvez imaginer toutes les utilisations possibles d'un objet familier—une bouteille vide, par exemple.   to let oneself be stopped

Première phase. Pour commencer, il est important que vous fassiez un examen détaillé de tous les aspects du problème. Ensuite, il faut que vous organisiez les éléments selon leur importance relative. Et enfin, il faut que vous éliminiez les éléments sans importance et que vous formuliez de nouveau le problème sous une forme différente.

Deuxième phase. Au cours de cette phase, il est utile que vous étudiiez les *inconvénients* de la situation en question. Quand vous aurez fait l'inventaire complet des inconvénients, il faudra que vous les classiez selon leur importance relative et que vous éliminiez ceux qui sont sans importance.   disadvantages

Troisième phase. Il faut maintenant que vous fassiez un examen complet de toutes les solutions possibles au problème. A ce moment-là, il est possible que vous découvriez toutes sortes de solutions nouvelles et originales. Comme dans les deux phases précédentes, il est préférable que vous fassiez un inventaire complet de ces solutions et que vous les classiez ensuite par ordre de préférence. Après cela, vous éliminerez celles qui ne sont pas satisfaisantes. *Ainsi* chaque phase suit la même progression: exploration, organisation et élimination. Il est indispensable que vous suiviez rigoureusement cette progression.   thus

«Dans une entreprise commerciale, il est important que chacun puisse s'identifier avec les décisions qui ont été prises», explique le responsable du marketing dans une usine de produits chimiques. «Et c'est là précisément un des grands avantages de la créatique, car tout le monde participe aux décisions. Avec la créatique, l'innovation devient l'œuvre de tous.»

Extrait et adapté d'un article de *Paris Match* par Michel Leclercq

Compréhension du texte. Répondez aux questions suivantes selon les renseignements donnés dans le texte.

1. Qu'est-ce que l'usine de fabrication de meubles a fait pour résoudre ses problèmes et quel a été le résultat?

2. Pourquoi les résultats obtenus par le professeur de collège technique sont-ils remarquables?
3. Quelles différences peut-on observer maintenant dans l'attitude de ses élèves?
4. A quoi peut-on attribuer ces changements?
5. Qu'est-ce qui nous empêche souvent de trouver des solutions à nos problèmes?
6. Pourquoi est-ce qu'il ne suffit pas d'aider une personne à résoudre un problème spécifique?
7. Quel est le premier principe de la créatique?
8. Expliquez brièvement en quoi consiste la créatique.
9. Selon le directeur du marketing d'une usine de produits chimiques, quel est le premier avantage de la créatique?

Le système D

S'il est vrai que la créatique est un processus qui aide les gens à mieux résoudre leurs problèmes, il est vrai aussi que les Français possèdent un talent naturel et un respect particulier pour l'art de se débrouiller en toute circonstance. L'essentiel n'est pas la force physique mais l'art de trouver une solution pour se tirer° de la situation difficile dans laquelle on se trouve. C'est aussi une manière de lutter contre les pouvoirs° établis et contre la bureaucratie gouvernementale. «La débrouillardise»° qui consiste à contourner° les difficultés plutôt qu'à les affronter de face est dans une certaine mesure la contrepartie d'un système administratif assez rigide. Ce système si cher aux Français et qui s'inscrit dans une longue tradition d'individualisme est souvent appelé «le système D», c'est-à-dire l'art de se débrouiller.

Le Penseur d'Auguste Rodin

se tirer *get out of*   pouvoirs *powers*   La débrouillardise *Knowing the ropes*   contourner *circumvent, avoid*

COMMUNICATION

A. Vive la créatique! Utilisez la méthode créative pour étudier et discuter un des problèmes suivants. Suivez scrupuleusement les différentes phases de la méthode. Si vous le désirez, vous pouvez communiquer vos conclusions au reste de la classe.

1. les difficultés que vous rencontrez dans votre étude du français
2. comment intéresser les Américains aux langues étrangères
3. la question des cours obligatoires à l'université
4. la nécessité dans laquelle beaucoup d'étudiants se trouvent de travailler pour payer leurs études

5. comment trouver une situation quand vous aurez fini vos études
6. ?

B. Poésie/créativité. Certaines personnes expriment leur créativité et leur imagination en écrivant des poèmes ou des chansons. Avez-vous jamais essayé d'en écrire en français? Si vous êtes débutant(e), voici deux méthodes simples pour y arriver.

1. La poésie «cinquin»
   Première ligne: Exprimez votre sujet en un mot.
   Deuxième ligne: Décrivez votre sujet en deux mots.
   Troisième ligne: Décrivez en trois mots une action du sujet.
   Quatrième ligne: Exprimez en quatre mots une émotion que vous éprouvez
                        envers votre sujet.
   Cinquième ligne: Exprimez de nouveau votre sujet en un mot qui reflète et
                        résume ce que vous avez déjà dit.

exemple: Montagne
             Montagne majestueuse
             Tu chantes l'éternité
             Tu seras quand nous ne serons plus
             Toujours

2. Poème en prose: Faites la liste de tous les mots qui vous viennent à l'esprit quand vous pensez à un sujet de votre choix: l'automne, l'enfance, la mer ou l'écologie, par exemple. Utilisez ensuite la liste que vous avez faite pour composer un poème en prose sur ce sujet.

C. Savez-vous vous débrouiller? Un des principes de la créatique c'est de ne pas se laisser arrêter pas des obstacles réels ou imaginaires. Que feriez-vous si vous étiez dans les situations suivantes?

1. Vous parlez avec un Français et vous voulez lui expliquer ce que vous avez fait hier. Malheureusement vous avez oublié comment former le passé composé en français. Qu'est-ce que vous allez faire pour résoudre le problème?
2. Vous voyagez en voiture au Québec. Il y a des bruits bizarres dans votre moteur. Vous allez chez un garagiste. Vous savez quel est le problème, mais vous ne connaissez pas les mots nécessaires pour expliquer la situation au garagiste. Qu'allez-vous faire?
3. Vous êtes dans un train et vous faites la connaissance de deux Italiens qui ont l'air très gentils et qui semblent avoir envie de vous parler. Ils ne parlent ni anglais ni français. Et vous, vous ne parlez pas un mot d'italien. Comment allez-vous vous débrouiller pour communiquer?

D. Quiz: Ecologie. Pouvez-vous répondre aux questions suivantes? Sinon, consultez les réponses au bas de la page.

1. Qui a donné le premier une définition de l'écologie?
   a. Le naturaliste allemand Ernst Haechel.
   b. Le biologiste américain Barry Commoner.
   c. Le naturaliste anglais Charles Darwin.

2. Chaque année la population mondiale augmente de . . .
   a. 30 millions de personnes
   b. 100 millions de personnes
   c. 250 millions de personnes
3. Les réserves de pétrole connues représentent . . .
   a. 15 ans de la consommation mondiale présente
   b. 30 ans de la consommation mondiale présente
   c. 50 ans de la consommation mondiale présente
4. Les mers et les océans couvrent la plus grande partie de notre planète. Les
   terres qui ne sont pas sous l'eau couvrent seulement 138 millions de km². Les
   terres cultivées représentent _____ de cette surface.
   a. 10%
   b. 25%
   c. 45%
5. Le terme «biosphère» s'applique à . . .
   a. la planète Terre dans son atmosphère
   b. la masse des êtres vivants sur la Terre
   c. la Terre dans son environnement solaire
6. La quantité totale d'énergie solaire que la France pourrait utiliser chaque jour
   si elle en avait les moyens techniques représente . . .
   a. 12 fois l'énergie qu'elle consomme en 24 heures
   b. 50 fois l'énergie qu'elle consomme en 24 heures
   c. 200 fois l'énergie qu'elle consomme en 24 heures

Réponses: 1, a; 2, b; 3, b; 4, a; 5, b; 6, c

VOCABULAIRE

Noms
le **béton** *concrete*
le **bruit** *noise*
la **circulation** *traffic*
la **créatique** *creativity*
l' **espèce** (f) *species*
l' **espoir** (m) *hope*
le **gaspillage** *waste*
l' **inconvénient** (m) *disadvantage*
l' **isolement** (m) *isolation*
le / la **lecteur/trice** *reader*
la **revendication** *demand, claim*
la **terre** *land*
le **tiers monde** *third world*
le **voisin** *neighbor*

Verbes
agir *to act*
classer *to rank, rate*
concilier *to reconcile*
empêcher *to prevent, hinder*
sauvegarder *to safeguard, protect*

Adjectifs
marin(e) *sea, marine, naval*

Divers
ainsi *thus*
davantage *more*

COGNATE NOUNS

la **centralisation**
l' **écologie** (f)
l' **extinction** (f)
l' **inventaire** (m)
le **responsable**
la **ressource**
le **rythme**
la **solution**
le **trésor**

L'individu face à la société moderne

La violence dans la société moderne

Il semble qu'en France, comme partout dans le monde, la violence soit en train de devenir un phénomène de la vie de tous les jours. Le gouvernement français *a* récemment *nommé* une commission pour étudier le problème de la violence en France. Son diagnostic est grave.

appointed, named

Dans les usines, dans la rue, dans les conflits sociaux, dans les relations, personnelles et sociales, *il existe* une agressivité nouvelle. Les insultes, la violence physique, le vandalisme font partie des *moyens* d'expression personnelle *tout comme* les *enlèvements* et les explosifs font partie de l'arsenal des terroristes. Cette violence vient souvent du besoin d'affirmer qu'on existe, du besoin d'être entendu dans un monde qu'on *croit sourd*. C'est quand il n'est plus possible de parler ni de comprendre qu'on a recours à la violence.

there exists

means

just as / kidnappings

believes / deaf

La violence n'est pas une maladie nouvelle de notre société, mais il semble que nous soyons de moins en moins capables de tolérer le sentiment d'insécurité qu'elle provoque. Mais pourquoi cette panique? Et de quoi a-t-on peur?

Des jeunes d'abord. Trois personnes sur quatre pensent que les jeunes sont plus facilement *tentés* par la violence que les adultes. Et beaucoup de gens citent la délinquance des jeunes comme un problème majeur de notre société. Parmi les facteurs sociaux qui sont responsables de la délinquance juvénile on cite souvent la ville. Dans les villes de moins de 3 000 habitants la délinquance des mineurs est de 2,2 pour cent. Dans celles de 50 000 à 100 000 habitants, elle est de 10,5 pour cent. Il semble aussi que la criminalité augmente avec la *hauteur* des *immeubles*. Dans les grandes villes les enfants sont non seulement condamnés à vivre dans la stérilité du béton, mais ils

tempted

height / apartment buildings

sont souvent exilés de leur propre maison. En effet, il est généralement *interdit*
de laisser les enfants jouer dans les escaliers ou marcher sur les *pelouses*.

    Souvent les enfants n'ont rien à faire et ils *s'ennuient*. «Ils devraient faire
du sport, ça les occuperait», dit-on souvent. Oui, mais le sport est devenu, lui
aussi, une activité très organisée et très compétitive. Il existe une obsession
de la victoire et du succès qui contamine tous les aspects de la vie, même les
loisirs. Et cette obsession du succès est peut-être, elle aussi, une forme de
violence contre les individus ... tout comme le *matraquage publicitaire* et la
tyrannie de l'argent.

    Il semble que toutes les restrictions imposées aux habitants des villes les
rendent encore plus agressifs. Il suffit de conduire dans Paris à six heures du
soir pour *s'en apercevoir*. Dans les grandes villes on *tue*, on *viole* et on *vole*
plus que dans les petites villes. En France, par exemple, les 3/5 des crimes
graves sont commis dans les sept grandes régions urbaines.

    Pour lutter contre l'anonymité de la ville, certains membres de la commis-
sion ont proposé qu'on encourage les *camelots* et les artistes de la rue.
«Camelots, musiciens, chanteurs et mimes *méritent* de retrouver leur place
dans la rue, disent-ils. Leur présence *rassure* et elle apporte une animation,
une spontanéité et une joie dont les habitants des villes ont bien besoin.»

forbidden

lawns

are bored

being bombarded with advertising

become aware of it / kills / rapes

street vendors
deserve
is reassuring

Extrait et adapté d'un article de *L'Express*

Compréhension du texte. Selon les renseignements donnés dans le texte, est-
ce que les phrases suivantes sont vraies ou fausses? Corrigez le sens de la phrase
s'il est faux.

1. Le gouvernement a nommé une commission spéciale pour étudier le problème
    de la violence.

2. La commission ne pense pas que la violence soit un problème sérieux en France.
3. La plupart des gens pensent que les jeunes sont plus violents que les adultes.
4. Il y a moins de délinquance dans les grandes villes que dans les petites villes.
5. En France, les enfants peuvent jouer où ils veulent.
6. En général, il n'est pas permis de marcher sur les pelouses.
7. Les enfants s'ennuient parce qu'ils n'ont rien à faire.
8. La commission a suggéré qu'on encourage les artistes de la rue parce que leur présence rassurerait et amuserait les gens.

Réactions personnelles

1. A votre avis, comment pourrait-on rendre les villes plus agréables à vivre?
2. Si c'était à vous de résoudre le problème de la violence, que feriez-vous?
3. Quelle sorte de violence vous paraît la plus odieuse ou la plus répugnante?
4. On dit que les jeunes sont plus violents que les adultes. Etes-vous d'accord?
5. A votre avis, est-ce que la société américaine est trop compétitive? Expliquez et illustrez votre réponse.

La vie urbaine

L'article précédent ainsi qu'un° récent sondage d'opinion indique que la criminalité augmente et que les Français ont l'impression d'être moins en sécurité qu'autrefois. Mais quand on leur demande quelles mesures ils seraient prêts° à prendre pour se protéger, on découvre que, contrairement aux Américains, très peu d'entre eux possèdent une arme à feu.° Ceux qui en ont une indiquent qu'ils hésiteraient beaucoup à l'utiliser pour se protéger.

Selon les sociologues, la violence est liée° à la densité de la population urbaine et aux tensions croissantes° qui en résultent. Pour échapper à ces tensions, de plus en plus de Français rêvent

d'avoir une petite maison à la campagne pour y passer leurs vacances et leurs week-ends et peut-être pour y prendre leur retraite. Certains tournent même catégoriquement le dos à la société urbaine. Ce sont cependant des exceptions. Malgré tous les problèmes de la vie urbaine, la ville continue à exercer un attrait considérable grâce aux° avantages qu'elle offre—diversité de l'emploi, divertissements,° style de vie. La tendance générale de la population française continue donc° à être un mouvement de migration de la campagne vers les villes. Les sociologues appellent ce phénomène «l'exode rural».

ainsi qu'un *as well as*   prêts *ready*   arme à feu *firearm*   liée *linked*   croissantes *growing*

grâce aux *thanks to*   divertissements *entertainment* donc *therefore*

Petite conversation: C'est à cause des jeunes!

Mme Vincent: Tu as lu le journal?

M. Vincent: Oui, c'est décourageant. On n'y parle que d'enlèvements, de hold-ups et de viols!

Mme Vincent: Et si tu regardes la télé, c'est la même chose!

M. Vincent: Tout ça, c'est à cause des jeunes! Ils veulent tout résoudre par la violence.

Le verbe croire

PRESENTATION

The verb **croire** (*to believe*) is irregular.

croire	
je crois	nous croyons
tu crois	vous croyez
il/elle croit	ils/elles croient

passé composé: j'ai cru

subjonctif: que je croie, que nous croyions

Je crois que c'est la société qui est responsable.
Nous croyions que ce n'était pas interdit.
Malheureusement, le juge ne nous a pas crus.
Serez-vous ici demain? Non, je ne crois pas.
Sont-ils trop violents? Lui, il croit que oui. Moi, je crois que non.
Croyez-vous au progrès?*
Crois-tu en Dieu?*

PREPARATION

A. Substituez les mots suggérés aux mots en italique.

Je crois que oui. tu crois / il croit / nous croyons / vous croyez / elles croient

B. Substituez les mots suggérés aux mots en italique et faites les changements nécessaires.

1. *Elle* croyait qu'il allait neiger. nous / je / vous / tu / tout le monde
2. Il est impossible que *vous* croyiez ça. tu / les gens / ton ami / on / vous

C. Substituez le verbe **croire** au verbe **penser**.

modèle: Nous pensons que oui. → **Nous croyons que oui.**

* After **croire, à** is frequently used with things and **en** with persons.

1. Je pense qu'il viendra.
2. Elle pense que c'est important.
3. Nous pensons qu'il va pleuvoir.
4. Je pensais que vous seriez content.
5. Ils pensaient que ça en vaudrait la peine.
6. Nous pensions que nous avions assez d'argent.
7. Il pense que la violence est un problème sérieux.
8. C'est dommage que vous pensiez cela.

TRANSITION

Opinions et convictions. Au cours d'une discussion, plusieurs amis expriment leurs convictions personnelles. Reconstituez les phrases qu'ils ont prononcées.

modèle: nous / croire / violence / ne pas être / maladie nouvelle →
   Nous croyons que la violence n'est pas une maladie nouvelle.

1. les juges / ne jamais croire / les jeunes
2. mes parents / croire / notre système juridique / être parfait
3. est-ce que / tu / croire / Dieu
4. Marie et moi / croire / nous / devoir / retourner à la nature
5. Antoine / être / cynique / il / ne croire personne
6. Moi / croire / on / devoir / punir sévèrement / les délinquants juvéniles
7. Autrefois / nous / croire / progrès mais maintenant / nous / ne plus y croire

COMMUNICATION

Opinions. Tout le monde a des opinions différentes sur le problème de la violence. Composez des phrases qui représentent les opinions de chacun des groupes de gens indiqués. (Utilisez le verbe *croire* seulement à la forme affirmative.)

exemple: **Les criminels croient que le crime paie.**

| les agents de police | le public américain | moi, je |
| les criminels | nous les jeunes, nous | ? |

Suggestions:

1. il y a un rapport entre le problème de la drogue et celui de la violence
2. les juges ne sont pas assez sévères
3. il y a plus de violence à la ville qu'à la campagne
4. il n'y aurait pas tant de criminels si on les punissait plus sévèrement
5. le crime paie
6. il y aurait moins de crimes s'il était interdit de posséder des armes
7. c'est la société qui est responsable des actes de violence commis par les individus
8. il n'y a pas assez d'agents de police
9. ?

Le subjonctif avec les verbes de volition, d'émotion et de doute

PRESENTATION

The subjunctive is used after certain verbs and expressions indicating that the action or condition of the second clause is not a definite fact. Thus, the use of the subjunctive is not always a question of rigid grammatical rules; it is partly a matter of the meaning or feeling the speaker wants to convey.

A. The subjunctive is always used following verbs or expressions of wanting or wishing (**vouloir, désirer, préférer, aimer mieux,** etc.)

Je veux que vous soyez très prudent.
Elle ne veut pas que tu sortes seule le soir.
Nous voudrions qu'il y ait moins de violence à la télévision.
Jeannette et Daniel préfèrent que nous les accompagnions.

J'aimerais mieux que vous ne marchiez pas sur la pelouse.
Il est préférable que vous finissiez vos devoirs immédiatement.

I want you to be very careful.
She doesn't want you to go out alone at night.
We wish there were less violence on television.
Jeannette and Daniel prefer that we accompany them.

I prefer that you not walk on the lawn.
It is preferable for you to finish your homework immediately.

B. The subjunctive is always used following verbs or expressions of emotion (**avoir peur, être content, regretter, être triste, être surpris,** etc.)

J'ai peur qu'il ait un accident.
Il regrette que nous ne puissions pas y aller.
Tout le monde est content qu'il soit en prison.
Les amis de Charles sont tristes qu'il ne leur écrive plus.
Il était surpris que je ne veuille pas passer mes vacances avec lui.

I'm afraid that he might have an accident.
He is sorry that we can't go.
Everyone is happy that he is in prison.
Charles' friends are sad that he doesn't write to them anymore.
He was surprised that I didn't want to spend my vacation with him.

C. The subjunctive is used following verbs or expressions of uncertainty or doubt.

Je doute qu'ils viennent.
Je ne crois pas que tu le saches.
Ne penses-tu pas que la situation soit grave?
Je ne suis pas sûr qu'ils comprennent.

I doubt that they're coming.
I don't believe that you know it.
Don't you think the situation is serious?
I'm not sure they understand.

Croire and **penser** are followed by the subjunctive only when used in the negative and interrogative—that is, when doubt is implied. The verb **espérer** is never followed by the subjunctive. Compare:

Je crois qu'il viendra.
Tu penses qu'il est trop violent.

Je ne crois pas qu'il vienne.
Penses-tu qu'il soit trop violent?

Nous espérons que vous sortirez bientôt de prison.

D. The subjunctive is used only when the subject of the first clause is not the same as the subject of the second clause. When there is only one subject, an infinitive is used rather than the subjunctive. Compare the following sentences:

Mon père veut que je finisse mes études.
Elle est contente que nous partions.

Je veux finir mes études.
Elle est contente de partir.

PREPARATION

A. Substituez les mots suggérés aux mots en italique et faites les changements nécessaires.

1. *Je préfère* que vous alliez à la banque maintenant.   je veux / je ne crois pas / je doute / j'aimerais mieux / je regrette / je suis surpris

2. *Elle est triste* que vous soyez malade.   elle ne pense pas / elle n'est pas sûre / elle ne veut pas / elle est surprise

3. *Est-ce que vous regrettez* que Lucien ne puisse pas venir?   est-ce que vous êtes content / est-ce que vous êtes surpris / est-ce que vous avez peur / est-ce que vous êtes triste

4. *Nous croyons* que les ouvriers feront grève.   nous ne croyons pas / nous ne pensons pas / nous sommes certains / nous ne sommes pas sûrs / nous doutons / nous espérons / nous sommes surpris

B. Répondez affirmativement puis négativement, aux questions suivantes selon le modèle donné.

modèle: Est-ce que nous sommes en sécurité? →
   Oui, je crois que nous sommes en sécurité.
   Non, je ne crois pas que nous soyons en sécurité.

1. Est-ce que Pierre viendra cet après-midi?
2. Est-ce qu'il fera froid demain?
3. Est-ce que les jeunes sont violents?
4. Est-ce que nous pourrons gagner?
5. Est-ce qu'il y a assez d'agents de police?
6. Est-ce que tout le monde est présent?

C. Transformez les phrases suivantes selon les modèles donnés en utilisant le subjonctif ou l'indicatif selon le cas.

modèles: C'est interdit. (je ne crois pas . . .) → **Je ne crois pas que ce soit interdit.**
   Vous serez ici demain. (j'espère . . .) → **J'espère que vous serez ici demain.**

1. Le concert finira à minuit. (êtes-vous certain . . . ?)
2. Il fait mauvais si souvent. (je regrette . . .)
3. Elle achètera une nouvelle auto. (nous sommes sûrs . . .)
4. On sert le déjeuner maintenant. (est-ce que vous aimeriez . . . ?)
5. Nous irons en Espagne. (mes parents ne veulent pas . . .)
6. Je ne les attends pas. (ils sont furieux . . .)
7. Elle sait nager. (je ne crois pas . . .)
8. Il fera beau ce week-end. (nous espérons . . .)
9. Vous lisez sa lettre. (il ne veut pas . . .)
10. Tu as beaucoup de patience. (tout le monde croit . . .)

D. Donnez l'équivalent français des phrases suivantes.

1. I would like to finish before six o'clock. I would like you to finish. I would like them to finish.
2. He doesn't think you're sincere. He hopes you're sincere. He's glad you're sincere. He believes you're sincere.
3. They're surprised that you're going to Japan. They're sorry that you're going to Japan. They think you're going to Japan. They would like you to go to Japan.
4. Do you believe he's leaving? Do you believe he will leave? Aren't you afraid he's leaving? He's happy he's leaving.

TRANSITION

Opinions. Paul Lefranc donne ses opinions sur la société actuelle. Reconstituez les phrases qu'il a prononcées.

modèle: je crois / il y aura toujours des guerres → **Je crois qu'il y aura toujours des guerres.**

1. je suis content / on construit des centres de ré-éducation pour les criminels
2. je regrette / nous vendons des armes aux autres pays
3. je suis triste / certaines espèces sont en train de disparaître
4. je ne crois pas / on punit les criminels assez sévèrement
5. j'espère / le gouvernement prendra des mesures énergiques contre le terrorisme
6. je ne crois pas / nous pouvons résoudre tous nos problèmes

COMMUNICATION

A. Etes-vous d'accord? Etes-vous d'accord avec les opinions exprimées? Indiquez votre opinion en commençant la phrase avec **je crois, je suis sûr(e), je ne suis pas sûr(e),** ou **je doute,** selon le cas.

exemple: Les femmes sont aussi violentes que les hommes. →
   Je crois que les femmes sont aussi violentes que les hommes. *ou*
   Je ne crois pas que les femmes soient aussi violentes que les hommes.

1. Les jeunes savent exactement ce qu'ils veulent dans la vie.
2. Les syndicats ouvriers ont trop d'influence.
3. Les jeunes sont bien préparés pour la vie.
4. Les ouvriers font grève trop souvent.
5. Nous entrons dans une période de grande prospérité économique.
6. Les parents donnent trop de liberté à leurs enfants.
7. Les vieilles traditions sont en train de disparaître.
8. Les journalistes disent toujours la vérité.
9. On doit continuer à construire des avions supersoniques.

B. Questions/interview. Répondez aux questions suivantes ou utilisez-les pour interviewer un(e) autre étudiant(e).

1. Penses-tu que la violence soit un des principaux problèmes de notre société?
2. Crois-tu qu'il existe un rapport entre la violence à la télévision et la délinquance juvénile?
3. Penses-tu qu'on doive mettre les délinquants en prison?
4. Penses-tu qu'on puisse réhabiliter les criminels?
5. Penses-tu qu'on ait le droit de condamner quelqu'un à mort?
6. Voudrais-tu que les criminels soient punis plus sévèrement?
7. As-tu peur de traverser le campus la nuit?
8. Penses-tu que les gens prennent assez de précautions pour se protéger contre les criminels?
9. Crois-tu qu'on doive interdire la possession de revolvers?

Le verbe **recevoir**

PRESENTATION

The verb **recevoir** (*to receive*) is irregular.

recevoir

je reçois	nous recevons
tu reçois	vous recevez
il/elle reçoit	ils/elles reçoivent

passé composé: j'ai reçu

futur: je recevrai

subjonctif: que je reçoive, que nous recevions

Les prisonniers reçoivent-ils souvent des visites?
As-tu reçu des nouvelles de ton père?
Je recevrai sûrement une lettre cette semaine.

Décevoir (*to disappoint*) and **s'apercevoir** (*to notice, to perceive*) are conjugated like **recevoir.**

Je ne voudrais pas vous décevoir.
Nous nous sommes aperçus immédiatement de notre erreur.
Cette conférence sur la réforme des prisons m'a beaucoup déçu.
Je suis déçu que vous ne puissiez pas vous entendre avec les autres prisonniers.

PREPARATION

⊘ **A.** Substituez les mots suggérés aux mots en italique.

Je reçois beaucoup de lettres.   tu reçois / elle reçoit / nous recevons / vous recevez / ils reçoivent

⊘ **B.** Substituez les mots suggérés aux mots en italique et faites les changements nécessaires.

1. *Il* n'a pas encore reçu la lettre.   je / nous / tu / vous
2. *Je* me suis aperçu qu'elle ne disait rien.   nous / vous / tout le monde / les invités

C. Répondez aux questions selon les indications données.

modèle: Est-ce qu'il s'est aperçu du danger? (non, . . .pas encore) →
            Non, il ne s'est pas encore aperçu du danger.

1. Est-ce que vous recevez souvent des amis? (non)
2. Marie a-t-elle reçu une bonne note en français? (non, . . .mauvaise)
3. Est-ce que Jean s'est aperçu de votre absence? (non)
4. Pourquoi est-elle si déçue? (parce que son ami n'est pas venu)
5. As-tu reçu des nouvelles de ta famille? (oui, . . .lundi dernier)
6. Est-il possible que Jean reçoive son diplôme en juin? (oui)

TRANSITION

Lettre d'un prisonnier. Un prisonnier écrit à sa femme. Reconstituez les phrases qu'il a écrites.

modèle: le gardien / me recevoir / demain / dans son bureau →
Le gardien me recevra demain dans son bureau.

1. je / être très déçu / parce que / ne pas recevoir / visite / cette semaine
2. je / espérer / tu / recevoir / cette lettre / demain
3. je / être déçu / tu / ne pas pouvoir / venir me voir
4. ce matin / je / s'apercevoir / absence d'un autre prisonnier
5. je / avoir peur / il / recevoir / punition sévère / si / on / le retrouver
6. à cause de cela / je / douter / nous / recevoir / permission de sortir dimanche

COMMUNICATION

Questions/interview. Répondez aux questions suivantes ou utilisez-les pour interviewer un(e) autre étudiant(e).

1. Est-ce que tu reçois souvent des lettres? De qui?
2. Est-ce que tu as reçu des nouvelles de ta famille ou de tes amis récemment? Est-ce que tu es déçu(e) quand tu n'en reçois pas?
3. Est-ce que tu reçois des journaux étrangers? Lesquels?
4. Quelles revues américaines est-ce que tu reçois?
5. Est-ce que tu reçois souvent des amis? Quand tu les reçois, est-ce que tu préfères les inviter à dîner ou simplement leur offrir quelque chose à boire?
6. Est-ce que tu aimerais recevoir un étudiant étranger chez toi?
7. Qu'est-ce que tu ferais si tu recevais un étudiant étranger chez toi?
8. Quand est-ce que tu recevras ton diplôme? En quoi est-ce que tu te spécialises?
9. Qu'est-ce que tu aimerais recevoir pour ton anniversaire?

Ceux qui ont dit non

SYNTHESE

Christian et Monique
Christian et Monique ont décidé de quitter la ville pour aller vivre à la campagne.

«Il y a sept ans, raconte Christian, j'étais *avocat* et ma femme était professeur. Nous avions un très joli appartement à Paris. Un jour, en nous promenant dans la campagne, nous avons trouvé une vieille ferme qui était *à vendre*. Nous l'avons achetée pour aller y passer les week-ends. Pendant l'été nous avons commencé à la réparer avec l'aide de quelques amis qui, eux aussi, *en avaient marre* des *embouteillages* parisiens. On était heureux ici, on a eu envie de rester et c'est ce qu'on a fait.

Et puis aussi, ma femme et moi, nous voulions avoir des enfants, mais nous ne voulions pas qu'ils grandissent dans l'atmosphère stérile et *déprimante* d'une ville. Nous voulions qu'ils puissent grandir libres et heureux, qu'ils apprennent en regardant vivre les gens et les *bêtes* autour d'eux. Nous voulions qu'ils sachent que le travail peut être un plaisir si on aime ce qu'on fait. Ici, nous produisons presque tout ce dont nous avons besoin et *au lieu de* vendre nos produits, nous faisons des échanges avec nos voisins. Nous redécouvrons la joie du travail et, en même temps, la joie de vivre.»

lawyer

for sale

were fed up / traffic jams

depressing

animals

instead of

Sylviane

Sylviane, elle, voudrait vivre dans une *communauté* urbaine.   commune

«Moi, dit-elle, je voudrais vivre dans une communauté, mais pas tout de suite. Je veux d'abord terminer mes études. Mes parents voudraient que je me marie, que j'aie des enfants et que j'aille habiter dans une *banlieue* tranquille.   suburb
Mais ce genre de vie n'est pas pour moi. Je veux que ma vie serve à quelque chose.

Personnellement, j'aimerais bien vivre à la campagne, mais je pense que c'est dans les villes que l'avenir du monde va être décidé. Je ne pense pas que nous ayons le droit d'abandonner ces décisions aux politiciens. Mais il est *également* important que nous apprenions à vivre et à lutter *ensemble*.»   equally / together

Marie-Hélène

Marie-Hélène, elle, est fille de *cultivateurs*. Elle a quitté la ferme pour aller   farmers
faire ses études en ville, mais maintenant, elle a décidé de revenir au village pour *prendre la succession de* son père.   to take over from

«Les gens ne croient pas que je puisse m'occuper d'une ferme parce que je suis une femme, dit-elle. Mais je suis en bonne santé et je n'ai pas peur de travailler *dur. D'ailleurs,* une femme peut conduire un tracteur tout aussi bien   hard / besides
qu'un homme. Et puis, à la campagne, on a besoin de gens jeunes, enthousiastes et ouverts aux idées nouvelles. Mais dans la plupart des petits villages, surtout dans les régions où le *sol* n'est pas très riche, il n'y a que les vieux   soil
qui restent. Et les jeunes, eux, n'ont qu'une envie: quitter la ferme et aller vivre en ville où la vie est plus facile. Moi aussi, surtout avec les études que j'ai faites, je pourrais avoir une bonne situation en ville, mais je doute que ma vie y soit plus heureuse ou plus utile qu'ici.

Je ne regrette pourtant pas d'avoir fait des études. Le baccalauréat, *à quoi*   what good is it?
ça sert? me direz-vous. Je crois que les choses que j'ai apprises à l'école pourront m'être utiles ici. Et même si elles ne sont pas directement utiles, je ne crois pas que ce soit une perte de temps. Il est toujours bon qu'une personne soit aussi *cultivée* que possible. Je crois que c'est surtout pour ça que mes   cultured, educated
parents voulaient que je fasse des études; pour ça et pour que j'aie la liberté de choisir ce que je voudrais vraiment. Ils ne voulaient pas m'influencer, mais maintenant ils sont bien contents que je revienne au village. Et moi aussi.»

Michel

Le père de Michel voulait que son fils fasse des études de *droit* et qu'il prenne ensuite sa succession à la tête de la compagnie qu'il dirige. Au début, Michel ne s'y est pas opposé, mais maintenant il a des doutes.

law

«*J'ai fait mon droit* parce que mon père le voulait. Mais je ne suis pas sûr que ce soit ce que je veux vraiment. Je pourrais gagner beaucoup d'argent, c'est vrai, mais je ne suis pas sûr d'être *taillé* pour ce rôle. Le commerce m'ennuie. Ma véritable vocation, c'est l'*enseignement*. Je sais bien que c'est un travail difficile et mal payé, mais dans la vie, ce qui compte c'est de faire un métier qu'on aime. Mais j'ai peur que mes parents soient terriblement déçus. C'est *bête* d'ailleurs, parce que ma sœur, elle, s'intéresse aux *affaires* et je suis sûr qu'elle serait bien plus capable que moi de *diriger* une compagnie. Mais mon père ne veut pas *en entendre parler*. Il va falloir que nous essayions de le persuader.»

I studied law

cut out

teaching

stupid / business
to direct, to run
to hear about it

Compréhension du texte. Répondez aux questions suivantes selon les renseignements donnés dans le texte.

1. Qu'est-ce que Christian et Monique faisaient avant d'aller vivre à la campagne?
2. Pourquoi ont-ils décidé de quitter Paris?
3. Qu'est-ce qui leur plaît dans leur nouvelle vie?
4. Qu'est-ce que les parents de Sylviane voulaient qu'elle fasse?
5. Et elle, que veut-elle faire de sa vie?
6. Pourquoi Marie-Hélène a-t-elle décidé de revenir à la ferme quand la plupart des autres jeunes quittent la campagne?
7. Pourquoi Marie-Hélène ne regrette-t-elle pas d'avoir fait des études?
8. Quel conflit existe-t-il entre les désirs de Michel et ceux de son père?
9. En quoi Michel et sa sœur sont-ils différents l'un de l'autre?

Ceux qui ont dit non

Les Français pour qui l'individualisme est une vertu (bien qu'ils° soient souvent assez conformistes dans leur vie de tous les jours) ont une admiration particulière pour ceux qui ont eu le courage de dire non. Que ce° soit dans le domaine des arts, de la politique ou de la science, il y a eu au cours des siècles des hommes et des femmes qui ont eu le courage de mettre en question les idées établies. Ainsi,° dans le domaine scientifique, la ténacité de Pasteur a ouvert la voie° à la biologie moderne. Dans le domaine artistique les peintres tels que° Cézanne et Matisse ont révolutionné notre sensibilité°

artistique. A la fin du siècle dernier, l'écrivain° Emile Zola s'est opposé à l'antisémitisme voilé° du gouvernement en prenant la défense de Dreyfus dans sa célèbre lettre intitulée «J'accuse . . .»

Quelquefois ce sont les gens humbles et obscurs qui ont changé le cours de l'histoire. C'est le cas, par exemple, de la petite paysanne Jeanne d'Arc qui a su convaincre le roi de lui confier° une armée pour aller défendre la France contre les Anglais. Plus récemment il y a l'exemple des milliers de Français qui, pendant l'occupation allemande, ont lutté dans la Résistance, même quand tout semblait perdu.

bien qu'ils *although*   Que ce *whether it*   Ainsi *thus*   voie *way*   tels que *such as*   sensibilité *sensitivity*

écrivain *writer*   voilé *veiled*   confier *give*

COMMUNICATION

A. Choix et décisions

1. Que pensez-vous des décisions prises par chacune des personnes décrites dans «Ceux qui ont dit non»? Si vous vous trouviez dans les mêmes situations qu'eux, que feriez-vous?
2. Est-ce que vous préférez la vie à la ville ou la vie à la campagne? Quels sont les avantages et les inconvénients de l'une et de l'autre?
3. Est-ce que vous faites toujours ce qu'on vous demande ou est-ce que vous avez tendance à prendre vos propres décisions? Y a-t-il eu des situations dans votre vie où vos désirs et ceux de quelqu'un d'autre étaient opposés? Décrivez brièvement une ou plusieurs de ces situations.
4. Connaissez-vous des gens qui ont dit non? (Personnages historiques ou contemporains ou quelqu'un que vous connaissez personnellement.) Qu'est-ce qu'ils ont fait?

B. Vivent les différences! Nous avons tous des opinions, des préférences et des valeurs différentes en ce qui concerne les petites choses aussi bien que les grandes. Quelles sont les vôtres? Complétez les phrases suivantes selon vos préférences et convictions personnelles.

1. Je crois que . . .
2. Je ne pense pas que . . .
3. Je suis content(e) que . . .
4. Je regrette que . . .
5. Je voudrais que . . .
6. Je ne voudrais pas que . . .
7. J'ai peur que . . .
8. Je doute que . . .
9. J'espère que . . .

C. Que faire? Chacune des personnes suivantes se trouve devant un choix difficile. Que leur conseillez-vous?

1. Alain est étudiant en psychologie. Il a besoin d'étudier parce qu'il y a un examen important demain. Mais sa femme voudrait qu'ils aillent au cinéma ensemble. Elle travaille dans un hôpital et c'est la seule soirée libre qu'elle a cette semaine. Son fils, lui, voudrait qu'il répare son tricycle. Et lui, il aimerait bien regarder un match de football à la télévision. A votre avis, que vaudrait-il mieux qu'il fasse?
2. Janine voudrait être architecte et pour y arriver il faudra qu'elle fasse encore cinq années d'études. Son fiancé Jérôme voudrait qu'ils se marient tout de suite et qu'ils aient des enfants. Que lui conseillez-vous?
3. Solange cherche du travail depuis plusieurs mois. Une compagnie située à cinq cents kilomètres de chez elle vient de lui téléphoner pour lui offrir une entrevue demain à dix heures. Le travail qu'on lui propose paraît très intéressant. Malheureusement, en ce moment sa sœur est à l'hôpital et Solange lui a promis de garder ses enfants âgés de deux et cinq ans pendant une semaine. Que doit-elle faire?
4. Christophe, un jeune Canadien de Toronto, voudrait faire des études de biologie marine et il pense que la meilleure université pour ce genre d'études est celle de Vancouver. D'un autre côté, il aimerait bien étudier dans une université de langue française et ses parents voudraient aussi qu'il ne soit pas trop loin de chez eux. A votre avis, que vaudrait-il mieux qu'il fasse?

5. Martine et Jean-Pierre sortent ensemble depuis plusieurs mois et ils s'aiment. Ils sont tous deux étudiants, lui a encore trois années d'études à faire et elle deux. Ils ont décidé de vivre ensemble, mais leurs parents ne pensent pas que ce soit une bonne idée de vivre ensemble sans être mariés. En fait, le père de Martine est si opposé à cette idée qu'il menace de ne plus lui donner d'argent pour ses études. Que vaudrait-il mieux que Martine et Jean-Pierre fassent?

VOCABULAIRE

Noms
l' **avocat** (m), l'**avocate** (f) lawyer
la **banlieue** suburb
la **bête** animal
l' **enseignement** (m) teaching
la **hauteur** height
l' **immeuble** (m) apartment building
le **moyen** means
la **pelouse** lawn
le **sol** soil
le **viol** rape

Verbes
s'apercevoir de to become aware of
entendre parler de to hear about
nommer to name, appoint
rassurer reassure

tenter to tempt, to attempt
tuer to kill

Adjectifs
bête stupid
interdit(e) forbidden
sourd(e) deaf

Divers
d'ailleurs besides, moreover
en avoir marre to be fed up (coll)
également equally
ensemble together
face à facing, confronting
il existe there exist(s)
au lieu de in place of
tout comme just as

COGNATE NOUNS

l' **arsenal** (m)
l' **animation** (f)
le **cultivateur**
le **début**
la **délinquance**
le **diplôme**

le **facteur**
l' **insécurité** (f)
la **joie**
la **panique**
le **phénomène**

la **relation**
la **spontanéité**
le **terroriste**
la **tyrannie**
le **vandalisme**

A la recherche d'une identité

La généalogie: Curiosité légitime ou snobisme?

INTRODUCTION

«Autrefois, explique un des organisateurs d'un récent congrès international de généalogie, c'étaient seulement les aristocrates qui s'intéressaient à leur généalogie. C'était à la fois par *fierté* et pour profiter des avantages sociaux réservés aux nobles. Plus tard, au dix-neuvième siècle, les *bourgeois* ont commencé à s'y intéresser aussi, pour essayer de trouver quelque ancêtre noble et ajouter une *particule* à leur nom. C'était une généalogie de vanité.»

Aujourd'hui, il y a des gens de toutes les classes sociales qui *se passionnent pour* la généalogie. Il y a pourtant encore bien des gens pour qui l'objectif plus ou moins *conscient* est de trouver parmi leurs ancêtres quelque célébrité dont ils pourront être fiers d'être le descendant. Mais pour beaucoup de gens aussi, cet intérêt pour la généalogie correspond à un besoin de retrouver leurs *racines,* leur place, leur identité dans un monde caractérisé par le changement constant, la mobilité professionnelle, l'insécurité sociale, la désintégration des

pride
members of the middle class
de before a surname indicating nobility
are fascinated by
conscious

roots

familles et l'isolement de l'individu. La généalogie offre une sorte de protection contre toutes ces incertitudes. «Si nous ne savons pas où nous allons, au moins nous savons d'où nous venons», disent les généalogistes. C'est aussi une sorte d'affirmation de *soi*. Le succès du livre d'Alex Haley intitulé *Racines*,   oneself qui raconte la saga d'un noir américain, reflète bien le besoin d'établir et même de proclamer fièrement son identité ethnique, surtout pour les gens qui ont été si longtemps et si brutalement coupés de leurs racines.

«Reconstruire son arbre généalogique n'offre *en soi* aucun intérêt, dit Mon-   in and of itself sieur Roche, un des participants au congrès. Ce qui est passionnant, c'est de prendre un personnage, de reconstituer sa personnalité, de découvrir les événements qui ont influencé sa vie et de voir comment il *a réagi* à ces   reacted événements.» Monsieur Roche a commencé à s'intéresser à la généalogie il y a dix ans, après avoir acheté une vieille ferme dans *le Jura*. Par curiosité,   mountainous region in il a voulu connaître l'histoire de sa maison et des gens qui habitaient là avant   eastern France lui. Il *a fini par* écrire un manuscrit de deux mille pages sur une famille qu'il   ended up by ne connaissait même pas. Ensuite, il s'est intéressé à sa propre famille et à celle de sa femme.

Extrait et adapté d'un article de *l'Express* par Jacqueline Remy

Compréhension du texte. Répondez aux questions suivantes selon les renseignements donnés dans le texte.

1. Pourquoi est-ce qu'autrefois c'étaient seulement les nobles ou les bourgeois qui s'intéressaient à la généalogie?

2. Quelles sortes de gens s'intéressent maintenant à la généalogie?
3. Quelles sont les conditions sociales qui expliquent cet intérêt pour la généalogie?
4. De quoi le livre d'Alex Haley parle-t-il?
5. Qu'est-ce que Monsieur Roche trouve particulièrement intéressant dans la généalogie?
6. Quand et pourquoi a-t-il commencé à s'y intéresser?
7. Quel a été le résultat de ses recherches?

Réactions personnelles

1. Savez-vous d'où viennent vos ancêtres? Si oui, racontez brièvement l'histoire de votre famille.
2. Y a-t-il des célébrités dans votre famille?
3. Que pensez-vous de cette vogue de la généalogie? Vous y intéressez-vous personnellement?
4. A votre avis, qu'est-ce qui explique cet intérêt pour la généalogie?
5. Quel personnage célèbre aimeriez-vous avoir pour ancêtre et pourquoi?
6. Y a-t-il une maison ou une personne dont vous aimeriez savoir l'histoire? Si oui, pourquoi?

Petite conversation: Les Parisiens

Mme Rousset: Vous êtes né à Paris?

M. Jeanson: Oui, mais ma famille vient de Normandie. Mon père avait dix-sept ans quand il a quitté son village pour venir travailler à Paris.

Mme Rousset: Vous avez encore de la famille là-bas?

M. Jeanson: Oui, beaucoup. Il y a eu toujours des Jeanson dans la région. Nous sommes tous plus ou moins cousins.

Le peuple français

NOTES CULTURELLES

Comparée à la population américaine, la population française paraît très homogène et très stable. Il n'est pas rare, en effet, qu'une famille ait vécu pendant plusieurs siècles dans le même village et même quelquefois dans la même maison.

On ne peut cependant° pas parler d'une «race» française car° le peuple français est le résultat de l'assimilation de groupes ethniques très divers. En effet, la France étant située à la pointe occidentale de l'Europe, c'est là que les différentes migrations Est-Ouest se sont arrêtées. On peut donc° dire que la France est le «melting pot» de l'Europe.

Aux temps préhistoriques, trois races différentes sont venues s'installer sur le sol français: (1) la race méditerranéenne composée de chasseurs et de nomades; (2) la race nordique dont les représentants sont grands et blonds; (3) la race alpine (les Celtes) composée surtout d'agriculteurs. Les Celtes qui se sont fixés sur le territoire français s'appelaient les Gaulois et leur pays, la Gaule.

Plus tard, d'autres invasions ont accentué encore la richesse ethnique et la variété de la population: les Romains au premier siècle avant J.C.°; les Francs, d'origine germanique, arrivés au cinquième siècle et qui ont donné leur nom à la France; les Normands, d'origine scandinave, au

cependant *however* car *because* donc *therefore*

avant J.C. (Jésus Christ) *B.C.*

dixième siècle. Depuis un siècle, la France connaît de nouveau une importante immigration de travailleurs étrangers, surtout Nord-Africains et Italiens.

Parmi les noms «bien» français, on trouve donc de nombreux noms d'origine étrangère. Les noms français les plus communs représentent des traits physiques (Legrand, Petit, Leroux, Leblanc); des traits psychologiques (Lesage, Lefranc); ou des noms de lieux (Laforêt, Dubourg, Fontaine, Deschamps, Dumont).

Les pronoms indéfinis

PRESENTATION

Indefinite pronouns can be used when there is no specific antecedent. The principal indefinite pronouns are:

A. **Quelqu'un** (*someone*), **quelque chose** (*something*). These forms are considered masculine and are always singular.

Quelqu'un m'a téléphoné.
Avez-vous rencontré quelqu'un? —Non, je n'ai rencontré personne.
J'ai entendu quelque chose dans la chambre.
Avez-vous quelque chose à boire? —Non, nous n'avons rien à boire.

The negative counterpart of **quelqu'un** is **personne** and of **quelque chose** is **rien.** When **quelqu'un** and **quelque chose** and their negative counterparts are modified by adjectives, the adjectives are preceded by **de.**

Nous avons fait la connaissance de quelqu'un d'intéressant.
Est-ce que vous avez découvert quelque chose de nouveau au sujet de vos ancêtres?
Il n'y a rien d'amusant à faire ici.

One of the most frequently used adjectives that can modify these forms is **autre** (*else*):

quelqu'un d'autre   *someone else*   personne d'autre   *no one else*
quelque chose d'autre   *something else*   rien d'autre   *nothing else*

Nous ne savons rien d'autre à leur sujet.

B. **Quelques-uns, quelques-unes** (*some, a few*) can refer to people or things:

Quelques-unes de ces vieilles maisons sont à vendre.
Il nous a présenté quelques-uns de ses cousins.

The pronoun **en** is used with **quelques-uns** and **quelques-unes** when they are direct objects.

Ils ont acheté quelques livres.   Ils en ont acheté quelques-uns.
Nous avons visité quelques-unes de ces villes.   Nous en avons visité quelques-unes.

C. **Plusieurs** (*several*):

Plusieurs de mes ancêtres viennent de France.
Parmi les restaurants de cette ville, plusieurs sont excellents.

The partitive pronoun **en** is used when **plusieurs** is a direct object.

Elles ont gagné plusieurs matchs.   Elles en ont gagné plusieurs.
J'ai déjà entendu plusieurs de ces chansons.   J'en ai déjà entendu plusieurs.

D. **Un(e) autre** (*another one*), **d'autres** (*others*), **certain(e)s** (*certain ones, some*):

Un de mes ancêtres vient d'Afrique et un autre vient d'Espagne.
Certaines de ces lois sont injustes.
Certains se passionnent pour la généalogie, d'autres ne s'y intéressent pas du tout.

The pronoun **en** is used with **autre(s)** and **certain(e)s** when they are direct objects.

Je voudrais un autre sandwich; apportez-m'en un autre, s'il vous plaît.

E. **Chacun, chacune** (*each one*):

Chacun a le droit de faire ce qu'il veut.
Chacune de ces voitures a certains avantages.
J'ai écrit à chacun de mes amis, mais aucun n'a répondu.

Note that the negative counterpart of **chacun, chacune** is **aucun, aucune.**
Aucun, aucune also contrast with **plusieurs, quelques-uns, certains, tous.**

J'ai envoyé plusieurs lettres, mais je n'en ai reçu aucune.
Les ancêtres de ma femme étaient tous des aristocrates, mais aucun des
   miens n'était noble.

PREPARATION

A. Transformez les phrases suivantes selon le modèle donné.

modèle: Nous avons étudié plusieurs documents. → **Nous en avons étudié plusieurs.**

1. Ils ont visité quelques châteaux.
2. Tu as écrit une autre lettre.
3. Ils ont perdu plusieurs matchs.
4. On va discuter quelques-uns de ces sujets.
5. Elle a visité plusieurs pays européens.
6. Ils n'ont écouté aucune de ces émissions.

B. Répondez négativement aux questions suivantes.

modèle: Est-ce que quelqu'un veut sortir? → **Non, personne ne veut sortir.**

1. Est-ce que quelque chose t'intéresse?   5. Avez-vous quelque chose d'autre à ajouter?
2. Certaines de ces lois sont-elles injustes?   6. Est-ce que tu verras quelqu'un à Paris?
3. Est-ce qu'il y a quelqu'un à la porte?   7. Est-ce que vous avez vu quelque chose d'amusant?
4. Avez-vous entendu quelque chose?   8. A-t-il compris quelque chose?

C. Répondez affirmativement aux questions selon le modèle.

modèle: N'avez-vous rencontré personne d'intéressant? → **Si, j'ai rencontré quelqu'un d'intéressant.**

1. N'avez-vous rien mangé?
2. Est-ce qu'il n'y a personne d'autre?
3. Personne n'a téléphoné ce matin?
4. Tu n'as rien de nouveau à me raconter?

5. Votre père n'a rien acheté en ville?
6. Rien n'est arrivé pendant mon absence?
7. Tu ne vas le raconter à personne?

TRANSITION

Tout le monde n'est pas dans la même situation. Jean-Luc est de mauvaise humeur et il a l'impression que tout le monde est contre lui. Son amie Paulette, par contre, est de très bonne humeur—tout va bien pour elle. Donnez les réponses de Paulette.

modèle: Je n'ai rencontré personne d'intéressant hier. → **Moi, j'ai rencontré quelqu'un d'intéressant.**

1. Je n'ai rien mangé de bon au restaurant universitaire.
2. Personne ne m'a téléphoné ce matin.
3. Je n'ai rien découvert de nouveau.
4. Rien d'intéressant ne m'est arrivé hier.

5. Je n'ai rien acheté de nouveau en ville.
6. Je n'ai rien d'autre à te dire.
7. Je n'ai reçu aucune lettre cette semaine.
8. Aucun de mes amis n'est venu me voir.

COMMUNICATION

Questions/interview. Répondez aux questions suivantes ou utilisez-les pour interviewer un(e) autre étudiant(e).

1. Est-ce que tu as téléphoné à quelqu'un hier soir? Est-ce que quelqu'un t'a téléphoné?
2. Est-ce que tu as fait quelque chose d'intéressant pendant le week-end?
3. Est-ce que quelques-uns de tes amis ont déjà voyagé en Europe? Si oui, quels pays ont-ils visités?
4. Est-ce que tu connais quelques-unes des chansons d'Edith Piaf? Si oui, lesquelles?
5. Est-ce que tu aimes travailler avec quelqu'un d'autre ou est-ce que tu préfères travailler seul(e)?
6. Est-ce que tu as fait la connaissance de quelqu'un d'intéressant récemment?
7. Est-ce qu'il y a eu quelqu'un de célèbre parmi tes ancêtres?
8. Est-ce que quelque chose d'amusant t'est arrivé cette semaine?
9. Est-ce que tu penses que certaines de nos lois soient injustes? Si oui, lesquelles?
10. Est-ce que tu connais bien chacun de tes professeurs?

La forme passive

PRESENTATION

A sentence in the passive voice is one in which the subject is acted upon: *A pedestrian was hit by a car.* This contrasts with a sentence in the active voice, in which case the subject performs the action: *A car hit a pedestrian.*

The passive voice in French is formed by adding the past participle to the appropriate tense of **être.** The past participle agrees in number and gender with the subject.

Les magasins sont ouverts tous les jours.
Racines a été écrit par Alex Haley, un noir américain.
Les résultats seront annoncés demain.
Il faut que ce travail soit fini avant midi.
Ils ont été séparés de leur famille.
Toutes les plantes ont été mangées par des insectes.

A. The tense of **être** in the passive construction is the same as the tense of the verb in the corresponding active form. Compare:

Active	*Passive*
On a arrêté le voleur.	Le voleur **a été** arrêté.
On arrêtera le voleur.	Le voleur **sera** arrêté.
On arrêterait le voleur.	Le voleur **serait** arrêté.
Il faut qu'on arrête le voleur.	Il faut que le voleur **soit** arrêté.

B. The passive voice is used less frequently in French than in English. When the agent (performer of the action) is known, French speakers often prefer to use the active voice. Compare:

Passive	*Active*
Le criminel a été arrêté par la police.	La police a arrêté le criminel.

C. When there is no specific agent mentioned, French speakers often avoid the passive voice by using the impersonal pronouns **on** and **ils.** Compare:

Passive	*Active*
Le criminel a été arrêté.	On a arrêté le criminel.
	Ils ont arrêté le criminel.

PREPARATION

A. Transformez les phrases suivantes selon le modèle donné.

modèle: Ma voiture a été volée. → **On a volé ma voiture.**

1. La maison a été vendue.
2. Les cambrioleurs ont été arrêtés.
3. L'appartement ne sera pas loué.
4. De bons résultats ont été obtenus.
5. Aucune décision n'a été prise.
6. Rien n'a été fait pour résoudre le problème.
7. Les documents n'ont jamais été retrouvés.

B. Transformez les phrases suivantes selon le modèle donné.

modèle: On a ouvert un nouveau magasin. → **Un nouveau magasin a été ouvert.**

1. On a volé ma bicyclette.
2. On a puni les enfants.
3. On a coupé les arbres.
4. On transportera les victimes à l'hôpital.
5. On a condamné le criminel à cinq ans de prison.
6. On n'a jamais exploré cette région.
7. On a construit un nouvel aéroport.

C. Transformez les phrases suivantes selon le modèle donné.

modèle: Ce monument a été construit par les Romains. → **Les Romains ont construit ce monument.**

1. Cette église a été décorée par Chagall.
2. J'ai été surpris par cette nouvelle.
3. Ce livre a été écrit par un philosophe français.
4. L'Amérique a été découverte par Christophe Colomb.
5. Le problème sera étudié par une équipe de spécialistes.
6. Ces réformes ne seront pas acceptées par le public.
7. La police était contrôlée par le gouvernement.
8. Il faut que cette loi soit signée par le Président.

TRANSITION

Titres de journaux. Un éditeur est en train de préparer des titres de journaux pour chacun des événements suivants. Les titres de journaux sont généralement à la forme passive. Aidez-le dans ce travail.

modèle: Des alpinistes ont aperçu l'abominable homme des neiges. →
          L'abominable homme des neiges a été aperçu par des alpinistes.

1. On a cambriolé la villa de la célèbre actrice Catherine Lenoir.
2. On a assassiné un diplomate étranger en visite officielle dans la capitale.
3. Les hommes habiteront sur la planète Mars en l'an 2050.
4. On signera un accord entre les différents pays du Marché commun.
5. On va ouvrir un nouveau «drugstore» sur les Champs-Elysées.
6. Un médecin français a découvert un nouveau remède contre le rhume.
7. Le gouvernement avait nommé une commission pour étudier le problème de la violence.
8. On a kidnappé la fille du directeur-général de la banque de Tokyo.

COMMUNICATION

Vos débuts dans le journalisme. Maintenant c'est à vous de créer des titres de journaux au sujet des événements réels ou imaginaires qui ont eu lieu dans votre ville ou dans votre université. Vous pouvez également créer des titres pour des événements historiques réels ou imaginaires, passés ou futurs. Utilisez le passif dans vos titres.

exemple: **Le bureau d'un professeur a été occupé par des étudiants en grève.**

Le **faire** *causatif*

PRESENTATION

The verb **faire** followed by an infinitive is used to indicate that the subject of a sentence is causing something to be done or having something done by someone.

Nous faisons construire une maison.   *We're having a house built.*
Je ferai venir le médecin.   *I'll have the doctor come.*

A. The use of this pattern does not follow the usual pattern of verbs plus infinitive. The word order for causative **faire** is *subject* + **faire** + *infinitive* + *noun or noun phrase.*

Elle fera redécorer son appartement.	*She'll have her apartment redecorated.*
Nous avons fait venir un spécialiste.	*We sent for a specialist.*
Le professeur fait beaucoup travailler ses élèves.	*The teacher makes his students work a lot.*
Faites entrer les visiteurs.	*Have the visitors come in.*
Ne faites pas attendre vos invités.	*Don't keep your guests waiting.*
Je vais faire réparer ma montre.	*I'm going to have my watch fixed.*

When a pronoun is used in place of the noun, the word order is *subject + object pronoun +* **faire** *+ infinitive.*

Nous la ferons réparer.	*We'll have it fixed.*
Je les fais travailler.	*I make them work.*
Vous nous avez fait attendre longtemps.	*You kept us waiting a long time.*
Ne me faites pas rire.	*Don't make me laugh.*

B. The verb **faire** can also be followed by a noun rather than an infinitive in idiomatic expressions like **faire peur** (*to scare*), **faire mal** (*to hurt*), and **faire confiance** (*to trust*). In this case the word order is *subject +* **faire** *+ noun + indirect object.*

Ton chien fait peur à tout le monde.	*Your dog scares everybody.*
Il faut faire confiance à vos employés.	*You have to trust your employees.*

When the indirect object is replaced by a pronoun, it precedes **faire.**

Cette dent continue à me faire mal.	*That tooth still hurts me.*
Vous leur avez fait peur!	*You scared them!*

PREPARATION

A. Substituez les mots suggérés aux mots en italique et faites les changements nécessaires.

1. *Il* fait attendre tout le monde.   tu / cette dame / cet employé / vous / vos amis
2. J'ai fait *venir le médecin.*   entrer les visiteurs / réparer ma montre / laver la voiture / construire un garage
3. *Il* ne fait confiance à personne.   je / nous / le professeur / vous

B. Répondez aux questions suivantes selon les indications données.

modèle: Est-ce que Pierre a réparé sa moto lui-même? (non) → **Non, il a fait réparer sa moto.**

1. Est-ce que les Dupont ont construit leur maison eux-mêmes? (non)
2. Est-ce que vous avez reconstruit votre arbre généalogique? (non)
3. Est-ce que ton père lave sa voiture lui-même? (non)
4. Est-ce que tu as fait ce travail toi-même? (non)
5. Est-ce que Paul lavera ses vêtements lui-même? (non)
6. Est-ce que vos parents vendront leur maison eux-mêmes? (non)
7. Est-ce que vous allez repeindre le garage vous-même? (non)

TRANSITION

Une vieille maison à restaurer. Claude et Michelle viennent d'acheter une vieille maison à la campagne. Ils sont en train de la faire restaurer. Reconstituez les phrases qu'ils ont prononcées.

modèle: nous / être en train de / faire redécorer / les chambres →
Nous sommes en train de faire redécorer les chambres.

1. avant de commencer / nous / faire venir / architecte
2. il a fallu / nous / faire mettre / l'électricité
3. le mois dernier / nous / faire vendre / ancien appartement
4. en ce moment / nous / faire repeindre / salle à manger
5. les électriciens / nous / faire attendre / longtemps
6. nous / avoir l'intention / faire construire / garage
7. il faudra / nous / faire refaire / le mur du jardin
8. nous / faire venir / spécialistes / parce que / on / ne pas pouvoir / faire confiance / ouvriers du village

COMMUNICATION

Questions/interview. Répondez aux questions suivantes ou utilisez-les pour interviewer un(e) autre étudiant(e).

1. Est-ce que tu as envie de faire construire une maison ou de faire redécorer ton appartement?
2. Est-ce que tu laves ta voiture toi-même ou est-ce que tu la fais laver?
3. Est-ce que tu répares ta bicyclette toi-même ou est-ce que tu la fais réparer?
4. Est-ce que tu aimes parler en classe ou est-ce que le professeur est obligé de te faire parler?
5. Est-ce que tu as tendance à faire confiance à tout le monde ou à ne faire confiance à personne?
6. Qu'est-ce qui te fait pleurer? Qu'est-ce qui te fait rire?
7. Quelle est ta réaction quand on te fait attendre? Et toi, est-ce que tu fais souvent attendre tes amis?
8. A ton avis, est-ce que les professeurs font assez travailler les étudiants?
9. Qu'est-ce qui te fait peur?

Autres emplois du subjonctif

PRESENTATION

A. The subjunctive is used after certain conjunctions, the most important of which are:

à condition que *on the condition that*	jusqu'à ce que *until*
afin que *so that*	pour que *so that*
à moins que *unless*	pourvu que *provided that*
avant que *before*	sans que *without*
bien que *although*	

Bien que Georges soit très intelligent, il n'a pas réussi à l'examen.
J'ai fini tout mon travail afin que nous puissions sortir.
Nous irons à Québec à moins que vous refusiez d'y aller.
Nous attendrons ici jusqu'à ce que Josette vienne.

Note that as with previous uses of the subjunctive, the subjects of both clauses must be different; otherwise, an infinitive would be used.

Je ferai cela avant que vous partiez.   Je ferai cela avant de partir.

Exceptions to this rule are **bien que, jusqu'à ce que,** and **pourvu que.**

Je travaillerai jusqu'à ce que je réussisse.

B. The subjunctive is used after a noun modified by a superlative or after **le seul, le dernier,** or **le premier** when judgment or uniqueness is implied.

C'est la personne la plus fascinante que je connaisse.
C'est le seul journal que je lise tous les jours.
Tu es le meilleur ami qu'on puisse avoir.

C. The subjunctive is used after a noun or pronoun representing something or someone that is not yet identified or found.

Je cherche quelqu'un qui puisse faire ce travail.
Il me faut une auto qui soit très confortable.
Y a-t-il quelqu'un qui sache la réponse?
Il n'y a rien qui me plaise dans ce magasin.

PREPARATION

A. Substituez les mots suggérés aux mots en italique et faites les changements nécessaires.

1. *Je* continuerai jusqu'à ce que *je* réussisse.   tu / vous / nous / cet étudiant
2. *Nous* viendrons demain pourvu que *nous* ayons le temps.   mes amis / vous / tu / je
3. C'est le *seul* disque que nous ayons.   le meilleur / le premier / le plus beau / le plus mauvais
4. *Il y a quelqu'un* qui peut le faire.   y a-t-il quelqu'un / il n'y a personne / je connais quelqu'un / je ne connais personne

B. Transformez les phrases suivantes selon les indications données.

modèle: Je vous verrai avant de partir. (avant que Jean . . .) → **Je vous verrai avant que Jean parte.**

1. Nous ferons n'importe quoi pour réussir. (pour que nos amis . . .)
2. Je ne peux pas raconter une histoire sans rire. (sans que tout le monde . . .)
3. Mon père est d'accord pour aller à Dakar (pour que nous . . .)
4. Il téléphonera avant de sortir. (avant que vous . . .)
5. Ils font des économies pour pouvoir voyager. (pour que leurs enfants . . .)

C. Combinez les phrases selon le modèle donné.

modèle: Le match aura lieu demain. Il pleut. (à moins que . . .) →
   Le match aura lieu demain à moins qu'il pleuve.

1. Ils sont heureux. Ils sont pauvres. (bien que . . .)
2. Nous viendrons. Il fait beau. (à condition que . . .)
3. Nous attendrons. Ils arrivent. (jusqu'à ce que . . .)
4. Il faut prendre le temps de vivre. Il est trop tard. (avant que . . .)
5. Je vais parler plus lentement. Vous comprenez. (pour que . . .)

6. Je ne peux pas sortir. Mon chien me suit. (sans que . . .)
7. Ils feraient n'importe quoi. Tu es content. (pour que . . .)
8. Nous changerons la date de la réunion. Vous pouvez venir. (afin que . . .)

TRANSITION

Racines. Certaines personnes s'intéressent beaucoup à la généalogie. Reconstituez les phrases qu'elles ont prononcées.

modèle: Alex Haley a écrit *Racines* / pour que / on / comprendre mieux la situation des noirs américains. →
Alex Haley a écrit *Racines* pour qu'on comprenne mieux la situation des noirs américains.

1. nous n'avons pas un seul ancêtre / qui / venir de ce pays
2. nous allons faire des recherches / jusqu'à ce que / nous / pouvoir reconstruire tout notre arbre généalogique
3. cherchez quelqu'un qui / pouvoir / vous aider dans vos recherches
4. Henri a consulté un généalogiste / pour que / sa famille / savoir quelles sont ses origines
5. il n'y a aucun document / qui / décrire les conditions de vie à cette époque
6. Jean est français / bien que / il / avoir un nom russe

COMMUNICATION

Nuances. L'utilisation du subjonctif et de certaines conjonctions peuvent vous permettre de nuancer vos pensées. Par exemple, au lieu de dire simplement *J'ai faim*, vous pouvez dire, *J'ai encore faim bien que je vienne de déjeuner*. Inspirez-vous de cet exemple pour compléter les phrases suivantes.

1. L'an prochain je _____ à moins que _____
2. Je ne peux pas _____ sans que quelqu'un _____
3. J'aimerais rencontrer quelqu'un qui _____
4. On peut toujours se débrouiller pourvu que _____
5. Je ne connais personne qui _____
6. Les professeurs sont indulgents pourvu que _____
7. La science et la technologie peuvent nous aider à condition que _____
8. Il faut trouver de nouvelles sources d'énergie pour que _____

Sources et racines: La terre et les ancêtres du peuple malgache

SYNTHESE

Il n'y a pas de paysage typique du Madagascar. La seule généralisation qu'on puisse faire au sujet de l'aspect physique de cette île est que c'est un pays d'une extrême diversité. On y trouve des plateaux arides, des vallées vertes et fertiles, des forêts luxuriantes, des déserts, des plages tropicales, des *riziè-* rice fields *res* et des plantations de toutes sortes: café, canne à sucre, bananiers, *pal-* palm trees *miers*, vanille, etc.

On peut observer une variété *tout* aussi grande dans le peuple *malgache* just / Madagascan lui-même. Leur *teint* et leur *taille* varient selon leurs origines. Mais à cette complexion / size diversité ethnique correspond une grande unité linguistique. Bien qu'il existe

Le marché du vendredi,
à Tananarive

de nombreuses variantes dialectales, elles sont toutes dérivées d'une langue commune. Ainsi, un Merina (habitant des plateaux du centre) et un Antandroy (habitant du sud de l'île) n'ont aucune difficulté à se comprendre, surtout si l'un et l'autre évitent d'*avaler* trop de syllabes. La langue malgache fait partie du groupe mélano-polynésien, mais elle a été enrichie d'éléments arabes ou bantous et aussi, plus récemment, de mots français et anglais qui ont été complètement malgachisés. Par exemple, les noms des jours de la semaine sont d'origine arabe (*alahady* pour dimanche), les noms des objets qu'on trouve dans une salle de classe sont anglais (*boky* pour livre, *penina* pour stylo, *tsaoka* pour craie) et certains produits alimentaires ont des noms d'origine française (*dibera* pour beurre, *dipaina* pour pain).

En plus de l'unité apportée par une langue commune, la civilisation malgache possède un système de valeurs très cohérent. Le culte des ancêtres est *sans doute* le trait qui caractérise le plus cette unité des traditions culturelles. Partout dans le pays on trouve des *cimetières* qui sont de véritables villages pour les *morts*. On y trouve des *tombeaux* magnifiquement décorés, des jardins, des sculptures et des dessins racontant la vie des ancêtres qui y ont été *enterrés*. Les Malgaches n'ont pas peur de la mort, car elle est considérée simplement comme le passage d'une vie à l'autre. Bien que les coutumes varient avec les régions, dans tous les cas le rituel de la séparation entre morts et *vivants* doit être respecté. Les vivants, en particulier, doivent demander aux ancêtres déjà morts d'accepter dans leur société le nouveau mort; sinon, il risque d'*errer* éternellement et d'*embêter* les vivants au lieu de leur apporter ses conseils.

Un autre trait caractéristique de la culture malgache est l'importance de la *parole*. La parole malgache est un art et à l'occasion des mariages et des *enterrements* on fait venir des griots—c'est-à-dire, des professionnels de la parole. Dans certains cas, l'expression verbale remplace même la force physique. On raconte, par exemple, qu'au début du siècle dernier, une grande *bataille* de deux jours a opposé deux groupes rivaux; mais au lieu de *se battre* avec des armes, ils ont préféré se battre avec des mots.

La qualité d'un discours se reconnaît à la subtilité et à l'originalité des images et des allégories. Dans certaines régions on utilise même les hésita-

swallow

chalk

probably
cemeteries
dead / tombs

buried

living

to wander / bother

spoken word
burials

battle / fight

tions et les silences pour «habiller» la parole. Les Français sont souvent désorientés par la complexité de la parole malgache; ils ne sont pas habitués non plus à penser dans une langue qui n'a ni *genre*, ni pluriel, ni verbe être! *gender*

Les images qui sont les plus utilisées par les orateurs viennent, bien entendu, des proverbes. Elles forment la base des discours. Pour que son discours soit plus riche et plus élégant encore, un orateur *citera* des séries entières de *will quote* proverbes les uns après les autres et il le terminera par un petit poème, dont voici un exemple:

—Comment sont les *reproches*? *reproaches, criticism*

—Comme les vents, j'ai entendu leur nom. Mais je ne vois pas leurs *traits*. *features*

—Comment sont les reproches?

—Ils sont comme le froid. On ne l'entend pas et il *engourdit*. *makes you numb*

Extrait et adapté d'un article de *Jeune Afrique*

Compréhension du texte. Complétez les phrases suivantes selon les renseignements donnés dans le texte.

1. On peut dire que Madagascar a un aspect physique très varié car...
2. Les habitants des différentes régions de Madagascar peuvent facilement se comprendre parce que...
3. Le malgache est une langue mélano-polynésienne, mais on y trouve aussi des mots...
4. La langue commune n'est pas le seul facteur d'unité; on trouve aussi dans la culture malgache...
5. Il est évident que le culte des morts a une place importante dans la culture malgache car...
6. La mort ne fait pas peur aux Malgaches car...
7. On peut voir que la parole est très importante dans la culture malgache car...
8. Les qualités principales d'un bon discours sont...

Le français moderne

Comme la langue malgache et toutes les autres langues, le français est en constante évolution. Les changements actuels sont caractérisés surtout par la présence du franglais—c'est-à-dire l'utilisation de nombreuses expressions et mots anglais tels que° *sexy*, le *tee-shirt*, un *job*—et par l'influence du français familier.

Le français familier, la langue de la conversation de tous les jours, diffère considérablement de la langue écrite soignée.° Ces différences se manifestent dans la prononciation—on laisse

tomber le *e* muet aussi souvent que possible, disant, par exemple, «je pense», et on évite° de faire des liaisons: «ils sont entrés». Dans la syntaxe il y a l'élision du *ne*: «c'est pas moi». L'ordre des mots reflète les priorités affectives de la personne qui parle: «Dis, le frigo, il marche pas, on dirait». Et dans le domaine du vocabulaire on remarque l'emploi de diminutifs—le frigo, la télé, le prof—et un grand nombre de termes plus ou moins argotiques—flic,° boulot,° moche,° par exemple.

tels que *such as*   soignée *careful*

évite *avoids*   flic *policeman*   boulot *work*   moche *ugly*

COMMUNICATION

A. Comment «habiller» la parole. Quand on ne connaît pas très bien une langue, on a souvent tendance à s'exprimer d'une façon un peu trop simple. Réfléchissez aux mots, expressions et constructions que vous pourriez utiliser pour enrichir les expressions suivantes.

exemple: C'est un bon livre. →

Je viens de lire un livre qui m'a beaucoup impressionné(e). L'auteur a réussi à créer une œuvre qui est à la fois passionnante et intelligente.

1. J'ai aimé ce film.
2. Paris est une très belle ville.
3. C'est un garçon charmant.
4. Ce vin n'est pas bon.
5. J'ai besoin d'une voiture.
6. Cet exercice est trop difficile.

B. L'art de la persuasion. Imaginez que vous êtes dans une ou plusieurs des situations suivantes. Préparez vos arguments pour persuader l'autre personne.

1. Vous avez décidé de parler à votre patron(ne) pour lui demander une promotion ou une augmentation de salaire. Vous discutez avec lui (elle) pour lui expliquer que vous méritez cette promotion. Soyez persuasif(-ve).
2. Pendant les vacances de Noël vous aimeriez aller faire du ski avec des amis—ou passer quelques jours au soleil en Floride. Mais vos parents veulent que vous restiez à la maison pour passer la fête de Noël en famille. Essayez de les persuader.
3. Il n'y a chez vous qu'un seul poste de télévision. Vous avez envie de regarder un documentaire sur Madagascar mais votre ami(e) (frère, sœur, camarade de chambre) voudrait regarder un spectacle de variétés. Essayez de le (la) persuader de la valeur éducative et culturelle de votre choix.
4. Votre travail au cours du trimestre a été assez bon. Mais le jour de l'examen final vous avez été pris(e) de panique et vous avez tout oublié. Essayez de persuader votre professeur de ne pas compter votre examen final ou de vous donner une autre occasion de montrer ce que vous savez.

C. Coutumes et légendes. Chaque pays, chaque région, chaque groupe ethnique et même quelquefois chaque famille a ses propres coutumes et légendes. Essayez de raconter une de ces coutumes ou légendes.

D. Le français familier. Pouvez-vous deviner (*guess*) d'après le contexte le sens des mots en italique qui sont des mots du français familier.

1. Je viens d'acheter les *bouquins* dont j'ai besoin pour mon cours d'histoire. Ils étaient *vachement* chers: ça m'a coûté 150 *balles*. Maintenant je suis complètement *fauché* et mes parents ne m'enverront pas de *fric* avant la fin du mois.
2. Il faut que je fasse réparer ma *bagnole*. Il y a toutes sortes de *trucs* qui ne marchent pas dans le moteur. Heureusement, je connais un *mec* qui est mecanicien. C'est un de mes *copains*. Comme ça, ça me coûtera pas trop cher.
3. Je vais passer mon *bac* l'année prochaine. Il va falloir que je *bosse* dur parce que je ne suis pas très *calé* en *philo*. Après ça, je ne sais pas si j'irai à l'université ou si je chercherai du *boulot*. J'aimerais bien travailler dans une agence de voyage.

bouquins = livres
vachement = très
balles = francs
fauché = sans argent
fric = argent

bagnole = voiture
trucs = choses
mec = homme, copains = amis
bac = baccalauréat
bosse = travaille, calé = fort, philo = philosophie
boulot = travail

4. Moi, j'ai *rudement* faim; je n'ai rien *bouffé* depuis ce matin. Il n'y avait plus rien dans le *frigo*. Vous n'avez pas envie d'aller *bouffer* quelque chose avec moi? Il y a un petit restaurant *vachement chouette* tout près d'ici. On pourrait y aller tous ensemble. Je connais le patron; vous verrez; il est *sympa*.

rudement = très, bouffé = mangé, frigo = réfrigérateur, bouffer = manger, vachement chouette = très bien sympa = sympathique

VOCABULAIRE

Noms

la **bataille** *battle*
le **cimetière** *cemetery*
la **craie** *chalk*
l' **enterrement** (m) *burial, funeral*
la **fierté** *pride*
l' **humeur** (f) *mood*
le **mort**, la **morte** *dead person*
la **parole** *spoken word, act of speaking*
la **racine** *root*

le **tombeau** *tomb*
les **vivants** (m) *the living*

Verbes

avaler *to swallow*
citer *to quote*
errer *to wander*
se **passionner** *to be fascinated*
réagir *to react*

Divers

tout aussi *just as*

COGNATE NOUNS

l' **ancêtre** (m,f)
l' **arme** (f)
la **complexité**
la **curiosité**

le **discours**
la **généalogie**
l' **hésitation** (f)
le **manuscrit**

le **plateau**
le **snobisme**
la **sorte**
le **trait**

Les Français et les Américains

Claire Bretécher et ses «Frustrés»

Auteur de la *bande dessinée* intitulée «Les Frustrés», Claire Bretécher est une des *dessinatrices* les plus remarquables de notre époque. Depuis plusieurs années ses bandes dessinées sont lues chaque semaine par les lecteurs du *Nouvel Observateur*. Elle a aussi publié plusieurs albums qui ont été traduits en plusieurs langues.

    Ses lecteurs les plus enthousiastes sont souvent ceux qu'elle ridiculise dans ses dessins: les *soi-disant* intellectuels, les libéraux, les femmes émancipées— *autrement dit,* les gens de son propre milieu. Elle donne à chacun l'occasion de rire de ses propres prétentions, de ses complexes et de ses *névroses.* «Mes dessins représentent des épisodes de la vie de tous les jours, dit-elle. J'observe et j'écoute les gens autour de moi, je me moque de mes propres problèmes.»

    Les personnages masculins des «Frustrés» sont des nouveaux riches *poseurs,* des intellectuels qui se prennent trop au sérieux, des chauvinistes condescendants, des névrosés de la vie moderne. Ses personnages féminins sont des femmes qui se croient émancipées mais ne le sont pas toujours, des femmes *parfois* vaines et irrationnelles, des féministes toujours prêtes à *se battre* pour leurs idées, des *ménagères opprimées,* des *femmes d'affaires* et des intellectuelles dissatisfaites.

    Dans ses bandes dessinées, Claire Bretécher se moque des femmes aussi bien que des hommes mais elle pense que les femmes apprécient ses dessins plus que les hommes. «Les femmes savent rire d'elles-mêmes, dit-elle. Les hommes se sentent *blessés.* Leur fierté est offensée.» Claire Bretécher vient d'une famille de femmes fortes et, bien que mariée maintenant, elle a toujours pensé qu'il valait mieux rester *célibataire* plutôt que de se marier avec n'importe qui. Mais elle n'a pas beaucoup de patience avec les féministes non

comic strip
cartoonists (f)

so-called
in other words
neuroses

who put on airs, affected

sometimes
fight / housewives /
   oppressed / businesswomen

hurt, wounded

single

UN HOMME SIMPLE

Claire Bretécher

plus. «Il y a longtemps que j'ai *résolu* ces problèmes-là, dit-elle. Et puis, mon mari est un homme qui sait très bien qu'il ne faut pas compter sur moi pour *faire le ménage*, que mon argent est à moi et le sien est à lui et que je ne veux pas avoir d'enfants.»

Elle a décidé de ne pas utiliser ses bandes dessinées pour exprimer ses idées féministes. «J'avais le choix, dit-elle. Je pouvais lutter pour les femmes, mais c'est fatiguant et ça me limitait trop. Ou bien je pouvais oublier tout cela et m'adresser à tout le monde.» Voyant qu'elle n'est pas toujours *tendre* pour les femmes, certains hommes l'accusent de détester les femmes. «Ça c'est idiot, explique-t-elle. Ils n'ont absolument rien compris et je suis fatiguée de tout leur expliquer.»

En effet, Claire Bretécher s'identifie à ses propres personnages: la femme aux *hanches* trop grosses en train d'essayer des blue-jeans trop petits, la femme mariée qui boit un verre *en cachette* pendant la visite de sa *belle-mère*, la femme qui a peur de *vieillir* et la femme qui pense que personne ne l'aime ni ne la comprend. «Elles sont toutes moi», dit-elle.

Avec la permission de Claire Bretécher.

resolved

to do the housework

soft

hips
on the sly
mother-in-law / to age

Compréhension du texte. Selon les renseignements donnés dans le texte, est-ce que les phrases suivantes sont vraies ou fausses? Si le sens de la phrase est faux, corrigez-le.

1. Claire Bretécher est un personnage de bande dessinée qui est très populaire en France en ce moment.
2. La bande dessinée intitulée «Les Frustrés» est publiée chaque semaine dans le journal *Le Monde*.

3. Les situations qu'elle décrit représentent des faits qu'elle a observés dans la vie de tous les jours.
4. Elle se moque surtout des gens qui se prennent trop au sérieux.
5. Claire Bretécher se moque aussi bien des femmes que des hommes.
6. Claire Bretécher a l'intention de rester célibataire toute sa vie.
7. Claire Bretécher a décidé d'utiliser ses bandes dessinées pour faire connaître ses idées féministes.
8. Certains hommes pensent que Claire Bretécher déteste les femmes, mais ils se trompent.
9. Quand Claire Bretécher se moque des autres femmes, c'est un peu une façon de se moquer d'elle-même.

Réactions personnelles

1. Que pensez-vous des bandes dessinées de Claire Bretécher?
2. Quelles sont vos bandes dessinées favorites et pourquoi?
3. Quelles étaient les bandes dessinées que vous aimiez quand vous étiez petit(e)?
4. Y a-t-il des situations ou des personnages que vous aimeriez représenter sous forme de bande dessinée?
5. Aimez-vous dessiner? Si oui, que dessinez-vous?

Petite Conversation: Monsieur Laurent parle à sa fille Jocelyne, âgée de neuf ans.

M. Laurent: Je t'interdis de perdre ton temps à lire des bandes dessinées idiotes.
Madame Laurent: Oh, laisse-la tranquille. Si ça l'amuse . . .
Jocelyne: D'abord, c'est mon *Tintin* à moi. C'est grand-maman qui me l'a donné.
M. Laurent: Fais voir. C'est peut-être une édition ancienne . . . Dommage! C'est une réédition. Elle n'a pas de valeur.
Jocelyne: Papa, rends-moi mon *Tintin*.
M. Laurent: Je renonce à éduquer cet enfant!

La bande dessinée

Les aventures de Tintin, le jeune détective débrouillard, ou celles d'Astérix, le petit Gaulois qui lutte contre les puissants° Romains, font partie du folklore national presque au même titre° que Napoléon et Victor Hugo. L'un et l'autre représentent la qualité de débrouillardise si chère aux Français ainsi que cet esprit de rébellion et de défi° envers les autorités établies. Les bandes dessinées typiquement françaises ne sont pas les seules auxquelles les Français s'intéressent. Le *Journal de Mickey* et les mésaventures de Charlie Brown sont suivis avec intérêt par les amateurs de bandes dessinées de tous les âges.

puissants *powerful* au même titre *in the same way*
défi *challenge*

Tintin
(Dessin de Hergé. © by Casterman)

Astérix
(© Dargaud)

PRESENTATION

The **plus-que-parfait** (*pluperfect*, or *past perfect tense*) is used to indicate that one past action occurred before a second past action. The second past action is sometimes stated and sometimes simply understood: *I didn't know you* **had finished** *already; they* **had not performed** *yet.*

The **plus-que-parfait** is formed by using the imperfect of **avoir** or **être** plus the past participle.

Le plus-que-parfait de *vendre*	
j'avais vendu	nous avions vendu
tu avais vendu	vous aviez vendu
il/elle avait vendu	ils/elles avaient vendu

Le plus-que-parfait de *partir*	
j'étais parti(e)	nous étions parti(e)s
tu étais parti(e)	vous étiez parti(e)(s)
il/elle était parti(e)	ils/elles étaient parti(e)s

Elle avait déjà publié plusieurs albums quand elle est devenue célèbre.
Ils ont visité la Grèce l'été dernier parce qu'ils n'y étaient jamais allés avant.
Malheureusement, certains lecteurs n'avaient pas compris ce qu'elle voulait dire.
Je m'étais coupé le doigt en ouvrant une boîte.
Elle n'avait jamais pensé à se marier.
Nous n'avions jamais entendu parler de cette dessinatrice.

PREPARATION

A. Substituez les mots suggérés aux mots en italique et faites les changements nécessaires.

1. *Je* n'avais jamais fait cela.   nous / vous / tu / on / nos amis
2. *Nous* étions déjà arrivés.   vous / tu / les invités / mon journal
3. Le jour précédent, *je* m'étais réveillé à dix heures.   tu / ma mère / nous / vous

B. Transformez les phrases suivantes selon les indications données.

modèle: L'année passée, ils ont visité le Portugal. (l'année précédente, . . .la Grèce) →
L'année précédente, ils avaient visité la Grèce.

1. L'hiver passé, il a fait très froid. (l'hiver précédent, . . .très froid aussi)
2. L'été passé, ils ont fait de l'alpinisme. (l'été précédent, . . .du ski nautique)
3. L'année passée, je suis allé au Canada. (l'année précédente, . . .au Mexique)
4. Le trimestre passé, elle a suivi un cours de géographie. (le trimestre précédent, . . .un cours de biologie)
5. Cette fois, nous sommes restés à l'hôtel. (la fois précédente, . . .chez des cousins)
6. Cette saison, notre équipe a gagné quatre matchs. (la saison précédente, . . . tous les matchs)
7. Hier, je me suis levé à midi. (le jour précédent, . . . à six heures)

TRANSITION

Rivalité. Marc est très content de ce qu'il a accompli, mais son cousin Hervé était encore plus précoce que lui. Chaque fois que Marc dit qu'il a fait quelque chose, Hervé dit qu'il l'avait déjà fait. Donnez les réponses d'Hervé.

modèle: J'ai appris à parler à l'âge de deux ans. → **Moi, j'avais déjà appris à parler à cet âge-là.**

1. J'ai acheté ma première voiture à l'âge de vingt ans.
2. J'ai commencé à marcher quand j'avais onze mois.
3. Je suis sorti pour la première fois avec une fille quand j'avais seize ans.
4. J'ai voyagé dans un pays étranger quand j'avais dix-neuf ans.
5. J'ai fini mes études quand j'avais vingt-deux ans.
6. J'ai appris à conduire quand j'avais dix-huit ans.
7. J'ai commencé à travailler à l'âge de quinze ans.
8. J'ai fait mon premier dessin à l'âge de trois ans.

COMMUNICATION

Questions/interview. Répondez aux questions suivantes ou utilisez-les pour interviewer un(e) autre étudiant(e).

1. Est-ce que tu avais choisi ta future profession avant de commencer tes études à l'université?
2. Est-ce que tu avais déjà visité le campus avant de venir ici?
3. Est-ce que tu avais consulté d'autres personnes avant de prendre la décision de venir ici?
4. Est-ce que tu avais déjà rencontré d'autres étudiants de cette université avant de venir ici?
5. Est-ce que tu avais étudié le français avant de venir à l'université?
6. Est-ce que tu avais déjà étudié une autre langue avant de commencer l'étude du français?
7. Est-ce que tu avais déjà parlé avec ton professeur avant de commencer ce cours?
8. Est-ce que tu avais déjà vu des dessins de Claire Bretécher avant de lire ce texte?
9. Est-ce que tu t'étais jamais intéressé(e) à la généalogie avant de lire le chapitre précédent?

PRESENTATION

The **conditionnel passé** (*past conditional tense*) is used to describe a past hypothetical event or condition: *They **would have preferred** to stay.* It is composed of the conditional tense of **avoir** or **être** and the past participle.

Le conditionnel passé de *parler*	
j'aurais parlé	nous aurions parlé
tu aurais parlé	vous auriez parlé
il/elle aurait parlé	ils/elles auraient parlé

Le conditionnel passé d'*aller*	
je serais allé(e)	nous serions allé(e)s
tu serais allé(e)	vous seriez allé(e)(s)
il/elle serait allé(e)	ils/elles seraient allé(e)s

Ils ont dit qu'ils auraient préféré venir demain.
A votre place, je ne me serais pas moqué d'eux.
Dans ce cas-là, il aurait mieux valu que vous partiez.
Moi, je n'aurais jamais pu dessiner comme ça!
Ils n'auraient pas dû se marier.

They said they would have preferred to come tomorrow.
If I were you, I wouldn't have made fun of them.
In that case, it would have been better for you to leave.
I would never have been able to draw like that!
They shouldn't have gotten married.

In French, as in English, the past conditional frequently occurs in sentences that contain a *si* clause. In such cases, the verb in the *si* clause is in the **plus-que-parfait** and the verb in the result clause in the **conditionnel passé.**

S'il avait fait beau, nous serions allés à la plage.
Ça ne serait pas arrivé si tu avais fait attention.
Si vous aviez écouté, vous auriez compris.

PREPARATION

⊘ **A.** Substituez les mots suggérés aux mots en italique.

Moi, j'aurais fait la même chose.   toi, tu aurais fait / elle, elle aurait fait / nous, nous aurions fait / vous, vous auriez fait / eux, ils auraient fait

⊘ **B.** Substituez les mots suggérés aux mots en italique et faites les changements nécessaires.

1. A sa place, *je serais venu* plus tôt.   nous / je / vous / tu
2. S'il avait fait beau, *nous serions allés* faire du camping.   je / Marie et moi / mes amis / vous

TRANSITION

A. A votre place. Il y a toujours des gens qui pensent que leurs idées sont meilleures que celles des autres. Jean-Marie Dubourg est une de ces personnes et il n'a pas peur de dire ce que lui, il aurait fait s'il s'était trouvé dans la situation en question. Reconstituez les phrases qu'il a prononcées.

modèle: prendre le train → **A votre place, j'aurais pris le train.**

1. téléphoner à la police
2. me coucher plus tôt
3. venir à huit heures
4. m'arrêter immédiatement

5. réagir d'une autre façon
6. dire ce que je pensais
7. ne pas me mettre en colère
8. ne rien répondre

B. Si j'avais eu le temps. Un groupe d'Américains parlent de leurs voyages récents en France et chacun dit ce qu'il (elle) aurait fait s'ils avaient eu plus de temps. Reconstituez les phrases qu'ils ont prononcées selon les indications données.

modèle: je / parler / français plus souvent. → **Si j'avais eu le temps, j'aurais parlé français plus souvent.**

1. nous / manger / à l'auberge de l'Ile
2. je / aller / à Chamonix
3. nous / visiter les châteaux de la Loire
4. je / passer / deux semaines en Provence
5. je / se promener / le long de la Seine
6. je / faire du camping en Bretagne

COMMUNICATION

Réactions. Nous avons tous des réactions différentes. Qu'est-ce que vous auriez fait si vous aviez été à la place des personnes décrites dans les paragraphes suivants?

1. Paulette Dufour, une dame de soixante ans, se promenait dans la rue quand un jeune garçon lui a volé son sac. Elle a poursuivi le voleur, l'a attrapé et l'a emmené au poste de police. Et vous, qu'est-ce que vous auriez fait si vous aviez été à sa place?
2. Giselle avait besoin de faire réparer sa voiture. Elle a pris rendez-vous chez le mécanicien pour sept heures et demie. Elle y est arrivée à sept heures et demie précises. Elle a attendu pendant plus d'une heure sans que personne ne s'occupe d'elle. Furieuse, elle a finalement quitté le garage pour aller à son travail. Si vous aviez été dans la même situation, qu'est-ce que vous auriez fait?
3. Les Duroc conduisaient sur une petite route de campagne quand ils ont vu un jeune homme blessé sur la route. Monsieur Duroc ne voulait pas s'arrêter mais Madame Duroc a insisté pour qu'ils aident le pauvre homme. Qu'est-ce que vous auriez fait à leur place?
4. Quand Monsieur et Madame Rochefort ont gagné vingt mille francs à la Loterie Nationale, ils ont mis tout cet argent à la banque. Si vous aviez gagné cet argent, qu'est-ce que vous auriez fait?
5. Robert vient de s'acheter une guitare. Il paie et le vendeur lui rend la monnaie. En sortant du magasin, il vérifie sa monnaie et il réalise que le vendeur lui a rendu cinquante francs de trop. «C'est mon jour de chance», pense-t-il. Qu'est-ce que vous auriez fait à sa place?

Les verbes vivre, naître *et* mourir

PRESENTATION

Vivre (*to live*), **naître** (*to be born*), and **mourir** (*to die*) are irregular verbs.

vivre

je vis	nous vivons
tu vis	vous vivez
il/elle vit	ils/elles vivent

passé composé: j'ai vécu

En France les ouvriers vivent assez bien.
Molière a vécu au dix-septième siècle.
A cette époque-là, ils vivaient en Normandie.
Vive la liberté!

Note that **vivre** has a general meaning of *to be alive* or *to exist,* whereas **habiter** means only *to live or reside in or at a place.*

naître

je nais	nous naissons
tu nais	vous naissez
il/elle naît	ils/elles naissent

passé composé: je suis né(e)

Je suis né à Montréal.
Elle est née en 1959.
Un enfant qui naît de nos jours peut espérer vivre jusqu'à soixante-dix ans.

Most uses of **naître** are in the **passé composé.**

mourir

je meurs	nous mourons
tu meurs	vous mourez
il/elle meurt	ils/elles meurent

passé composé: je suis mort

futur: je mourrai

Je meurs de faim.
Il est mort l'année dernière.
Si je faisais cela, je mourrais de honte.

PREPARATION

A. Substituez les mots suggérés aux mots en italique.

Je vis confortablement.   tu vis / elle vit / nous vivons / vous vivez / ils vivent

B. Substituez les mots suggérés aux mots en italique et faites les changements nécessaires.

1. *Je* meurs de soif.   nous / cette pauvre plante / vous / les animaux
2. En quelle année est-ce que *vous* êtes né?   tu / Georges et Michèle / votre père / le professeur
3. A sa place, *je* serais mort de peur.   nous / vous / tu / les autres

TRANSITION

Réunion de famille. Au cours d'une réunion de famille on parle des membres présents et passés de la famille. Reconstituez les phrases qui ont été prononcées selon les indications données.

modèle: la petite Juliette / naître / en 1978 → **La petite Juliette est née en 1978.**

1. Maman / naître / 1935
2. Grand-papa / mourir / la même année
3. l'oncle Pierre et la tante Louise / naître / trois ans avant
4. nos grands-parents / vivre / à l'étranger à cette époque-là
5. Grand-maman / vivre / jusqu'à l'âge de quatre-vingt-dix ans
6. mon cousin Henri et moi, nous / naître / le même jour
7. l'oncle André / mourir / pendant la guerre

COMMUNICATION

Questions/interview. Répondez aux questions suivantes ou utilisez-les pour interviewer un(e) autre étudiant(e).

1. En quelle année est-ce que tu es né(e)?
2. Où est-ce que tu es né(e)?
3. Est-ce que tu as jamais vécu à l'étranger?
4. Où est-ce que tu vivais quand tu avais dix ans?
5. Est-ce que tu sais où tes ancêtres sont nés?
6. Jusqu'à quel âge est-ce que tu aimerais vivre?
7. Si tu avais pu vivre à une autre époque, en quel siècle aurais-tu choisi de vivre?
8. Est-ce que tu aimerais vivre sur une autre planète si c'était possible?

Les Français et les Américains

SYNTHESE

L'Express *a interviewé Lawrence Wylie, professeur de civilisation française à Harvard et auteur de plusieurs livres sur les Français. Voici quelques-unes des conclusions auxquelles il est arrivé après avoir passé plusieurs années en France.*

Le reporter: **Vous vous intéressez beaucoup à la communication non verbale, au langage du corps et des gestes. Qu'avez-vous découvert en nous regardant vivre?**

Wylie: **Beaucoup de choses. Parlons d'abord de l'aspect physique. Les Français peuvent reconnaître un Américain simplement à sa façon de marcher. Un Américain a besoin de plus d'*espace* qu'un Français. La *démarche* d'un Français est beaucoup plus contrôlée que celle d'un Américain. Le buste doit être droit, les *épaules* immobiles, les bras près du corps. D'ailleurs, ne dit-on pas toujours aux enfants «*Tiens-toi droit!*»**

space
way of walking
shoulders
stand up straight

«Ne *traîne* pas les pieds!» Bien que votre *éducation* vous enseigne à ne   drag / upbringing
pas faire de gestes, vous ne pouvez pas résister à en faire pour amplifier
l'effet de la parole. Mais ce sont essentiellement des gestes des mains et
de l'*avant-bras*. Les Français expriment beaucoup avec leur bouche, le   forearm
plus souvent *arrondie, sans cesse* en mouvement: le *mépris* (Peuh!), le   rounded / constantly / scorn
doute (Bof!), l'admiration (Au poil!).

Le reporter: Quels sont, à votre avis, les principaux aspects de notre tempé-
rament national?

Wylie: Si vous m'aviez posé cette question il y a vingt-cinq ans, je vous aurais
dit: l'attachement au passé. Les Français pensaient toujours au passé
comme à une époque idéale. Aujourd'hui, je crois qu'ils vivent davantage
dans le présent. Mais malgré tout, vous restez beaucoup plus tournés vers
le passé que les Américains, pour lesquels seul le présent existe.

    Un autre trait fondamental de la culture française, à mon avis, est le
besoin de définir. Les Français ont un besoin esthétique de définitions
claires et rigoureuses. Cela vous conduit à créer des catégories rigides,
des divisions, des subdivisions, des différentiations subtiles. Prenez par
exemple l'enseignement de la géographie: vous partez du *tout*—le   whole
monde— et vous le divisez en continents, à l'intérieur desquels vous étudiez successivement chacun des pays qui le composent. L'enfant américain, lui, fera des *études de cas:* comment vit un petit Argentin   case studies
d'aujourd'hui, en quoi il ressemble à un petit Américain malgré les différences régionales.

Le reporter: En somme, vous insistez sur les ressemblances; nous insistons   all things considered
sur les différences.

Wylie: Oui, moi, j'aime les généralisations. Mais dans une conversation avec
des Français, il y a toujours quelqu'un pour me dire: «Je ne suis pas du
tout de votre avis. Vous simplifiez beaucoup trop.»

Le reporter: Mais les Français adorent généraliser! Même sur des sujets qu'ils
ne connaissent pas!

Wylie: C'est vrai que les Français aiment bien avoir leur petite idée sur tout . . .
    Si on rencontre un médecin américain, il voudra toujours parler de mé-

decine. Un médecin français vous parlera de musique, de littérature, de tout, *sauf* de médecine! *except*

Le reporter: Parlez-nous de vos idées sur l'éducation des enfants français.

Wylie: Je crois qu'il faut commencer par la famille. On a souvent dit que la famille était en train de se désintégrer. Je dirais exactement le contraire. Mais la différence est qu'elle repose aujourd'hui sur des *liens* plus affec- *ties*
tifs, plus ouverts, moins autoritaires, mais *tout aussi* solides que dans le *just as*
passé. Les familles françaises sont beaucoup plus *unies* que les familles *close*
américaines. Vous ne verriez pas aux Etats-Unis des mères et des filles se promener *bras-dessus, bras-dessous.* Ni des enfants qu'on tient par la *arm-in-arm*
main pour les conduire à l'école. Ni ces dimanches et ces vacances «en famille». Cette unité-là n'existe pas chez nous. Il y a en France un effort réel de compréhension des enfants *alors qu'*en Amérique on se contente *whereas*
généralement de les traiter comme des *copains.* *friends, pals*

Ce qui, *en revanche,* choque souvent les Américains, c'est le côté né- *on the other hand*
gatif de l'éducation des petits Français. La base de l'éducation française c'est le «non»: «Non, on ne fait pas cela. Non, c'est dangereux. Non, ce n'est pas comme ça que ça se fait!» On empêche l'enfant de faire des erreurs, d'apprendre par lui-même. Chez nous, c'est le contraire: l'enfant est encouragé, stimulé: «C'est bien! Continue!» L'enfant américain est plus *entreprenant.* En revanche, il dépend davantage des autres. La mé- *enterprising*
thode française a, bien sûr, des avantages. Elle forme des enfants plus riches intérieurement, des personnalités plus fortes, qui ne comptent que sur elles-mêmes.

Le reporter: Est-ce vrai aussi pour les adultes?

Wylie: Dans une certaine mesure. Vous êtes habitués à vous protéger contre *to a certain extent*
les autres. Vous *entourez* vos maisons d'un mur aussi *haut* que possible. *surround / high*
Le soir, vous fermez vos *volets.* Ça se voit même dans le langage. Quand *shutters*
on demande à quelqu'un comment il va, il est fréquent qu'il réponde: «Je me défends».

Vous, Français, vous vivez à l'intérieur d'un système de cercles, chaque cercle étant entouré d'un mur: le cercle de la personnalité, le cercle de la famille, le cercle des amis, le cercle des *relations* du travail . . . Cette *acquaintances*
importance du cercle se traduit dans le langage. Le pronon «nous» s'applique à ceux qui sont à l'intérieur du cercle; le «ils» s'applique à tous ceux qui sont à l'extérieur. «Ils», c'est toujours «l'ennemi»—c'est-à-dire, «les autres».

Ces cercles n'existent pas aux Etats-Unis. En Amérique on change d'amis et de relations quand on change de maison ou de travail. Prenez un cas typique: Un Américain rencontre un Français qui vient d'arriver aux Etats-Unis. Immédiatement, il l'invite à dîner chez lui. Le Français pense: «Comme les Américains sont ouverts et accueillants!» La semaine suivante, il reverra cet Américain qui ne le reconnaîtra peut-être pas. Ou il verra cet Américain tous les jours pendant deux ans et leurs relations resteront au même point. Les Français ne comprennent pas ça. En France, il est difficile de pénétrer dans un de ces cercles, mais une fois accepté, c'est pour la vie!

Extrait et adapté d'un article de *L'Express*

Compréhension du texte. Répondez aux questions suivantes, selon les renseignements donnés dans le texte.

1. Selon Wylie, comment est-ce que les Français peuvent reconnaître un Américain dans la rue?
2. Selon Wylie, quels sont deux des principaux aspects du caractère français?
3. Qu'est-ce qui caractérise la conversation des Français? En quoi est-ce que les Américains sont différents?
4. Quels changements récents Wylie a-t-il observés dans la structure de la famille française?
5. Selon Wylie, les familles françaises sont plus unies que les familles américaines. Donnez quelques exemples de cette unité.
6. En quoi l'éducation d'un petit Français est-elle différente de celle d'un petit Américain?
7. Quels sont les avantages de chaque système d'éducation?
8. Selon Wylie, les Français ont tendance à se protéger contre les autres. Donnez quelques exemples de cette attitude.
9. Décrivez le système de cercles qui existe dans la société française.
10. Les Américains sont assez ouverts et accueillants dès qu'ils font la connaissance de quelqu'un. En quoi les Français sont-ils différents?

Le langage du corps

Les Français ont la réputation de parler avec les mains, et c'est un fait qu'ils ont tendance à ponctuer leurs conversations de toutes sortes de gestes et de mimiques.° Ces gestes et expressions sont le sujet d'un livre—à la fois perceptif et humoristique—de Lawrence Wylie intitulé *Beaux Gestes*.

La signification culturelle des gestes et du langage du corps a récemment fait l'objet de nombreuses études. Edward T. Hall, un des premiers anthropologues à explorer ce sujet, a mis en évidence l'importance de la distance qui sépare deux interlocuteurs.° Dans les pays d'Amérique Latine et dans les pays méditerranéens, y compris° la France, cette distance est beaucoup plus petite que dans les pays anglo-saxons. Hall a aussi montré que dans certaines cultures le contact physique est beaucoup plus fréquent et spontané que dans d'autres. Les Français, par exemple, sont beaucoup plus ouvertement° affectueux que les Américains. Quand ils se rencontrent, ils se serrent la main, ou ils s'embrassent sur les joues. Quand elles se promènent ensemble, il n'est pas rare que les femmes se tiennent par le bras. Et quand ils vont se coucher, les enfants ne doivent pas oublier d'embrasser toute la famille.

mimiques *facial expressions*   interlocuteurs *speakers*   y compris *including*   ouvertement *openly*

COMMUNICATION

A. Si . . . Imaginez ce qui se serait passé si les événements suivants avaient eu lieu.

1. Si j'étais né(e) en France, . . .
2. Si la Guerre Civile avait été gagnée par le Sud plutôt que par le Nord, . . .
3. Si Christophe Colomb n'avait pas découvert l'Amérique, . . .
4. Si on n'avait pas inventé l'automobile, . . .
5. Si je n'avais pas décidé de faire mes études ici, . . .
6. Si j'avais été totalement libre de choisir les cours que je suis, . . .
7. Si j'étais né(e) il y a deux cents ans, . . .
8. Si les Indiens avaient été mieux traités par les Américains, . . .

B. Petit test culturel. Est-ce que les phrases suivantes sont vraies ou fausses?

1. Napoléon avait été un modeste officier dans l'armée française avant de devenir empereur des Français.

2. Louis XIV est mort en Louisiane pendant la Révolution américaine.
3. Marie-Antoinette est morte pendant la première guerre mondiale.
4. Lafayette est né dans l'Indiana.
5. Papillon avait passé la majeure partie de sa vie en prison avant de devenir célèbre.
6. Jeanne d'Arc est morte dans le petit village de Lorraine où elle était née.
7. Picasso, né en Italie, a passé la plus grande partie de sa vie en France.
8. La plupart des peintres impressionnistes ont vécu au dix-neuvième siècle.
9. Le grand auteur français, Albert Camus, est né en Tunisie.
10. Si les Anglais n'avaient pas gagné la bataille de Hastings en 1066, l'Angleterre aurait probablement été française.

Réponses: 1.v; 2.f; 3.f; 4.f; 5.v; 6.f; 7.f; 8.v; 9.f; 10.v

C. Invitation à la discussion.

1. A votre avis, quels sont les traits principaux du caractère américain?
2. Qu'est-ce que vous aimeriez changer dans la façon de vivre des Américains?
3. Quelles sont vos propres idées sur l'éducation des enfants?
4. Si un Français visitait les Etats-Unis pour la première fois, quelles observations pourrait-il faire au sujet du style de vie des Américains?

_____ *VOCABULAIRE*

Noms
la **bande dessinée** *comic strip*
le **copain,** la **copine** *pal, friend*
le **dessinateur,** la **dessinatrice** *cartoonist*
l' **espace** (m) *space*
le **lien** *tie, link*
la **ménagère** *housewife*
le **mépris** *scorn*
la **mesure** *extent, measure*
la **névrose** *neurosis*

Verbes
entourer *to surround*
faire le ménage *to do the housework*

traîner *to drag*
vieillir *to age*

Adjectifs
blessé(e) *hurt, wounded*
célibataire *single*
droite(e) *straight*

Divers
alors que *whereas*
autrement *otherwise*
en somme *all things considered, in sum*
parfois *sometimes*
sauf *except*

COGNATE NOUNS

la **conclusion**
l' **empereur** (m)
la **prétention**

Rétrospective historique

Le Québec a aussi son monstre du Loch Ness

INTRODUCTION

Si l'*Ecosse* a son monstre du Loch Ness, le Québec a son monstre du lac Pohénégamook et il est peut-être aussi célèbre que son illustre cousin.

Scotland

Les premières apparitions de ce monstre, baptisé Ponik ou Ponic, *remontent à* 1874. Depuis ce temps, les gens de l'*endroit* continuent à le voir périodi, ment. Pourtant, on n'a jamais réussi à le photographier. Pour savoir à quoi il ressemble, il faut consulter un dessin fait par Monsieur J.-Léopold Plante, l'ancien *curé* du village.

date back to
place

priest

Récemment *Le Soleil de Québec* a publié un rapport de son envoyé spécial qui avait interviewé plusieurs habitants de la région, *y compris* l'*abbé* Plante. Selon lui, le monstre semblait mesurer environ neuf mètres de longueur et avoir des *écailles* sur le dos. Plusieurs autres personnes disent également avoir aperçu Ponik à un moment ou à un autre.

including / Father

scales

En 1957, le gouvernement du Québec, ayant peur que la présence d'un monstre dans ce lac soit *nuisible* à l'industrie touristique, avait demandé à un

harmful

professeur de biologie de faire des *recherches* à ce sujet. Le spécialiste a ——research
déclaré qu'il n'avait rien vu, mais qu'il avait éprouvé la sensation «que quelque chose de gros» vivait dans le lac.

Depuis ce temps, loin de faire peur aux visiteurs, Ponik semble au contraire être devenu une attraction touristique. Récemment *Le Journal de Québec* a affirmé que le nombre de touristes avait doublé à cause du monstre. Et on a même organisé un Festival Ponik!

Cette année un *plongeur* professionnel, Bob Murray, et un spécialiste des ——diver
sciences parapsychologiques, Josef Vykydal, ont fait des recherches dans le lac. Monsieur Murray a même vendu tout ce qu'il possédait pour financer ses recherches, *tellement* il désirait en savoir davantage sur Ponik. ——so much

Les deux hommes ont découvert que leur équipement n'était pas suffisant pour ce genre de recherches. Bien qu'ils n'aient jamais vu le monstre, ils disent qu'à un certain moment ils ont senti sous leur bateau une créature d'environ huit mètres de longueur.

Ils affirment aussi que leurs *expériences* au sonar démontrent qu'il y a dans ——experiments
le lac Pohénégamook une créature de taille sérieusement au-dessus de la normale. *En outre,* ils ont vu des poissons de dimensions vraiment impres- ——moreover
sionnantes.

Les journaux ont dit que pendant la même période, cinq autres personnes avaient aperçu l'étrange créature et que leurs *témoignages* corroboraient en ——testimony
tout point le rapport des plongeurs.

La célébrité de Ponik est définitivement assurée.

Extrait et adapté d'un article du *Québec en Bref.*

Compréhension du texte. Selon les renseignements donnés dans le texte, est-ce que les phrases suivantes sont vraies ou fausses? Corrigez le sens de la phrase s'il et faux.

1. Le Loch Ness est situé au Canada.
2. C'était en 1874 qu'on a vu Ponik pour la première fois.
3. On ne l'a jamais plus revu depuis ce temps-là.
4. Il existe d'excellentes photos en couleur de Ponik.
5. L'abbé Plante est la seule personne qui ait jamais aperçu Ponik.
6. Le spécialiste auquel on avait demandé de faire des recherches sur Ponik a refusé parce qu'il avait peur du monstre.
7. Le gouvernement avait peur que la présence du monstre fasse peur aux touristes.
8. En réalité, il y a de plus en plus de touristes qui visitent la région.
9. Bob Murray et Josef Vykydal n'ont pas vu le monstre, mais ils ont senti sa présence sous leur bateau.

Réactions personnelles

1. Croyez-vous qu'il existe vraiment un monstre du Loch Ness ou du lac Pohénégamook?
2. Que feriez-vous si vous voyiez un monstre comme celui du lac Pohénégamook?
3. Avez-vous jamais observé un phénomène bizarre ou inhabituel? Faites-en la description.

4. Y a-t-il d'autres phénomènes bizarres ou inexplicables qui vous intriguent? Lesquels et pourquoi?

Petite conversation: Ne me raconte pas d'histoires!

Norbert: Mais si, je t'assure, je l'ai vu, c'était le monstre! J'en suis sûr.
Juliette: A quoi est-ce qu'il ressemblait?
Norbert: C'est difficile à dire, c'était loin . . .
Juliette: Est-ce qu'il avait des écailles sur le dos?
Norbert: Oui, des écailles, et il devait bien mesurer une dizaine de mètres de longueur.
Juliette: Et il portait un chapeau sur la tête, n'est-ce pas?

Le français parlé au Canada

NOTES CULTURELLES

Le français qu'on parle au Québec, excepté celui qu'on entend à la télévision et à la radio, possède certains traits caractéristiques qui le distinguent du français métropolitain.

Comme l'indique Victor Barbeau, auteur d'un livre sur ce sujet, «le français du Canada est dans une large mesure l'écho du français de la Renaissance,» dont il tire° en particulier certains aspects de sa prononciation (par exemple, *è* prononcé *é*; roulement° des *r*; nasalité) et certains termes archaïques (par exemple, *char* pour *voiture*; *être gros d'argent* pour *être riche*; *bicher* pour *embrasser*). Il est aussi marqué fortement° par l'influence de l'anglais. On dit *cute* pour *mignon*; *le chèque* pour *l'addition*; *un date* pour *un rendez-vous*; *un big-shot* pour *un gros légume* et *un billet de traffic* pour *une contravention*).

Les noms de lieux° sont surtout français (Trois Rivières, Lac St.-Jean) ou indiens (*Québec* veut dire «détroit»° et *Canada* veut dire «village».)

tire *draws*   roulement *rolling*   fortement *strongly*
lieux *places*   détroit *strait*

Samuel de Champlain

Le subjonctif passé

PRESENTATION

The past subjunctive of all verbs is composed of the present subjunctive of **avoir** or **être** plus the past participle. It is used in the same circumstances as the present subjunctive but indicates a past action or event.

Le subjonctif passé de *parler*	
que j'aie parlé	que nous ayons parlé
que tu aies parlé	que vous ayez parlé
qu'il/elle ait parlé	qu'ils/elles aient parlé

Le subjonctif passé d'*aller*	
que je sois allé(e)	que nous soyons allé(e)s
que tu sois allé(e)	que vous soyez allé(e)(s)
qu'il/elle soit allé(e)	qu'ils/elles soient allé(e)s

Je regrette que vous ne soyez pas venu.
Il ne croit pas que nous ayons vu le monstre.
Je suis content qu'elles aient fait des recherches
  à ce sujet.
Il est impossible qu'ils soient partis sans que
  nous l'ayons remarqué.

I'm sorry that you didn't come.
He doesn't believe that we saw the monster.
I'm happy that they have done research on
  this subject.
It's impossible that they left without our
  noticing it.

PREPARATION

A. Substituez les mots suggérés aux mots en italique.

C'est dommage *que j'aie perdu.*   que tu aies perdu / qu'il ait perdu / que nous
                                    ayons perdu / que vous ayez perdu / qu'elles aient perdu

B. Substituez les mots suggérés aux mots en italique et faites les changements
nécessaires.

1. Je suis content que *tu* sois venu me voir.   mes amis / vous / Charlotte / quelqu'un
2. Je regrette que *vous* vous soyez mis en colère.   tu / le professeur / les étudiants / nous
3. C'est le meilleur livre que *j'*aie jamais lu.   nous / vous / Colette / tu

C. Mettez les phrases suivantes au passé du subjonctif.

modèle: Je regrette que tu sois malade. → **Je regrette que tu aies été malade.**

1. Je regrette que vous soyez absent.
2. Nous sommes contents que tu puisses venir.
3. Je ne crois pas qu'il pleuve.
4. Il est possible qu'il parte.
5. C'est dommage que vous ne compreniez pas.
6. C'est dommage que tu te lèves si tard.
7. Je ne crois pas qu'ils réussissent.
8. Je suis content que tu te débrouilles bien.

TRANSITION

Le monstre de Pohénégamook. Les gens du village parlent de l'effet que la
présence du monstre Ponik a eu sur leur petit village. Reconstituez les phrases
qu'ils ont prononcées.

modèle: je / être content / beaucoup de touristes / venir voir le monstre →
            Je suis content que beaucoup de touristes soient venus voir le monstre.

1. on / ne pas être sûr / quelqu'un / voir vraiment le monstre
2. ce / être dommage / les plongeurs / abandonner les recherches
3. il / être impossible / le monstre / vivre dans le lac pendant tout ce temps
4. je / regretter / tant de touristes / croire cette histoire
5. ce / être dommage / on / ne pas photographier / Ponik
6. je / être content / les journaux / parler de notre monstre
7. ce / être l'histoire la plus fantastique / nous / jamais entendre

COMMUNICATION

Réactions. Exprimez vos réactions ou opinions vis-à-vis des événements suivants en utilisant des expressions telles que (*such as*): **je suis content(e) que, je regrette que, c'est dommage que,** etc.

exemple: Les Russes ont vendu l'Alaska aux Etats-Unis. →
Je suis content(e) que les Russes aient vendu l'Alaska aux Etats-Unis.

1. Alexander Graham Bell a inventé le téléphone.
2. On a inventé la bombe atomique.
3. On a construit un pipeline entre les Etats-Unis et l'Alaska.
4. On a ouvert beaucoup de restaurants «self-service».
5. On a dépensé beaucoup d'argent pour l'exploration de l'espace.
6. Les universités ont toujours accordé beaucoup d'importance aux sports.
7. Beaucoup de gens ont commencé à se préoccuper de la qualité de la vie.
8. Les Canadiens français se sont révoltés contre la domination des anglophones.

Le verbe manquer

PRESENTATION

Manquer (*to miss, to lack*) is a regular **-er** verb. Its uses differ from those of its English counterparts.

A. When followed by a direct object, **manquer** means *to miss* in the sense of not making a connection or a hit.

J'ai manqué l'avion.	*I missed the plane.*
Il ne faut pas manquer la classe.	*One mustn't miss class.*
Ne manque pas le but!	*Don't miss the goal!*

B. When used with an indirect object, **manquer à** means *to miss* in the sense of being unhappy away from someone or some place. The subject and object are reversed, however, in comparison with English.

Hélène manque à Jacques.	*Jacques misses Hélène (literally: Hélène is lacking to Jacques).*
Mes parents me manquent.	*I miss my parents.*
Vous me manquez.	*I miss you.*
Est-ce que je vous ai manqué?	*Did you miss me?*
Paris leur manque.	*They miss Paris.*
Qu'est-ce qui te manque?	*What do you need?*

C. **Manquer de** means *to lack* or *not to have enough of.*

Michel manque de tact.	*Michel lacks tact.*
Nous manquons d'argent.	*We don't have enough money.*

PREPARATION

⊘ **A.** Substituez les mots suggérés aux mots en italique et faites les changements nécessaires.

1. Je crois qu'il manque de *tact*.   enthousiasme / courage / patience / imagination
2. Ils ont manqué *la classe*.   le train / l'autobus / une bonne occasion / l'avion
3. Est-ce que *vous* lui avez manqué?   tu / je / nous / ses amis

B. Donnez l'équivalent français des phrases suivantes.

1. He lacks ambition.
2. I miss him.
3. She says she missed me.
4. Did you miss us Friday evening?
5. They missed the last train.
6. Does he miss you?

TRANSITION

Loin des yeux, près du cœur. Plusieurs étudiants viennent de commencer leurs études à l'université. C'est la première fois qu'ils sont loin de leur famille et ils ne sont pas encore habitués à la vie universitaire. Reconstituez les phrases qu'ils ont prononcées.

modèle: Etienne / son chat. → **Son chat lui manque.**

1. Moi / mon chien
2. Nous / nos amis de lycée
3. Norbert / la cuisine de sa mère
4. Nadine / sa voiture
5. Claude et Corinne / leurs parents
6. Et moi / même ma petite sœur

COMMUNICATION

Questions/interview. Répondez aux questions suivantes ou utilisez-les pour interviewer un(e) autre étudiant(e).

1. Quand tu es ici à l'université, qu'est-ce qui te manque? Tes amis du lycée? Tes parents? Ta voiture? La cuisine de ta mère? Ton chien ou ton chat?

2. Si tu vivais dans un pays étranger, qu'est-ce qui te manquerait?
3. Si tu faisais du camping dans une région isolée, qu'est-ce qui te manquerait?
4. Pendant les vacances, est-ce que l'université te manque?
5. Si tu étais obligé(e) de passer un an en prison, qu'est-ce qui te manquerait le plus?
6. Est-ce que tu as tendance à manquer tes classes? Lesquelles et pourquoi?
7. Si tes professeurs manquaient leurs classes, est-ce que tu serais content(e)?
8. Quand tu auras fini tes études à l'université, est-ce qu'il y a des aspects de la vie universitaire qui te manqueront?

Les verbes battre et se battre

PRESENTATION

The verbs **battre** (*to beat, to hit*) and **se battre** (*to fight*) are irregular.

battre

je bats	nous battons
tu bats	vous battez
il/elle bat	ils/elles battent

passé composé: j'ai battu

Je ne veux pas jouer avec toi; tu me bats toutes les fois.
Sois gentil, Georges. Ne bats pas le chien.
Nous n'avons pas gagné; les Expos nous ont battus.
Tu me battras sans doute la prochaine fois.
Toute sa vie elle s'est battue pour ses idées.

PREPARATION

⊘ **A.** Substituez les mots suggérés aux mots en italique.

Je me bats contre l'injustice.   tu te bats / elle se bat / nous nous battons / vous vous battez / ils se battent

⊘ **B.** Substituez les mots suggérés aux mots en italique et faites les changements nécessaires.

1. Quand je joue *avec lui*, il me bat toujours.   avec vous / avec toi / avec eux / avec Jeannette
2. *Mon petit frère* se battait souvent quand il était jeune.   mes sœurs / mon petit frère et moi / je / vous
3. *Notre équipe* n'a jamais été battue.   nous / tu / je / les Canadiens

TRANSITION

Interview. Bobby Dupin et son frère sont deux Canadiens français qui sont membres d'une équipe de hockey. Ils répondent aux questions d'un journaliste.

modèle: On dit que vous aimez vous battre. Est-ce que c'est vrai? (non, nous . . .) →
Non, nous n'aimons pas nous battre.

1. Est-ce que votre équipe a été battue cette saison? (oui, . . .une fois)
2. Quelle est l'équipe qui vous a battus? (c'est l'équipe de Toronto)
3. Pourquoi est-ce qu'il vous ont battus? (nous avons mal joué)
4. Est-ce que vous avez déjà battu des records? (oui, . . .plusieurs)
5. Pourquoi est-ce que vous vous battez souvent avec les autres joueurs? (ils insultent notre équipe)
6. Chez vous, est-ce que vos enfants se battent? (mais non, . . .jamais)
7. Est-ce que votre frère et vous, vous vous battiez souvent quand vous étiez jeunes? (oui, nous . . .)

COMMUNICATION

Questions/interview. Répondez aux questions suivantes ou utilisez-les pour interviewer un(e) autre étudiant(e).

1. Est-ce que tu serais prêt(e) à te battre pour tes idées?
2. Est-ce que tu as jamais battu un record? Si oui, lequel?
3. Est-ce que tu te sens frustré(e) quand tu joues avec quelqu'un et il (elle) te bat?
4. Combien de fois l'équipe de football (de basket-ball) de ton université a-t-elle été battue cette année?
5. A ton avis, est-ce que les professeurs devraient avoir le droit de battre les enfants?
6. A ton avis, est-ce qu'il devrait être interdit de battre les animaux?
7. A ton avis, est-ce qu'il faut battre les enfants quand ils désobéissent?
8. A ton avis, quels sont les problèmes sociaux contre lesquels il faut que nous nous battions?

Le passé simple

PRESENTATION

The **Synthèse** reading in this chaper, «**Présence française en Amérique du Nord**», is written in the **passé simple** (*simple past tense*). This tense is used in literature and in very formal speech in place of the more conversational **passé composé**. Hence, the main task is to learn to recognize and understand it.

A. The forms of the **passé simple** for regular verbs are:

-**er** verbs, including **aller**	
je parl**ai**	nous parl**âmes**
tu parl**as**	vous parl**âtes**
il/elle parl**a**	ils/elles parl**èrent**

-**ir** verbs, including those like **dormir**	
je chois**is**	nous chois**îmes**
tu chois**is**	vous chois**îtes**
il/elle chois**it**	ils/elles chois**irent**

-re verbs

je perd**is**	nous perd**îmes**
tu perd**is**	vous perd**îtes**
il/elle perd**it**	ils/elles perd**irent**

Les Américains débarquèrent en Normandie en juin 1944.
Un grand nombre de gens perdirent leur vie pendant la guerre.
Charles de Gaulle organisa la Résistance française.

B. The following endings are added to the stems of irregular verbs: **-s, -s, -t, - ˆ mes, - ˆ tes, -rent.**

VERB	STEM	VERB	STEM	VERB	STEM	VERB	STEM	VERB	STEM
avoir	eu-	croire	cru-	faire	fi-	pouvoir	pu-	valoir	valu-
boire	bu-	devoir	du-	lire	lu-	prendre	pri-	venir	vin-
conduire	conduisi-	dire	di-	mettre	mi-	rire	ri-	vivre	vécu-
connaître	connu-	écrire	écrivi-	mourir	mouru-	savoir	su-	voir	vi-
courir	couru-	être	fu-	naître	naqui-	suivre	suivi-	vouloir	voulu-

Benjamin Franklin vécut à Paris pendant plusieurs années.
LaFayette se mit au service de la Révolution américaine.
Alexis de Tocqueville écrivit *De la Démocratie en Amérique*.

PREPARATION

Mettez les verbes suivants au passé composé.

modèle: vous choisîtes → **vous avez choisi**

1. ils surent	5. ils virent	9. ils prirent
2. nous eûmes	6. il vécut	10. elle vint
3. vous fûtes	7. on fit	11. nous commençâmes
4. elle naquit	8. je mis	12. ils allèrent

TRANSITION

Le passé n'est pas toujours simple. Ken fait des recherches sur différents personnages et événements historiques. Il consulte une encyclopédie. Il a de la difficulté à comprendre parce que les verbes sont au passé simple. Aidez-le en mettant les phrases suivantes au passé composé.

1. Madame Marie Curie obtint le prix Nobel de chimie en 1911.
2. Jacques Cartier découvrit le St.-Laurent.
3. La France envoya une armée commandée par le comte de Rochambeau pour aider le général Washington.
4. Les Etats-Unis achetèrent la Louisiane à Napoléon en 1803.
5. Marcel Proust écrivit *A la recherche du temps perdu*.
6. Les Anglais furent battus par les Américains à la bataille de Yorktown.
7. Henri IV établit la liberté de religion en France en 1598.
8. Après la défaite de Waterloo, Napoléon fut exilé à l'île de Ste.-Hélène où il mourut.

9. Albert Camus, auteur du célèbre roman *La Peste*, naquit à Mondovi en Algérie.

10. Les Romains colonisèrent tout le sud de la France et firent construire des villes, des routes et des monuments.

COMMUNICATION

Connaissez-vous l'histoire? Avec quel fait historique les personnages de la colonne de gauche sont-ils associés?

1. Ferdinand de Lesseps	a. composa l'opéra intitulé *Carmen*
2. Sarah Bernhardt	b. découvrit l'oxygène
3. Antoine-Laurent Lavoisier	c. sculpta la statue du *Penseur*
4. Frédéric Bartholdi	d. construisit le canal de Suez
5. Louis XIV	e. sculpta la statue de la Liberté
6. Auguste Rodin	f. vécut une partie de sa vie à Tahiti
7. Georges Bizet	g. fut le rénovateur des Jeux Olympiques
8. Paul Gauguin	h. fit construire le château de Versailles
9. François Champollion	i. devint la plus grande actrice de son temps
10. Claude-Joseph Rouget de Lisle	j. fut un des fondateurs de l'école impressionniste
11. Claude Monet	k. traduisit les hiéroglyphes égyptiens
12. Pierre de Coubertin	l. écrivit l'hymne national français

Réponses: 1.d; 2.i; 3.b; 4.e; 5.h; 6.c; 7.a; 8.f; 9.k; 10.l; 11.j; 12.g

Présence française en Amérique du Nord

Il y a aujourd'hui plus de 130 millions de francophones. Le français est donc loin d'être une simple langue de culture littéraire comme on le croit souvent. Il est utilisé *à travers* le monde, non seulement par plusieurs peuples mais également par de nombreux organismes internationaux et diplomatiques. Ainsi, à l'UNESCO, les chefs de délégation qui s'expriment en français sont aussi nombreux que ceux qui s'expriment en anglais. Et aux Nations-Unies, une délégation sur trois utilise régulièrement le français.

throughout

Sur le continent américain, c'est le Québec qui constitue le cœur de la francophonie avec ses cinq millions de francophones et son *réseau* d'institutions politiques, économiques, sociales et culturelles. Les Etats-Unis eux-mêmes ne comptent pas moins de cinq millions de francophones, dont beaucoup sont d'origine canadienne française.

network

Bien que ce soit à New York que les Français *mirent pied à terre* pour la première fois en Amérique, c'est du Québec que partirent la plupart des explorateurs du Canada et des Etats-Unis. La ville de Québec elle-même fut fondée en 1608 par Samuel de Champlain. Mais avant de fonder le premier établissement permanent en Amérique, Champlain avait *parcouru* les *côtes* de la Nouvelle-Angleterre jusqu'à la *Nouvelle-Ecosse*. Il avait exploré ce qui est aujourd'hui Boston. C'est lui aussi qui découvrit les montagnes du Vermont et le lac qui porte maintenant son nom.

set foot

traveled / coasts
Nova Scotia

C'est du Québec aussi que Jean Brulé partit à la découverte du lac Supé-

LES FRANÇAIS
EN AMERIQUE

☐ Colonies françaises
en 1756

▨ Colonies anglaises

CANADA

Québec

St Laurent

LOUISIANE

Mississippi

OCEAN

ATLANTIQUE

Golfe du Mexique

rieur en 1628. Et à Red Banks dans le Wisconsin se trouve un monument qui commémore la découverte du lac Michigan par Jean Nicolet en 1634. Ce sont deux missionnaires canadiens, les pères Galinée et Dollier de Casson qui établirent les premières cartes de l'Erié. Joliet et Marquette explorèrent le Mississippi jusqu'à l'Arkansas et un monument dans le Wyalusing State Park honore encore leur mémoire. L'Ohio fut découvert par Cavalier de la Salle, dont la mémoire est honorée à South Bend dans l'Indiana. C'est lui aussi qui explora le Mississippi jusqu'à son *embouchure* et qui construisit le premier *navire* que naviqua sur les Grands Lacs.

mouth
ship

On pourrait mentionner beaucoup d'autres explorateurs encore: Daniel du-Luth, dont une ville du Minnesota porte le nom; Jean-Baptiste Lemoyne d'Iberville, qui fonda la Nouvelle-Orléans et qui traça les plans du *Vieux Carré;* son frère Pierre, qui fonda les villes de Biloxi et de Mobile et qui fut le premier colonisateur de la Louisiane. Il y eut aussi Longueuil, qui explora le Tennessee et le Kentucky; Pierre Lesueur, qui découvrit la rivière Minnesota; les frères La Vérendrye, qui explorèrent le Dakota, le Montana et le Wyoming où beaucoup de localités portent encore des noms français; et beaucoup d'autres qu'il serait trop long d'énumérer.

French Quarter

La colonisation du Nouveau Monde a donc été fortement marquée par la présence française. Et on peut *se demander* ce que seraient les Etats-Unis aujourd'hui si Napoléon n'avait pas vendu la Louisiane en 1803.

wonder

Extrait et adapté d'un discours prononcé par Monsieur Gilles La Montagne, ancien maire de la ville de Québec. Le texte a paru dans le *AATF National Bulletin.*

Compréhension du texte. Répondez aux questions suivantes selon les renseignements donnés dans le texte. Bien que le texte soit au passé simple, utilisez le passé composé dans vos réponses où il convient de l'utiliser.

Parking
Permit Holders
Only

Stationnement
Détenteurs De
Permis
Seulement

GOVERNMENT OF CANADA

◄ 352 ►

GOUVERNEMENT DU CANADA

1. Pourquoi peut-on dire que le français n'est pas seulement une langue de culture et qu'il garde une importance internationale?
2. Quel rôle le Québec joue-t-il en Amérique du Nord?
3. Est-ce qu'il y a beaucoup de gens d'origine française aux Etats-Unis?
4. Quel a été le point de départ de la plupart des explorateurs du Canada et des Etats-Unis?
5. Qui a fondé la ville de Québec et en quelle année?
6. Qui a découvert le lac Supérieur et en quelle année?
7. Pourquoi y a-t-il à South Bend un monument qui honore la mémoire de Cavalier de la Salle?
8. Quelle a été la contribution des deux frères Lemoyne d'Iberville?
9. Quelle partie des Etats-Unis les frères La Vérendrye ont-ils explorée?

Les Français et la Guerre d'Indépendance

L'influence française aux Etats-Unis ne se limite pas à celle des explorateurs et des pionniers. Une partie des principes démocratiques sur lesquels la nation américaine est fondée ont leur origine dans les idées que les philosophes français du dix-huitième siècle—Montesquieu, Rousseau, Voltaire, Diderot, d'Alembert et d'autres—avaient exprimées dans leurs écrits. Les idées des philosophes français furent ainsi° mises en pratique aux Etats-Unis avant même que la Révolution française de 1789 puisse imposer ces mêmes principes sur le sol° français.

Au temps de la Guerre d'Indépendance, d'autre part, les Français apportèrent une aide à la fois économique et militaire aux treize colonies qui luttaient pour leur indépendance. Une des premières missions politiques de Benjamin

ainsi *thus*   sol *soil*

Franklin fut d'obtenir l'aide financière de la France. Le Marquis de LaFayette de son côté, se passionna immédiatement pour la cause américaine et après avoir équipé à ses propres frais° un navire° baptisé *La Victoire,* il vint se mettre au service de la révolution américaine.

Il faut dire cependant° que l'aide de la France n'était pas uniquement motivée par la générosité et par l'amour de la liberté car le gouvernement français voyait là un moyen° de combattre indirectement les Anglais. Il cédait° aussi dans une certaine mesure à la pression de l'intelligentsia française qui se passionnait pour les idées des philosophes et qui voyait dans la révolution américaine l'espoir d'une victoire des idées nouvelles.

frais *expenses*   navire *ship*   cependant *however*
moyen *means*   cédait *gave in*

COMMUNICATION

Invitation à la découverte.

1. Imaginez que vous étiez un des pionniers ou un des explorateurs des Etats-Unis et faites une description de la vie de cette époque telle que vous l'imaginez.
2. Vous voulez laisser pour les générations futures un document qui décrive les principaux aspects de la vie contemporaine. Composez ce document.
3. Motivés par la curiosité, les explorateurs ont toujours répondu à l'invitation du nouveau, de l'inconnu, de l'exotique. Quels horizons reste-t-il à explorer dans le monde moderne?

Noms

la **côte** *coast, shore*
le **curé** *priest*
l' **écaille** (f) *scale*
l' **endroit** (m) *place*
l' **expérience** (f) *experiment, experience*
le **navire** *ship*
le **plongeur** *diver*
le **rapport** *report*
le **réseau** *network*
la **taille** *size, dimensions*

COGNATE NOUNS

l' **apparition** (f)
la **bombe**
le **contraire**
la **créature**

l' **horizon** (m)
le **lac**
le **monstre**
le **pionnier**

la **recherche**
la **sensation**
le / la **spécialiste**

Verbes

se demander *to wonder*
remonter à *to go back to, date back to*
parcourir *to travel through, cover*

Adjectifs

nuisible *harmful*

Divers

à travers *throughout*
en outre *moreover*
tellement *so much, such*

Appendices

International phonetic alphabet

Vowels

i	midi
u	nous
a	la
y	du
e	été
ɛ	mère
o	dos
ɔ	votre
ø	deux
œ	leur
ə	le
ɑ	pâte
ɛ̃	vin
õ	mon
ã	dans
œ̃	un

Consonants

p	petit
t	tête
k	quand
b	beau
d	danger
g	gare
f	fin
v	victoire
s	sa
z	zéro
m	maman
n	non
l	livre
ʃ	chien
ʒ	juge
ɲ	montagne
r	rêve

Semivowels

j	famille, métier, crayon
w	Louis, voici
ɥ	lui, depuis

Glossary
of grammar terms

As you learn French, you may come across grammar terms in English with which you are not familiar. The following glossary is a reference list of grammar terms and definitions with examples. You will find that these terms are used in the grammar explanations of this and other textbooks. If the terms are unfamiliar to you, it will be helpful to refer to this list.

adjective   a word used to modify, qualify, define, or specify a noun or noun equivalent. (*intricate* design, *volcanic* ash, *medical* examination)
demonstrative adjective designates or points out a specific item (*this* area)
descriptive adjective provides description (*narrow* street)
interrogative adjective asks or questions (*Which* page?)
possessive adjective indicates possession (*our* house)
In French, the adjective form must agree with, or show the same gender and number as, the noun it modifies.

adverb   a word used to qualify or modify a verb, adjective, another adverb, or some other modifying phrase or clause (soared *gracefully*, *rapidly* approaching train)

agreement   the accordance of forms between subject and verb, in terms of person and number, or between tenses of verbs (The *bystander witnessed* the accident but *failed* to report it.)
In French, the form of the adjective must conform in gender and number with the modified noun or noun equivalent.

article   one of several types of words used before a noun
definite article limits, defines, or specifies (*the* village)
indefinite article refers to a nonspecific member of a group or class (*a* village, *an* arrangement)

partitive article refers to an indefinite quantity of an item (*some* coffee, *any* tea) In French, the article takes different forms to indicate the gender and number of a noun.

auxiliary a verb or verb form used with other verbs to construct certain tenses, voices, or moods (He *is* leaving. She *has* arrived. You *must* listen.)

clause a group of words consisting of a subject and a predicate and functioning as part of a complex or compound sentence rather than as a complete sentence.
subordinate clause modifies and is dependent upon another clause (*Since the rain has stopped,* we can have a picnic.)
main clause is capable of standing independently as a complete sentence (If all goes well, *the plane will depart in twenty minutes.*)

cognate a word resembling a word in another language (*university* and *université* in French)

command See **mood (imperative).**

comparative level of comparison used to show an increase or decrease of quantity or quality or to compare or show inequality between two items (*higher* prices, the *more* beautiful of the two mirrors, *less* diligently, *better* than)

comparison modification of the form of an adjective or adverb to show change in the quantity or quality of an item or to show the relation between items

conditional a verb construction used in a contrary-to-fact statement consisting of a condition or an *if*-clause and a conclusion (If you had told me you were sick, *I would have offered* to help.)

conjugation the set of forms a verb takes to indicate changes of person, number, tense, mood, and voice

conjunction a word used to link or connect sentences or parts of sentences

contraction an abbreviated or shortened form of a word or word group (*can't, we'll*)

gender the classification of a word by sex. In English, almost all nouns are classified as masculine, feminine, or neuter according to the biological sex of the thing named; in French, however, a word is classified as feminine or masculine (there is no neuter classification) primarily on the basis of its linguistic form or derivation.

idiom an expression that is grammatically or semantically unique to a particular language (*I caught a cold. Happy birthday.*)

imperative See **mood.**

indicative See **mood.**

infinitive	the basic form of the verb, and the one listed in dictionaries, with no indication of person or number; it is often used in verb constructions and as a verbal noun, usually with "to" in English or with **-er, -ir** or **-re** in French.
inversion	See **word order (inverted).**
mood	the form and construction a verb assumes to express the manner in which the action or state takes place. **imperative mood** used to express commands (*Walk* to the park with me.) **indicative mood** the form most frequently used, usually expressive of certainty and fact (My neighbor *walks* to the park every afternoon.) **subjunctive mood** used in expression of possibility, doubt, or hypothetical situations (I wish he *were* here.)
noun	a word that names something and usually functions as a subject or an object (*lady, country, family*)
number	the form a word or phrase assumes to indicate singular or plural (*light/lights, mouse/mice, he has/they have*) **cardinal number** used in counting or expressing quantity (*1, 23, 6,825*) **ordinal number** refers to sequence (*second, fifteenth, thirty-first*)
object	a noun or noun equivalent **direct object** receives the action of the verb (The boy caught a *fish*.) **indirect object** affected by the action of the verb (Please do *me* a favor.)
participle	a verb form used as an adjective or adverb and in forming tenses **past participle** relates to the past or a perfect tense and takes the appropriate ending (*written* proof, the door has been *locked*) **present participle** assumes the progressive "-ing" ending in English (*protesting* loudly; *seeing* them) In French, a participle used as an adjective or in an adjectival phrase must agree in gender and number with the modified noun or noun equivalent.
passive	See **voice (passive).**
person	designated by the personal pronoun and/or by the verb form **first person** the speaker or writer (*I, we*) **second person** the person(s) addressed (*you*) In French, there are two forms of address: the familiar and the polite. **third person** the person or thing spoken about (*she, he, it, they*)
phrase	a word group that forms a unit of expression, often named after the part of speech it contains or forms
prefix	a letter or letter group added at the beginning of a word to alter the meaning (*non*committal, *re*discover)

preposition	a connecting word used to indicate a spatial, temporal, causal, affective, directional, or some other relation between a noun or pronoun and the sentence or a portion of it (We waited *for* six hours. The article was written *by* a famous journalist.)
pronoun	a word used in place of a noun
	demonstrative pronoun refers to something previously mentioned in context (If you need hiking boots, I recommend *these.*)
	indefinite pronoun denotes a nonspecific class or item (*Nothing* has changed.)
	interrogative pronoun asks about a person or thing (*Whose* is this?)
	object pronoun functions as a direct, an indirect, or a prepositional object (Three persons saw *her.* Write *me* a letter. The flowers are for *you.*)
	possessive pronoun indicates possession (The blue car is *ours.*)
	reflexive pronoun refers back to the subject (They introduced *themselves.*)
	subject pronoun functions as the subject of a clause or sentence (*He* departed a while ago.)
reflexive construction	See **pronoun (reflexive).**
sentence	a word group, or even a single word, that forms a meaningful complete expression.
	declarative sentence states something and is followed by a period (*The museum contains many fine examples of folk art.*)
	exclamatory sentence exhibits force or passion and is followed by an exclamation point (*I want to be left alone!*)
	interrogative sentence asks a question and is followed by a question mark (*Who are you?*)
subject	a noun or noun equivalent acting as the agent of the action or the person, place, thing, or abstraction spoken about (*The fishermen* drew in their nets. *The nets* were filled with the day's catch.)
suffix	a letter or letter group added to the end of a word to alter the meaning or function (lik*eness*, transport*ation*, joy*ous*, love*ly*)
superlative	level of comparison used to express the utmost or lowest level or to indicate the highest or lowest relation in comparing more than two items (*highest* prices, the *most* beautiful, *least* diligently)
tense	the form a verb takes to express the time of the action, state, or condition in relation to the time of speaking or writing.
	imparfait relates to an action which continued over a period of time in the past (It *was existing. We were learning.*)
	futur antérieur relates to something that has not yet occurred but will have taken place and be complete by some future time (It *will have* existed. We *will have* learned.)
	future tense relates to something that has not yet occurred (It *will* exist. We *will* learn.)
	plus-que-parfait relates to an occurrence which began and ended before or by a

past event or time spoken or written of (It *had existed*. We *had learned*.)

passé composé relates to an occurrence that began at some point in the past but was finished by the time of speaking or writing (It *has existed*. We *have learned*.)

passé simple relates to an occurrence that began and ended at some point in the remote past. This is a literary tense. (He *died* in 1705. The revolution *took* place in 1971.)

present tense relates to now, the time of speaking or writing, or to a general, timeless fact (It *exists*. We *learn*. Fish *swim*.)

progressive tense relates an action that is, was, or will be in progress or continuance (It *is happening*. It *was happening*. It *will be happening*.)

verb   a word that expresses action or a state or condition (*walk, be, feel*)

intransitive verb no receiver is necessary. (The light *shines*.)

orthographic-changing verb undergoes spelling changes in conjugation (infinitive: buy; past indicative: *bought*)

transitive verb requires a receiver or an object to complete the predicate (He *kicks* the ball.)

voice   the form a verb takes to indicate the relation between the expressed action or state and the subject

active voice indicates that the subject is the agent of the action (The child *sleeps*. The professor *lectures*.)

passive voice indicates that the subject does not initiate the action but that the action is directed toward the subject (I *was contacted* by my attorney. The road *got slippery* from the rain.)

word order   the sequence of words in a clause or sentence

inverted word order an element other than the subject appears first (*If the weather permits*, we plan to vacation in the country. *Please* be on time. *Have* you met my parents?)

Les verbes

Infinitif	**parler**
Participes	
Présent/Passé	parlant/parlé
Indicatif	
Présent	je parle, tu parles, il/elle parle nous parlons, vous parlez, ils/elles parlent
Imparfait	je parlais, tu parlais, il/elle parlait nous parlions, vous parliez, ils/elles parlaient
Passé simple	je parlai, tu parlas, il/elle parla nous parlâmes, vous parlâtes, ils/elles parlèrent
Futur	je parlerai, tu parleras, il/elle parlera nous parlerons, vous parlerez, ils/elles parleront
Conditionnel	je parlerais, tu parlerais, il/elle parlerait nous parlerions, vous parleriez, ils/elles parleraient
Passé composé	j'ai parlé, tu as parlé, il/elle a parlé nous avons parlé, vous avez parlé, ils/elles ont parlé
Plus-que-parfait	j'avais parlé, tu avais parlé, il/elle avait parlé nous avions parlé, vous aviez parlé, ils/elles avaient parlé
Futur antérieur	j'aurai parlé, tu auras parlé, il/elle aura parlé nous aurons parlé, vous aurez parlé, ils/elles auront parlé
Passé du conditionnel	j'aurais parlé, tu aurais parlé, il/elle aurait parlé nous aurions parlé, vos auriez parlé, ils/elles auraient parlé

Subjonctif

Présent que je parle, que tu parles, qu'il/elle parle
que nous parlions, que vous parliez, qu'ils/elles parlent

Impératif parle, parlons, parlez

Infinitif **finir**

Participes

Présent/Passé finissant/fini

Indicatif

Présent je finis, tu finis, il/elle finit
nous finissons, vous finissez, ils/elles finissent

Imparfait je finissais, tu finissais, il/elle finissait
nous finissions, vous finissiez, ils/elles finissaient

Passé simple je finis, tu finis, il/elle finit
nous finîmes, vous finîtes, ils/elles finirent

Futur je finirai, tu finiras, il/elle finira
nous finirons, vous finirez, ils/elles finiront

Conditionnel je finirais, tu finirais, il/elle finirait
nous finirions, vous finiriez, ils/elles finiraient

Passé composé j'ai fini, tu as fini, il/elle a fini
nous avons fini, vous avez fini, ils/elles ont fini

Plus-que-parfait j'avais fini, tu avais fini, il/elle avait fini
nous avions fini, vous aviez fini, ils/elles avaient fini

Futur antérieur j'aurai fini, tu auras fini, il/elle aura fini
nous aurons fini, vous aurez fini, ils/elles auront fini

Passé du conditionnel j'aurais fini, tu aurais fini, il/elle aurait fini
nous aurions fini, vous auriez fini, ils/elles auraient fini

Subjonctif

Présent que je finisse, que tu finisses, qu'il/elle finisse
que nous finissions, que vous finissiez, qu'ils/elles finissent

Impératif finis, finissons, finissez

Infinitif **rendre**

Participes

Présent/Passé rendant/rendu

Indicatif

Présent je rends, tu rends, il/elle rend
nous rendons, vous rendez, ils/elles rendent

Imparfait je rendais, tu rendais, il/elle rendait
nous rendions, vous rendiez, ils/elles rendaient

Passé simple je rendis, tu rendis, il/elle rendit
nous rendîmes, vous rendîtes, ils/elles rendirent

Futur je rendrai, tu rendras, il/elle rendra
nous rendrons, vous rendrez, ils/elles rendront

Conditionnel je rendrais, tu rendrais, il/elle rendrait
nous rendrions, vous rendriez, ils/elles rendraient

Passé composé	j'ai rendu, tu as rendu, il/elle a rendu
	nous avons rendu, vous avez rendu, ils/elles ont rendu
Plus-que-parfait	j'avais rendu, tu avais rendu, il/elle avait rendu
	nous avions rendu, vous aviez rendu, ils/elles avaient rendu
Futur antérieur	j'aurai rendu, tu auras rendu, il/elle aura rendu
	nous aurons rendu, vous aurez rendu, ils/elles auront rendu
Passé du conditionnel	j'aurais rendu, tu aurais rendu, il/elle aurait rendu
	nous aurions rendu, vous auriez rendu, ils/elles auraient rendu
Subjonctif	
Présent	que je rende, que tu rendes, qu'il/elle rende
	que nous rendions, que vous rendiez, qu'ils/elles rendent
Impératif	rends, rendons, rendez

Infinitif	**partir**[1]
Participes	
Présent/Passé	partant/parti
Indicatif	
Présent	je pars, tu pars, il/elle part
	nous partons, vous partez, ils/elles partent
Imparfait	je partais, tu partais, il/elle partait
	nous partions, vous partiez, ils/elles partaient
Passé simple	je partis, tu partis, il/elle partit
	nous partîmes, vous partîtes, ils/elles partirent
Futur	je partirai, tu partiras, il/elle partira
	nous partirons, vous partirez, ils/elles partiront
Conditionnel	je partirais, tu partirais, il/elle partirait
	nous partirions, vous partiriez, ils/elles partiraient
Passé composé	je suis parti(e), tu es parti(e), il est parti, elle est partie
	nous sommes parti(e)s, vous êtes parti(e)(s), ils sont partis, elles sont parties
Plus-que-parfait	j'étais parti(e), tu étais parti(e), il était parti, elle était partie
	nous étions parti(e)s, vous étiez parti(e)(s), ils étaient partis, elles étaient parties
Futur antérieur	je serai parti(e), tu seras parti(e), il sera parti, elle sera partie
	nous serons parti(e)s, vous serez parti(e)(s), ils seront partis, elles seront parties
Passé du conditionnel	je serais parti(e), tu serais parti(e), il serait parti, elle serait partie
	nous serions parti(e)s, vous seriez parti(e)(s), ils seraient partis, elles seraient parties
Subjonctif	
Présent	que je parte, que tu partes, qu'il/elle parte
	que nous partions, que vous partiez, qu'ils/elles partent
Impératif	pars, partons, partez

[1] Some common verbs conjugated like **partir** are: **dormir, s'endormir, mentir, sentir, servir** and **sortir.**

Infinitif	**acheter (lever, mener, promener)**
Participes	
Présent/Passé	achetant/acheté
Indicatif	
Présent	j'achète, tu achètes, il/elle achète nous achetons, vous achetez, ils/elles achètent
Imparfait	j'achetais, tu achetais, il/elle achetait nous achetions, vous achetiez, ils/elles achetaient
Passé simple	j'achetai, tu achetas, il/elle acheta nous achetâmes, vous achetâtes, ils/elles achetèrent
Futur	j'achèterai, tu achèteras, il/elle achètera nous achèterons, vous achèterez, ils/elles achèteront
Conditionnel	j'achèterais, tu achèterais, il/elle achèterait nous achèterions, vous achèteriez, ils/elles achèteraient
Passé composé	j'ai acheté, *etc.*
Plus-que-parfait	j'avais acheté, *etc.*
Futur antérieur	j'aurai acheté, *etc.*
Passé du conditionnel	j'aurais acheté, *etc.*
Subjonctif	
Présent	que j'achète, que tu achètes, qu'il/elle achète que nous achetions, que vous achetiez, qu'ils/elles achètent
Impératif	achète, achetons, achetez

Infinitif	**préférer (considérer, espérer, exagérer, inquiéter, répéter)**
Participes	
Présent/Passé	préférant/préféré
Indicatif	
Présent	je préfère, tu préfères, il/elle préfère nous préférons, vous préférez, ils/elles préfèrent
Imparfait	je préférais, tu préférais, il/elle préférait nous préférions, vous préfériez, ils/elles préféraient
Passé simple	je préférai, tu préféras, il/elle préféra nous préférâmes, vous préférâtes, ils/elles préférèrent
Futur	je préférerai, tu préféreras, il/elle préférera nous préférerons, vous préférerez, ils/elles préféreront
Conditionnel	je préférerais, tu préférerais, il/elle préférerait nous préférerions, vous préféreriez, ils/elles préféreraient
Passé composé	j'ai préféré, *etc.*
Plus-que-parfait	j'avais préféré, *etc.*
Futur antérieur	j'aurai préféré, *etc.*
Passé du conditionnel	j'aurais préféré, *etc.*

Subjonctif

Présent que je préfère, que tu préfères, qu'il/elle préfère
que nous préférions, que vous préfériez, qu'ils/elles préfèrent

Impératif préfère, préférons, préférez

Infinitif **manger (arranger, changer, corriger, déranger, diriger, encourager, nager)**

Participes

Présent/Passé mangeant/mangé

Indicatif

Présent je mange, tu manges, il/elle mange
nous mangeons, vous mangez, ils/elles mangent

Imparfait je mangeais, tu mangeais, il/elle mangeait
nous mangions, vous mangiez, ils/elles mangeaient

Passé simple je mangeai, tu mangeas, il/elle mangea
nous mangeâmes, vous mangeâtes, ils/elles mangèrent

Futur je mangerai, tu mangeras, il/elle mangera
nous mangerons, vous mangerez, ils/elles mangeront

Conditionnel je mangerais, tu mangerais, il/elle mangerait
nous mangerions, vous mangeriez, ils/elles mangeraient

Passé composé j'ai mangé, *etc.*

Plus-que-parfait j'avais mangé, *etc.*

Futur antérieur j'aurai mangé, *etc.*

Passé du conditionnel j'aurais mangé, *etc.*

Subjonctif

Présent que je mange, que tu manges, qu'il/elle mange
que nous mangions, que vous mangiez, qu'ils/elles mangent

Impératif mange, mangeons, mangez

Infinitif **payer (envoyer, essayer, renvoyer)**

Participes

Présent/Passé payant/payé

Indicatif

Présent je paie, tu paies, il/elle paie
nous payons, vous payez, ils/elles paient

Imparfait je payais, tu payais, il/elle payait
nous payions, vous payiez, ils/elles payaient

Passé simple je payai, tu payas, il/elle paya
nous payâmes, vous payâtes, ils/elles payèrent

Futur je paierai, tu paieras, il/elle paiera
nous paierons, vous paierez, ils/elles paieront

Conditionnel je paierais, tu paierais, il/elle paierait
nous paierions, vous paieriez, ils/elles paieraient

Passé composé j'ai payé, *etc.*

Plus-que-parfait j'avais payé, *etc.*

Futur antérieur	j'aurai payé, *etc.*
Passé du conditionnel	j'aurais payé, *etc.*
Subjonctif	
Présent	que je paie, que tu paies, qu'il/elle paie
	que nous payions, que vous payiez, qu'ils/elles paient
Impératif	paie, payons, payez

Infinitif	**commencer**
Participes	
Présent/Passé	commençant/commencé
Indicatif	
Présent	je commence, tu commences, il/elle commence
	nous commençons, vous commencez, ils/elles commencent
Imparfait	je commençais, tu commençais, il/elle commençait
	nous commencions, vous commenciez, ils/elles commençaient
Passé simple	je commençai, tu commenças, il/elle commença
	nous commençâmes, vous commençâtes, ils/elles commencèrent
Futur	je commencerai, tu commenceras, il/elle commencera
	nous commencerons, vous commencerez, ils/elles commenceront
Conditionnel	je commencerais, tu commencerais, il/elle commencerait
	nous commencerions, vous commenceriez, ils/elles commenceraient
Passé composé	j'ai commencé, *etc.*
Plus-que-parfait	j'avais commencé, *etc.*
Futur antérieur	j'aurai commencé, *etc.*
Passé du conditionnel	j'aurais commencé, *etc.*
Subjonctif	
Présent	que je commence, que tu commences, qu'il/elle commence
	que nous commencions, que vous commenciez, qu'ils/elles commencent
Impératif	commence, commençons, commencez

Infinitif	**appeler (rappeler)**
Participes	
Présent/Passé	appelant/appelé
Indicatif	
Présent	j'appelle, tu appelles, il/elle appelle
	nous appelons, vous appelez, ils/elles appellent
Imparfait	j'appelais, tu appelais, il/elle appelait
	nous appelions, vous appeliez, ils/elles appelaient
Passé simple	j'appelai, tu appelas, il/elle appela
	nous appelâmes, vous appelâtes, ils/elles appelèrent
Futur	j'appellerai, tu appelleras, il/elle appellera
	nous appellerons, vous appellerez, ils/elles appelleront
Conditionnel	j'appellerais, tu appellerais, il/elle appellerait
	nous appellerions, vous appelleriez, ils/elles appelleraient
Passé composé	j'ai appelé, *etc.*

Plus-que-parfait	j'avais appelé, *etc.*
Futur antérieur	j'aurai appelé, *etc.*
Passé du conditionnel	j'aurais appelé, *etc.*
Subjonctif	
Présent	que j'appelle, que tu appelles, qu'il/elle appelle
	que nous appelions, que vous appeliez, qu'ils/elles appellent
Impératif	appelle, appelons, appelez

auxiliary verbs

Infinitif	**être**
Participes	
Présent/Passé	étant/été
Indicatif	
Présent	je suis, tu es, il/elle est
	nous sommes, vous êtes, ils/elles sont
Imparfait	j'étais, tu étais, il/elle était
	nous étions, vous étiez, ils/elles étaient
Passé simple	je fus, tu fus, il/elle fut
	nous fûmes, vous fûtes, ils/elles furent
Futur	je serai, tu seras, il/elle sera
	nous serons, vous serez, ils/elles seront
Conditionnel	je serais, tu serais, il/elle serait
	nous serions, vous seriez, ils/elles seraient
Passé composé	j'ai été, tu as été, il/elle a été
	nous avons été, vous avez été, ils/elles ont été
Plus-que-parfait	j'avais été, tu avais été, il/elle avait été
	nous avions été, vous aviez été, ils/elles avaient été
Futur antérieur	j'aurai été, tu auras été, il/elle aura été
	nous aurons été, vous aurez été, ils/elles auront été
Passé du conditionnel	j'aurais été, tu aurais été, il/elle aurait été
	nous aurions été, vous auriez été, ils/elles auraient été
Subjonctif	
Présent	que je sois, que tu sois, qu'il/elle soit
	que nous soyons, que vous soyez, qu'ils/elles soient
Impératif	sois, soyons, soyez
Infinitif	**avoir**
Participes	
Présent/Passé	ayant/eu
Indicatif	
Présent	j'ai, tu as, il/elle a
	nous avons, vous avez, ils/elles ont

Imparfait	j'avais, tu avais, il/elle avait
	nous avions, vous aviez, ils/elles avaient
Passé simple	j'eus, tu eus, il/elle eut
	nous eûmes, vous eûtes, ils/elles eurent
Futur	j'aurai, tu auras, il/elle aura
	nous aurons, vous aurez, ils/elles auront
Conditionnel	j'aurais, tu aurais, il/elle aurait
	nous aurions, vous auriez, ils/elles auraient
Passé composé	j'ai eu, tu as eu, il/elle a eu
	nous avons eu, vous avez eu, ils/elles ont eu
Plus-que-parfait	j'avais eu, tu avais eu, il/elle avait eu
	nous avions eu, vous aviez eu, ils/elles avaient eu
Futur antérieur	j'aurai eu, tu auras eu, il/elle aura eu
	nous aurons eu, vous aurez eu, ils/elles auront eu
Passé du conditionnel	j'aurais eu, tu aurais eu, il/elle aurait eu
	nous aurions eu, vous auriez eu, ils/elles auraient eu
Subjonctif	
Présent	que j'aie, que tu aies, qu'il/elle ait
	que nous ayons, que vous ayez, qu'ils/elles aient
Impératif	aie, ayons, ayez

irregular verbs

Each verb in this list is conjugated like the model indicated by number. See the table of irregular verbs for the models.

admettre 11	paraître 4
(s')apercevoir 19	prévoir 25
apprendre 18	promettre 11
attendre 18	reconduire 3
commettre 11	redire 7
comprendre 18	relire 12
construire 13	remettre 11
couvrir 15	revenir 24
décevoir 19	revoir 25
découvrir 15	sentir[1]
décrire 8	servir[1]
devenir 24	sortir[1]
disparaître 4	souffrir 14
dormir[1]	surprendre 18
(s')endormir[1]	se taire 16
inscrire 8	tenir 24
introduire 3	traduire 3
mentir[1]	taire 16

[1] **dormir s'endormir, mentir, sentir, servir** and **sortir** are not, strictly speaking, irregular verbs since they are conjugated like **partir**.

Infinitif	**aller** 1
Participes	
Présent/Passé	allant/allé
Indicatif	
Présent	je vais, tu vas, il/elle va nous allons, vous allez, ils vont
Imparfait	j'allais, tu allais, il/elle allait nous allions, vous alliez, ils/elles allaient
Passé simple	j'allai, tu allas, il/elle alla nous allâmes, vous allâtes, ils/elles allèrent
Futur	j'irai, tu iras, il/elle ira nous irons, vous irez, ils/elles iront
Conditionnel	j'irais, tu irais, il/elle irait nous irions, vous iriez, ils/elles iraient
Passé composé	je suis allé(e), *etc.*
Plus-que-parfait	j'étais allé(e), *etc.*
Futur antérieur	je serai allé(e), *etc.*
Passé du conditionnel	je serais allé(e), *etc.*
Subjonctif	
Présent	que j'aille, que tu ailles, qu'il/elle aille que nous allions, que vous alliez, qu'ils/elles aillent
Impératif	va, allons, allez

Infinitif	**boire** 2
Participes	
Présent/Passé	buvant/bu
Indicatif	
Présent	je bois, tu bois, il/elle boit nous buvons, vous buvez, ils/elles boivent
Imparfait	je buvais, tu buvais, il/elle buvait nous buvions, vous buviez, ils/elles buvaient
Passé simple	je bus, tu bus, il/elle but nous bûmes, vous bûtes, ils/elles burent
Futur	je boirai, tu boiras, il/elle boira nous boirons, vous boirez, ils/elles boiront
Conditionnel	je boirais, tu boirais, il/elle boirait nous boirions, vous boiriez, ils/elles boiraient
Passé composé	j'ai bu, *etc.*
Plus-que-parfait	j'avais bu, *etc.*
Futur antérieur	j'aurai bu, *etc.*
Passé du conditionnel	j'aurais bu, *etc.*
Subjonctif	
Présent	que je boive, que tu boives, qu'il/elle boive que nous buvions, que vous buviez, qu'ils/elles boivent
Impératif	bois, buvons, buvez

Infinitif	**conduire** 3
Participes	
Présent/Passé	conduisant/conduit
Indicatif	
Présent	je conduis, tu conduis, il/elle conduit nous conduisons, vous conduisez, ils/elles conduisent
Imparfait	je conduisais, tu conduisais, il/elle conduisait nous conduisions, vous conduisiez, ils/elles conduisaient
Passé simple	je conduisis, tu conduisis, il/elle conduisit nous conduisîmes, vous conduisîtes, ils/elles conduisirent
Futur	je conduirai, tu conduiras, il/elle conduira nous conduirons, vous conduirez, ils/elles conduiront
Conditionnel	je conduirais, tu conduirais, il/elle conduirait nous conduirions, vous conduiriez, ils/elles conduiraient
Passé composé	j'ai conduit, *etc.*
Plus-que-parfait	j'avais conduit, *etc.*
Futur antérieur	j'aurai conduit, *etc.*
Passé du conditionnel	j'aurais conduit, *etc.*
Subjonctif	
Présent	que je conduise, que tu conduises, qu'il/elle conduise que nous conduisions, que vous conduisiez, qu'ils/elles conduisent
Impératif	conduis, conduisons, conduisez

Infinitif	**connaître** 4
Participes	
Présent/Passé	connaissant/connu
Indicatif	
Présent	je connais, tu connais, il/elle connaît nous connaissons, vous connaissez, ils/elles connaissent
Imparfait	je connaissais, tu connaissais, il/elle connaissait nous connaissions, vous connaissiez, ils/elles connaissaient
Passé simple	je connus, tu connus, il/elle connut nous connûmes, vous connûtes, ils/elles connurent
Futur	je connaîtrai, tu connaîtras, il/elle connaîtra nous connaîtrons, vous connaîtrez, ils/elles connaîtront
Conditionnel	je connaîtrais, tu connaîtrais, il/elle connaîtrait nous connaîtrions, vous connaîtriez, ils/elles connaîtraient
Passé composé	j'ai connu, *etc.*
Plus-que-parfait	j'avais connu, *etc.*
Futur antérieur	j'aurai connu, *etc.*
Passé du conditionnel	j'aurais connu, *etc.*
Subjonctif	
Présent	que je connaisse, que tu connaisses, qu'il/elle connaisse que nous connaissions, que vous connaissiez, qu'ils/elles connaissent
Impératif	connais, connaissons, connaissez

Infinitif	**croire** 5

Participes

Présent/Passé	croyant/cru

Indicatif

Présent	je crois, tu crois, il/elle croit
	nous croyons, vous croyez, ils/elles croient
Imparfait	je croyais, tu croyais, il/elle croyait
	nous croyions, vous croyiez, ils/elles croyaient
Passé simple	je crus, tu crus, il/elle crut
	nous crûmes, vous crûtes, ils/elles crurent
Futur	je croirai, tu croiras, il/elle croira
	nous croirons, vous croirez, ils/elles croiront
Conditionnel	je croirais, tu croirais, il/elle croirait
	nous croirions, vous croiriez, ils/elles croiraient
Passé composé	j'ai cru, *etc.*
Plus-que-parfait	j'avais cru, *etc.*
Futur antérieur	j'aurai cru, *etc.*
Passé du conditionnel	j'aurais cru, *etc.*

Subjonctif

Présent	que je croie, que tu croies, qu'il/elle croie
	que nous croyions, que vous croyiez, qu'ils/elles croient

Impératif crois, croyons, croyez

Infinitif	**devoir** 6

Participes

Présent/Passé	devant/dû

Indicatif

Présent	je dois, tu dois, il/elle doit
	nous devons, vous devez, ils/elles doivent
Imparfait	je devais, tu devais, il/elle devait
	nous devions, vous deviez, ils/elles devaient
Passé simple	je dus, tu dus, il/elle dut
	nous dûmes, vous dûtes, ils/elles durent
Futur	je devrai, tu devras, il/elle devra
	nous devrons, vous devrez, ils/elles devront
Conditionnel	je devrais, tu devrais, il/elle devrait
	nous devrions, vous devriez, ils/elles devraient
Passé composé	j'ai dû, *etc.*
Plus-que-parfait	j'avais dû, *etc.*
Futur antérieur	j'aurai dû, *etc.*
Passé du conditionnel	j'aurais dû, *etc.*

Subjonctif

Présent	que je doive, que tu doives, qu'il/elle doive
	que nous devions, que vous deviez, qu'ils/elles doivent

Impératif —

	Infinitif	**dire** 7
	Participes	
	Présent/Passé	disant/dit
	Indicatif	
	Présent	je dis, tu dis, il/elle dit
		nous disons, vous dites, ils/elles disent
	Imparfait	je disais, tu disais, il/elle disait
		nous disions, vous disiez, ils/elles disaient
	Passé simple	je dis, tu dis, il/elle dit
		nous dîmes, vous dîtes, ils/elles dirent
	Futur	je dirai, tu diras, il/elle dira
		nous dirons, vous direz, ils/elles diront
	Conditionnel	je dirais, tu dirais, il/elle dirait
		nous dirions, vous diriez, ils/elles diraient
	Passé composé	j'ai dit, *etc.*
	Plus-que-parfait	j'avais dit, *etc.*
	Futur antérieur	j'aurai dit, *etc.*
	Passé du conditionnel	j'aurais dit, *etc.*
	Subjonctif	
	Présent	que je dise, que tu dises, qu'il/elle dise
		que nous disions, que vous disiez, qu'ils/elles disent
	Impératif	dis, disons, dites

	Infinitif	**écrire** 8
	Participes	
	Présent/Passé	écrivant/écrit
	Indicatif	
	Présent	j'écris, tu écris, il/elle écrit
		nous écrivons, vous écrivez, ils/elles écrivent
	Imparfait	j'écrivais, tu écrivais, il/elle écrivait
		nous écrivions, vous écriviez, ils/elles écrivaient
	Passé simple	j'écrivis, tu écrivis, il/elle écrivit
		nous écrivîmes, vous écrivîtes, ils/elles écrivirent
	Futur	j'écrirai, tu écriras, il/elle écrira
		nous écrirons, vous écrirez, ils/elles écriront
	Conditionnel	j'écrirais, tu écrirais, il/elle écrirait
		nous écririons, vous écririez, ils/elles écriraient
	Passé composé	j'ai écrit, *etc.*
	Plus-que-parfait	j'avais écrit, *etc.*
	Futur antérieur	j'aurai écrit, *etc.*
	Passé du conditionnel	j'aurais écrit, *etc.*
	Subjonctif	
	Présent	que j'écrive, que tu écrives, qu'il/elle écrive
		que nous écrivions, que vous écriviez, qu'ils/elles écrivent
	Impératif	écris, écrivons, écrivez

Infinitif	**faire** 9
Participes	
Présent/Passé	faisant/fait
Indicatif	
Présent	je fais, tu fais, il/elle fait
	nous faisons, vous faites, ils/elles font
Imparfait	je faisais, tu faisais, il/elle faisait
	nous faisions, vous faisiez, ils/elle faisaient
Passé simple	je fis, tu fis, il/elle fit
	nous fîmes, vous fîtes, ils/elles firent
Futur	je ferai, tu feras, il/elle fera
	nous ferons, vous ferez, ils/elles feront
Conditionnel	je ferais, tu ferais, il/elle ferait
	nous ferions, vous feriez, ils/elles feraient
Passé composé	j'ai fait, *etc.*
Plus-que-parfait	j'avais fait, *etc.*
Futur antérieur	j'aurai fait, *etc.*
Passé du conditionnel	j'aurais fait, *etc.*
Subjonctif	
Présent	que je fasse, que tu fasses, qu'il/elle fasse
	que nous fassions, que vous fassiez, qu'ils/elles fassent
Impératif	fais, faisons, faites

Infinitif	**lire** 10
Participes	
Présent/Passé	lisant/lu
Indicatif	
Présent	je lis, tu lis, il/elle lit
	nous lisons, vous lisez, ils/elles lisent
Imparfait	je lisais, tu lisais, il/elle lisait
	nous lisions, vous lisiez, ils/elles lisaient
Passé simple	je lus, tu lus, il/elle lut
	nous lûmes, vous lûtes, ils/elles lurent
Futur	je lirai, tu liras, il/elle lira
	nous lirons, vous lirez, ils/elles liront
Conditionnel	je lirais, tu lirais, il/elle lirait
	nous lirions, vous liriez, ils/elles liraient
Passé composé	j'ai lu, *etc.*
Plus-que-parfait	j'avais lu, *etc.*
Futur antérieur	j'aurai lu, *etc.*
Passé du conditionnel	j'aurais lu, *etc.*
Subjonctif	
Présent	que je lise, que tu lises, qu'il/elle lise
	que nous lisions, que vous lisiez, qu'ils/elles lisent
Impératif	lis, lisons, lisez

Infinitif	**mettre 11**
Participes	
Présent/Passé	mettant/mis
Indicatif	
Présent	je mets, tu mets, il/elle met nous mettons, vous mettez, ils/elles mettent
Imparfait	je mettais, tu mettais, il/elle mettait nous mettions, vous mettiez, ils/elles mettaient
Passé simple	je mis, tu mis, il/elle mit nous mîmes, vous mîtes, ils/elles mirent
Futur	je mettrai, tu mettras, il/elle mettra nous mettrons, vous mettrez, ils/elles mettront
Conditionnel	je mettrais, tu mettrais, il/elle mettrait nous mettrions, vous mettriez, ils/elles mettraient
Passé composé	j'ai mis, _etc._
Plus-que-parfait	j'avais mis, _etc._
Futur antérieur	j'aurai mis, _etc._
Passé du conditionnel	j'aurais mis, _etc._
Subjonctif	
Présent	que je mette, que tu mettes, qu'il/elle mette que nous mettions, que vous mettiez, qu'ils/elles mettent
Impératif	mets, mettons, mettez

Infinitif	**mourir 12**
Participes	
Présent/Passé	mourant/mort
Indicatif	
Présent	je meurs, tu meurs, il/elle meurt nous mourons, vous mourez, ils/elles meurent
Imparfait	je mourais, tu mourais, il/elle mourait nous mourions, vous mouriez, ils/elles mouraient
Passé simple	je mourus, tu mourus, il/elle mourut nous mourûmes, vous mourûtes, ils/elles moururent
Futur	je mourrai, tu mourras, il/elle mourra nous mourrons, vous mourrez, ils/elles mourront
Conditionnel	je mourrais, tu mourrais, il/elle mourrait nous mourrions, vous mourriez, ils/elles mourraient
Passé composé	je suis mort(e), _etc._
Plus-que-parfait	j'étais mort(e), _etc._
Futur antérieur	je serai mort(e), _etc._
Passé du conditionnel	je serais mort(e), _etc._
Subjonctif	
Présent	que je meure, que tu meures, qu'il/elle meure que nous mourions, que vous mouriez, qu'ils/elles meurent
Impératif	meurs, mourons, mourez

Infinitif	**naître** 13
Participes	
Présent/Passé	naissant/né
Indicatif	
Présent	je nais, tu nais, il/elle naît
	nous naissons, vous naissez, ils/elles naissent
Imparfait	je naissais, tu naissais, il/elle naissait
	nous naissions, vous naissiez, ils/elles naissaient
Passé simple	je naquis, tu naquis, il/elle naquit
	nous naquîmes, vous naquîtes, ils/elles naquirent
Futur	je naîtrai, tu naîtras, il/elle naîtra
	nous naîtrons, vous naîtrez, ils/elles naîtront
Conditionnel	je naîtrais, tu naîtrais, il/elle naîtrait
	nous naîtrions, vous naîtriez, ils/elles naîtraient
Passé composé	je suis né(e), *etc.*
Plus-que-parfait	j'étais né(e), *etc.*
Futur antérieur	je serai né(e), *etc.*
Passé du conditionnel	je serais né(e), *etc.*
Subjonctif	
Présent	que je naisse, que tu naisses, qu'il/elle naisse
	que nous naissions, que vous naissiez, qu'ils/elles naissent
Impératif	nais, naissons, naissez

Infinitif	**offrir** 14
Participes	
Présent/Passé	offrant/offert
Indicatif	
Présent	j'offre, tu offres, il/elle offre
	nous offrons, vous offrez, ils/elles offrent
Imparfait	j'offrais, tu offrais, il/elle offrait
	nous offrions, vous offriez, ils/elles offraient
Passé simple	j'offris, tu offris, il/elle offrit
	nous offrîmes, vous offrîtes, ils/elles offrirent
Futur	j'offrirai, tu offriras, il/elle offrira
	nous offrirons, vous offrirez, ils/elles offriront
Conditionnel	j'offrirais, tu offrirais, il/elle offrirait
	nous offririons, vous offririez, ils/elles offriraient
Passé composé	j'ai offert, *etc.*
Plus-que-parfait	j'avais offert, *etc.*
Futur antérieur	j'aurai offert, *etc.*
Passé du conditionnel	j'aurais offert, *etc.*
Subjonctif	
Présent	que j'offre, que tu offres, qu'il/elle offre
	que nous offrions, que vous offriez, qu'ils/elles offrent
Impératif	offre, offrons, offrez

Infinitif	**ouvrir** 15
Participes	
Présent/Passé	ouvrant/ouvert
Indicatif	
Présent	j'ouvre, tu ouvres, il/elle ouvre nous ouvrons, vous ouvrez, ils/elles ouvrent
Imparfait	j'ouvrais, tu ouvrais, il/elle ouvrait nous ouvrions, vous ouvriez, ils/elles ouvraient
Passé simple	j'ouvris, tu ouvris, il/elle ouvrit nous ouvrîmes, vous ouvrîtes, ils/elles ouvrirent
Futur	j'ouvrirai, tu ouvriras, il/elle ouvrira nous ouvrirons, vous ouvrirez, ils/elles ouvriront
Conditionnel	j'ouvrirais, tu ouvrirais, il/elle ouvrirait nous ouvririons, vous ouvririez, ils/elles ouvriraient
Passé composé	j'ai ouvert, *etc.*
Plus-que-parfait	j'avais ouvert, *etc.*
Futur antérieur	j'aurai ouvert, *etc.*
Passé du conditionnel	j'aurais ouvert, *etc.*
Subjonctif	
Présent	que j'ouvre, que tu ouvres, qu'il/elle ouvre que nous ouvrions, que vous ouvriez, qu'ils/elles ouvrent
Impératif	ouvre, ouvrons, ouvrez

Infinitif	**plaire** 16
Participes	
Présent/Passé	plaisant/plu
Indicatif	
Présent	je plais, tu plais, il/elle plaît nous plaisons, vous plaisez, ils/elles plaisent
Imparfait	je plaisais, tu plaisais, il/elle plaisait nous plaisions, vous plaisiez, ils/elles plaisaient
Passé simple	je plus, tu plus, il/elle plut nous plûmes, vous plûtes, ils/elles plurent
Futur	je plairai, tu plairas, il/elle plaira nous plairons, vous plairez, ils/elles plairont
Conditionnel	je plairais, tu plairais, il/elle plairait nous plairions, vous plairiez, ils/elles plairaient
Passé composé	j'ai plu, *etc.*
Plus-que-parfait	j'avais plu, *etc.*
Futur antérieur	j'aurai plu, *etc.*
Passé du conditionnel	j'aurais plu, *etc.*
Subjonctif	
Présent	que je plaise, que tu plaises, qu'il/elle plaise que nous plaisions, que vous plaisiez, qu'ils/elles plaisent
Impératif	plais, plaisons, plaisez

Infinitif	**pouvoir 17**
Participes	
Présent/Passé	pouvant/pu
Indicatif	
Présent	je peux, tu peux, il/elle peut nous pouvons, vous pouvez, ils/elles peuvent
Imparfait	je pouvais, tu pouvais, il/elle pouvait nous pouvions, vous pouviez, ils/elles pouvaient
Passé simple	je pus, tu pus, il/elle put nous pûmes, vous pûtes, ils/elles purent
Futur	je pourrai, tu pourras, il/elle pourra nous pourrons, vous pourrez, ils/elles pourront
Conditionnel	je pourrais, tu pourrais, il/elle pourrait nous pourrions, vous pourriez, ils/elles pourraient
Passé composé	j'ai pu, *etc.*
Plus-que-parfait	j'avais pu, *etc.*
Futur antérieur	j'aurai pu, *etc.*
Passé du conditionnel	j'aurais pu, *etc.*
Subjonctif	
Présent	que je puisse, que tu puisses, qu'il/elle puisse que nous puissions, que vous puissiez, qu'ils/elles puissent
Impératif	—

Infinitif	**prendre 18**
Participes	
Présent/Passé	prenant/pris
Indicatif	
Présent	je prends, tu prends, il/elle prend nous prenons, vous prenez, ils/elles prennent
Imparfait	je prenais, tu prenais, il/elle prenait nous prenions, vous preniez, ils/elles prenaient
Passé simple	je pris, tu pris, il/elle prit nous prîmes, vous prîtes, ils/elles prirent
Futur	je prendrai, tu prendras, il/elle prendra nous prendrons, vous prendrez, ils/elles prendront
Conditionnel	je prendrais, tu prendrais, il/elle prendrait nous prendrions, vous prendriez, ils/elles prendraient
Passé composé	j'ai pris, *etc.*
Plus-que-parfait	j'avais pris, *etc.*
Futur antérieur	j'aurai pris, *etc.*
Passé du conditionnel	j'aurais pris, *etc.*
Subjonctif	
Présent	que je prenne, que tu prennes, qu'il/elle prenne que nous prenions, que vous preniez, qu'ils/elles prennent
Impératif	prends, prenons, prenez

Infinitif	**recevoir 19**
Participes	
Présent/Passé	recevant/reçu
Indicatif	
Présent	je reçois, tu reçois, il/elle reçoit nous recevons, vous recevez, ils/elles reçoivent
Imparfait	je recevais, tu recevais, il/elle recevait nous recevions, vous receviez, ils/elles recevaient
Passé simple	je reçus, tu reçus, il/elle reçut nous reçûmes, vous reçûtes, ils/elles reçurent
Futur	je recevrai, tu recevras, il/elle recevra nous recevrons, vous recevrez, ils/elles recevront
Conditionnel	je recevrais, tu recevrais, il/elle recevrait nous recevrions, vous recevriez, ils/elles recevraient
Passé composé	j'ai reçu, *etc.*
Plus-que-parfait	j'avais reçu, *etc.*
Futur antérieur	j'aurai reçu, *etc.*
Passé du conditionnel	j'aurais reçu, *etc.*
Subjonctif	
Présent	que je reçoive, que tu reçoives, qu'il/elle reçoive que nous recevions, que vous receviez, qu'ils/elles reçoivent
Impératif	reçois, recevons, recevez

Infinitif	**rire 20**
Participes	
Présent/Passé	riant/ri
Indicatif	
Présent	je ris, tu ris, il/elle rit nous rions, vous riez, ils/elles rient
Imparfait	je riais, tu riais, il/elle riait nous riions, vous riiez, ils/elles riaient
Passé simple	je ris, tu ris, il/elle rit nous rîmes, vous rîtes, ils/elles rirent
Futur	je rirai, tu riras, il/elle rira nous rirons, vous rirez, ils/elles riront
Conditionnel	je rirais, tu rirais, il/elle rirait nous ririons, vous ririez, ils/elles riraient
Passé composé	j'ai ri, *etc.*
Plus-que-parfait	j'avais ri, *etc.*
Futur antérieur	j'aurai ri, *etc.*
Passé du conditionnel	j'aurais ri, *etc.*
Subjonctif	
Présent	que je rie, que tu ries, qu'il/elle rie que nous riions, que vous riiez, qu'ils/elles rient
Impératif	ris, rions, riez

Infinitif	**savoir** 21

Participes

Présent/Passé	sachant/su

Indicatif

Présent	je sais, tu sais, il/elle sait
	nous savons, vous savez, ils/elles savent
Imparfait	je savais, tu savais, il/elle savait
	nous savions, vous saviez, ils/elles savaient
Passé simple	je sus, tu sus, il/elle sut
	nous sûmes, vous sûtes, ils/elles surent
Futur	je saurai, tu sauras, il/elle saura
	nous saurons, vous saurez, ils/elles sauront
Conditionnel	je saurais, tu saurais, il/elle saurait
	nous saurions, vous sauriez, ils/elles sauraient
Passé composé	j'ai su, *etc.*
Plus-que-parfait	j'avais su, *etc.*
Futur antérieur	j'aurai su, *etc.*
Passé du conditionnel	j'aurais su, *etc.*

Subjonctif

Présent	que je sache, que tu saches, qu'il/elle sache
	que nous sachions, que vous sachiez, qu'ils/elles sachent
Impératif	sache, sachons, sachez

Infinitif	**suivre** 22

Participes

Présent/Passé	suivant/suivi

Indicatif

Présent	je suis, tu suis, il/elle suit
	nous suivons, vous suivez, ils/elles suivent
Imparfait	je suivais, tu suivais, il/elle suivait
	nous suivions, vous suiviez, ils/elles suivaient
Passé simple	je suivis, tu suivis, il/elle suivit
	nous suivîmes, vous suivîtes, ils/elles suivirent
Futur	je suivrai, tu suivras, il/elle suivra
	nous suivrons, vous suivrez, ils/elles suivront
Conditionnel	je suivrais, tu suivrais, il/elle suivrait
	nous suivrions, vous suivriez, ils/elles suivraient
Passé composé	j'ai suivi, *etc.*
Plus-que-parfait	j'avais suivi, *etc.*
Futur antérieur	j'aurai suivi, *etc.*
Passé du conditionnel	j'aurais suivi, *etc.*

Subjonctif

Présent	que je suive, que tu suives, qu'il/elle suive
	que nous suivions, que vous suiviez, qu'ils/elles suivent
Impératif	suis, suivons, suivez

Infinitif	**valoir** 23
Participes	
Présent/Passé	valant/valu
Indicatif	
Présent	je vaux, tu vaux, il/elle vaut nous valons, vous valez, ils/elles valent
Imparfait	je valais, tu valais, il/elle valait nous valions, vous valiez, ils/elles valaient
Passé simple	je valus, tu valus, il/elle valut nous valûmes, vous valûtes, ils/elles valurent
Futur	je vaudrai, tu vaudras, il/elle vaudra nous vaudrons, vous vaudrez, ils/elles vaudront
Conditionnel	je vaudrais, tu vaudrais, il/elle vaudrait nous vaudrions, vous vaudriez, ils/elles vaudraient
Passé composé	j'ai valu, *etc.*
Plus-que-parfait	j'avais valu, *etc.*
Futur antérieur	j'aurai valu, *etc.*
Passé du conditionnel	j'aurais valu, *etc.*
Subjonctif	
Présent	que je vaille, que tu vailles, qu'il/elle vaille que nous valions, que vous valiez, qu'ils/elles vaillent
Impératif	vaux, valons, valez (*rare*)

Infinitif	**venir** 24
Participes	
Présent/Passé	venant/venu
Indicatif	
Présent	je viens, tu viens, il/elle vient nous venons, vous venez, ils/elles viennent
Imparfait	je venais, tu venais, il/elle venait nous venions, vous veniez, ils/elles venaient
Passé simple	je vins, tu vins, il/elle vint nous vînmes, vous vîntes, ils/elles vinrent
Futur	je viendrai, tu viendras, il/elle viendra nous viendrons, vous viendrez, ils/elles viendront
Conditionnel	je viendrais, tu viendrais, il/elle viendrait nous viendrions, vous viendriez, ils/elles viendraient
Passé composé	je suis venu(e), *etc.*
Plus-que-parfait	j'étais venu(e), *etc.*
Futur antérieur	je serai venu(e), *etc.*
Passé du conditionnel	je serais venu(e), *etc.*
Subjonctif	
Présent	que je vienne, que tu viennes, qu'il/elle vienne que nous venions, que vous veniez, qu'ils/elles viennent
Impératif	viens, venons, venez

Infinitif	**voir** 25
Participes	
Présent/Passé	voyant/vu
Indicatif	
Présent	je vois, tu vois, il/elle voit
	nous voyons, vous voyez, ils/elles voient
Imparfait	je voyais, tu voyais, il/elle voyait
	nous voyions, vous voyiez, ils/elles voyaient
Passé simple	je vis, tu vis, il/elle vit
	nous vîmes, vous vîtes, ils/elles virent
Futur	je verrai, tu verras, il/elle verra
	nous verrons, vous verrez, ils/elles verront
Conditionnel	je verrais, tu verrais, il/elle verrait
	nous verrions, vous verriez, ils/elles verraient
Passé composé	j'ai vu, *etc.*
Plus-que-parfait	j'avais vu, *etc.*
Futur antérieur	j'aurai vu, *etc.*
Passé du conditionnel	j'aurais vu, *etc.*
Subjonctif	
Présent	que je voie, que tu voies, qu'il/elle voie
	que nous voyions, que vous voyiez, qu'ils/elles voient
Impératif	vois, voyons, voyez

Infinitif	**vouloir** 26
Participes	
Présent/Passé	voulant/voulu
Indicatif	
Présent	je veux, tu veux, il/elle veut
	nous voulons, vous voulez, ils/elles veulent
Imparfait	je voulais, tu voulais, il/elle voulait
	nous voulions, vous vouliez, ils/elles voulaient
Passé simple	je voulus, tu voulus, il/elle voulut
	nous voulûmes, vous voulûtes, ils/elles voulurent
Futur	je voudrai, tu voudras, il/elle voudra
	nous voudrons, vous voudrez, ils/elles voudront
Conditionnel	je voudrais, tu voudrais, il/elle voudrait
	nous voudrions, vous voudriez, ils/elles voudraient
Passé composé	j'ai voulu, *etc.*
Plus-que-parfait	j'avais voulu, *etc.*
Futur antérieur	j'aurai voulu, *etc.*
Passé du conditionnel	j'aurais voulu, *etc.*
Subjonctif	
Présent	que je veuille, que tu veuilles, qu'il/elle veuille
	que nous voulions, que vous vouliez, qu'ils/elles veuillent
Impératif	veuille, veuillons, veuillez

Vocabulaire

Vocabulaire Français-anglais

The vocabulary contains all words that appear in the **Introduction, Présentation, Préparation,** and **Synthèse** sections except articles, identical cognates, and vocabulary appearing in the **Notes culturelles.** Irregular noun plurals are included, as are irregular feminine and plural forms of adjectives.

Abbreviation

adj	adjective	*m*	masculine
coll	colloquial	*pl*	plural
f	feminine	*pp*	past participle
irr	irregular	*s*	singular

A

à at, in, to; — **mon avis** in my opinion; — **cause de** because of; — **côté de** beside; — **droite** to the right; — **gauche** to the left; — **la fois** both, at the same time; — **genoux** on one's knees; — **moins que** unless; — **la télé** on TV; — **peu près** approximately, about
abandonner to abandon
abolir to abolish
absence *f* absence
absolu absolute
absolument absolutely
abusif, abusive abusive, harmful
accentuer to emphasize, accentuate
accès *m* access
acclamer to cheer, acclaim
accompagner to accompany
accomplir to accomplish
accord *m* agreement; **être d'—** to agree
accorder to grant
accueillant hospitable
achat *m* purchase; **faire des —s** to go shopping

acheter to buy
acte *m* act
acteur *m*, **actrice** *f* actor, actress
actif, active active
activité *f* activity
actualités *f pl* news
actuel, actuelle present
addition *f* bill, addition
additionner to add
admettre *irr* to admit
admirateur *m*, **admiratrice** *f* admirer
adorer to like, adore
adresse *f* address
adversaire *m* adversary, enemy
aéroport *m* airport
affaires *f pl* business
affiche *f* poster, notice
affirmer to affirm
afin que in order that
africain African
Afrique *f* Africa
âgé old
agence *f* agency, bureau; — **de voyage** travel agency
agent (de police) *m* policeman
agir to act
agréable pleasant, nice
agréablement pleasantly

agressivité *f* aggressiveness
agriculteur *m* farmer
aider to help, aid
ailleurs elsewhere; **d'—** besides
aimer to like, love
ainsi thus, so
ajouter to add
Algérie *f* Algeria
algérien, algérienne Algerian
aliment *m* food, nourishment
alimentaire pertaining to food
Allemagne *f* Germany
allemand German
aller *irr* to go; — **à la pêche** to go fishing; — **à pied** to walk; — **bien** to be fine; — **chercher** to go get; — **en classe** to go to class; — **bien** to be fine
alors then
alpiniste *m & f* mountain climber
amant *m* lover
amateur *m* enthusiast
ambitieux, ambitieuse ambitious
ambition *f* ambition
améliorer to improve
américain American
Amérique *f* America
ami *m*, **amie** *f* friend; **petit —** boyfriend; **petite —e** girlfriend

amnésique *m* amnesiac
amour *m* love
amoureux, amoureuse pertaining to love
amplifier to amplify
amusant funny, amusing
amuser to amuse; **s'—** to have a good time
an *m* year; **par —** a year; **le Nouvel —** New Year's
analyse *f* analysis
ancêtre *m* ancestor
ancien, ancienne former, previous, old
anglais English
Angleterre *f* England
animal *m*, **animaux** *pl* animal
animé lively, animated; **les dessins —s** comics
année *f* year
anniversaire *m* birthday
annoncer to announce
annuellement annually
anonymité *f* anonymity
anthropologie *f* anthropology
anxiété *f* anxiety
août *m* August
apercevoir *irr* to notice, see; **s'— de** to realize, notice
apéritif *m* before-dinner drink
appareil *m* machine; **—-photo** camera
apparemment apparently
apparition *f* apparition, appearance
appartement *m* apartment
appartenir to belong
appeler to call, name; **s'—** to be named
appliquer to apply
apporter to bring
apprécier to appreciate
apprendre *irr* to learn, teach
approbation *f* approval
approprié appropriate
après after
après-midi *m* afternoon
arabe *m* Arab, Arabic
arbre *m* tree; **— généalogique** family tree
architecture *f* architecture
arme *f* weapon
armée *f* army
arrêt *m* stop

arrêter to stop, arrest
arrivée *f* arrival
arriver to arrive, happen
arrondi rounded, round
arrondissement *m* district, precinct (of Paris)
artificiel, artificielle artificial
artistique artistic
ascenseur *m* elevator
Asie *f* Asia
aspect *m* look, appearance, aspect
aspirine *f* aspirin
assassiner to assassinate, kill
s'asseoir *irr* to sit down
assez enough, rather; **j'en ai —** I've had it!
assiette *f* plate
assister à to attend
associé associated
assurer to assure, insure
astrologie *f* astrology
athlète *m* & *f* athlete
Atlantique *f* Atlantic
atomique atomic
attaché attached
attendre *irr* to wait, to wait for
attention *f* attention; **—!** watch out! **faire —** to pay attention
attentivement carefully, attentively
attirer to attract
attraper to catch
attribuer to attribute
au to, at, in; **— bas de** at the bottom of; **— contraire** on the contrary; **— cours de** during; **— début** at the beginning; **—-dessous de** under; **—-dessus de** above; **— lieu de** instead of; **— milieu de** in the middle of; **— moins** at least; **— revoir** good-bye; **— sérieux** seriously; **— sujet de** about
auberge *f* inn
aucun no, none
augmentation *f* increase
augmenter to increase
aujourd'hui today
aussi too, also; **— . . . que** as . . . as
aussitôt que as soon as
autant as much, as many
auteur *m* author

authenticité *f* authenticity
auto *f* car, auto
autobus *m* bus
automne *m* autumn
automobiliste *m* & *f* driver
autoritaire authoritarian, strict
autorité *f* authority
autour around
autre other, another; **d'— part** on the other hand
autrefois formerly
autrement otherwise; **— dit** in other words
Autriche *f* Austria
aux to, in, with; **— Etats-Unis** in, to the United States
avance: à l'— in advance; **être en —** to be early
avant (de) (que) before
avantage *m* advantage
avec with
avenir *m* future
aventure *f* adventure
avion *m* airplane; **en —** by plane
avis *m* opinion; **à votre —** in your opinion; **changer d'—** to change one's mind
avocat *m* lawyer
avoir *irr* to have; **— 20 ans** to be twenty; **— besoin de** to need; **— de la chance** to be lucky; **— chaud** to be warm; **— en commun** to have in common; **— envie de** to feel like, want to; **— faim** to be hungry; **— froid** to be cold; **— lieu** to take place; **— l'occasion** to have the chance; **— mal aux dents** to have a toothache; **— mal à la tête** to have a headache; **— peur** to be afraid; **—raison** to be right; **— rendez-vous** to have a date or appointment; **— soif** to be thirsty; **— tort** to be wrong
avril *m* April

B

baccalauréat *m* (coll **le bac**) French lycée diploma
bagarre *f* brawl
bagnole *f* coll. car

bain *m* bath; **la salle de —** bathroom

baiser *m* kiss

bal *m* dance, ball

balles *f pl coll* dough, francs

banane *f* banana

bananier *m* banana tree

bande *f* band; **— dessinée** cartoon

banlieue *f* suburb

banque *f* bank

barman *m* bartender

bas *m* lower part; **à —** down with; **au — de** at the bottom of; **là-—** there, over there

bataille *f* battle

bateau *m*, **bateaux** *pl* boat, ship; **par —** by ship

battre to beat; **se —** to fight

bavarder to chat

beau, bel, belle, beaux, belles beautiful; **Il fait —** The weather is nice.

beaucoup much, many, a lot

beau-père *m* father-in-law

beauté *f* beauty

bébé *m* baby

belge *m & f* Belgian

Belgique *f* Belgium

belle *f* beautiful

belle-mère *f* mother-in-law

besoin *m* need; **avoir — de** to need

bête stupid

bête *f* beast, animal

béton *m* concrete

beurre *m* butter

bibliothèque *f* library

bicyclette *f* bicycle

bien well, very, quite; **— sûr** of course; **eh —** well, so; **— entendu** of course; **— des** many; **— que** although

bientôt soon; **à —** (*see you*) soon

bière *f* beer

bifteck *m* beefsteak

bilingue bilingual

biologie *f* biology

bizarre weird, odd

blanc, blanche white

blessé hurt, wounded

bleu blue

boeuf *m* beef, ox

boire *irr* to drink

boisson *f* drink

boîte *f* box, can; **— de nuit** nightclub

bombe *f* bomb

bon, bonne good; **—marché** cheap; **le — vieux temps** the good old days

bonheur *m* happiness

bonjour hello, good day

bonsoir good evening

bord *m* edge; **au — de la mer** at the seashore

bosser *coll* to work hard

bouche *f* mouth

boucher *m* butcher

boucherie *f* butcher shop

bouffer *coll* to eat greedily, to gobble

boulangerie *f* bakery

boulot *m coll* work, job

bouquin *m coll* book

bourgeois *m* middle-class, bourgeois

bouteille *f* bottle

boutique *f* shop, store

bras *m* arm; **—-dessus —-dessous** arm in arm; **avoir le — long** to have connections

brasserie *f* brewery, tavern

Brésil *m* Brazil

Bretagne *f* Brittany, province in northwestern France

brièvement briefly

se brosser to brush

brousse *f* brush, bush

bruit *m* noise

brun brown

brutalement brutally, suddenly

Bruxelles Brussels

bruyant noisy

bulletin *m* bulletin; **— météorologique** the weather report

bureau *m* office; **— de poste** post office; **— de tabac** tobacco shop

but *m* aim, goal

C

ça (cela) that, it

cacher to hide

cachette *f* hiding place; **en —** on the sly

café *m* coffee, café

calculer to calculate; **une machine à —** adding machine

calé *coll* good

Californie *f* California

camarade *m & f* pal, friend; **— de chambre** *m & f* roommate

cambrioler to burglarize

cambrioleur *m* burglar

camelot *m* street vendor

caméra *f* movie camera

campagne *f* country, campaign

camper to camp

camping *m* camping; **faire du —** to go camping

canadien, canadienne Canadian

canne à sucre *f* sugar cane

canot *m* canoe, boat

capacité *f* capacity, ability

capitale *f* capital

capitalisme *m* capitalism

car for, because

caractère *m* character, personality

caractériser to characterize

caractéristique *f* characteristic

carême *m* Lent

carotte *f* carrot

carte *f* card, map; **— postale** postcard

cas *m* case

casser to break; **— les pieds** *coll* to bother, be a drag; **se —** to break; **se — la tête** *coll* to rack one's brain

catastrophe *m* catastrophy

catégorie *f* category

cathédrale *f* cathedral

catholique Catholic

cauchemar *m* nightmare

cause *f* cause; **à — de** because of

ce it, that, he, she, they

ce, cet, cette this, that; **ces** these, those; **ce . . . -ci** this; **ce . . . -là** that

ce que (*object*) what, which

ce qui (*subject*) what, which

ceci this

cela that

célèbre famous

célébrer to celebrate

célébrité *f* celebrity

célibataire *m & f* bachelor, single woman

celui, celle the one; ceux, celles
the ones
cendre f ash
cendrier m ashtray
cent hundred
centaine f around one hundred
centre m center
cercle m circle
cerise f cherry
ces see ce
cesse f cease; sans cesse
endlessly
cet see ce
cette see ce
ceux see celui
chacun each
chagrin m sorrow, sadness
chaîne f chain; —
stéréophonique stereo
chambre f bedroom; camarade
de — roommate
champion m, championne f
champion
chance f luck; avoir de la — to
be lucky
changement m change
chanson f song
chanter to sing
chanteur m, chanteuse f singer
chapeau m hat
chapitre m chapter
chaque each
char m float
charcuterie f pork butcher shop
charmant charming, delightful
charme m charm
chasser to hunt
chat m cat
château m castle
chaud warm; avoir — to be
warm, hot (of persons); faire —
to be warm, hot (of weather)
chauffeur m driver
chaussette f sock
chaussure f shoe
chauvinisme m chauvinism
chef m head, leader
chemin m path, road; demander
son — to ask one's way
chemise f shirt
cher, chère dear, expensive
chercher to look for
cheveux m pl hair
chez to (at) the house of, to (at)
the place of business of

chien m dog
chimie f chemistry
chimique chemical
chinois Chinese
chocolat m chocolate
choisir to choose
choix m choice
chômage m unemployment
chose f thing
chouette coll neat, cool
cidre m cider
ciel m sky
cigarette f cigarette
cimetière m cemetery
cinéaste m film technician
cinéma m movies
cinq five
cinquante fifty
circonstance f circumstance
citer to quote, cite
civilisation f civilization
clair clear
classe f class; aller en — to go to
class
classique classical, classic
client m customer
climat m climate
cœur m heart
coïncidence f coincidence
coin m corner
colère f anger; se mettre en — to
become angry
colline f hill
colonie f colony; — de vacances
summer camp
colonisation f colonization
coloniser to colonize
colonne f column
combien how much, how many;
— de temps how long
comédien m, comédienne f
comedian
comité m committee
commandement m
commandment
commander to order
comme like, as, how, as if; —
dessert for dessert
commémorer to commemorate
commencer to begin
comment how
commentaire m comment
commerçant m small
businessman
commerce m business, trade

commettre irr to commit
commun common
communauté f community
communiquer to communicate
communisme m Communism
compagnie f company
compétitif, compétitive
competitive
complet m suit
complètement completely
complexité f complexity
compliqué complicated
comportement m behavior
composer to comprise, compose
compositeur m composer
composition f composition, term
paper
comprendre irr to understand
compris (pp of comprendre)
understood, included
compatabilité f accounting
compter to count
comte m count (title)
concentrer to concentrate
concerner to concern; en ce qui
concerne concerning
concilier to reconcile
concours m contest, competition
condamner to condemn
condition f condition; à — que
on the condition that
conditionnement m conditioning
conducteur m driver
conduire irr to drive; se — to
behave
conférence f lecture, conference
confiance f confidence; faire — à
to trust
confier to entrust; se — à to
confide in
conflit m conflict
conformisme m conformity
conformiste conformist
confort m comfort
confortable comfortable
congrès m congress
conjuger to conjugate
connaissance f acquaintance,
—s knowledge; faire la — to
meet
connaître irr to know, be
acquainted with
connu (pp of connaître) known
conquérant m conqueror
consacrer to devote, give

conscient conscious
conseil *m* council, advice
conseiller to advise
conseiller *m* advisor
conséquent: par — consequently
conservateur, conservatrice conservative
consommation *f* consumption, use
consommer to consume, use
constamment constantly
constituer to constitute
construire *irr* to build, construct
contaminer to contaminate
contemporain contemporary
se contenter to be happy, be content
contraire *m* opposite, contrary; au — on the contrary
contre against; par — on the other hand
contrôle *m* control
conversation *f* conversation
convertir to convert
copain *m*, copine *f* friend, pal
copie *f* copy
copier to copy
corail *m* coral
corps *m* body
correspondre to correspond
corriger to correct
corroborer to corroborate
côte *f* coast; la Côte d'Azur the French Riviera
côté *m* side, direction, way; à — de beside
cou *m* neck
se coucher to go to bed
couleur *f* color
coupe *f* cup
couper to cut
cour *f* court
courageusement courageously
courageux, courageuse brave, courageous
courir *irr* to run
courrier *m* mail
cours *m* class, course; au — de during, in the course of; en — under way, in progress
course *f* race
court short
couscous *m* *national dish of Algeria*
couteau *m* knife

coûter to cost
coutume *f* custom, habit
couturier *m*, couturière *f* dressmaker, designer
couvert (*pp of* couvrir) covered; le ciel est — it's cloudy
couvrir *irr* to cover
craie *f* chalk
cravate *f* tie
crayon *m* pencil
créateur, créatrice creative
créativité *f* creativity
créer to create
cri *m* cry, shout
crier to shout, cry out
criminalité *f* crime
crise *f* crisis; la — de l'énergie energy crisis
critique *m* critic
critiquer to criticize
croire *irr* to believe, think
cruel, cruelle cruel
cuiller *f* spoon
cuisine *f* food, kitchen, cuisine; faire la — to cook
cuit cooked
cultivé educated, cultured
cultiver to cultivate
culturel, culturelle cultural
curé *m* parish priest
curieux, curieuse curious
curiosité *f* curiosity
cynique cynical

D

d'abord first (of all)
d'accord: être — to agree
dame *f* lady, woman
Danemark *m* Denmark
danger *m* danger; être en — to be in danger
dangereusement dangerously
dangereux, dangereuse dangerous
dans in, into, within
danse *f* dance
danser to dance
danseur, danseuse dancer
dauphin *m* dolphin
davantage more
de of, from, by, in; (*as partitive*) some, any
débarquer to land

se débrouiller to manage, get along
début *m* beginning; au — at the beginning
débutant beginner
décembre *m* December
déception *f* disappointment
décevoir *irr* to disappoint, to deceive
décision *f* decision; prendre une — to make a decision
décorateur *m*, décoratrice *f* decorator
décorer to decorate
décourager to discourage
découvert (*pp of* découvrir) discovered
découverte *f* discovery
découvrir *irr* to discover
décrire *irr* to describe
déçu (*pp of* décevoir) disappointed
défaite *f* defeat
défaut *m* fault, shortcoming
défendre to forbid, defend
défilé *m* parade
défiler to parade, march
définir to define
définitif, définitive final, definitive
définitivement definitely, finally
degré *m* degree
déguisement *m* disguise
déguiser to disguise
dehors outside
déjà already
déjeuner to eat lunch
déjeuner *m* lunch; petit — breakfast
délicieux, délicieuse delicious
délinquance *f* delinquency
déluge *m* flood, deluge
demain tomorrow; à — see you tomorrow
demander to ask; se — to wonder
démarche *f* walk, pace, bearing
demi half
démocratie *f* democracy
démontrer to demonstrate, point out
dent *f* tooth; avoir mal aux —s to have a toothache se brosser les —s to brush one's teeth
départ *m* departure, start
se dépêcher to hurry
dépendre to depend

dépenser to spend
dépenses *f pl* expenses
déplaire *irr* to displease, offend
déprimant depressing
depuis since, for, after, from
dernier, dernière last, most recent
derrière behind
des some, any; from the; of the
dès que as soon as
désagréable unpleasant
désastre *m* disaster
descendre to descend, go down, come down
désespoir *m* despair
désir *m* desire
désobéir to disobey
désorienté bewildered
desquels *see* **lequel**
dessein *m* plan, design
dessin *m* drawing, sketch
dessinateur *m*, **dessinatrice** *f* draftsman, cartoonist
dessiner to draw, sketch; **les bandes dessinées** cartoons
dessous under; **ci-—** below
dessus above; **au-— de** *prep* over, above; **ci-—** *adv* above; **bras-— bras-dessous** arm in arm
destin *m* fate, destiny
se détacher move away
détaillé detailed
se détendre to relax
détester to hate
deux two
devant in front of, before
développement *m* development
devenir *irr* to become
devenu (*pp of* **devenir**) became
deviner to guess
devoir *irr* must, ought, have to
devoirs *m pl* homework, chores
diagnostic *m* diagnosis
diamant *m* diamond
dictionnaire *m* dictionary
dicton *m* saying, maxim
Dieu *m* God
difficile hard, difficult
difficilement with difficulty
difficulté *f* difficulty
digestif *m* after-dinner drink
dimanche *m* Sunday
diminuer to lessen, diminish
dîner *m* supper, dinner
dîner to dine, eat dinner

diplomatique diplomatic
diplôme *m* diploma, degree
dire *irr* to say, tell; **c'est-à-dire** that is to say; **vouloir —** to mean
directement directly
directeur, directrice director
diriger to direct, guide
discours *m* speech
discret, discrète discreet
discuter to discuss
disparaître *irr* to disappear
disparu (*pp of* **disparaître**) disappeared
disque *m* record
dissatisfait dissatisfied
distingué distinguished
distraction *f* leisure-time activity, amusement, distraction
distribuer to pass out, distribute
divers different, various
diversité *f* diversity
diviser to divide
dix ten
dizaine *f* around ten
docteur *m* doctor
documentaire *m* documentary
doigt *m* finger
domaine *m* area, domain
dominer to dominate
dommage *adv* too bad
donc then, so, therefore
donner to give
dont whose, of whom, of which
dormir to sleep
dos *m* back
douane *f* customs
doute *m* doubt; **sans —** probably
douter to doubt
douzaine *f* dozen
douze twelve
dramatique dramatic
drame *m* play, drama, story
drogue *f* drug, drugs
droit *m* right, law
droit straight, right; **tout —** straight (ahead)
droite *f* right; **à —** to the right
du from, of; (*as partitive*) some, any
dû, due (*pp of* **devoir**) must, have to, due to
duquel *m* of which
dur hard; **travailler —** to work hard

durer to last
dynamique dynamic
dynastie *f* dynasty

E

eau *f* water
éblouissant dazzling
écaille *f* scale
échange *m* exchange
échec *m* failure
école *f* school
écologie *f* ecology
écologique ecological
économe economical, thrifty
économique economical
Ecosse *f* Scotland; **la Nouvelle —** Nova Scotia
écouter to listen to
écrire *irr* to write
éditeur *m* editor
éducateur *m*, **éducatrice** *f* educator
éducation *f* up-bringing, education
éducatif, éducative educational
éduquer to educate
effet *m* effect; **en —** in fact, as a matter of fact
également equally
église *f* church
Egypte *f* Egypt
égyptien, égyptienne Egyptian
eh bien well, so
élargir to broaden
électricien *m* electrician
électricité *f* electricity
électrique electric
élémentaire elementary
élève *m & f* pupil, student
éliminer to eliminate
elle she, it; her; **elles** *f pl* they, them; **—même** herself; **—s-mêmes** themselves
émancipé freed, emancipated
embouchure *f* mouth
embouteillage *m* traffic jam
embrasser to kiss, hug
émission *f* broadcast
emmener to take (away)
émouvant moving, touching
empêcher to prevent
empereur *m* emperor
emploi *m* job, work
employer to use

emprisonner to imprison
en of it, of them, some, any; in, into; — **colère** angry; — **effet** in fact; — **face de** across from; — **tête** ahead; —**tout cas** at any rate; — **train de** in the process of; — **vacances** on vacation; — **ville** downtown
enchère f bid; **vente aux — s** auction
encore still, yet, even; — **une fois** once again
encourageant encouraging
encourager to encourage
encyclopédie f encyclopedia
endroit m place, spot
énergie f energy
énergique energetic
enfance f childhood
enfant m & f child
enfin finally, at last, after all
engourdir to grow numb
enlèvement m kidnapping, abduction
ennuyer to bore
énorme enormous
enrichir to enrich
enseignement m teaching
enseigner to teach
ensemble together
ensuite next, then
entendre to hear; **s'—** to get along
entendu (pp of **entendre**) heard; **bien —** of course
enterrement m burial
enterrer to bury
enthousiasme m enthusiasm
enthousiaste enthusiastic
entier, entière entire, whole
entourer to surround
entraîner to carry away
entre between, among
entrée f entrance, entrée
entreprenant ambitious, shrewd, enterprising
entrer to enter
entretien m maintenance
entrevue f interview
envers toward, in regard to
envie f desire, envy; **avoir — de** to feel like, want to
environ about, around
envoyer to send
épaule f shoulder

épicerie f grocery store
épinards m pl spinach
époque f time, period; **à cette —-là** at that time, in those days
éprouver to feel
équipe f team
équipement m equipment
erreur f error, mistake
escalier m stairs
espace m space
Espagne f Spain
espagnol Spanish
espèce f type, species
espérer to hope
espoir m hope
esprit m mind, spirit
esquimau m Eskimo
essayer to try, try on
essentiel, essentielle essential
est m east
esthétique esthetic
estomac m stomach
et and
établir to establish, set up
établissement m establishment
étage m floor
étape f stage
état m state; **les Etats-Unis** the United States
été m summer; **en —** in the summer
été (pp of **être**) been
éternellement eternally
éternité f eternity
ethnique ethnic
étiquette f label
étrange strange, odd
étranger, étrangère foreign, foreigner
être irr to be
être m being
étude f study; **faire des —s** to study
étudiant m student
étudier to study
eu (pp of **avoir**) had
européen, européenne European
eux m pl them; **—-mêmes** themselves
évaluer to evaluate
événement m event
évidemment evidently
éviter to avoid
évocatif, évocative evocative
évoluer to evolve

évoquer to evoke
exact exact, precise, right
exactement exactly
examen m test, exam
excepté except, with the exception of
exceptionnel, exceptionnelle exceptional
excès m excess
exemple m example; **par —** for example
exercer to do, practice; — **un métier** practice a trade
exercice m exercise
exotique exotic
expérience f experience, experiment
explication f explanation
expliquer to explain
explorateur m explorer
exploser to explode
explosif m explosive
exposition f exhibition, exhibit
exprimer to express

F

fabrication f manufacture, construction
fabriquer to manufacture, make
face f face; **en — de** across
facile easy
facilement easily
faciliter to simplify, facilitate
façon f way, manner
faible weak
faim f hunger; **avoir —** to be hungry
faire irr to do, make; — **attention** to pay attention; — **beau (temps)** to be fine weather; — **du camping** to camp; — **la connaissance de** to meet; — **la cuisine** to do the cooking; — **grève** to strike; — **le marché** to do the shopping; — **le ménage** to do the housework; — **partie** to be a part, to belong; — **peur à** to frighten; — **une promenade** to take a walk; — **des rêves** to dream; — **du ski** to ski; — **du sport** to participate in sports; — **un voyage** to take a trip; — **du vent** to be windy

fait *m* fact
falloir *irr* to be necessary
familial family
famille *f* family
fantaisie *f* fantasy, fancy, imagination
fantastique fantastic
fascinant fascinating
fataliste fatalist
fatigant tiring
fatiguer to fatigue, tire
fauché *coll* broke
faux, fausse false, incorrect; **vrai ou —** true or false
faveur *f* favor; **en —** in favor
favori, favorite favorite
féministe feminist
femme *f* woman, wife
ferme *f* farm
fermer to close, shut
festivité *f* festivity
fête *f* festival, holiday
fêter to celebrate
feu *m* fire; **le — rouge** red light
février *m* February
fidèle faithful, loyal
fier, fière proud
fièrement proudly
fierté *f* pride
figuré figurative
fille *f* daughter, girl
film *m* film, movie; **— policier** detective film
fils *m* son
fin *f* end
finalement finally
financier, financière financial
finir to finish, end; **— par** to end up, finally
finlandais Finnish
Finlande *f* Finland
fleur *f* flower
Floride *f* Florida
foi *f* faith, belief
foie *m* liver
fois *f* time; **encore une —** again, once more; **une — par jour** once a day
folklorique popular, folk; **les danses —** folk dances
fonction *f* function, job
fonctionner to run, work, function
fondamental fundamental
fondateur *m* founder

fonder to found, establish
football *m* soccer
force *m* force, strength
forcer to force, make, oblige
forêt *f* forest
formation *f* training, education
forme *f* form, kind
formidable great, terrific
formuler to formulate
fort very, strong, loud
fourchette *f* fork
frais, fraîche fresh
franc *m* franc
français French
francophone French-speaking
francophonie *f* countries or areas where French is spoken
fréquemment frequently
fréquenter to frequent, go often
frère *m* brother
fric *m coll* money, dough
frigo *m coll* refrigerator
frivolité *f* frivolity
froid *m* cold; **avoir —** to be cold (*of persons*); **faire —** to be cold (*of weather*)
fromage *m* cheese
frontière *f* border
frotter to rub
frustré frustrated
fumée *f* smoke
fumer to smoke
furieux, furieuse furious, mad
futur *m* future

G

gagner to win, earn; **— sa vie** to earn one's living
garagiste *m* mechanic, service-station owner
garçon *m* boy, waiter
garder to keep, hold
gardien *m* watchman
gare *f* railway station
gaspillage *m* waste
gâteau *m* cake
gauche *m* left
généalogie *f* genealogy
généalogique: arbre — family tree
généalogiste *m & f* genealogist
général general; **en —** in general, generally

généralement generally
généralisation *f* generalization
généraliser to generalize
génération *f* generation
générosité *f* generosity
Genève Geneva
genou *m* knee; **à —x** on one's knees
genre *m* kind, type
gens *m & f pl* people, persons
gentil, gentille nice, kind
géographie *f* geography
geste *m* gesture
gigantisme *m* enormity
glace *f* ice, ice cream
gorge *f* throat
goût *m* taste
gouvernement *m* government
gouvernemental, gouvernementaux *pl* governmental
gouverner to govern, control
grace à thanks to
graisser to grease
grammaire *m* grammar
grand big, large, great, important, tall
grandir to grow up
grands-parents *m pl* grandparents
gratitude *f* gratitude
gratuit free
grave serious
grec, grecque Greek
Grèce *f* Greece
grève *f* strike; **faire —** to strike, go on strike
grillade *f* grilled meat
gros, grosse large, big, fat
groupe *m* group
gruyère *m* type of Swiss cheese
guerre *f* war; **la première — mondiale** the First World War
guider to guide, direct
guitare *f* guitar
gymnastique *f* gymnastics; **faire de la —** to exercise

H

Words beginning with an aspirate **h** are indicated by an asterisk (*).

habiller to dress; **s'—** to get dressed

habitant *m* inhabitant
habiter to live, dwell, inhabit
habitude *f* habit, custom
habituellement habitually
habituer to accustom
*haine *f* hatred
*hanche *f* hip
*handicappé *m* handicappée *f*
  handicapped person
*haricot *m* bean; les —s verts
  green beans
*hasard *m* chance
*hausser to raise, lift
héritage *m* heritage
*héros, héroïne hero, heroine
hésitation *f* hesitation
hésiter to hesitate
heure *f* hour, time (of day),
  o'clock; à l'— on time; de
  bonne — early; de l'— an
  hour; vers dix —s around 10
  o'clock; une demi-— a half
  hour
heureusement fortunately,
  happily
heureux, heureuse happy
hier *m* yesterday; — soir last
  night, last evening
hiéroglyphes *m pl* hieroglyphics
hindou *m* Hindu
histoire *f* story, history
historique historical
hiver *m* winter
*Hollande *f* Holland
*homard *m* lobster
homme *m* man
*Hongrie *f* Hungary
*hongrois Hungarian
honnête honest
*honte *f* shame; avoir — to be
  ashamed
hôpital *m* hospital
horizontalement horizontally
horoscope *m* horoscope
*hors d'oeuvre *m pl* appetizer
hôtel *m* hotel
hôtesse *f* hostess
*huit eight
humain human
humeur *f* mood; être de bonne
  (mauvaise) — to be in a good
  (bad) mood
humour *m* humor
hydraulique hydraulic

hymne *m* anthem
hypocrisie *f* hypocrisy
hypocrite hypocritical

I

ici here
idée *f* idea
identifier to identify
identité *f* identity
idiot idiotic
il he, it; ils *m pl* they; il y a there
  is (are); ago
illustre famous
illustrer to illustrate
île *f* island
image *f* picture, image
imaginaire imaginary
imagination *f* imagination
imaginer to imagine
imiter to copy, imitate
immédiatement immediately
immensité *f* immensity
immeuble *m* building, apartment
  building
impersonnel, impersonnelle
  impersonal
importance *f* importance
impression *f* impression
impressionnant impressive
impressionner to impress
imprudent rash, not smart, not
  careful
impulsif, impulsive impulsive
impulsivement impulsively
incertitude *f* uncertainty
incliner: s'— to bow
inconsciemment unconsciously
Inde *f* India
indépendance *f* independence
indépendant independent
indication *f* indication
indien, indienne Indian
indiquer to indicate, show
indiscret, indiscrète indiscreet,
  nosy
indiscrétion *f* indiscretion
individu *m* individual
individualiste individualistic
individualité *f* individuality
individuel, individuelle individual
Indo-Chine *f* Indochina
industrie *f* industry
industriel, industrielle industrial

inévitabilité *f* inevitability
inexplicable unexplainable
influence *f* influence
ingénieur *m* engineer
inhabituel, inhabituelle
  unhabitual, rare
injuste unfair, unjust
injustement unjustly
injustice *f* injustice
innocence *f* innocence
inquiet, inquiète uneasy, worried
inscription *f* inscription
inscrire *irr* to inscribe
insecte *m* insect
insécurité *f* insecurity
inspection *f* inspection
inspiration *f* inspiration
institut *m* institution, institute
instruction *f* education,
  instruction
insulte *f* insult
intellectuel, intellectuelle
  intellectual
intellectuellement intellectually
intelligemment intelligently
interdire *irr* to prohibit, forbid
interdit (*pp of* interdire)
  forbidden
intéressant interesting
intéresser to interest; s'— à to be
  interested in
intérêt *m* interest
intérieur interior; à l'— inside
intérieurement inside, on the
  inside
interprète *m* interpreter
interroger to interrogate
interviewer to interview
intimement intimately
intitulé intitled
intriguer to fascinate, intrigue
introduire *irr* to introduce
inutile useless
inventaire *m* inventory
invité, invitée guest
Irlande *f* Ireland
irrationnel, irrationnelle
  irrational
irrégulier, irrégulière irregular
irresponsable irresponsible
isolé isolated, deserted
isolement *m* isolation
Italie *f* Italy
italien, italienne Italian

italique: en — in italics
ivre drunk

J

jaloux, jalouse jealous
jamais never, ever; ne . . . — never
jambe f leg
jambon m ham
janvier m January
Japon m Japan
japonais Japanese
jardin m garden
jaune yellow
je I
jeu m game; les Jeux Olympiques the Olympic Games
jeudi m Thursday
jeune young
jeunesse f youth
joie f joy
joli pretty
joue f cheek
jouer to play
jouet m toy
joueur m, joueuse f player
jour m day; deux fois par — twice a day; tous les —s every day; huit —s one week; quinze —s two weeks
journal m, journaux pl newspaper
journalisme m journalism
journaliste m & f journalist
journée f day
juge m judge
juillet m July
juin m June
juridique judicial
jusque as far as, until, up to
juste just, correct, right
justifier to justify

K

kilo (= kilogramme) m kilogram

L

la the; it, her
là there; —-bas (over) there; ce jour-— that day
laboratoire m laboratory

lac m lake
laisser to leave, let, allow
lait m milk
langage m language
langue f language, tongue
laquelle, f which one; lesquelles pl which ones
laver to wash; se — to wash (oneself); machine à — washing machine
le the; it, him
lèche-vitrine m: faire du — coll to window-shop
leçon f lesson
lecteur m, lectrice f reader
légende f legend
légume m vegetable
lent slow
lentement slowly
lequel m which one; lesquels pl which ones
les the; them
lettre f letter; l'étude des —s study of humanities
leur their; (to) them
lever raise; se — get up
liaison f relationship
libéral, m, pl. libéraux liberal
libérer to liberate
liberté f freedom, liberty
librairie f bookstore
libre free
lien m tie
lieu m place; au — de instead of; avoir — to take place
ligne f line, figure
limite f limit; — de vitesse speed limit
linguistique linguistic
liqueur m liquor
lire irr to read
liste f list
litre m liter
littéraire literary
littérature f literature
livre m book
localité f locality, place
loi f law
loin far; de — from a distance, a long way
loisir m leisure, spare-time activity
Londres f London
long, longue long; le — des rues along the streets
longtemps long, a long time

longueur f length
lorsque when
loterie f lottery
louer to rent
Louisiane f Louisiana
loyer m rent
lu (pp of lire) read
lui (to, for) him, (to, for) her; —-même himself
lumière f light
lundi m Monday
lutter to fight, struggle
luxe m luxury
Luxembourg m Luxemburg
luxuriant luxurious, sumptuous
lycée m French secondary school equivalent to the American high school and junior college

M

ma my
machine f machine; — à calculer calculator; — à laver washing machine
magasin m store
magazine m magazine
magie f magic
magique magic
magnifique terrific, great, magnificent
magnifiquement magnificently
mai m May
main f hand
maintenant now
maire m mayor
mais but
maison f house; à la — to, at one's home
majestueux, majestueuse majestic
majeur major
majorité f majority
mal m evil, wrong, pain; avoir — aux dents to have a toothache; avoir — au dos to have a backache; avoir — à l'estomac to have a stomach-ache; avoir — à la gorge to have a sore throat; avoir — à la tête to have a headache
mal badly, poorly, ill
malade sick
maladie f sickness, illness
malentendu m misunderstanding

malgache pertaining to Madagascar

malgré in spite of

malheur *m* misfortune

malheureusement unfortunately

malheureux, malheureuse unhappy, unfortunate

maman *f* mama, mom

manger to eat

manifestation *f* demonstration

manifester to demonstrate, show, protest

manœuvre *m* laborer

manquer to miss, lack; **— de tact** to lack tact

manteau *m* coat

manuel manual

manuscrit *m* manuscript

marchand *m* merchant

marche *f* walk, step; **— à pied** walking

marché *m* market; **bon —** cheap, inexpensive; **le Marché Commun** the Common Market

marcher to walk, run (*of a machine*)

mardi *m* Tuesday

mari *m* husband

mariage *m* marriage

se marier to marry

marin pertaining to the sea

Maroc *m* Morocco

marocain Moroccan

marquer to mark

marraine *f* godmother

marre: en avoir — *coll* to be fed up

mars *m* March

martiniquais pertaining to Martinique

masque *m* mask

match *m* game; **le — de football** soccer game

matérialisme *m* materialism

matérialiste materialistic

matériel, matérielle material

maternel, maternelle maternal, mother

mathématiques *f pl* mathematics

matin *m* morning; **le —** in the morning

matraquage *m* bombardment, "hammering"

mauvais bad; **il fait —** the weather is bad

me (to) me, (to) myself

mec *m coll* guy

mécanicien *m* mechanic

mécanisme *m* working parts, mechanics

médecin *m* doctor

médecine *f* medicine

meilleur best, better; **— marché** cheaper

membre *m* member

même same, even; **en — temps** at the same time; **moi-même** myself

mémoire *f* memory

menacer to threaten

ménage *m* household; **faire le —** to do the housework

ménager, ménagère pertaining to the household; **les tâches —es** housework

mentionner to mention

mentir to lie

menton *m* chin

mépris *m* scorn

mer *f* sea; **au bord de la —** at the seashore

merci thank you

mercredi *m* Wednesday

mère *f* mother

mériter to earn, deserve

mes my

mesure *f* measure

mesurer to measure

météorologique meteorological, of weather; **le bulletin — (la météo)** weather report

méthode *f* method

méthodologie *f* methodology

métier *m* trade, business, profession

mètre *m* meter

métro *m* the subway

mettre *irr* to put, put on; **— la table** to set the table; **se — à** to begin to; **se — en colère** to become angry

meuble *m* furniture

Mexique *m* Mexico

midi *m* noon; **le Midi (de la France)** the South (of France)

mien *m*, **mienne** *f* mine

mieux better, best; **aimer mieux** to prefer; **valoir mieux** to be better

milieu *m* middle, midst, environment; **au —** in the middle

militaire military

mille *m* thousand

mineur *m* miner

ministre *m* minister

minorité *f* minority

minuit *m* midnight

missionnaire *m* missionary

mobilité *f* mobility

mode *f* fashion; **à la —** in style

modéré moderate, reasonable

modérément moderately

moderne modern

modernisation *f* modernization

modeste modest

modifier to modify

moi me, I; **—-même** myself

moine *m* monk

moins less; **le —** least; **— de** less than; **au —** at least; **de — en —** less and less; **plus ou —** more or less

mois *m* month

moisson *f* crop, harvest

moment *m* moment; **à ce —-là** at that moment, at that time; **en ce —** at this moment, now

mon my

monde *m* world, people; **tout le —** everybody

mondial world; **la première guerre —e** the First World War

monnaie *f* change, money

monopole *m* monopoly

monsieur *m* Mr. sir; **messieurs** *pl* gentlemen

monstre *m* monster

mont *m* mountain, mount

montagne *f* mountain

monter to go up, rise, bring up, get on, get in

montrer to show

se moquer to make fun of

mort *f* death

mort (*pp of* **mourir**) died, dead

mosaïque *m* mosaic

Moscou Moscow

mot *m* word

moteur *m* motor

motiver to motivate

moto(cyclette) *f* motorcycle

se moucher to blow one's nose

mourir *irr* to die

mouvement *m* movement

moyen *m* means, middle; — **de transport** a means of transportation

mur *m* wall

musée *m* museum

musicien *m,* **musicienne** *f* musician

musique *f* music

mystère *m* mystery

mystérieux, mystérieuse mysterious

N

n'importe no matter; — **comment** in any way; — **où** anywhere; — **quand** any time; — **qui** anyone; — **quoi** anything

nager to swim

naïf, naïve naive

naissance *f* birth

naître *irr* to be born

nationaliser to nationalize

nationalité *f* nationality

Nations-Unies *f pl* United Nations

naturel, naturelle natural

nautique: le ski — water-skiing

navigateur, navigatrice navigator

ne no, not; — . . . **aucun(e)** not one; — . . . **jamais** never; — . . . **ni** . . . **ni** neither . . . nor; — . . . **pas** not, no; — . . . **personne** nobody; — . . . **plus** no longer; — . . . **que** only, nothing but; — . . . **rien** nothing

né (*pp of* **naître**) born

nécessaire necessary

nécessité *f* necessity, need; **par —** out of necessity

négatif, négative negative

négliger to neglect

neige *f* snow

neiger to snow

nerveux, nerveuse nervous

neuf nine

neuf, neuve new

névrose *f* neurosis

nez *m* nose

ni . . . **ni** neither . . . nor

niveau *m* level

Noël *m* Christmas

noir black

nom *m* name

nombre *m* number

nombreux, nombreuse numerous

nommer to name

non no; — **plus** not . . . either, neither; **mais —!** certainly not!

nord *m* North

Normandie *f* Normandy

Norvège *f* Norway

nos our

nostalgie *f* nostalgia

note *f* grade, note

noter to note, notice

notre our

nôtre *m & f* ours

nourrir to feed, nourish

nourriture *f* food

nous we, (to) us

nouveau, nouvel, nouvelle, nouveaux, nouvelles new

nouvelle *f* piece of news

la Nouvelle-Orléans New Orleans

novembre *m* November

nuage *m* cloud

nuageux, nuageuse cloudy

nuancer to shade, vary

nucléaire nuclear

nuisible harmful

nuit *f* night; **boîte de —** nightclub

numérique numerical

numéro *m* number

O

obéir to obey

objet *m* object

obligatoire obligatory, required

obliger to oblige; **être obligé de** . . . to be obliged to, have to

observer to observe, notice

obtenir *irr* to obtain, get

occuper to occupy; **être occupé** to be busy; **s'— de** to take care of

octobre *m* October

odeur *f* smell, scent

oeil *m,* **yeux** *pl* eye

odieux, odieuse odious

œuf *m* egg

œuvre *f* work

officiel, officielle official

officier *m* officer

offrir *irr* to offer

oignon *m* onion

olympique Olympic; **les Jeux Olympiques** the Olympic Games

on one, somebody, we, they, people

oncle *m* uncle

onze eleven

opposé opposite, opposed

opprimer to oppress

optimiste optimistic

orage *m* storm

orateur *m,* **oratrice** *f* orator

orchestre *m* band, orchestra

ordinaire ordinary

ordre *m* order

oreille *f* ear

organisateur *m,* **organisatrice** *f* organizer

organiser to organize

orientation *f* orientation, training

originalité *f* originality

origine *f* origin

ou or; — . . . — either . . . or

où where

oublier to forget

ouest *m* West

oui yes; **mais —** of course

outre: en — furthermore, in addition

ouvert (*pp of* **ouvrir**) open(ed)

ouvertement openly

ouvrier *m,* **ouvrière** *f* worker, working

ouvrir *irr* to open

P

page *f* page

pain *m* bread

pakistanais Pakistani

palais *m* palace

palmier *m* palm tree

panique *f* panic

panneau *m* panel, board; — **d'affichage** bulletin board

pantalon *m* pants

papier *m* paper

paquet *m* pack

par by, through; — **avion** airmail, by plane; — **conséquent** consequently; — **contre** on the other hand; — **exemple** for example; — **nécessité** out of necessity; — **semaine** a week

paraître *irr* to appear, seem
parapsychologie *f* parapsychology
parc *m* park
parce que because
parcouru (*pp of* **parcourir**) gone over
pardonner to pardon
parent *m* parent, relative
paresseux, paresseuse lazy
parfait perfect
parfaitement perfectly
parfois sometimes
parfum *m* perfume
parisien, parisienne Parisian
parler to speak, talk
parmi among
parole *f* work, speech
part *f* part; **autre** — somewhere else; **d'une** — on one hand; **quelque** — somewhere; **prendre** — to take part
partager to share
partenaire *m & f* partner
parti *m* party; **un** — **politique** a political party
participer to participate, take part
particule *f* the **de** in a surname denoting nobility
particulier, particulière particular, special
particulièrement particularly
partie *f* part; **faire** — to be a part; **une surprise-** — a party; **en grande** — chiefly
partir to leave, depart
partout everywhere
paru (*pp of* **paraître**) appeared
pas not, no; **ne . . .** — not, no; — **de . . .** no; — **du tout** not at all
pas *m* step
passé *m* past
passer to spend, pass; — **un examen** to take a test; **se** — to happen, take place; **se** — **de** to do without
passeport *m* passport
passionnant thrilling, exciting
se passionner to be crazy over, go in for
passivité *f* passivity
pastis *m* anise-flavored liqueur popular in the South of France
pâté *m* paste; — **de foie gras** goose-liver paste

pathétique pathetic, touching
patiemment patiently
patinage *m* skating
pâtisserie *f* pastry, pastry shop
patron *m*, **patronne** *f* boss, owner
pauvre poor, unfortunate
pays *m* country, area
paysage *m* scenery, landscape
pêche *f* fishing
pêcher to fish
pêcheur *m* fisherman
pédagogie *f* education, pedagogy
pédagogique pedagogical, pertaining to education
peindre *irr* to paint
peine *f* trouble, difficulty
peintre *m* painter
peinture *f* painting
pelouse *f* lawn
pendant during, for; — **que** while
pénétrer to penetrate
pensée *f* thought
penser to think; — **à** to think of (about); — **de** to have an opinion of
penseur *m* thinker
perdre to lose
père *m* father
période *f* period, time
périodique periodic
périodiquement periodically
périr to perish
permettre *irr* to allow, let, permit
personnage *m* character (*in literature*)
personnalité *f* personality
personne *f* person; **ne . . .** —, — **. . . ne** no one
personnel, personnelle personal
personnellement personally
persuader to persuade, convince
persuasif, persuasive persuasive
perte *f* loss
pessimiste pessimistic
peste *f* plague
pétanque *f* a type of outdoor bowling popular in southern France
pétrole *m* oil
peu little, a little, somewhat; — **à** — little by little; — **de** little,

few; **un** — a little; **être** — **probable** to be unlikely
peuple *m* people, nation
peur *f* fear; **avoir** — to be afraid; **faire** — to scare
peut-être perhaps
pharmacie *f* drugstore
pharmacien *m*, **pharmacienne** *f* pharmacist
phénomène *m* phenomenon
philosophe *m & f* philosopher
philosophie *f* philosophy
photographe *m* photographer
photographie *f* photography
photographier to photograph, take a picture
phrase *f* sentence
physique *f* physics
physique physical
pianiste *m & f* pianist
pièce *f* piece, room; — **de théâtre** play
pied *m* foot; **à** — on foot
pilote *m* pilot, driver
piloter to fly a plane
place *f* place, seat, (town) square; **à votre** — if I were you
placer to place, set, invest
plage *f* beach
plaine *f* plain
plaire *irr* to please
plaisir *m* pleasure
plaît: s'il vous — please
plan *m* plan, map
planète *f* planet
plante *f* plant
plat *m* dish; **mettre les pieds dans le** — *coll* to put one's foot in one's mouth
plein full
pleinement fully
pleurer to cry
pleuvoir to rain; **il pleut** it's raining
plongeur *m* diver
plu (*pp of* **plaire**) pleased
plu (*pp of* **pleuvoir**) rained
pluie *f* rain
plupart *f* most, majority
pluriel *m* plural
plus more; **de** — besides, more; **de** — **en** — more and more; **en** — in addition, moreover; **le** — (the) most; **ne . . .** — no

longer, no more; — **ou moins** more or less
plusieurs several
plutôt rather
poche f pocket
poème m poem
poésie f poetry
poète m poet
poil m hair; **au —!** coll great, terrific
poire f pear
pois: les petits — m pl peas
poisson m fish
poli polite
police f police; **agent de —** policeman; **poste de —** police station
policier, policière: un film — a detective film
poliment politely
politique f politics, political
polluer to pollute
Pologne f Poland
polynésien, polynésienne Polynesian
pomme f apple; **— de terre** potato
populaire popular
popularité f popularity
porc m pork
porte f door
porter to wear, carry
portugais Portuguese
poser to place, put; **— une question** to ask a question
poseur, poseuse phony, snobbish
posséder to possess, own, have
possibilité f possibility
postal postal; **une carte —e** postcard
poste m post, job; **— de télévision** television set; **— de police** police station
poste f mail, post office; **le bureau de —** post office
poulet m chicken
pour for, in order to, on account of; **— que** in order that
pourcentage m percentage
pourquoi why
poursuivre irr to pursue, follow
pourtant however
pourvu que provided that
pouvoir irr to be able, can
pouvoir m power

pratique practical
pratique f practice
pratiquer to do, practice
précédent preceding
précéder to precede
précis precise, exact
précisément precisely
précoce precocious
prédire irr to foretell, predict
préférer to prefer
premier, première first; **— ministre** prime minister, premier
prendre irr to take; **— des décisions** to make decisions; **— le petit déjeuner** to eat breakfast; **— part** to participate, take part in
préoccuper to preoccupy; **se —** to be worried
préparer to prepare
près near, close; **— de** near, close (to)
présenter to present, introduce
presque almost, nearly
prestigieux, prestigieuse prestigious
prêt ready
prévoir irr to foresee
primitif, primitive primitive
principe m principle
printemps m spring
pris (pp of **prendre**) taken
prisonnier m, **prisonnière** f prisoner
privé private
prix m cost, prize, value
probabilité f probability
probable probable; **être peu —** to be unlikely
probablement probably
problème m problem
prochain next
proclamer to proclaim
produire irr to produce
produit m product
professeur m teacher, professor
professionnel, professionnelle professional
profiter to profit, take advantage
profond deep
programme m program, schedule
progrès m progress
projet m project, plan

promenade f walk; **faire une — en voiture** to go for a ride
se promener to take a walk
promettre irr to promise
promis (pp of **promettre**) promised
pronom m pronoun
prononcer to pronounce, say
prononciation f pronunciation
propos: à — de about, concerning
proposer to propose, suggest
propre adj own, clean
prospérité f prosperity
protéger to protest
prouver to prove
Provence f Provence (a province in southeastern France)
proverbe m proverb
provision f provision; **acheter les —s** to buy the groceries
provoquer to provoke, trigger
prudemment carefully, prudently
prudent careful, prudent
psychiatre m psychiatrist
psychiatrique psychiatric
psychologie f psychology
psychologique psychological
psychologue m psychologist
pu (pp of **pouvoir**)
public, publique public
publicitaire: le matraquage — constant bombardment with advertising
publicité f advertising, publicity
publier to publish
puis then, afterwards, next
puissant powerful
pullover or **pull** m sweater
punir to punish
punition f punishment
pur pure
puritain puritanical
pyjama m pyjamas
pyramide f pyramid
Pyrénées f pl Pyrenees (mountains in southern France)

Q

qualité f quality
quand when
quantité f quantity
quarante forty
quart m fourth, quarter; **neuf**

heures et — a quarter after nine; **neuf heures moins le —** a quarter of nine; **un — d'heure** a quarter of an hour

quatorze fourteen

quatre four

quatre-vingts eighty

que that, whom, which, what, than; **ce —** what, that which; **plus jeune — moi** younger than I (am); **qu'est-ce —** what

québécois pertaining to Quebec

quel, quelle what, which

quelque some, any, a few; **— chose** something; **—s minutes** a few minutes; **— part** somewhere

quelquefois sometimes

quelqu'un somebody, anybody; *m pl* **quelques-uns,** *f pl* **quelques-unes** some people, some

question *f* question; **poser une —** to ask a question

qui who, whom, which, that

quinze fifteen

quitter to leave

quoi what, which

quotidien, quotidienne daily

R

racine *f* root

racisme *m* racism

raconter to tell

radio *f* radio

raffiné refined

raisin *m* grape

raison *f* reason; **avoir —** to be right

raisonnable reasonable, sensible

randonneur *m,* **randonneuse** *f* hiker

rapide rapid

rappeler to recall; **se —** to remember

rapport *m* relationship, rapport

rarement rarely

se raser to shave

rassurer to reassure

ravi delighted

réagir to react

réaliser to realize

réaliste realistic

réalité *f* reality; **en —** in reality

récemment recently

recevoir *irr* to receive, invite

recherche *f* research; **faire des —s** to do research

récif *m* reef

recommander to recommend

recommencer to begin again

reconnaître *irr* to recognize

reconnu (*pp of* **reconnaître**) recognized

reconstituer to restore, reconstitute

reconstruire *irr* to reconstruct

recours *m* recourse

reçu (*pp of* **recevoir**) received

redécorer to redecorate

redécouvrir *irr* to rediscover

redire *irr* to repeat

réel, réelle real, authentic

réexaminer to reexamine

refaire *irr* to redo

se référer to refer

réfléchir to think, consider

reflet *m* reflection

refléter to reflect

réforme *f* reform

réfrigérateur *m* refrigerator

regarder to look at, watch

regretter to regret

régulièrement regularly

réhabiliter to rehabilitate

religieux, religieuse religious

relire *irr* to reread

remarquable remarkable

remarquer to notice, observe

remède *m* remedy

remercier to thank

remettre *irr* to put back, put off, turn in

remonter to date back

remplacer to replace

remplir to fill

remuer to move

rencontre *f* meeting

rencontrer to meet, find

rendez-vous *m* date, meeting

rendre to render, return, make

renoncer to give up

rénovateur *m,* **rénovatrice** *f* renovator

renseignements *m pl* information

rentrer to return (home)

réorganiser to reorganize

réparer to repair

repas *m* meal

repasser to pass again

repeindre *irr* to repaint

répéter to repeat

répondre to answer

réponse *f* answer

reportage *m* reporting, report

reposer to put down; **se —** to rest

représentant *m* representative

repris (*pp of* **reprendre**) taken again, started again

reproches *m pl* reproaches

république *f* republic

réputé famous, known; reputed

réseau *m* network

réserve *f* reservation

réservé reserved

résigné resigned

résoudre *irr* to resolve, solve

responsabilité *f* responsibility

responsable responsible

ressemblance *f* resemblance

ressembler to resemble, look like

ressource *f* resource

restaurer to restore

reste *m* rest, remainder

rester to stay, remain

résultat *m* result

retard *m* tardiness; **être en —** to be late

retenir *irr* to retain, reserve

retour *m* return

retourner to return

retraite *f* retirement

retrouver to find again

réunion *f* meeting

se réunir to meet

réussir to succeed, pass

réussite *f* success

revanche: en — on the other hand

rêve *m* dream

rêver to dream

se réveiller to wake, wake up

révéler to reveal

revendication *f* demand

revenir *irr* to come back, return

revoir *irr* to see again; **au —** good-bye

révolte *f* revolt

revue *f* magazine

rhume *m* cold

riche rich

ridiculiser to turn to ridicule

rien nothing; **ne . . . —** nothing; **ne . . . — du tout** nothing at all

rigoureusement strictly, rigorously
rigoureux, rigoureuse rigorous
rire to laugh; **pour —** as a joke
rire *m* laughter
risque *m* risk
risquer to risk
rituel *m* ritual
rivalité *f* rivalry
rivière *f* river, stream
rizière *f* rice paddy
robe *f* dress
roi *m* king
rôle *m* role; **jouer un —** to play a role
romain Roman
roman *m* novel
romantique romantic
rond *m* smoke ring
roter to belch
rôti *m* roast
rouge red
rougir to blush
roumain Rumanian
Roumanie *f* Rumania
rouspéter *coll* to gripe
route *f* route, road
rudement *coll* very
rue *f* street
russe Russian
Russie *f* Russia
rythme *m* rhythm

S

sa his, her, its, one's
sac *m* bag
sacré sacred
Sacré-Cœur *m* church in Montmartre, Paris
sagesse *f* wisdom
saignant rare (meat)
saison *f* season
salaire *m* salary, pay; **une augmentation de —** a raise
salle *f* room; **la — de bain** bathroom; **la — à manger** dining room
salut *m* (*informal greeting*) hi!
salutation *f* greeting, salutation
samedi *m* Saturday
sandale *f* sandal
sans without; **— doute** probably
santé *f* health; **en bonne —** in good health
satisfaire to satisfy
satisfaisant satisfying

sauf except
sauter to jump; **ça saute aux yeux** *coll* it's evident
sauvage wild
sauvegarder to save, protect
savoir *irr* to know
scientifique scientific
scintillant sparkling, scintillating
scolaire: l'année — the school year
scrupuleusement scrupulously
sculpteur, sculpteuse sculptor
se (to, for) himself, herself, itself, oneself, themselves, each other
secours *m*: **au —!** help! **l'escalier de —** emergency exit, fire escape
sécurité *f* security
seize sixteen
sélectif, sélective selective
selon according to
semaine *f* week; **une fois par —** once a week
semblable such (a), similar
sembler to seem, appear
semestre *m* semester
sénateur *m* senator
sens *m* sense, meaning
sensationnel, sensationnelle sensational
sensibilité *f* sensitivity
sentiment *m* feeling, sentiment
sentir smell, feel
sept seven
septembre *m* September
série *f* series
sérieusement seriously
sérieux, sérieuse serious
servir *irr* to serve, to be used
serveuse *f* waitress
ses his, her, its
seul alone, only; **tout —** all by himself
seulement only
sévèrement severely
sévérité *f* strictness, severity
sexe *m* sex
sexisme *m* sexism
sexiste sexist, chauvinist
si if, so, whether; yes
Sibérie *f* Siberia
siècle *m* century
sien *m*, **sienne** *f* his, hers
signaler to point out
signe *m* sign

signifier to signify
simplement simply
simplifier to simplify
sincèrement sincerely
sincérité *f* sincerity
sinon if not
situer to locate, situate
ski *m* ski; **le — nautique** water skiing
sociabilité *f* sociability
société *f* society
sociologie *f* sociology
sœur *f* sister
soi: en — in itself; **—-même** oneself
soif *f* thirst; **avoir —** to be thirsty
soin *m* care
soir *m* evening; **hier —** last night
soirée *f* evening
soixante sixty
soixante-dix seventy
sol *m* ground, soil
solaire solar
soldat *m* soldier
soleil *m* sun
solidarité *f* solidarity
somme *f* sum; **en —** all in all, in short
sommeil *m* sleep; **avoir —** to be sleepy
sommet *m* top
somptueusement sumptuously, richly
somptueux, somptueuse sumptuous
son his, her, its
son *m* sound
sonate *f* sonata
sondage *m* poll
sonner to ring
sorcier, sorcière wizard, witch
sorte *f* kind, sort
sortir *irr* to leave, go out
souffrir *irr* to suffer
souligner to underline, emphasize
soupe *f* soup
sourcil *m* eyebrow
sourd deaf
sourire *m* smile
sous under
souvenir *m* memory, recollection
se souvenir (de) *irr* to remember
souvent often, frequently
spacieux, spacieuse spacious
spécialement especially

se spécialiser to specialize, major
spécialité *f* specialty
spécifique specific
spécifiquement specifically
spectateur *m*, spectatrice *f* spectator
spontané spontaneous
spontanéité *f* spontaneity
sportif, sportive athletic
stabilité *f* stability
stéréophonique stereophonic
stérilité *f* sterility
stimulant stimulating
stimuler to stimulate
stricte strict
stupide stupid
stylo *m* pen
su (*pp of* savoir) learned, discovered
subdivisé subdivided
substituer to substitute
subtilité *f* subtlety
subvention *f* subsidy
succès *m* success
succession *f* inheritance, estate
sucre *m* sugar
sud *m* South
Suède *f* Sweden
suffisamment sufficiently, enough
suffisant sufficient
suggérer to suggest
Suisse *f* Switzerland
suisse Swiss
suite: tout de — immediately
suivant following, next
suivre *irr* to follow; — un régime to diet
sujet *m* subject; à ce — on this subject; au — de about, concerning
superflu superfluous, unnecessary
supérieur superior, higher
supériorité *f* superiority
supersonique supersonic
sur on, upon, about; une personne — quatre one person out of four
sûr sure, certain; bien — of course
surboum *f coll* party
sûrement surely
surprendre *irr* to surprise
surprise-partie *f* party
surtout especially, above all
symbole *m* symbol

symbolique symbolic
sympathique (sympa *coll*) nice
symptôme *m* symptom
syndicat *m* union
système *m* system

T

ta your
tabac *m* tobacco; bureau de — tobacco shop
table *f* table; être à — to be at the table; mettre la — to set the table
tableau *m* picture, table
taille *f* size
se taire *irr* to keep silent
tambour *m* drum
tant so much, so many
tante *f* aunt
tapisserie *f* tapestry
tard late
tarte *f* pie
tasse *f* cup
Tchécoslovaquie *f* Czechoslovakia
tchèque Czech
te (to, for) you, (to, for) yourself
technicien *m*, technicienne *f* technician
technologie *f* technology
technologique technological
teint *m* complexion
télé *f* TV
télégramme *m* telegram
tel, telle such
tellement so, so much
témoignage *m* testimony
témoin *m* witness
temps *m* time; weather; tense; de — en — from time to time; en même — at the same time; je passe mon — à lire I spend (my) time reading; tout le — always
tendance *f* tendency
tendre tender
tendresse *f* tenderness
tenir *irr* to keep, hold; — à to be anxious, to care about
tente *f* tent
tenter to tempt
terme *m* term
terre *f* land, earth; pomme de — *f* potato

terriblement terribly
tes your
tête *f* head; ne vous cassez pas la — *coll* Don't rack your brain
thé *m* tea
tien *m*, tienne *f* yours
tiens hey, look
tiers *m* third (part)
timbre *m* stamp
timide shy
timidement timidly
tirer to pull; — la langue to stick out one's tongue
titre *m* title
toi you
tolérer to tolerate
tomate *f* tomato
tombeau *m* tomb, tombstone
tomber to fall
ton your
tonne *f* ton
tort *m* wrong; avoir — to be wrong
tôt soon; plus — sooner
totalement totally
toujours always, still, ever
tour *m* trip, turn; faire un — de la ville to take a trip around the city
tour *f* tower
tourbillon *m* whirlwind
touriste *m* & *f* tourist
touristique tourist
tourner to turn
tout quite, very; — droit straight ahead; — d'un coup all of a sudden; — à fait completely; pas du — not at all; — seul all alone; — de suite immediately
tout, toute, tous, toutes all, every; tous les jours every day; en — cas at any rate; — le monde everyone
tracer to trace
traditionnel, traditionnelle traditional
traduire *irr* to translate
train *m* train; en — de in the act of, (be) busy
traîner to drag
traiter to treat
tranquille quiet
tranquillement quietly
transatlantique transatlantic
transitoire passing, transitory

transport *m* transportation;
  moyen de — *m* means of
  transportation
travail *m* work
travailler to work
travaux *m pl* works
travers: à — across
traverser to cross
treize thirteen
trente thirty
très very
trésor *m* treasure
tribu *f* tribe
trimestre *m* quarter
triompher to triumph
triste sad
trois three
troisième third
se tromper to be wrong
trop too; — **de** too much, too
  many
trottoir *m* sidewalk
trouver to find; **se —** to be
  located, be found
truc *m coll.* whatchamacallit
truffe *f* truffle
tu you
tuer to kill
Tunisie *f* Tunisia
Turquie *f* Turkey
typique typical
tyrannie *f* tyranny

U

un, une one, a, an
unité *f* unity
univers *m* universe
universel, universelle universal
universitaire pertaining to the
  university
université *f* university
urbain urban
usine *f* factory
utile useful
utiliser to use

V

vacances *f pl* vacation, holiday;
  une colonie de — summer
  camp; **être en —** to be on
vacation; **partir en —** to go on
vacation
vachement *coll* really
vaisselle *f*: **faire la —** to do the
  dishes
valeur *f* value
valise *f* suitcase
vallée *f* valley
valoir *irr* to be worth
vanille *f* vanilla
vanité *f* vanity
vaniteux, vaniteuse vain,
  conceited
varier to vary
variété *f* variety
veau *m* veal, calf
vécu (*pp of* vivre) lived
vedette *f* star
végétarien, végétarienne
  vegetarian
vélomoteur *m* motorbike
vendre to sell
vendredi *m* Friday
venir *irr* to come; **— de** just, to
  have just
vent *m* wind
vente *f* sale; **— aux enchères**
  auction
verbe *m* verb
vérifier to verify
véritable real, genuine
verre *m* glass
vers toward; **— dix heures**
  around ten o'clock
vert green; **les haricots —s** green
  beans
verticalement vertically
vertige *m* dizziness
vêtements *m pl* clothes
vétérinaire *m* veterinarian
viande *f* meat
victoire *f* victory
vide empty
vie *f* life, living
vieillesse *f* old age
vieillir to grow old
vierge *f* virgin
vieux, vieil, vieille old
village *m* town, village
ville *f* city, town
vin *m* wine
vingt twenty

viol *m* rape
violer to rape
violemment violently
vis à vis concerning
visite *f* visit; **faire une —** to visit
visiter to visit
visiteur *m*, visiteuse *f* visitor
vite quick, quickly
vitesse *f* speed
vitrine *f* store window
vivant alive
vivre *irr* to live; **vive** long live
vocabulaire *m* vocabulary
vogue *f* fashion
voici here is (are), there is (are)
voilà there is (are)
voir *irr* to see, look
voisin neighbor
voiture *f* car
voix *f* voice
vol *m* robbery, flight
volcanique volcanic
voler to rob
voleur, voleuse robber
vos your
votre your
vôtre *m & f* yours
vouloir *irr* to wish, want
voulu (*pp of* vouloir) wished,
  wanted
vous you; **—-même(s)** yourself,
  yourselves
voyage *m* trip; **faire un —** take a
  trip
voyager to travel
vrai true
vraiment really, truly
vu (*pp of* voir) seen, saw

Y

y in it, at it, to it, there; **il — a**
  there is (are); ago
yeux (*m pl of* œil) eyes
Yougoslavie *f* Yugoslavia

Z

Zaïre *m* Zaire (the former Belgian
  Congo)
zodiaque *m* zodiac
zut darn, damn

Vocabulaire Anglais-français

The vocabulary contains all the words needed to complete the **Préparation** and the **Transition** exercises. The past participles are given for all irregular verbs.

Abbreviations

adj	adjective	*m*	masculine
adv	adverb	*n*	noun
dir	direct	*obj*	object
f	feminine	*pl*	plural
ind	indirect	*prep*	preposition
inf	infinitive	*pron*	pronoun
irr	irregular	*subj*	subjunctive
		v	verb

A

a un, une
able: to be —, can pouvoir *irr*
about (approximately) environ; (*in expressions of time*) vers
abroad à l'étranger
acquainted: to be — connaître *irr*
address adresse *f*
advice conseil *m*
afraid: to be — avoir peur
Africa Afrique *f*
after après
afternoon après-midi *m*
against contre
age âge *m*
ago il y a
airplane avion *m*
all tout, toute, tous, toutes; **not at — ne** . . . pas du tout
almost presque
alone seul
already déjà
also aussi
although bien que (+ *subjunctive*), quoique (+ *subjunctive*)
always toujours
ambitious ambitieux, ambitieuse

American américain
among parmi
ancestor ancêtre *m*
and et
another un autre, une autre
answer *v* répondre (à); *n* réponse *f*
any du, de la, de l', des; quelque(s); en
(not) any more ne . . . plus
apartment building immeuble *m*
apple pomme *f*
appreciate apprécier
April avril *m*
are: there — il y a
around autour de
arrive arriver
artist artiste *m & f*
as comme; **— much —** autant que; **— . . . —** aussi . . . que; **— soon —** aussitôt que; dès que
ask demander (quelque chose à quelqu'un)
at à; **— two o'clock** à deux heures; **— home** chez moi, chez vous, *etc.*; **— least** au moins; **— once** tout de suite; **— what time** à quelle heure
athletic sportif, sportive

August août *m*
aunt tante *f*
author auteur *m*
autumn automne *m*; **in the —** en automne

B

bad mauvais; **it's too —** il (c')est dommage; **the weather is —** il fait mauvais
bank banque *f*
bathroom salle de bain *f*; W.C. *m*
be être *irr*; **— able** pouvoir; **— afraid of** avoir peur (de); **— better** valoir mieux; **— sorry** regretter; **— worth** valoir
beach plage *f*
beat *v* battre
beautiful beau, bel, belle, beaux, belles
because parce que
become devenir *irr*
bed, go to — se coucher
beer bière *f*
before (*time*) avant (+ *noun or pron*); avant de (*before inf*); avant que (+ *subj*); devant (*place*)

begin commencer (à), se mettre à
beginning commencement *m*
Belgian belge
Belgium Belgique *f*
believe croire *irr*
belong appartenir *irr*; être à
beside à côté de
best *adj* meilleur; *adv* mieux
better *adj* meilleur, *adv* mieux;
   be — valoir mieux
between entre
bicycle bicyclette *f*
big grand, gros
bill addition *f*
birthday anniversaire *m*
blue bleu
blush rougir
body corps *m*
book livre *m*
bookstore librairie *f*
border frontière *f*
bottle flacon *m*, bouteille *f*
boundary frontière *f*
boy garçon *m*
brave courageux, courageuse
breakfast petit déjeuner *m*; **eat**
   — prendre le petit déjeuner
bring apporter, conduire *irr*
Brittany Bretagne *f*
brother frère *m*
brown brun
build construire *irr*
bus autobus *m*; autocar *m*; —
   stop arrêt d'autobus
but mais
butter beurre *m*
buy acheter
by par, de

C

café café *m*
call appeler *irr*; **be —ed** s'appeler
camera appareil-photo *m*
can (be able) pouvoir *irr*
Canada Canada *m*
capital capitale *f*
car auto *f*, voiture *f*
card carte *f*; **play —s** jouer aux
   cartes
carry porter
castle château *m*
cat chat *m*
century siècle *m*
chair chaise *f*

change *v* changer; — **one's**
   mind changer d'avis
cheap bon marché
cheese fromage *m*
child enfant *m & f*
China Chine *f*
choice choix *m*
choose choisir
Christmas Noël *m*
church église *f*
cider cidre *m*
city ville *f*
class classe *f* **to go to** — en
   classe
classroom salle de classe *f*
close fermer
clothes vêtements *m pl*
cloudy nuageux, nuageuse; **it's**
   — le ciel est couvert
coat manteau *m*
coffee café *m*
cold froid; **be** — (*person*) avoir
   froid; **be** — (*weather*) faire
   froid
come venir *irr*; — **back** revenir
   irr rentrer
complicated compliqué
concerning sur, en ce qui concerne
construct construire *irr*
continue continuer (à)
cooking cuisine *f*
cool frais, fraîche; **it is** —
   (*weather*) il fait frais
correct corriger
cost coûter
country pays *m*, campagne *f*
course (*in school*) cours *m*; (*of a*
   meal) plat *m*; **take a** — suivre
   un cours
cousin cousin *m*, cousine *f*
cream crème *f*
cross *v* traverser
cup tasse *f*
curious curieux, curieuse
customs douane *f*

D

dance *v* danser
daughter fille *f*
day jour *m*, journée *f*; **every** —
   tous les jours
deal (a great deal) beaucoup
decide décider (de)

decision décision *f*; **make a** —
   prendre une décision
deep profond
demonstrate manifester
Denmark Danemark *m*
dentist dentiste *m*
describe décrire *irr*
desk bureau *m*
detective story roman policier *m*
die mourir *irr*
different différent
difficult difficile
dine dîner
dinner dîner *m*
disappear disparaître *irr*
discuss discuter, parler (de)
dish plat *m*, assiette *f*
do faire *irr*; — **without** se passer
   de; — **the cooking** faire la
   cuisine; — **the dishes** faire la
   vaisselle; — **the housework**
   faire le ménage
doctor médecin *m*
dog chien *m*
dollar dollar *m*
door porte *f*
doubt *v* douter
dream *v* rêver, *n* rêve *m*
dress *v* s'habiller, *n* robe *f*
drink *v* boire *irr*, *n* boisson *f*
drive conduire *irr*
driver chauffeur *m*
during pendant

E

each chaque
ear oreille *f*
earlier plus tôt
early de bonne heure, tôt
east est *m*
easy facile
eat manger
economical économe
eight huit
eighty quatre-vingts
either non plus
employee employé *m*
end fin *f*
England Angleterre *f*
English anglais
enormous énorme
enough assez
enter entrer (dans)
especially surtout

Europe Europe *f*
evening soir *m*
every tout; — **day** tous les jours
everyone tout le monde
everywhere partout
examination examen *m*; **pass an
— réussir à un examen; take
an —** passer un examen
except sauf
exercise *n* devoir *m,* exercice *m*
exhibit exposition *f*
expensive cher, chère
explain expliquer
explanation explication *f*
eye œil *m, pl* yeux

F

factory usine *f*
fail échouer; — **an examination**
échouer à un examen
family famille *f*
famous célèbre
far loin; — **from** loin de
father père *m*
favorite préféré
fear *v* avoir peur (de)
February février *m*
feel sentir *irr*; — **like** avoir envie
(de)
few peu (de + *noun*)
fifty cinquante
fight *v* lutter, se battre
fill remplir
finally enfin
find trouver; — **out** découvrir
finish finir *irr*
first premier, première
five cinq
floor étage *m*
flower fleur *f*
foot pied *m*; **on** — à pied
for pour; depuis; pendant
foreign étranger, étrangère
forget oublier
formerly autrefois
fortunately heureusement
four quatre
France France *f*
French français; — **fries** pommes
frites *f pl*
Frenchman Français *m*
friend ami *m,* amie *f*
from de
front: in — of devant

fruit fruit *m*
full plein
funny amusant
furniture meubles *m pl*
future avenir *m*

G

game jeu *m*; match *m*
garden jardin *m*
geography géographie *f*
German allemand
Germany Allemagne *f*
get (become) devenir *irr*; **(obtain)**
obtenir *irr*; — **acquainted**
connaître *irr*; — **along
(manage)** se débrouiller; —
angry se mettre en colère; —
married se marier; — **off (bus)**
descendre; — **on (bus)** monter;
— **up** se lever
gift cadeau *m*
girl jeune fille *f*
give donner; — **out** distribuer
glad content; heureux, heureuse
go aller *irr*; — **back** retourner; —
to bed se coucher; — **home**
rentrer; — **out** sortir
goal but *m*
good bon, bonne; — **morning**
bonjour
good-bye au revoir
government gouvernement *m*
grade note *f*
grammar grammaire *f*
great grand, célèbre

H

hair cheveux *m pl*
half past . . . et demi(e)
hand main *f*
hand in remettre *irr*
happen arriver, se passer
happy content, heureux,
heureuse
hate détester
have avoir *irr*
he il; lui
he who celui qui
head tête *f*
headache (have a headache)
avoir mal à la tête
hear entendre
heavy lourd

help *v* aider
her (*dir obj*) la; (*ind obj*) lui;
(*after prep*) elle; (*adj*) son, sa,
ses
here ici
hers le sien, la sienne, *etc*
high haut, élevé
him (*dir obj*) le; (*ind obj*) lui;
(*after prep*) lui
his (*adj*) son, sa, ses; (*pron*) le
sien, la sienne, *etc.*
history histoire *f*
holiday fête *f*
home: at — à la maison, chez
moi, chez toi, *etc*
homework devoir *m*
hope *v* espérer
hostel: youth — auberge de
jeunesse *f*
hot chaud; be — (*person*) avoir
chaud; be — (*weather*) faire
chaud
hotel hôtel *m*
hour heure *f*
house maison *f*; apartment —
immeuble *m*
how comment; — **long** depuis
quand, depuis combien de
temps; — **many, how much**
combien (de); — **old is she?**
quel âge a-t-elle?
hundred cent
hungry: be — avoir faim
hurry se dépêcher
husband mari *m*

I

I je, moi
ice cream glace *f*
idea idée *f*
if si
immediately tout de suite,
immédiatement
important important
impossible impossible
in dans, en, à; — **front of** devant;
— **back of** derrière
inhabit habiter
inhabitant habitant *m*
intellectual intellectuel,
intellectuelle
instead of au lieu de
intend avoir l'intention de
interesting intéressant

into dans, en; **go —** entrer dans
invite inviter
island île *f*
it (*subj*) il, elle, ce; (*dir obj*) le, la; **— is** (+ *weather expression*) il fait
Italy Italie *f*
its son, sa, ses

J

January janvier *m*
Japan Japon *m*
July juillet *m*
just juste; **have —** venir de (+ *inf*)

K

kind sorte *f*, espèce *f*
know (*something*) savoir *irr*; **be acquainted with** (*someone or something*) connaître *irr*

L

lack manquer (de), avoir besoin (de)
lady dame *f*
lamp lampe *f*
language langue *f*, langage *m*
large grand
last dernier, dernière; passé; **— night** hier soir, cette nuit
late tard; **be — ** être en retard
Latin latin *m*
laugh rire *irr*
law loi *f*
leaflet brochure *f*
learn apprendre (à) *irr*
leave (*something somewhere*) laisser; (*a place*) quitter, partir de, sortir de
left gauche *f*; **to the —** à gauche
less moins
lesson leçon *f*
let's verb stem + *-ons* ending
letter lettre *f*
library bibliothèque *f*
life vie *f*
like aimer, plaire; **feel —** avoir envie de
lip lèvre *f*
listen (to) écouter

literature littérature *f*
little *adj* petit; *adv* peu
live (dwell) habiter; (**exist**) vivre *irr*
living room salon *m*
located: be — être, se trouver, être situé
London Londres *m*
long long, longue; **how —** depuis quand; **no —er** ne . . . plus
look for chercher
lose perdre *irr*
Louvre Louvre *m*
love aimer, adorer
luck chance *f*
lucky: be — avoir de la chance
lycée lycée *m*

M

magazine revue *f*, magazine *m*
magnificent magnifique
mail *n* courrier *m*
main principal; **— dish** plat *m* du jour
majority plupart *f*
make faire *irr*; **— the acquaintance of** faire la connaissance de
man homme *m*
manage se débrouiller
many beaucoup (de); **how —** combien (de); **too —** trop (de)
map (*of country, state*) carte *f* (*of city*) plan *m*
March mars *m*
marriage mariage *m*
marry se marier (avec)
match *n* allumette *f*
mathematics mathématiques *f pl*
may pouvoir *irr*
mayor maire *m*
me me; moi
meal repas *m*
mean *v* vouloir dire; **be —** *adj* être méchant
meat viande *f*
Mediterranean Méditerranée *f*
meet: — by appointment retrouver; **— by chance** rencontrer; **— together** se réunir
memory souvenir *m*
menu carte *f*, menu *m*

method méthode *f*
Mexico Mexique *m*
middle milieu *m*
mild doux, douce
milk lait *m*
mine le mien, la mienne, *etc*
miss *v* manquer
Miss mademoiselle *f*; *abbr* Mlle
modern moderne
Monday lundi *m*
month mois *m*; **in the — of August** au mois d'août
more plus
morning matin *m*
most le plus; (*superlative + adj.*) le, la, les plus + *adj.*; la plupart des
mother mère *f*
motorcycle motocyclette *f*, *coll* moto
mountain montagne *f*
mouth bouche *f*
movie cinéma *m*, film *m*
Mr. monsieur *m*; *abbr* M.
Mrs. madame *f*; *abbr* Mme
much beaucoup (de); **how —** combien (de); **too —** trop (de)
museum musée *m*
music musique *f*
must devoir *irr*; falloir *irr*; être obligé de
my mon, ma, mes

N

name nom *m*; **What's your —?** Comment vous appelez-vous?
nation nation *f*, pays *m*
nationality nationalité *f*
natural naturel, naturelle
near près (de)
nearly presque
necessary nécessaire; **it is —** il faut, il est nécessaire
need *v* avoir besoin (de)
neighbor voisin *m*
neither . . . nor ne . . . ni . . . ni
nephew neveu *m*
never ne . . . jamais
new nouveau, nouvelle
news: piece of — nouvelle *f.*; **—** (*in general*) les nouvelles *f pl*; **—** (*on TV*) les actualités *f pl*
newspaper journal *m*

next prochain

nice (*people*) sympathique, aimable; (*things*) agréable

night nuit *f*; —**club** boîte de nuit *f*; **last** — hier soir

nine neuf

nineteenth dix-neuvième

ninety quatre-vingt-dix

no non, pas (de), aucun, ne . . . aucun

no longer ne . . . plus

no one personne, ne . . . personne

noise bruit *m*

noisy bruyant

none aucun

noon midi *m*

north nord *m*

North America Amérique du Nord *f*

nose nez *m*

not ne . . . pas; — **at all** ne . . . pas du tout

notebook cahier *m*

nothing rien, ne . . . rien

notice remarquer, observer, s'apercevoir

novel roman *m*

November novembre *m*

now maintenant

numerous nombreux, nombreuse

O

obey obéir (à)

obtain obtenir *irr*

occupy occuper

o'clock heure(s)

of de

offer offrir *irr*

office bureau *m*; **post** — bureau de poste *m*

often souvent, fréquemment

old vieux, vieil, vieille; âgé; **How** — **are you** Quel âge avez-vous? **I'm 21 years** — J'ai vingt et un ans

on sur, à, dans; — **TV** à la télé; — **foot** à pied; — **time** à l'heure

once: at — tout de suite

one un, une; (*indefinite pronoun*) on; **this** — celui-ci

only *adj* seul; *adv* seulement; ne . . . que

open ouvrir *irr*

opera opéra *m*

opinion opinion *f*, avis *m*; **in your** — à votre avis

opportunity occasion *f*

orange orange *f*

order *v* commander; *conj* **in** — **that** pour que, afin que (+ *subj*); **in** — **to** pour, afin de (+ *inf*)

organization organisation *f*

other autre

ought, have to devoir *irr*

our notre, nos

ours le nôtre, la nôtre, les nôtres

owe devoir *irr*

own *adj* propre

P

package *n* paquet *m*, **large** — colis *m*

painting tableau *m*, peinture *f*

palace château *m*

parent parent *m*

park parc *m*

part *n* partie *f*; **take** — participer (à)

party soirée *f*, surprise-partie *f*; **political** — parti *m*

pass: — **a test** réussir à un examen

past passé *m*

patience patience *f*

pay (for) payer *irr*

pen stylo *m*

pencil crayon *m*

people on; gens *m*; **many** — beaucoup de gens

performance représentation *f*

perhaps peut-être

period époque *f*

person personne *f*

philosophy philosophie *f*

picture tableau *m*, image *f*

place *n* endroit *m*, lieu *m*; **take** — avoir lieu

play: — **an instrument** jouer de; — **a sport** jouer à; **play** *n* pièce (de théâtre) *f*

poem poème *m*

Poland Pologne *f*

policeman agent (de police) *m*

Polish polonais

polite poli

political politique

politics politique *f*

poor pauvre

popular populaire

Portugal Portugal *m*

possess posséder

possible possible

post office poste *f*, bureau de poste *m*

potato pomme de terre *f*; **French fries** (pommes) frites *f pl*

power pouvoir *m*

practical pratique

prefer préférer, aimer mieux

prepare préparer, se préparer (à)

president président *m*

pretty joli

prevent empêcher (de)

price prix *m*

prison prison *f*

professional professionnel, professionnelle

program programme *m*, émission *f*

promise promettre *irr*

pronounce prononcer

psychiatrist psychiatre *m*

public public, publique

punish punir

put mettre *irr*

Pyrenees Pyrénées *f pl*

Q

quantity quantité *f*

quarter quartier *m*, trimestre; — **to** moins le quart; — **after** et quart

question question *f*; **ask a** — poser une question

R

radio radio *f*

railroad station gare *f*

rain *v* pleuvoir *irr*; pluie *f*

raise lever

rapid rapide

rapidly rapidement, vite

rather plutôt

read lire *irr*
reading lecture *f*
realize se rendre compte (de)
receive recevoir *irr*
recipe recette *f*
recognize reconnaître *irr*
record disque *m*
region région *f*
regret regretter
relative parent *m*
relax se détendre
remain rester
remember se souvenir (de) *irr*
repeat répéter
reply *v* répondre; *n* réponse *f*
representative représentant *m*
request demander
research recherches *f pl*
resemble ressembler (à)
resource ressource *f*
rest *v* se reposer
restaurant restaurant *m*
result *n* résultat *m*
retire prendre sa retraite
return (come back) revenir *irr*;
 (go back) retourner; (go home)
 rentrer; (give back) rendre; *n*
 retour *m*
rich riche
right *n* droit *m*; (*direction*) la
 droite; to the — à droite; be —
 avoir raison
river fleuve *m*
Riviera Côte d'Azur *f*
room salle *f* bed — chambre *f*;
 living — salon *m*
roommate camarade de chambre
 m & f
run courir *irr*; (*function*) marcher
Russia Russie *f*
Russian russe

S

sad triste
salad salade *f*
salesperson vendeur, vendeuse
same même
sandal sandale *f*
Saturday samedi *m*
save: — a person sauver; —
 money économiser
say dire *irr*
school école *f*

sculpture sculpture *f*
second second, deuxième
see voir *irr*
seem sembler, paraître, avoir l'air
sell vendre
send envoyer *irr*
sentence phrase *f*
serious sérieux, sérieuse
seven sept
seventy soixante-dix
several plusieurs
she elle
shirt chemise *f*
shoe soulier *m*, chaussure *f*
shop *n* boutique; tobacco —
 bureau de tabac *m*; *v* faire le
 marché
should devoir *irr*
show montrer
sick malade
sincere sincère
sister sœur *f*
sit down s'asseoir; — —!
 asseyez-vous!
six six
sixty soixante
ski ski *m*; — jacket anorak *m*
skyscraper gratte-ciel *m*
sleep dormir
sleepy: be — avoir sommeil
slowly lentement
small petit
smell sentir
smoke fumer
snake serpent *m*
snow *n* neige *f*; *v* neiger
so that pour que (+ *subj*)
some du, de la, de l', des;
 quelque(s); *obj pron* en
something quelque chose (de)
sometimes quelquefois, parfois
soon tôt, bientôt; as — as dès
 que, aussitôt que
sorry: be — regretter
soup soupe *f*
south sud; — of France le Midi
Spain Espagne *f*
Spanish espagnol
speak parler
specialist spécialiste *m & f*
spend: — time passer; — money
 dépenser
sport sport *m* engage in — faire
 du sport

spring printemps *m*
stage étape *f*
stamp timbre *m*
star vedette *f*
state état *m*
station gare *f*
stay rester
steak bifteck *m*
stereo chaîne stéréo *f*
still encore
stomach estomac *m*
stop (s')arrêter
store magasin *m*
story histoire *f*; detective —
 roman policier *m*
straight tout droit
street rue *f*; in the — dans la rue
strict sévère
strike *n* grève *f*, *v* faire grève
student étudiant, étudiante
study *n* étude *f*; *v* étudier
subject sujet *m*; academic —
 matière *f*
subway métro *m*; — station
 station *f* de métro
succeed réussir
suit costume *m*, complet *m*
summer été *m*; in the — en été
Sunday dimanche *m*
sure sûr, certain
surprise surprendre *irr*, étonner
Sweden Suède *f*
Switzerland Suisse *f*

T

table table *f*
take prendre; (*person*) emmener;
 (*thing*) emporter; — a course
 suivre un cours; — a trip faire
 un voyage; — a walk faire une
 promenade
talent talent *m*
talk parler
taxi taxi *m*
tea thé *m*
teacher professeur *m*
team équipe *f*
telephone *v* téléphoner; *n*
 téléphone *m*
television télévision *f*, télé *f*
tell dire *irr*; raconter
ten dix

tennis tennis m
terrific formidable
test examen m, interrogation f
text texte m
than que
thanks to grâce à
that (adj) ce, cet, cette, ces; (pron) celui, celle, ceux, celles; cela, ça; que
the le, la, l', les
theater théâtre m
their leur, leurs
theirs le leur, la leur, etc
them (dir obj) les; (ind obj) leur; (after prep) eux, elles
then puis, ensuite
there là (-bas); — is, are il y a
therefore donc
these (adj) ces; (pron) ceux-ci, celles-ci
they ils, elles; eux, elles
thing chose f
think penser (à + noun); croire irr; What do you — of that? Qu'est-ce que vous pensez de cela?
third troisième
thirsty: be — avoir soif
this (adj) ce, cet, cette; (pron) celui-ci, celle-ci; ceci
those (adj) ces; (pron) ceux-là, celles-là
thousand mille
three trois
Thursday jeudi m
ticket billet m
time heure f, temps m, fois f, époque f; on — à l'heure; What — is it? Quelle heure est-il?; from — to — de temps en temps
tired fatigué
to à; en; chez; in order — pour; — the au, à l', à la, aux; up — jusqu'à
tobacco shop bureau m de tabac
today aujourd'hui
tomorrow demain
too trop; it's — bad il (c')est dommage; — many, — much trop (de)
tooth dent f
tourist touriste m & f
town ville f

train train m
travel v voyager
trip voyage m; take a — faire un voyage
true vrai
try essayer (de)
Tuesday mardi m
twelve douze
two deux
type genre m, espèce f

U

uncle oncle m
understand comprendre irr
unemployment chômage m
unfair injuste
United States Etats-Unis m pl
university université f
unless à moins que (+ subj)
unlikely peu probable
until jusqu'à ce que (+ subj)
us nous
use v se servir (de), utiliser
usually d'habitude

V

vacation vacances f pl
vain vaniteux, vaniteuse
vegetables légumes m pl
verb verbe m
very très; — much beaucoup
violence violence f
visit v (place) visiter; (person) faire une visite à, aller voir
vote n vote m, v voter

W

wait v attendre
wake up se réveiller
walk v se promener, marcher
wall mur m
want vouloir irr
war guerre f
warm chaud m; be — (person) avoir chaud; (weather) faire chaud
watch regarder
way façon f
we nous

wear porter
weather temps m
Wednesday mercredi m
week semaine f
weekend week-end m
well bien; I am — je vais bien
west ouest m
what (interrogative) qu'est-ce qui; que, qu'est-ce que; quoi; quel, quelle; qu'est-ce que c'est que; (relative pron) ce que, ce qui
when quand
where où
which (interrogative) quel, quelle; lequel, laquelle; (relative pron) qui, que; which one lequel, laquelle
while pendant que
white blanc, blanche
who qui
whose dont
why pourquoi
wife femme f
win gagner
windy: it is — il fait du vent
wine vin m
winter hiver m; in the — en hiver
wish vouloir irr
with avec
without sans; do — se passer de
woman femme f
word mot m; (of song) parole f
work v travailler; n travail m literary — œuvre f
worker ouvrier, ouvrière
world monde m
worth: be — valoir
write écrire irr
writer écrivain m
wrong: be — avoir tort, se tromper

Y

year an m, année f
yesterday hier
yes oui
yet encore
you vous, tu; (dir or ind obj) te, vous; (after prep) toi, vous
young jeune
your votre, vos
yours le vôtre, la vôtre, etc
youth jeunesse f

Index

CREDITS

Cover painting by Robert Delaunay. *Simultaneous Contrasts: Sun and Moon.* (1913. Dated on painting 1912.) Oil on canvas, 53″ diameter. Collection, The Museum of Modern Art, New York. Mrs. Simon Guggenheim Fund.

© 1979 Dorka Raynor: 1, 6 (bottom), 8, 10, 32, 38 (left), 43, 53, 71 (top right and middle), 72 (bottom left), 73, 81, 106 (bottom left), 124 (both), 140 (right), 141, 152 (left), 157 (bottom), 177, 185, 190 (bottom), 193, 194 (both), 195, 196, 197 (top right), 198 (both), 199, 236, 239, 257, 258, 277, 295, 313, 327, 330 (both), 333 (right), 339, 351, 385, 402. Editorial Photocolor Archives: 6 (top), 144 (top right). © J. Niépce from Photo Researchers, Inc.: 7 (top), 45, 82 (top), 105 (top right), 233, 301. Skip Clark (HRW): 17. Courtesy Thomas Cook Travel: 18. Baum from Monkmeyer Press Photo Service: 21. Fritz Henle from Photo Researchers, Inc.: 23. Courtesy French Embassy Press & Information Division: 28, 33, 37, 46, 47, 54 (top), 55, 56 (right), 60 (top middle, bottom middle), 71 (top left), 122, 134 (top right), 227, 280 (bottom), 312, 350. Photo Researchers, Inc.: 30. Sybil Shackman from Monkmeyer Press Photo Service: 36, 411. Helena Kolda (HRW): 38 (top right), 91, 99, 200, 219. Photo Bernard Chelet: 54 (bottom), 332. Peter Buckley (HRW): 56 (left). Map courtesy *AATF National Bulletin,* vol. 2, no. 4, April 1977, p. 7:57. Grete Mannheim from Design Photographers International, Inc.: 58. United Press International Photo: 60 (bottom left, right), 188, 296, 326, 344, 365, 400, 418. François Vikar (HRW): 62, 144 (top left), 256. Ted G. Ant from Design Photographers International, Inc.: 65 (right). © Jean-Claude Seine from Design Photographers International, Inc.: 66, 331, 408. Bajande-Rapho from Photo Researchers, Inc.: 72 (top right), 186. © J. A. Pavlovsky from Photo Researchers, Inc.: 82 (bottom), 105 (top left), 280 (top right). Robert Rapelye: 87; from Photography International: 106 (top), 378; from Editorial Photocolor Archives: 134 (bottom), 153, 249, 300. *Télé 7 Jours:* 87. Inter-